전문법칙연구

Hearsay Rules
in the
Criminal Procedure Act

전문법칙연구

Hearsay Rules in the Criminal Procedure Act

권오걸 지음

경북대학교출판부

권오걸

경북대학교 법학과 졸업
경북대학교 대학원 법학과 졸업(법학박사)
대구미래대학 부교수 역임
독일 Bonn 대학 법철학 및 형법학연구소(Gast Professor)
영국 Newcastle 대학 School of Law(Visiting Professor)
경북대학교 법학연구소장 역임
영남형사판례연구회장 역임
변호사시험, 사법시험, 행정고시 출제 및 채점위원 역임
(현) 한국법학회, 한국형사법학회, 한국비교형사법학회, 한국법철학회 회원
(현) 경북대학교 법학전문대학원 교수

저서: 『스마트 형법총론』, 『스마트형법각론』, 『스마트형사소송법』
논문: 「공범의 처벌근거」, 「위험사회와 위험형사소송법」, 「사실 인정과 언어적 한계」, 「변호사의 증언거부권 행사와 형사소송법 제314조의 진술 불능 사유」, 「Hearsay Rules in the Korean Criminal Procedure Act」, 「증언거부권의 불고지와 위증죄」, 「재심개시사유로서의 증거의 신규성과 명백성의 의미와 판단기준」 등 다수

전문법칙연구

Hearsay Rules in the Criminal Procedure Act

찍은 날 2014년 8월 13일 | **펴낸 날** 2014년 8월 20일
지은이 권오걸 | **펴낸이** 함인석 | **펴낸 곳** 경북대학교출판부
출판등록 1973년 10월 10일 ㉣97호 | **주소** 대구광역시 북구 대학로 80
전화 053-950-6741~3 | **팩스** 053-953-4692
E-mail press@knu.ac.kr | **홈페이지** http://knupress.com
ISBN 978-89-7180-407-0 93360

서 문

전문법칙은 원래 영미 증거법상의 가장 특징적인 증거법 원칙의 하나로, 배심제도와 더불어 형사절차상 합리적 사실 인정을 위한 이론과 실무의 형성에 대단한 기여를 하였다. 특히 법정외 진술은 중요한 문제로 생각되어 보통법과 연방증거법, 영국이나 한국 등의 증거법은 이 증거를 배제하는 것이 공정한 결론을 도출한다는 태도를 취하고 있다.

전문법칙은 증거법이 일반적으로 재판 당사자에게 그들의 입증 방법을 스스로 선택할 수 있도록 자유를 주는 것과 충돌한다. 이에 따라 어떤 이는 전문법칙이 법적 분쟁을 해결하기보다는 방해하였다고 말한다. 그러나 입법자는 입증 방법의 자유를 제한하는 것보다 전문증거에 의한 사실 왜곡을 방지하는 것을 더 중요하게 본 것이라고 할 수 있다.

우리나라 형사소송법 제310조의2는 사실을 직접 경험한 사람의 진술이 법정에 직접 제출되어야 하고 이에 갈음하는 진술 또는 서류가 제출되어서는 안 된다는 이른바 전문법칙을 선언하고 있다. 그러나 우리나라 형사소송법상의 전문법칙 규정은 전문법칙의 본거지라고 할 수 있는 영국과 미국의 그것과는 다르다. 이에 따라 전문법칙 규정의 해석론이 중요한 문제로 등장한다.

필자가 대학에서 강의하고 연구를 하는 동안, 전문법칙은 언제나 어려운 영역 중의 하나였다. 이에 전문법칙을 가능한 한 쉽게 접근해 보고자 하는 생각이 싹텄고, 많은 이들도 머뭇거림 없이 전문법칙의 문제에 들어갈 수 있기를 희망하면서, 이 책을 쓰기 시작하였다. 그러나 오히려 필자의 학문적 부족함으로 인하여 독자의 머릿속에 전문법칙의 복잡성만 더 가중한 것이 아닐까 하는 마음이 든다. 아무튼 이 책을 통해 전문법칙이 지나치게 '전문적인 법칙'이 아니라 그 원칙과 예외의 조화가 중요한 증거법의 한 원칙으로서 '합리적 사실 인정의 중요한 도구'로서 운용되기를 바란다.

이 책이 완성되기까지 많은 분들이 함께해 주셨다. 무엇보다 경북대학교와 출판부의 모든 분들의 배려에 감사를 드린다. 그리고 바쁜 가운데서도 원고의 교정을 위해서 노력을 아끼지 않은 김태은 박사, 조정래 박사, 정용규 박사, 천주현 박사에게 감사한 마음을 전하며, 학문적인 발전을 기원한다.

2014년 8월

경북대학교 법학전문대학원

권오걸

목차

Hearsay Rules
in the
Criminal Procedure Act

제1부

전문법칙과 전문증거

제1장 전문법칙의 의의

제1절 · 전문법칙의 의의와 배경

1. 전문법칙의 의의

전문증거에 대해서 증거능력을 인정하지 않는 증거법상의 원칙을 전문법칙이라고 한다.[1] 증거법의 대부분의 규칙은 동일한 하나의 목표, 즉 진실(truth)을 향해 있다. 즉, 특권 규정을 제외한 모든 것들은 진실의 발견에 있어서 사실확인자(the trier of fact)를 지원하기 위해 고안된 것이다.[2] 마찬가지로 전문법칙의 목적도 진실의 발견에 있다. 신용성이 없어서 진실을 발견하는 데 도움이 되지 않는 증거를 배제하는 것이다.

전문법칙은 진술 안에 언급되어 있는 사실의 진실성을 입증할 목적으로 법정외 진술증거를 당사자가 사용하는 것을 금지하기 위하여 영국 등의 보통법 국가에서 17세기 말에 형성되었다.[3],[4] 전문법칙은 요증사실에 대한 직접관찰자가 아닌 다른 사람이 법정에서 그를 대신해서 진술하는 것을 방지하는 것, 즉 불출석 증인의 증거를 배제하고자 하는[5] 보통법 체계에 따른 영미 증거법상의 가장 중요한 특징 중의 하나이다.[6] 전문법칙은 제2차적 또는 제3차적 지식에 근거한 경우보다 제1차적 지식에 근거하는 경우를 더욱 믿을 수 있다는 전제에서 출발하며, '직접적인 지식(firsthand knowledge)'에 기초한 증언에 대한 선호(a preference)를 표현하고 있는 불허용성(inadmissibility)에 대한 일반원칙이다.[7] 이 원칙은 법정 밖에서 이루어진 이전의 진술에 대하여 증인이 증언할

1) 전문법칙에서는 종종 전문증거는 증거가 아니라고 표현되기도 한다. Christopher Allen, *Practical Guide to Evidence*, Routledge-Cavendish(2008), p. 189.
2) G. Michael Fenner, *The Hearsay Rule*, Carolina Academic Press(2009), p. 4.
3) Ian Dennis, *The Law of Evidence*, Sweet&Maxwell(2007), p. 660.
4) 가령 X가 법정 밖에서 점원 W에게 "D가 책을 집고서 계산하지 않고 달아났다."라고 말했다. 만약 D가 절도죄로 기소되었다면, X의 진술은 절도 사건과 관련성이 있다. 그러나 전문법칙에 의해서 검사는 W를 증인으로 소환하여 그가 X로부터 들었다는 것을 증언하게 하는 것을 금지한다. 왜냐하면 W에 의한 증언의 목적이 법원에 대하여 X의 진술 안에 언급된 사실이 진실하다는 것을 수용하도록 하기 위함에 있기 때문이다. 즉, D가 책을 절취하였다는 사실을 입증하기 위함이다. 결국 전문법칙은 검사가 전문자인 W가 아니라 X를 증인으로 소환하여 X가 D가 책을 절취하는 것을 보았다는 직접증거를 제시할 의무를 검사에게 부과하는 것이다. ; Ian Dennis, *ibid.*, p. 660.
5) Steve Uglow, *Evidence*, Sweet&Maxwell(2006), p. 563.
6) Paul Roberts · Adrian Zuckerman, *Criminal Evidence*, Oxford University Press(2004), p. 580.
7) 사실확인자는 일반적으로 직접 증인으로부터 무엇이 일어났는지를 전해 들은 사람이 아니라 무엇이 일어났는지에

때마다 반드시 고려되어야 하는 원칙이다.

전문법칙은 간접적 보고에 의해서 피고인을 위험에 빠지게 하는 것을 방지하고자 하는 '피고인에 대한 보호 규범'이며, 단지 특정한 형태의 증거가 요구된다는 원칙이 아니라, 실제로 사실확인(fact finding)이 전문증거를 무시하는 가운데 이루어져야 한다는 원칙이다.[8] 간단히 말해서 전문법칙에 따르면, 증인이 법정에서 진술하고 반대신문의 대상이 되어야 한다는 것이다. 수사와 공소를 확연히 구별하여, 공판을 '무(zero base)'에서 다시 시작하겠다는 결단이다. 주지하다시피 영미법은 그 결단으로 인해 탄생하였고, 그 결단을 가급적 유지하려는 노력 속에서 성장해 왔다. 종래 대륙에서 수사기관이 수집한 증거를 조서의 형태로 적었다가, 정작 공판에서는 그 조서를 확인하는 식의 재판만 해 오던 관행을[9] 보고, 영미법은 결단한 것이다. 조서 대신 증인의 법정 진술을 중시하겠다는 취지다. 법정 진술이 아니라면 증거능력이 없다는 것이 전문법칙이다.[10]

전문법칙은 증거법이 일반적으로 재판 당사자에게 그들의 입증 방법을 스스로 선택할 수 있도록 자유를 주는 것과 충돌한다. 각 당사자는 보통 관련성이 있다는 조건을 충족하기만 하면 그가 찾을 수 있는 어떤 증거를 이용해서라도 자신의 사건에 대한 입증을 시도할 수 있기 때문이다.[11]

2. 전문법칙의 배경

전문법칙의 출발은 '사실인정자(trier of fact)'가 오직 법정에서 증언하는 증인에 의해서 이루어진 진술들만을 믿을 것을 요청받는다는 점에 있다. 사실인정자는 '증인 아닌 자의 진술(statements of non-witnesses)'에 직면해서는 안 되며, 그 진술이 진실하다고 믿는 것을 요청받아서는 안 된다. 따라서 다른 사람이 무엇을 말하였다는 증언은 사실인정자에 의해서 그 다른 사람이 말한 것이 진실의 증거로 고려되어서는 안 된다.[12]

대한 실제 증인을 원한다.; G. Michael Fenner, *op. cit.*, p. 5.

8) JR Spencer, *Hearsay Evidence in Criminal Proceedings*, Hart Publishing(2008), p. 2.

9) J. H. Langbein, *Prosecuting Crime In The Renaissance*, Harvard University Press(1974), p. 21("We shall see that Continental Inquisitions-prozess could be described in substantially similar terms: it was a system of criminal procedure in which the magistrate investigated, principally by interrogation of the accused; reduced the results of his investigation, including the testimony of the accused, to writing; and transmitted this dossier to the final sentencing court for a judgment which was based upon and effectively controlled by the dossier.") 참조.

10) 김희균, 「불일치진술의 증거능력에 관한 비교법적 검토」, 『형사법연구』, 제21권 제1호(2009. 봄), 442쪽.

11) 아서 베스트(Arthur Best), 『미국 증거법』, 이완규·백승민 외 옮김, 탐구사(2009), 112쪽.

12) Richard O. Lempert·Samuel R. Gross·James S. Liebman, *A Modern Approach to Evidence*(3rd ed.), West

전문증거에 대한 보통법의 태도는 배심이 그들이 알고 있거나 알 수 있는 사실(것)에 기초하여 문제(matter)를 해결하기 위하여 선택된 이웃 집단에서, 오직 그들에게 제시된 정보를 기초로 하여 사건(case)을 결정하기 위한 '책임이 부과된 정보를 갖지 못하는 집단'으로 형태가 변경되면서 발전하였다.[13)]

그럼, McCormick의 연구 결과를 참조하여, 그 발전 과정을 요약하여 살펴보자.

배심제도의 발전은 전문법칙의 발전에 중요한 요소다. 초기의 배심은 논쟁이 되는 사실을 보고하기 위해서 이웃 사람들로 구성된 위원회의 성격을 지니고 있었다. 따라서 그 구성원은 그 사실에 대해서 특별한 지식을 가지고 있는 사람들 가운데서 비공식적으로 그 조사를 담당하는 것이 필수적이었다. 그러나 증인을 법정으로 소환하여 사실에 관하여 배심 앞에서 공개적으로 증언하는 것은 꽤 오랜 후의 일이다. 1100년대에 비록 배심과 같은 것이 존재하기는 하였지만, 법정에서 증언을 청취하는 실무는 1400년대 전에는 그리 흔한 일이 아니었다. 증명의 정상적인 근원(source)이 개인적인 지식이나 배심에 의한 조사가 아니라, 공개된 법정에서 증인의 증언이어야 한다는 것으로 바뀐 변화는 그 이후의 점진적인 발전의 결과이다. 이는 1500년대에 와서 하나의 원칙으로 자리 잡게 되었다. 증거에 대한 배제규칙의 필요성에 대한 합의가 이루어진 것도 이 무렵이다.

튜더(Tudor) 왕조와 스튜어트(Stuart) 왕조의 통치 기간 동안, 구두 전문진술에 대해 비판과 반대가 점차 증대하였다. 그것은 '이야기의 이야기(tale of a tale)', 또는 '다른 사람의 입에서 나온 이야기'라고 조롱받기도 하였다.[14)] 1500~1600년대의 형사사건에서 구두 전문증거가 신용을 얻지 못하게 되자, 그에 대한 사용 제한이 구체화되기 시작하였다. 우선, 구두 전문증거는 증인이 법정에 출석할 수 없을 때에만 사용할 수 있도록 하였다.[15)]

그중 가장 유명한 재판이 Walter Raleigh 경에[16)] 대한 재판이다. Walter Raleigh는 그와 공모했다

Group(2000), p. 494.

13) Richard O. Lempert · Samuel R. Gross · James S. Liebman, *ibid.*, p. 495.

14) Richard O. Lempert · Samuel R. Gross · James S. Liebman, *ibid.*, p. 495.

15) 이러한 전문증거에 대한 제한에 대해 Wigmore는 그러한 현상은 오래된 전통적인 용법도 아니고, 마그나카르타(Magna Charta)의 유산도 아니며, 영국 법에 대한 오랜 관찰에서 볼 때는 보통법의 늦은 발전의 결과라고 하였다. ; Richard O. Lempert · Samuel R. Gross · James S. Liebman, *ibid.*, p. 496.

16) 1569년 의용병으로 위그노 전쟁에 참가하고, 1578년 이복 형 길버트의 북아프리카 탐험에 수행하였다. 또 1580년 아일랜드 반란을 진압한 공으로 엘리자베스 1세의 총애를 받아 기사 작위를 서임받았다. 그가 진흙길 위에 값진 망토를 펼쳐 여왕을 지나가게 하였다는 전설은 유명하다. 1587년 근위대장으로 임명되어 광대한 영지와 상업상의 특권을 부여받아 궁정에서 세력을 떨쳤다. 북아메리카를 탐험, 플로리다 북부를 '버지니아'로 명명하고 식민을 행하였으나 실패하였다. 감자와 담배를 영국으로 도입한 사실로도 유명하다. 그 후 여왕의 총애를 잃어, 한때 투옥되기도 하였다.

는 Don Cobham의 법정외 진술을 근거로 해서 반역 모의 혐의를 받고, 재판에서 유죄 평결을 받았다. Raleigh는 다음과 같이 항변하였다.

"그러나 어떻게 당신이 내가 Cobham을 계속해서 다그치는 것을 보았는지 참으로 이상하다. 아직 당신은 Cobham을 법정에 출석시키지 않고 있다. 내가 이것을 주장하는 것은 나의 생명을 연장시키기 위해서가 아니다. 그는 지금 집에 있다. 그는 이 법정에 나올 수 있다. 그를 이곳에 불러라. 만약 그가 여전히 나를 비난하거나 그의 자백을 인정한다면, 그것이 나를 유죄가 되게 할 것이다."

Raleigh의 항변에도 불구하고 Cobham은 출석하지 않았다. 검사는 또한 염색공, 항해사를 출석시켰고, 이들은 증언을 통해서 전문증거를 제출하였다. 그들은 선서 후에 이렇게 말하였다.

"(내가) 리스본에 있을 때, 어느 포르투갈 신사가 나에게 와서 영국의 왕이 어떻게 행동하며, 그가 왕관을 썼는지의 여부를 나에게 물었다. 나는 그에게 '나는 우리의 고귀한 왕이 잘 있기를 희망한다.'라고 대답하였다. 그러자 그 신사는 나에게 '당신의 왕이 결코 왕이 되는 일은 없을 것이다. 왜냐하면 Cobham과 Raleigh가 그가 왕관을 쓰기 전에 그의 목을 잘라 버릴 것이기 때문이다.'라고 말하였다. 이것은 7월 중순의 일이었다."

이 증언에 대하여 Raleigh는 "이것은 사나운 수도사나 거지 같은 성직자가 한 말입니다. 이것이 나에 대해서 무슨 증거가 됩니까!"라고 항변하였다. 하지만 검사는 '그것은 Raleigh의 반역이 조직적임을 보여 준다'고 주장하였다.

Raleigh 사건과 다른 정치적 재판에서 나타난 부정의는 당시 영국 형사소송절차가 실질적으로 발전하는 데에 큰 영향을 미쳤다. 즉, 엄격한 전문법칙을 정당화하였으며, 반대증인에 대한 대면권을 제6차 개정에서 규정함으로써 미국 헌법의 형성에도 많은 영향을 미쳤다.

3. 전문법칙과 증언의 진실성 확보를 위한 방안

역사는 전문법칙과 그 예외가 어떻게 초기의 형사 절차와 환경에서 생성되어 왔는지를 보여 준다. 그리고 과거 세대가 전문법칙을 합리화한 방법을 묘사하고 있다.[17] 그러나 역사는 우리를

제임스 1세 때에는 반역 사건에 연루되어 투옥, 옥중에서 『세계사(*The History of the World*)』(1614)를 저술하였다. 1616년 출옥하고 다음해 오리노코 강 탐험을 시도했으나 실패, 1618년 귀국하자 그는 부하들이 에스파냐령에서 난폭한 행위를 하였다는 혐의로 처형되었다. E. 스펜서의 친구로서 서정시인으로도 유명했는데, 작품은 30편 정도가 남아 있을 뿐이다(〈네이버 지식백과(http://terms.naver.com)〉, '월터 롤리(Walter Raleigh)', 2014. 3. 8. 검색).

구속하지 않는다. 전문법칙에 제공된 오랜 세월의 근거를 평가하기 위해서는, 무엇이 전문증거이고, 규칙을 피하기 위한 위험들이 무엇인가를 반드시 이해해야만 한다.

우선 배심이 증언으로부터 사실을 추론을 하는 과정을 고려해야 한다. 가령 빨간 자동차의 소유자가 교통사고 현장을 이탈한 혐의로 기소되었다고 하자. 피고인의 자동차가 피해자를 추돌하였다는 것을 입증하기 위해서, 검사는 목격자 W를 소환한다. 그리고 일반적으로 만약 W가 피해자를 추돌한 자동차의 색상을 알고 있는지를 묻고, 이에 대하여 목격자는 "자동차는 붉은색이었다."라고 대답한다고 가정하자.

이때 배심이 자동차가 실제로 붉은색이라는 결론을 목격자의 증언으로부터 내리려고 한다면, 그 증언으로부터 반드시 이중의 추론이 이루어져야 한다. 또한 예컨대 비행기가 날아가는 것을 보았던 사람은 "그 비행기가 공중에서 날아가는 것을 보았다."라고 말할 수 있다. 이 진술에는 그 말을 한 사람이 자신의 생각을 전하기 위해 단어를 선택한 과정이 포함된다. 그 진술자는 '비행기'라는 단어를 사용할 때 일반적으로 사람들이 이해하고 있는 의미로 사용해야 하고, 그 말을 듣는 사람에게 이런 통상적 의미로 전달해야 한다. 만약 진술자가 정직하고 단어 선택에 주의를 기울인다면, 그는 자신이 비행기를 보았다는 믿음을 완전하고 명확하게 표현할 것이다. 그런데 그가 비행기가 날아가는 것을 보았다고 믿는다는 사실이 그 비행기가 정말로 날아갔다는 것을 의미하는 것일까? 진술자의 믿음은 과거 어떤 사실에 대한 인식 과정과 과거의 인식을 기억하는 능력에 기초하고 있다.[18] 그가 비행기가 날아가고 있다고 생각한 것을 얼마나 명확하게 볼 수 있었는지, 과거에 본 것들을 얼마나 잘 기억할 수 있는지에 따라 그의 믿음은 과거의 일에 대한 정확한 보고일 수도 있고 그렇지 않을 수도 있다. 이때 사실확인자는 진술자가 자신이 보고 있었던 것을 얼마나 잘 인식하는지와 그가 본 것을 얼마나 잘 기억하는지를 고려하면서, 진술자의 말이 그가 진실이라고 믿는 것을 정확히 반영하는지와 그의 현재의 믿음이 정말로 과거의 사건을 정확히 반영하고 있는지를 판단해야 한다. 이 경우에도 배심이 정말 비행기가 하늘을 날고 있었다고 결론을 내리려고 한다면, 다음과 같은 이중의 추론이 필요하다.

① 배심은 W가 실제로 자신이 한 말을 믿고 있다고 추론해야만 한다. 즉, 배심은 '목격자는 실제로 믿음을 가지고 있는가?'의 질문에 긍정적으로 대답해야만 한다.

---

17) Richard O. Lempert · Samuel R. Gross · James S. Liebman, *ibid.*, p. 496.
18) Arthur Best, *Evidence*, Wolters Kluwer(2012), p. 118.

② 그다음으로는 배심은 W의 믿음이 실수가 아니라고 추론해야만 한다. 즉, 배심은 '그 믿음은 실제를 반영하는가?'의 질문에 긍정적으로 대답해야만 한다.[19] 결국 증언으로부터 믿음과 현실에 대한 믿음이라는 이중적 추론을 하기 위해서는 배심이 두 개의 질문에 모두 긍정적으로 대답할 준비가 되어 있는 경우에만, 그들은 W의 증언에 기초하여 피해자를 추돌한 자동차가 붉은색이라는 결론을 내릴 수 있다.

하지만 이러한 추론에서 배심은 다음 세 가지 문제에 직면하게 된다.

첫째, W가 자신이 말하는 것을 실제로 믿고 있다는 결론에 이르기 위해서는, 배심은 첫째로 목격자 W와 배심이 단어를 동일한 방식으로 해석하고 있다는 것을 확신해야만 한다. 즉, 말해진 것 안에 어떠한 애매함(ambiguity)도 없어야만 한다. 만약 배심이 목격자 W가 단지 최근에 영어를 배웠거나, 붉은색과 노란색을 종종 혼동하는 것을 발견한다면, 배심은 그녀의 증언에 그렇게 많은 가치(힘[weight])를 부여하기 힘들다.[20]
둘째, 배심은 목격자 W가 자동차의 색상이 붉은색이라고 말했을 때 자신들은 속이려고 하지 않았다고 결론을 내려야만 한다. 그러나 만일 배심이 W가 피고인을 증오하는 것을 알았다면, 배심은 다시 증인의 진술을 믿지 않을 것이다.
셋째, 배심은 목격자의 진실한 믿음이 실수인지의 여부를 결정해야만 한다. 이때 특히 주요한 문제는 인식과 기억의 실수이다. 배심은 목격자의 표현이 사고가 일어난 지 일 년 후보다는 하루 후에 이루어진다면, W의 믿음을 더 쉽게 받아들일 것이다. 그러나 만약 W가 색맹인 것으로 밝혀진다면, 그녀의 믿음을 믿더라도 그렇게 많이 믿지는 않을 것이다.[21]

추론의 이러한 문제들은 배심이 증인의 증언을 믿을 것이 요청될 때 언제나 존재한다. 그러나 배심이 기망당할 염려가 있다는 이유 때문에 일반적인 증언을 배제하지는 않는다. 또한 그러한 가능성을 알고 있기 때문에, 그러한 위험성을 최소화하기 위해 법정에서 주어지는 증언의 특징들이 있다. 이는 곧 '선서', '증인의 증언에 대한 관찰', 그리고 '반대신문'이다.

---

19) Richard O. Lempert · Samuel R. Gross · James S. Liebman, *op. cit.*, p. 498.
20) Richard O. Lempert · Samuel R. Gross · James S. Liebman, *ibid.*, p. 498.
21) Richard O. Lempert · Samuel R. Gross · James S. Liebman, *ibid.*, p. 499.

먼저, 증언은 '선서'하에서 이루어진다. 선서는 사람들이 보다 종교적인 경우에는 정직함을 증진시키는 데 효과적이다. 또한 사건의 엄숙함과 위증의 벌을 경고함으로써 그 효과가 커질 수 있다.

또 배심은 피고인 측 '증인의 태도(demeanor)'를 관찰할 수 있다. 항소심 법원은 하급심의 결정을 뒤집지 않는 근거로서 증인의 태도를 관찰하는 기회에 종종 의존한다. 그런데 증인의 태도를 관찰하는 기회가 신용성을 평가하는 데 도움이 되지만은 않는다. 오히려 그 반대일지도 모른다. 교활한 증인이 단지 신경질적이거나 난시일 수 있다. 반면에 냉정하고 침착한 증인이 오히려 전문적 거짓말쟁이일 수 있다.

또한 전형적으로 증언은 긴 이야기(story)의 맥락 안에서 결정적인 정보와 관련되어 있으며, 반대당사자는 증인의 이야기를 '반대신문(cross-examination)'을 통해 테스트할 수 있다.[22)]

이러한 대책들 중에서 가장 중요한 것은 '반대신문'의 기회다. 반대신문은 애매함을 제거할 수 있으며, 진실하지 않음을 부각시키고, 증인의 기억 또는 능력 — 증인이 기술하고 있는 사건을 명백히 관찰할 수 있는 — 을 의심하는 이유를 밝혀 낼 수 있다. 관찰자들의 말들이 갖는 신뢰성을 판정하기 위한 탐색성 질문에는, 그가 사건을 얼마나 잘 보았고 그것을 얼마나 잘 기억하는지에 대한 확인이 포함될 수 있다. 이러한 요소들이 관찰자가 과거 사건에 대하여 이야기할 때 그가 그 사건에 대해서 믿고 있는 사실이 얼마나 정확한지를 좌우한다.[23)]

관찰자의 진실성과, 그가 사용한 용어의 모호함을 확인하려는 탐색들은 의사전달 과정의 다른 측면에 집중된다. 그 탐색들은 과거의 어떤 일을 정확하게 알고 있다는 믿음을 가진 사람도 말로 설명할 때에는 잘못된 인상을 전달하는 용어를 사용할 가능성이 있음을 잘 보여 준다. 인식 과정, 기억 정도, 정직성, 모호성은 흔히 '증언상의 취약점(testimonial infirmities)'으로 논해진다. 이런 것들은 증언에서든 의사소통의 과정에서든 과거에 있었던 일을 부정확하게 묘사하는 원천이기 때문이다. 그런데 어떤 사람이 말한 것을 다른 사람이 전해 주는 것만 들어서는 이런 취약점을 확인하는 것이 매우 힘들다.

한편, 전문법칙에 관한 교재 대부분은 법정 증언을 평가하는 데 도움이 되는 것으로서 '진술의 맥락(statement context)'을 언급하지 않는다. 그러나 긴 이야기의 전체 맥락 안에서 진술을 청취하는 것은 신용성을 평가하는 데 도움이 된다.[24)]

22) Richard O. Lempert · Samuel R. Gross · James S. Liebman, *ibid.*, p. 499.
23) 아서 베스트(Arthur Best), 앞의 책, 111쪽.

결국 맥락(context)이 반대신문과 마찬가지로 증언의 위험성을 평가하는 데 도움을 준다. 선서와 태도는 단지 진실성(sincerity)의 평가에만 도움을 주지만 말이다.[25]

4. 전문증거의 위험성과 딜레마

1) 전문증거의 위험성

목격자 W가 사고 후에 도착하였고, 운전자를 목격하지는 못하고, 단지 다른 목격자 O가 "붉은 자동차가 피해자를 치었다."라고 말하는 것을 들었다고 가정하자.

사실 인정을 위해서는 O의 진술 — "사실은 붉은 자동차가 피해자를 치었다." — 에 대한 W의 보고로부터 결론에 이르게 되는 추론의 과정이 필요하다. 사실확인자(fact-finder)는 O가 말한 진술 "붉은 자동차가 피해자를 치었다."라는 것을 들었다고 믿고 있는 W의 증언으로부터 추론을 하여만 할 것이다. O가 그러한 진술을 하였다는 W의 믿음, O가 자동차가 붉은 색상이었다는 것을 믿고 있는 O의 진술, 실제로 자동차가 붉은색이었다는 O의 믿음 등으로부터 말이다.[26]

어떤 사람이 자신이 알고 있다고 생각하는 것을 말할 때에는, 그 사람은 자신이 믿고 있는 정보를 전달하려고 노력한다.[27] 그러나 이러한 추론의 과정에서는, O의 진술의 의미(meaning), 진실성(veracity), 그리고 정확성(accuracy)에 대한 보호 장치가 존재하지 않는다. 즉, O가 법정외 진술자이기 때문에 배심은 그의 태도를 관찰할 수 없고, 선서에 기초한 믿음이 부족하며, O를 반대신문을 통해 테스트하는 것을 기대할 수도 없기 때문이다.

이러한 문제점들은 가장 일반적인 전문증거의 위험성을 형성한다. 이러한 위험성 때문에 진술자의 보고는 신용성이 낮은 정보로서 보고될 가능성이 높다. 또한 진술이 긴 이야기의 한 부분을 이루는 경우에 가능한 한 일관성 있는 체크를 받지 않을 가능성이 많다.

한편, 증인의 증언보다는 진술자의 진술과 관련된 위험성에 대해서 많은 학자들은 '전달의 오류의 위험성(the danger of mistaken transmitter)'을 추가하기도 한다. 아이들의 전화 게임이 보여 주는 것처럼, 다른 사람이 말한 것을 잘못 전달하는 것은 일반적이고 흔히 있는 일이다. 관찰자(갑)가 지닌 정보를 얻기 위해서는 그와 직접 대화하는 것 이외에 그와 이야기를 나눈

24) Richard O. Lempert · Samuel R. Gross · James S. Liebman, *op. cit.*, p. 499.
25) Richard O. Lempert · Samuel R. Gross · James S. Liebman, *ibid.*, p. 500.
26) Richard O. Lempert · Samuel R. Gross · James S. Liebman, *ibid.*, p. 500.
27) Arthur Best, *op. cit.*, p. 117.

다른 사람(을)과 이야기하는 간접적인 방법을 쓸 수 있다. 을은 사건에 대해 관찰자 갑과 이야기한 것을 다른 사람에게 말해 줄 수 있다. 가령, 을은 "갑과 지난주에 식사를 할 때, 그가 '빨간색 차가 아주 빨리 달리더니 파란색 차를 들이받는 것을 봤어.'라고 말했다."라고 말해 줄 수 있다. 그런데 이런 방법으로 관찰자의 정보를 얻게 되면, 사실확인자는 그에게 정확히 어떻게 그 사고를 보았는지 물을 수 없고, 그의 기억력, 그가 사용한 단어들을 통해 전달하려고 한 의미, 그의 정직성 등을 탐색하는 질문을 할 기회를 갖지 못한다.

어떤 것에 대한 한 사람의 지식을 두 번째 사람이, 첫 번째 사람이 한 말을 반복하거나 인용하는 방법으로 듣는 이에게 전달하는 이 방법은, 재판에서 전문법칙에 의거하여 허용되지 않는다. 배심원들은 사람들이 아는 것을 그들이 직접 말하는 것을 듣고, 그들의 원래의 인식 과정이나 기억, 일상에서 하는 단어 선택, 정직성 등에서 나타나는 취약점을 반대신문을 통해 듣는 과정에서 취득해야 한다. 즉, 관찰자가 가진 정보가 재판에서 관련성이 있다면, 그 정보는 원칙적으로 공판정에서 그(관찰자)가 직접 증언하는 방법으로 현출되어야 한다.[28] 을이 공판정에 출석하여 갑이 그에게 이야기한 것을 사실판단자에게 말하는 것은 허용되지 않는다.

일상생활에서는 자동차 사고에 대해 알려는 사람은 관찰자로부터 직접 이야기를 듣는 것을 선호하겠지만, 을로 하여금 관찰자(갑)가 아는 것을 전달하게 하여 그의 지식을 간접적으로 아는 것으로 만족할 수도 있다. 하지만 증거법은 증언이 법정외 진술 내용을 인용하여 전달하는 것이면 진술을 명확히 하고 신뢰성을 점검할 너무나 소중한 기회가 상실되기 때문에 그러한 증언을 금지함으로써 재판의 공정성과 정확성이라는 목표를 가장 잘 충족한다는 이론에 근거하여, 간접적인 방법의 선택을 일반적으로 허용하지 않는다.[29]

2) 전문증거의 딜레마

일반적으로 전문증거는 반대신문의 대상이 되는 법정에 제출된 진술에 비해서 신빙성이 떨어지기 쉽다. 그러나 전문증거라고 해서 가치가 없거나 전문증거의 모두가 배제되어야만 하는 것은 아니다.[30] 만약 전문증거가 허용된다면 배심원들이 오류에 빠질 수 있는 위험이 존재하지만, 배심이 만약 증거를 전혀 알지 못한다면 오류에 빠질 위험성은 더 크다. 교통사고 후 도주의

28) 아서 베스트(Arthur Best), 앞의 책, 112쪽.
29) 아서 베스트(Arthur Best), 위의 책, 112쪽.
30) Richard O. Lempert · Samuel R. Gross · James S. Liebman, *op. cit.*, p. 502.

예를 들어 보자. 범죄와 관련하여 어떤 증거가 붉은 자동차를 운전하는 피고인과 관련이 있다고 가정하자. 사고가 난 다음 날, 피고인은 훼손된 범퍼를 수리하였고, 그 사고는 오후 5시 10분에 피고인이 출퇴근하는 길에서 발생하였다. 배심은 O — 외면적으로는 객관적인 관찰자 — 가 사고 현장의 자동차가 붉은색이었다고 말하는 것을 들었다는 것을 목격자 W — 신용성이 이미 검증된 자 — 로부터 알게 되면, 배심은 더 좋은(합리적인) 결정에 이르게 될 것인가, 또는 만약 그 증거가 알려지지 않는다면 더 좋은 결정을 할 것인가?[31)]

비록 사람들은 직접적인 정보에 기초해서 행동하기를 더 선호하지만, 종종 간접적인 정보에 따라, 제삼자의 보고에 기초해서 중요한 결정을 내리기도 한다. 전문증거의 취약성에도 불구하고 여전히 전문증거가 일반적으로 법정에 제출되며 종종 허용되기도 한다. 보통법은 잠정적으로 신빙성이 없지만 도움이 되는 정보를 '예외 인정'의 연속적인 작업을 통해서 — 자체적으로 어떤 규칙을 가지고 — 전문법칙의 엄격성에 수정을 가하였다. 즉, 전문법칙의 예외가 인정되는 것이다. 대부분의 전문법칙의 예외는 두 가지의 근거, 즉 필요성(necessity)과 신용성(reliability)에서 출발한다. 다시 말해서, 전문진술이 허용되지 않는다면 특별한 유형의 증거가 이용될 수 없거나, 특별한 유형의 전문증거가 신용성을 특별히 가지고 있는 때에는, 전문법칙의 예외로 될 가능성이 높다.[32)]

제2절 · 전문법칙의 근거

1. 전문증거의 비신용성

'전문증거의 비신용성(unreliability)'은 전문법칙을 정당화하는 주요한 근거다. 즉, 전문증거를 허용하지 않도록 한 근거는 전문진술이 너무 신용성이 없다는 점에 있다.

법정 밖에서 진술이 이루어졌을 때에는, 그 진술에 대하여 반대신문이 이루어지지 않는다. 어떠한 진술은 진술자의 정확한 설명력의 부족 또는 이해력, 기억력, 성실성의 부족(흠결) 때문에 믿을 수 없는 경우도 있다. 특히 '태도 증거(demeanor evidence)'가 없다는 것이 그 전문증거를

---

31) Richard O. Lempert · Samuel R. Gross · James S. Liebman, *ibid.*, p. 502.
32) Richard O. Lempert · Samuel R. Gross · James S. Liebman, *ibid.*, p. 502.

더욱 신용할 수 없게 만든다. 사실확인자(법관)는, 법정외 원진술자가 말할 때 그 자리에 실제로 있지 않았기 때문에, 그의 몸짓, 태도, 억양이나, 망설임(hesitation) 또는 확실함(certainty) 등을 관찰할 수 없었고, 그 전문진술에 신빙성을 부여하기 힘들다.[33)]

법정외 진술은 대부분 선서 없이 이루어진다. 따라서 사법적 절차의 공개성(openness), 엄숙함(solemnity), 존엄함(dignity)에 의해서 보증되는 것이 아니다.[34)] 따라서 선서에 의한 진술에 비해 신용성이 덜 인정된다. 왜냐하면 선서하에서의 '거짓에 대한 정신적이고 육체적인 제재(즉, 위증죄)에 대한 위협'이 없기 때문이다.

또한 법정 밖에서의 원진술자는 아마도 법정 안에서의 진술자에 비해서 그가 하는 말에 대하여 주의와 진실하여야 한다는 압박을 덜 느낄 것이다. 사실 법정 안에서 증인은 높은 증인석에 앉게 된다. 그리고 더 높은 곳에 법복을 입은 채 앉아 있는 법관을 바라본다. 무장한 교도관을 마주 보게 되며, 반대 측 변호인을 마주 보고, 엄숙하게 일렬로 앉아 있는 배심단을 바라보게 된다. 법관의 자리와 검은 법복이 고압적인 위치를 의미한다면, 증인이 증인석에 착석하도록 호명하는 것은 복종을 의미한다. 그리고 법정 안에서의 증언은 사적인 대화가 아니며, '공개방송(public airing)'이라고 할 수 있다. 따라서 공적 기록으로 남게 된다. 법정 안에서의 진술은 진술자를 따라다니게 되며, 경우에 따라서는 위증죄의 근거가 되기도 한다.[35)]

이처럼 법정의 장엄함과 의식, 그리고 공식적인 절차, 소송 관여자들의 지위와 복장, 법정 안의 공개성 등은 배심, 증인, 심지어는 변호인과 판사에게까지도 그들이 행하는 업무의 중요성에 대한 압력을 부여하고, 반드시 주의를 기울여야 하도록 고안되어 있다. 이러한 법정의 모든 장치들은 증인에 대하여 주의와 심사숙고를 요구하도록 하는 압력을 가하는 것으로 작용한다.[36)]

2. 원진술자에 대한 반대신문의 결여

역사적으로 볼 때, 배심이 증인의 증언에 의해서 기망당할 가능성을 최소화하기 위해 고안된 법정에서 주어지는 증언의 특징들이 있다. 즉, 증언은 선서하에 이루어지고, 배심은 피고인 측 증인의 태도를 관찰할 수 있으며, 전형적으로 증언은 긴 이야기의 맥락 안에서 결정적인 정보와

33) G. Michael Fenner, *op. cit.*, p. 6.
34) G. Michael Fenner, *ibid.*, p. 5.
35) G. Michael Fenner, *ibid.*, p. 7.
36) G. Michael Fenner, *ibid.*, p. 7.

관련되어 있으며, 반대당사자는 증인의 이야기를 반대신문을 통해 테스트할 수 있다.

이 중에서 반대신문의 기회가 가장 중요하다.[37] 대부분의 전문증거에 있어서는 원진술자가 진술을 할 당시에는 법정외 원진술자에 대하여 반대신문을 할 기회가 없다.[38] 반대신문은 일반적으로 증인의 증언이 가지고 있는 취약점을 파악할 수 있는 좋은 기회가 된다. 반대신문을 통해서 다음의 의문에 대한 답을 찾을 수 있다. ① 진술자는 누군가가 법정에서 그가 했다고 말하는 진술을 과연 했는가? ② 법정외 진술을 한 사람이 그 말을 할 당시에 믿은 것은 무엇인가? ③ 법정외 진술자가 어떤 것에 대해 무엇을 인식했는가?[39]

결국 반대신문의 기회가 없다는 사실은 ① 법정 안에서의 주장에서 언급된 사실을 인식할 수 있는(즉, 보고 듣고 느끼고 맛보고 냄새 맡을 수 있는) 법정외 원진술자의 능력, ② 기억력, ③ 진정성(sincerity), ④ 정직성(honesty) 등에 대한 동시적인 테스트의 기회가 없음을 의미한다.[40] 이러한 것들을 흔히 '진술의 취약성'이라고 한다. 반대신문은 이러한 취약점들을 보완하는 것을 허용하는 절차이다.

3. 전달의 위험성

범죄를 처음 목격한 사람의 이야기를 다른 사람으로부터 전해 들은 자가 그 사건에 대해 말한 것을 법정에서 반복하는 것을 허용하는 것은 실제로 사건 당시에 어떤 일이 발생하였는지를 왜곡하거나 착각할 '본래적인 위험성(inherent danger)'을 야기할 수 있다.[41]

'전문'의 과정에서 수단이 되는 것은 언어다. 언어는 인간 활동의 중심으로, 인간의 정신활동 중 기억이나 추론 등 인지적 활동은 대부분 이를 매개체로 한다.[42] 의미론 학자 G. Leech에 의하면, 언어는 '정보 기능(informational function)', '표현 기능(expressive function)', '지령 기능(directive function)', '미적 기능(aesthetic function)'을 지닌다.[43] 그런데 '사실 인정'의 과정에

37) Richard O. Lempert · Samuel R. Gross · James S. Liebman, *op. cit.*, p. 499.
38) 물론 예외가 있을 수 있다. 일부의 법정외 진술은 진술이 이루어질 때 반대신문이 행해진다. 그러나 이 진술도 여전히 전문증거이다. 왜냐하면 다른 재판절차에서 법정 내에서 이루어진 증언이기 때문이다. ; G. Michael Fenner, *op. cit.*, p. 5.
39) 아서 베스트(Arthur Best), 앞의 책, 119쪽.
40) G. Michael Fenner, *op. cit.*, p. 5.
41) Stephen Forster, *Criminal Law and Practice*, Sweet&Maxwell(2008), §26-3.
42) 강범모, 『언어』, 한국문화사(2011), 17쪽.
43) 최기호 · 김미형 · 임소영, 『언어와 사회』, 한국문화사(2004), 8쪽.

제출·사용되는 언어는 구두 언어, 서면 언어, 비언어적 행동 등으로 다양하다. 언어는 하나의 체계로 사회의 구성원이 이를 공유하기 때문에 구성원 간의 의사소통이 이루어지지만, 그와 동시에 언어는 개인마다 다른,[44] 각 개인이 지닌 사적인 체계이기도 하다.[45] 따라서 상대방의 언어의 의미를 정확히 이해하는 것이 불가능한 경우도 있다.

언어 자체, 그리고 언어 사용 방법의 복잡성과 애매성, 그리고 주관성으로 인해, '사실 인정'은 많은 한계를 가질 수밖에 없다. 즉, 사실을 직접 경험한 사람들도 모두 감각기관에 저장된 기억을 '언어'로 전달할 수밖에 없는데, 언어는 그 본질상 추상적이고 애매성을 지닌 표현 수단이다. 추상적인 언어는 음성이나 문자로 구체화되는데,[46] 현실에서 발생하는 수많은 사실들이 이를 경험한 사람들에게 인식되고 타인에게 전달될 때에는, 각각의 구체적이고도 세세한 내용이나 차이들이 사상(死傷)되어 버리고 마는 것이다. 즉, 개인이 경험한 사실의 다양성이 언어의 획일성에 의해 무시될 수도 있다.[47]

일상 언어뿐만 아니라 법률 언어에 있어서도 마찬가지이다.[48] 법률 언어는 인간이 법적인 관계에서의 원활한 의사소통을 위하여 만든 인공 언어다. 인간은 자연 언어로는 할 수 없는 일들을 하기 위하여 인공 언어를 만들어 왔다. 컴퓨터 프로그램 언어, 에스페란토(Esperanto) 등도 이에 해당한다.[49]

법률 언어가 그것에 의해 나타낼 수 있는 대상을 그 자체로서 혹은 글자의 논리적인 언어적 뜻풀이(법률 해석)을 통하여 '완전하고' '분명하게' 지시해 줄 수 있다는 주장은 언의의 '통시적 모호성'과 '공시적 모호성' 때문에 유지될 수 없다. '통시적 모호성(diachronische Vagheit)'이란, 언어가 시간의 흐름이라는 지평 속에서 우리 삶의 다양한 전개 가능성 때문에 모호할 수밖에 없는 것을 말한다. 즉, 법률 개념은 시간의 흐름 속에서는 언제나 '구멍 난(porős)' 개념이다.

---

44) 인간의 언어능력은 모든 인간을 포괄하는 유일한 언어의 현채로 실현될 수 있는 것이 아니라, 다양한 개별 언어들로 구체화된다.; 이성준, 「인간과 언어의 정신활동」, 『푸른사상』(2007), 70쪽.

45) 언어학자 소쉬르는 전자를 '랑그(langue)', 후자를 '파롤(parole)'이라고 부르고, 개인마다 다를 수 있는 파롤이 아니라, 공동의 사회 시스템으로서의 언어, 즉 랑그가 언어학의 대상이라고 주장하였다.; 강범모, 앞의 책, 13쪽.

46) 강범모, 위의 책, 21쪽.

47) 예컨대 강간 사건에서 피해자가 당황한 표정을 하고 있었다는 목격자의 기억이 "여자가 겁을 먹은 얼굴이었다."라는 문장으로 표현될 수도 있다. 특히 검사가 "피해자는 당시 잔뜩 겁먹고 있는 얼굴이었지요?"라고 증언에게 질문을 하는 경우에 증인은 대부분 "예."라고 대답할 것이다. 비록 자신의 기억은 '겁을 먹었다기보다는 다소 당황한 표정'이었을지라도 말이다.

48) 조원철, 「간접증거에 의한 사실의 인정」, 『사실 인정방법론의 정립(형사재판편)』(재판자료집 제110집), 법원도서관(2006), 5쪽.

49) 강범모, 앞의 책, 44쪽.

'공시적 모호성(synchronische Vagheit)'이란, 삶의 역동적 변화에 맞물려 돌아가는 언어의 실제를 일정한 시간 축에 고정시켜 놓고 — 공시적(空時的)으로 —, 이에 과학적 분석의 메스를 들이대어 그 정태적인 모습을 살펴보는 경우에도, 언어에는 언제나 일정한 모호성이 존재하는 것을 말한다. 특히, 공시적 모호성은 규범적 법률 언어와 서술적 법률 언어, 가치 충전 필요 개념, 일반 조항적 언어의 경우에 더욱 두드러진다.[50)]

4. 직접주의와 공판중심주의의 요청

검사가 공소를 제기하면 소송계속이 법원에 발생하고, 법원은 실체적 진실 발견의 권한과 의무를 가지고 소송을 주재하게 된다. 이에 따라 법관이 원진술자를 직접 대면하고 그에게서 진술을 듣고, 또한 그의 진술 태도 등을 관찰함으로써 심증을 형성하게 된다.

직접주의는 요증사실에 대한 직접적인 증거가 아니거나, 공개법정에서 법관의 면전에서 진술되지 않은 진술에 의해 유죄를 인정할 수 없다는 원리로, 형사소송절차에서 직권주의 구조인 대륙법계에서 발달되어 왔다. 진실한 진술과 법관의 정확한 심증 형성에 의한 공정한 재판을 위하여 '요증사실에 대한 증거'는 공개법정에서의 법관의 면전에서 직접 심리된 것이어야 한다는 공판중심주의의 요청에 근거를 둔 것이다.[51)] 그리고 법정 밖에서 행해진 진술인 증언이나 법정 밖에서 한 진술을 기재해서 제출한 증거를 전문증거라고 하는바, 공정한 재판을 위하여 "전문증거는 증거로 되지 않는다."라는 법칙이 수립된 것이다.

---

50) 많은 법 이론가들은 이러한 모호성이 있는 법률 언어의 유형들 사이에는 그 모호성의 정도의 차등이 있는 것으로 생각한다. 즉, '서술적 언어 → 규범적 언어 → 가치 충전 필요 개념 → 일반 조항'이라는 서열 순으로 그 모호성이 증대한다고 본다. 만약 그러한 서열화가 가능하다면, 입법자가 일반 조항 쪽의 언어보다는 가능한 한 서술적 언어 쪽의 언어로써 법률을 제정할수록, 법률적 삼단논법이 더욱 철저하게 유지될 수 있을 것이다. ; 이상돈,『법이론』, 세창출판사(2005), 57쪽.

51) 한편, 1954년 9월 23일에 제정된 우리나라 형사소송법(법률 제341호)은 증거능력에 관하여 대륙법계의 이 직접주의에 바탕을 두었다. 이후 1961년 9월 1일, 법률 제705호로 이를 개정하였는데, 제161조의2와 제310조의2가 신설되어, 위와 같은 적법절차에 의한 '공정한 공개재판을 받을 권리 보장'을 위한 헌법상의 위 각 원리에 입각하여 직접주의의 바탕 위에 영미법계의 전문법칙을 받아들여, 이를 확립하고 공판중심주의의 철저를 기하였다. 즉, "증인신문의 방식"이란 제하의 제161조의2의 제1항에 "증인은 신청한 검사·변호인 또는 피고인이 먼저 이를 신문하고, 다음에 다른 검사·변호인 또는 피고인이 신문한다."라고 반대신문에 관한 규정을 신설하였고, 제310조의2에는 "전문증거와 증거능력의 제한"이란 제하에 "제311조 내지 제316조에 규정한 것 이외에는 공판준비 또는 공판기일에서의 진술에 대신하여 진술을 기재한 서류나 공판준비 또는 공판기일 외에서의 타인의 진술을 내용으로 하는 진술은 이를 증거로 할 수 없다."라고 전문법칙에 관한 규정을 신설하여, 오늘에 이르렀다. 하지만 우리나라 법에서 미국 법이나 일본 법과 같이 피고인의 증인에 대한 반대신문권을 헌법상 명시된 권리로 규정하지는 않았다.

이른바 '전문법칙'은 일찍이 형사소송절차에서 당사자주의가 지배하던 영미법계에서 자백이 유일한 증거인 때는 증거능력을 배제한다는 자백배제법칙과 함께, 증거능력을 규율하는 법칙으로 발달하여, 각국에서 채택한 형사소송절차상의 원칙이다. '전문증거'는 대개 요증사실을 직접 체험한 자의 진술이기는 하나, 원진술자가 공판정에 출석하지 않아 선서도, 피고인의 면전에서의 진술도, 반대신문도 거치지 않은 증거이다. 그러므로 선서가 결여됨으로써 '선서가 갖는 의식의 엄숙함'과 '위증죄의 경고를 통하여 진실을 말하려는 심적 동기'의 결여로 신빙성이 약하다. 또 진술자가 피고인의 면전에서 진술하지 않으므로, 진술자는 '피고인의 면전'이라는 심리적 요인에서 허위 진술이 견제되는 점이 없고, 증인과 피고인의 태도 증거에 의한 법관의 생생한 심증 형성이 불가능하다. 또 반대신문을 거치지 않으므로, 피고인이 증언에 대한 탄핵을 통하여 그 진술의 오류를 지적·시정하여 무죄를 입증할 기회가 박탈된다. 이들과 함께, 들은 말의 전달 진술은 원진술과 차이가 있기 쉽다는 등의 이유로 전문법칙이 인정되어 왔다.

공판중심주의의 제일 원칙이 바로 영미법에서 발달한 '전문법칙'이다. 전문법칙은 증거 가운데 오로지 진술만을 대상으로 한다는 점만 두드러질 뿐, 이념적으로는 공판중심주의와 궤를 같이한다. 즉, 공판절차 이전에 수집된 진술증거는 원칙적으로 증거능력이 없고, 공판절차에서 수집된 진술증거만 증거능력이 있다. 이에 따라서 전문법칙은 실제 증인으로부터 전해 들은 증인보다 '실제 증인(real witness)'에 대한 사법적 시스템의 선호를 밝히고 있다.[52)]

제3절·전문법칙의 예외

1. 의의 및 배경

모든 법정외 진술은 그 진술에서 언급된 사실의 진실성을 입증할 목적으로 제출된 때에는 전문증거가 된다. 그리고 대부분의 전문증거는 허용되지 않는다(inadmissibile).[53)] 이 원칙은 매우 간단하다. 그러나 너무 간단하기 때문에 매우 가치 있는 증거들을 배제시키는 결과를 초래한다.

일반적으로 전문증거는 비전문증거보다 덜 신용적이다. 그러나 전문증거가 비전문증거

52) G. Michael Fenner, *op. cit.*, p. 8.
53) G. Michael Fenner, *op. cit.*, p. 131.

(nonhearsay)보다 더 신용적인(credible) 경우도 있으며, 비전문증거를 생산하는 비용은 너무 높다.[54] 이에 따라 전문증거를 배제하는 것은 공정하게 보이지 않게 되는 경우가 있다. 이러한 이유들로 인해서 보통법의 전문법칙에 대한 엄격함에 균열이 나타나기 시작했다. 즉, 전문증거를 배제하는 강력한 정책적 이유가 있음에도 불구하고, 보통법과 미국, 영국, 한국 등의 증거법체계는 많은 상황에서 전문증거를 허용하고 있다. 따라서 전문증거의 문제를 제대로 분석하기 위해서는 제출된 증거가 전문증거인지를 검토한 뒤, 그것이 전문증거라면 전문증거를 배제하는 원칙에 대한 어떠한 예외 사유가 적용되는지를 검토해야 한다.[55] 이러한 예외들은 법정외 진술이 진실일 가능성이 있어서 원진술자의 진술을 탐색하지 않더라도 그다지 해가 없을 것으로 생각될 이유가 있는 경우에 적용된다.[56]

허용의 예외(admissions exception)는 당사자주의적 성격 — 자신의 법정외 진술을 설명하는 당사자의 능력, 당사자는 자신의 진술이 믿어지지 않아야 한다고 주장하는 경우는 거의 없다는 관념 — 에 의해서 정당화되어 왔다.[57] 또한 예외를 인정하는 또 다른 논거는 법정외 진술이 잘못된 의미를 전달할지도 모른다는 위험성이 다른 요소들에 의해서 압도될 것이라는 믿음이다.[58] 예를 들어, 살인 사건의 재판에서, 죽어 가는 피해자가 누군가를 살인자로 지목하여 비난하는 진술을 한 경우에 그 진술은 증거로 허용될 수 있다. 왜냐하면 사람이 죽음 직전의 시점에서 거짓말을 할 동기가 없고, (종교적인 이유로) 거짓말을 두려워할 것으로 흔히 생각되기 때문이다. 또한 법정외 진술을 사용할 때 우려되는 위험성보다는 살인자를 지목하는 피해자의 마지막 말을 재판에서 배제할 때의 불공정성이 훨씬 더 심각하기 때문이다.[59]

또한 공개법정의 법관의 면전에서 진술되지 않고, 피고인에게 반대신문의 기회를 부여하지 않은 전문증거의 증거능력을 배척하는 것은, 피고인의 반대신문 기회를 보장하고, 직접심리주의에서 공판중심주의를 철저히 함으로써, 피고인이 공개법정에서 적법절차에 의한 공정한 재판을 받을 권리를 보장하기 위한 것이다. 그러나 직접심리주의와 전문법칙을 지나치게 관철한다면, 도리어 법관이 면전에서 진술할 수 없는 자의 진술을 기다리다가 공연히 재판의 지연을 초래하게 된다. 이는 신속한 재판을 저해하고, 증명력 있는 증거들을 이용하지 못하여 실체적 진실 발견을

54) G. Michael Fenner, *ibid.*, p. 132.
55) 아서 베스트(Arthur Best), 앞의 책, 113쪽.
56) 아서 베스트(Arthur Best), 위의 책, 113쪽.
57) Richard O. Lempert · Samuel R. Gross · James S. Liebman, *op. cit.*, p. 534.
58) 아서 베스트(Arthur Best), 앞의 책, 113쪽.
59) 아서 베스트(Arthur Best), 위의 책, 113쪽.

저해하므로, 재판의 최대 과제인 공정한 재판과 사법 정의 실현에 지장을 줄 수 있다.[60] 즉, 헌법상의 또 다른 원리인 '신속한 재판의 내실화와 실체적 진실 발견을 통한 공정한 재판의 실현'이라는 헌법상의 요청과 긴장관계 내지 괴리관계가 생긴다. 이런 점에서 소송경제와 실체적 진실 발견을 위하여, 전문증거에도 일정한 제한하에 증거능력을 예외적으로 부여할 필요가 있다.

전문법칙이 생성·발전해 온 300년의 역사를 돌이켜 보면, 전문법칙의 역사는 곧 전문법칙 예외의 확장의 역사라고 할 수 있다. 증인이 직접 체험한 사실, 그리고 반대신문에 의하여 그 진실이 담보된 사실만을 증거로 삼으려는 법칙은, 적어도 그것이 신이 아닌 인간이 하는 재판에서 당연히 발생할 수 있는 사실 인정의 오류를 최소한도로 줄이려는 노력의 결과라는 점에서 앵글로색슨(Anglo-Saxon) 민족이 남긴 위대한 문화적 유산이라고 할 수 있을 것이다. 그러나 이 높은 이상이 현실에 부딪쳤을 때, 예기치 못한 수많은 모순과 부조리가 드러나게 된 것이다. 직접체험자의 증언만을 증거로 삼으려는 이상은, 그 직접체험자가 현재 이미 죽었거나 행방불명이 되었다고 하는 현실에 부딪쳤을 때, 부득이 현실과 타협하지 않을 수 없었던 것이고, 이러한 타협의 결과가 곧 전문법칙의 예외들이다.

보통법은 잠정적으로 신빙성이 없지만 도움이 되는 정보를 예외 인정의 연속적인 작업을 통해서 — 자체적인 어떤 규칙을 가지고 — 전문법칙의 엄격성에 수정을 가하였다. 즉, 많은 학자들은 모든 전문증거를 배제하는 것은 지지할 수 없다는 데 의견이 일치하고 있으며, 전문증거의 개연적 가치는 전문증거가 배심을 오도할 위험성을 능가하는 것으로 인식하고 있다. 이러한 태도는 전문증거의 예외에 대한 자유로운 해석, 새로운 예외의 창조, 전문증거가 실수로 허용되었을 때 '해 없는 실수의 발견(finding of harmless error)'을 가능하게 하였다. 또한 지배적인 견해는, 반대가 없는 경우에는 사실확인자가 다른 허용되지 않는 전문증거에 의존할 수도 있으며, 또한 비록 전문증거가 허용되더라도 배심은 그것을 자유롭게 무시하거나 가치를 부여하지 않을 수 있다는 점을 강조하는 것이다.[61] 이러한 배경에서 오늘날 영미법상 인정되고 있는 전문법칙의 예외는 대체로 10~20가지 유형으로 분류되고 있다.

그러나 전문법칙의 예외에도 많은 비현실과 불합리가 존재한다. 그리고 많은 학자들은 전문증거의 예외의 증가를 전문법칙의 부작용의 해결을 위한 것이 아니라 전문법칙의 문제점의 하나라고

60) 헌법재판소 1994. 4. 28. 선고 93헌바26 결정.
61) Richard O. Lempert·Samuel R. Gross·James S. Liebman, *op. cit.*, p. 535.

인식하고 있다.[62] Morgan과 Maguire는 전문법칙과 그 예외를, 입체파(cubists), 미래파(futurists), 초현실주의파(surrealists)에 의해서 그려진 그림에서 떼어 낸 조각으로 만든 이불(crazy quilty)과 닮았다고 말하기도 했다.[63] 여기서 조각 이불은 단지 하나의 근거가 그 많은 전문법칙의 예외를 정당화할 수 없다는 것을 의미한다.

2. 예외 인정의 기준: 필요성과 신용성

전문법칙의 많은 예외들이 오랫동안 전통적으로 인정되어 왔고, 다른 예외들은 새로 생긴 것이지만, 그것이 적용되는 대부분의 사례에서 증언상의 취약점들 중 최소한 한 가지 이상은 문제되지 않을 것이라는 믿음에 근거하고 있다.[64] 전문법칙의 예외들은 대부분 하나 또는 두 가지의 이유에 기초하고 있다. 그 이유는 바로 증거에 대한 제도적 필요성(system's need)과 증거의 신용성이다.[65]

'필요성'은 요증사실에 대하여 원진술자의 진술이 법관의 면전에서 직접 진술될 수 없고 피고인에게 반대신문의 기회를 줄 수도 없으나, 달리 대체성 있는 증거를 구할 수 없어 이를 이용하여야 할 필요가 있는 사유를 말한다. '신용성'은 원진술이 공개한 법정에서의 법관의 면전에서 행해지지 않았어도 그 원진술의 진실성이 제반 사정에 의하여 담보되는 것을 말한다.[66] 개별 증거의 일반적 필요성이 증대할수록 예외가 인정될 가능성이 커진다. 또한 개별 증거의 일반적 신용성이 증대할수록 역시 예외 인정의 가능성이 커진다. 따라서 필요성이 증대하면 신용성의 요구는 감소한다. 마찬가지로 신용성이 증대하면 필요성의 요구도 감소한다.[67] 결국 예외들은 필요성과 신용성의 반비례 관계에 기초하여 형성되는 경향이 있다. 즉, 이 두 요건 간에는 '필요성+신용성=1'이 성립한다.[68]

이러한 전문법칙의 예외 인정은 최근 더욱 복잡하게 전개되고 있으며, 그 양상은 다음과 같다.

첫째, 어떤 예외는 전문증거를 단지 진술자가 법정에서 진술할 수 없는(not available at the

62) Richard O. Lempert · Samuel R. Gross · James S. Liebman, *ibid.*, p. 503.
63) Richard O. Lempert · Samuel R. Gross · James S. Liebman, *ibid.*, p. 534.
64) Arthur Best, *op. cit.*, p. 149.
65) G. Michael Fenner, *op. cit.*, p. 133.
66) 헌법재판소 1994. 4. 28, 선고 93헌바26 결정.
67) G. Michael Fenner, *ibid.*, p. 133.
68) G. Michael Fenner, *ibid.*, p. 134.

trial) 경우에만 허용된다.[69] 이 경우는 법정외 진술이 진실할 가능성 때문에 예외로 인정하는 것이 아니라, 법정외 진술을 사용해야 할 필요성 때문에 예외로 인정하는 것이다. 따라서 원진술자가 출석할 수 없다는 사실을 입증해야만 예외가 허용된다.

둘째, 다른 예외들은 진술자의 진술 가능성(availability)과 관계없이 허용된다.[70), 71)] 이러한 유형의 전문증거는 이를 허용할 때의 위험성이 다른 유형의 전문증거를 허용할 때보다 적다고 믿기 때문이다.

셋째, 주장 사실의 진실성을 입증하기 위해 제출되는 법정외 진술에 대하여 주장자가 그 진실성을 인정하는 경우이다. 한국 형사소송법상, 검사 작성의 피의자신문조서가 그 예이다. 피의자신문조서는 법정외 진술로서 전문증거이다.

넷째, 미국의 경우와 같이, 대면권의 보장을 통해서 인정되는 경우가 있다. 미국 수정 헌법(제6차 개정)의 대면권 조항은 "모든 형사소추절차에서, 피고인은 그에 적대적인 증인과 대면할 권리를 향유한다."라고 규정하고 있다. 대면권은 전문증거의 예외에 의한 증거의 허용을 차단하는 기능을 하는데, 이 규정은 전문법칙의 예외의 요건에 대면권을 추가로 요구하는 경우이다.

전문법칙의 예외의 기본적 요소들을 형성할 부담은 증거를 제출하는 측에 있다.[72] 따라서 전문증거를 제출하는 측은 예외 인정을 위한 기본적 요소들이 존재하고 있다는 것에 대하여 법관을 납득시켜야 한다. 반면에 전문증거의 제출을 반대하는 측은 증명적 부담(evidential burden)을 지지 않는다. 이때 예외 인정의 요건이 충족되었는지의 여부는 법률의 문제로서, 배심이 아니라 법관이 판단할 문제이다.[73), 74)] 배심은[75] 그 진술을 믿을 것인지, 그리고 어떠한 증명력을 가지고 있는지를 결정하게 될 것이다.

---

69) 우리나라 형사소송법상 제314조와 미국 연방증거법상 제804조의 예외들이 이에 해당한다.

70) Richard O. Lempert · Samuel R. Gross · James S. Liebman, *op. cit.*, p. 535.

71) 이러한 경우는 전문진술자가 거짓말을 할 위험성이 없다고 생각되는 경우로서, 우리나라 형사소송법상의 제315조와 미국 연방증거법상 제803조의 예외들이 이에 해당한다.

72) G. Michael Fenner, *op. cit.*, p. 135.

73) G. Michael Fenner, *ibid.*, p. 135.

74) 우리나라 형사소송법상의 '특신상태', '진술 불가능' 등은 판사가 판단할 문제에 속한다.

75) 물론 이는 배심제도가 있는 경우에만 타당하다. 우리나라 형사소송법상의 체계에 있어서는 전문법칙 예외의 요건이 충족되었는지의 여부와 그 증거의 신빙성은 원칙적으로 모두 법관의 몫이다. 다만 국민 참여 재판의 경우에는 영미법과 같은 모습으로 나타날 것이다.

제2장 전문증거의 개념과 범위

제1절 · 전문증거의 개념: 진술 중심적 정의와 원진술자 중심적 정의

오늘날 많은 학자들에 의하여 전문증거에 대해서 다양한 정의가 이루어지고 있지만, 그 사이에는 미묘한 차이가 있다.[1] 전문법칙은 오랜 전통을 지닌 영미의 판례법을 통하여 생성되어 발전해 왔지만, 원래 판례는 사건의 구체적 해결을 지향하는 것이므로, 그 가운데에서 전문증거의 일관된 정의를 도출하는 것은 쉬운 일이 아니다. 보통법상의 전문증거의 정의는 일반적으로 '진술 중심적(statement-based)' 또는 '원진술자 중심적(declarant-oriented)'인 관점에서 출발하고 있다.[2] 이것은 전문증거가 '진술(statement)' 또는 '주장(assertion)'의 개념 위에서 출발한다는 것을 의미한다.

먼저, '진술 중심적 관점'에서는 전문증거를 진술에서 명시적으로 주장된 사실의 진실성을 확인하기 위해서 제출된 법정외 주장(진술)으로 정의한다. '전문증거는 법정 밖에서 이루어지거나 발생한 진술 또는 주장의 행동으로 구성되며, 언급된 사실의 진실성을 증명할 목적으로 법정에 제출되어야 한다'는,[3] Dean Ladd의 정의가 '진술 중심적 정의'에 해당한다. 이 정의는 진술의 유형과 진술이 제출되는 목적에 초점을 맞춘다. 진술 중심적 정의는 제삼자 또는 증언하고 있는 증인의 법정외 진술을 배제하는 것을 쉽게 설명할 수 있다는 장점이 있다.[4] 그러나 명시적인 주장과는 무관한, 의사소통이나 주장의 행동에 대해서는 전문증거의 범위를 확대하지 않으므로, 그 대상 범위가 너무 협소하다는 점이 지적된다.

다음으로, '원진술자 중심적 관점'에서는 원진술자의 증명 메커니즘 — 즉, 관찰(observation), 기억(memory), 화법(narration), 그리고 진실성(sincerity) — 이 원진술자의 진술 또는 행동이 증명하는 사실을 확인하는 데에 유용한지의 여부(제대로 작동하는지의 여부)에 초점을 둔다.[5] 이 관점은 전문진술로 유형화된 증언에서 주장된 사실에 초점을 맞추는 경우이다. 따라서 원진술자의 증명 속성(구조)이, 사실확인자(fact-finder)가 원진술자의 언어적 또는 비언어적, 명시적 또는

---

1) 강구진, 「전문법칙와 직접주의」, 『형사소송법 (상)』(재판자료집 제22집), 법원행정처(1984), 302쪽.
2) Alex Stein, *Foundations of Evidence Law*, Oxford University Press(2005), p. 193.
3) Mason Ladd, *Cases and Materials on the Law of Evidence 384*(2nd ed. 1955).
4) Ian Dennis, *The Law of Evidence*, Sweet&Maxwell(2007), p. 663.
5) Alex Stein, *op. cit.*, p. 194.

암시적 주장에서 이끌어 낸 추론에 연결되어 있는지의 여부가 중요하다. 즉, 증거가 원진술자의 믿음에 관한 추론을 위하여 제출된 경우에 그 행동 또는 주장을 전문증거로 정의한다.[6] "전문증거는 그 가치를 단지 증인 스스로에 대한 신용성으로만 도출되는 것이 아니라, 동시에 증인에게 정보를 전해 준 다른 사람의 진실성과 능력에도 의존하는 증거를 말한다."라는 Jones의 정의가[7] 이에 해당한다. 원진술자 중심적 정의는 원진술자의 증인으로서의 기능을 중시하기 때문에, 이 정의에서 중요한 것은 법정에 제출된 법정외 원진술자의 신용성(credibility)이다. 원진술자 중심적 접근 방법은 전문의 위험성 때문에 부재증인(원진술자)에 대한 신문의 불가능을 진술 배제를 위한 정당화의 근거(prima facie justification)로서 취급하기 때문에 '위험 분석(dangers analysis)'으로 불리기도 한다.[8] 이 방법은 전문법칙을 전문증거의 배제근거와 밀접하게 연결하고 또한 전문법칙의 예외를 설명하는 데 유용하다는 장점을 가지고 있다. 그러나 소위 묵시적인 주장(implied assertion)을 포함하여[9] 모든 형태의 법정외 의사소통을 전문증거로 파악하기 때문에 그 범위가 너무 광범위하다는 문제점이 지적된다.[10]

미국 연방증거법은 전문증거란 '원진술자가 공판기일 또는 심문기일에 행한 진술 이외의 진술로서 그 주장 사실이 진실임을 입증하기 위하여 제출된 것'이라고, 진술은 '구두 또는 서면에 의한 주장, 또는 주장의 의도로 행해진 어떤 사람의 비언어적 행동'이라고 규정하고 있다. 이에 따르면, 원진술자의 의사소통은 그 형태가 언어적이든 비언어적이든, 또는 명시적이든 묵시적이든 문제되지 않는다. 중요한 것은 원진술자가 자신의 주장 또는 행동이 증명하려고 목표하는 사실을 전달하려는 의도(intention)이다. 따라서 원진술자가 주장하려고 의도했던 사실의 진실성을 증명하는 것을 목적으로 하는 의도적인 의사소통만이 전문증거에 해당하므로[11], [12] 미국 연방증거법에서는

---

6) Ian Dennis, *op. cit.*, p. 662.
7) Jones, *Evidence*, 8:1, at 159(S. Gard ed., 6th. 1972).
8) Ian Dennis, *op. cit.*, p. 662.
9) 가장 좋은 예는 거짓말을 입증하기 위해 제출된 법정외 진술이다. 이것은 진술 중심적 정의(assertion-based definition)에 의하면, 전문증거가 아니다. 왜냐하면 언급된 사실의 진실의 증거로서 제출된 것이 아니기 때문이다. 그러나 만약 그것이 법원에 대하여 거짓말을 원진술자의 그의 유죄를 믿는 원진술자에 의한 함축적(암시적) 진술로서 취급할 것을 법원에 요청하는 경우에는 원진술자 중심적 정의(the declarant based defination)에 의하면, 이는 전문증거가 될 수 있다. 화자의 측면에서의 인식의 오류, 기억의 오류 또는 이중성의 전문증거의 위험은 현존하기 때문이다. ; Ian Dennis, *ibid.*, p. 662(각주 14).
10) Ian Dennis, *ibid.*, p. 662.
11) Alex Stein, *op. cit.*, p. 194.
12) 이러한 진술들에서 도출되는 정보를 법정에서 증거로 사용하지 못하도록 하는 이유는, 원진술자가 출석해 있지 않기 때문에 배심원들로서는 원진술자가 ① 법정외 진술의 대상에 대해 인식하거나 알 수 있는 적정한 기회를 가졌는지, ② 법정외 진술의 대상에 대해 명확하게 기억하고 있는지, ③ 진실을 말하려고 했는지, ④ 자신이 사용한 단

진술 중심적 관점을 취하고 있다고 할 수 있다. 결국 미국 연방증거법(동 조 c항)의 전문증거의 정의를 이렇게 요약할 수 있다. "전문증거는 언급(주장)된 사실의 진실성을 위하여 제출된 법정외 진술(Hearsay is an out-of-court 'statement' offered for the truth of the matter asserted)이다."

우리나라 형사소송법은 미국 연방증거법의 입장과 다소 다르다. 우리나라 형사소송법 제310조의2에서는 "공판준비 또는 공판기일에서의 진술에 대신하여 진술을 기재한 서류나 공판준비 또는 공판기일에서의 타인의 진술을 내용으로 하는 진술"이라고 하여 공판정 외의 진술(또는 서류)을 전문증거라고 표현하고 있다. 따라서 형식적 측면에서 본다면, 우리나라 형사소송법은 원진술자 중심적 관점에 따르고 있다고 할 수 있다.

진술 중심적 관점과 원진술자 중심적 관점, 이 둘 차이는 소위 묵시적인 주장을 전문증거의 범위에 포함시킬 것인지의 여부에 있다. 즉, 진술 중심적 접근에 의하면, 묵시적 주장은 전문증거의 범주에서 제외됨에 반하여, 원진술자 중심적 접근에 의하면, 묵시적 주장도 포함된다.

전문증거는 법정외 진술로서 진술에 언급된 사실의 진실성을 확인하기 위해서 법정에 제출된 증거로 정의함이 타당하다. 즉, 법정외 진술이 전문증거의 조건이 되지만, 그것이 전문증거의 요건을 모두 충족하는 것은 아니다. 법정외 진술이 법정에 제출된 목적이 '진술에 언급된 사실의 확인(진실성)을 위해서 제출된 것'일 경우에만 이를 전문증거라고 할 수 있다. 즉, 후자의 요건이 전문증거의 충분조건이다.[13] 후자에 대해서는 다음 절 '입정 목적 관련성'에서 상세히 설명하기로 한다.

제2절·입증 목적 관련성

1. 의의

앞서 본 것처럼, 전문증거가 되기 위해서는 충분조건으로서 법정외 진술을 법정에 제출하는 목적이 진술에 언급된 사실의 진실성을 증명하는 데 있어야 한다. 즉, 법정외 진술 모두가 전문증거

어들의 통상적인 의미를 이해하고 있는지 등을 판단하기 어렵기 때문이다.; 아서 베스트(Arthur Best), 『미국 증거법』, 이완규·백승민 외 옮김, 탐구사(2009), 108~109쪽.

13) 보통법에서는 일반적으로 다음 3단계의 검토에 따라서 전문증거 여부와 그 증거능력의 여부가 검토된다. 1단계: 증거는 관련성이 있는가? (만약 관련성이 인정되면), 2단계: 증거는 전문증거 배제의 범위 안에서 제출되었는가? 즉, 언급된 진술의 진실성을 위하여 제출된 법정외 진술인가? (긍정되면), 3단계: 그럼에도 불구하고 보통법에 의한 예외에 의해서 허용되는가?; Paul Roberts·Adrian Zuckerman, *Criminal Evidence*, Oxford University Press(2004), p. 581.

인 것은 아니며, 언급된 어떤 사실의 증거로서(as evidence of any fact asserted) 제출된 경우에만 전문증거가 된다.[14] 이를 '목적규칙(the Purpose Rule)' 또는 '입증 목적 관련성'이라고 한다. 증거 제출의 목적, 즉 입증 목적(요증사실)이 진술 안에 들어 있는 사실의 진실성 여부를 입증하기 위해서가 아니라 그러한 진술이 있었다는 사실 자체를 입증하기 위한 것인 때에 그것은 전문증거가 아니며, 곧 증거로 허용된다.[15]

미국 연방증거법에서는 제8조에서 "전문증거란 원진술자가 공판기일 또는 심문기일에 행한 진술 이외의 진술로서 그 주장 사실이 진실임을 입증하기 위하여 제출된 것을 말한다."라고 규정하여, 입증 목적과의 관련성을 전문증거의 요건으로 하고 있다. 그러나 우리나라 형사소송법은 진술 및 서류를 전문증거로 한다고 규정하고 있을 뿐, 이에 관한 언급이 없다.

2. 언급된 사실의 진실성

'언급된 사실의 진실성(the truth of the matter asserted)'을 위해서 제출된 경우란, 진술자가 그것이 진실이라고 믿는다는 사실로부터 추론이 이루어지는 것이 아니라, 오히려 단지 그 진술이 진실하기만 하면 입증 목적이 정당화되는 경우를 말한다.

가령 갑이 "나는 토성의 공주다."라고 말하였다. 이 진술이, 갑이 정신이상자라는 추론을 뒷받침하기 위해서 사용되는 경우에는, 그 진술을 증거로 제출하는 사람이 목적하는 바는 진술이 진술자의 믿음을 반영하고 있다는 결론뿐이다. 즉, 갑이 정말로 토성의 공주인지를 확인하기 위해서 제출하는 경우에 그것은 전문증거이지만, 갑의 정신에 대한 평가를 위해서 제출하는 경우에는 전문증거가 아니다. 다만 미국 연방증거법에서는 '정신적 상태의 예외'(제803조 제3항)에 의거하여 증거로 허용된다.[16]

진술이 진술의 진실성과 관계없이 요증사실을 포함한 일정한 추론을 지지하는 경우에, 일반적으로 추론은 진술자의 사실에 대한 믿음으로부터 도출된다. 예컨대 엠마가 말에서 떨어진 후에 그녀가 휴가를 보내고 있던 목장을 상대로 겁이 많은 말을 제공한 데 대해서 소송을 제기하였다고 가정하자. 그녀의 낙마가 자신을 힘들게 했다는 것을 입증하기 위해서, 사고 당시 땅에서 일어나면

14) Steve Uglow, *Evidence*, Sweet&Maxwell(2006), p. 569.
15) Ian Dennis, *op. cit.*, p. 664.
16) 아서 베스트(Arthur Best), 앞의 책, 173쪽.

서 "다시는 말을 타지 않겠다."라고 한 자신의 진술을 제출할 수도 있을 것이다. 이 진술은 엠마가 낙마로 인해서 고통을 받았다는 것을 추측케 한다—비록 엠마가 일주일 후에 다시 말을 탔을지라도 말이다. 왜냐하면 해당 관심사가 고통을 나타내는 생각이 존재하는지의 여부에 있는 것이지, 그 생각이 진실인지에 있는 것이 아니기 때문이다.[17)] 즉, 우리는 "그 생각이 진실을 반영하는가(현실과 일치하는가)?"라는 질문을 할 필요가 없다. 따라서 기억이나 전달에서의 오류와 같은 위험성이 존재하지 않는다.

그러나 진술의 관련성이 진술의 진실성에 의존하는 경우에는 전문증거의 위험성이 존재한다. 따라서 이러한 방식으로 사용된 진술은 전문증거로 고려된다. 예컨대 엠마가 그녀의 말에 다시 오르기를 거절한 후에 "말이 우리가 출발할 때부터 겁을 먹었었다."라고 말하였다며, 만약 그 말이 겁을 먹고 있었다는 것을 증명하기 위해서 제출하는 때에는 그녀의 진술은 전문증거에 해당한다. 이 점에서 배심은 엠마가 자신이 한 진술과 자신의 믿음이 실제를 반영한다고 생각하는 것에 대해서 생각(염려)할 것이다. 만약 엠마가 소송을 하려고 한다면, 또는 만약 그녀가 말을 타고서 천천히 걷는 것조차 두려운 행위로 생각했다면, 배심은 만약 엠마의 진술로부터 그 말은 겁을 먹었다는 결론을 내렸다면 배심은 잘못된 것이다.[18)]

이상에서 볼 때, 사실확인자가 형성하고자 하는 추론이 두 개의 질문—'엠마는 그녀가 한 말을 믿는가?', '엠마는 그녀의 믿음이 실제와 일치한다고 믿는가?'—에 모두 긍정적인 답변에 의존하는 경우에만 법정외 진술은 전문증거에 해당한다. 만약 사실확인자가 진술을 요증사실에 적용하기 위한 전제로서 두 개의 질문을 하지 않는다면 그것은 전문증거가 아니다. 왜냐하면 선서, 태도, 맥락, 그리고 무엇보다도 반대신문의 기회 없이도 사실확인자는 그러한 질문에 긍정적으로 대답할 수 있는 기초를 충분히 가지고 있기 때문이다.

결국 재판에서 진술과 관련하여 다음 세 가지가 쟁점이 될 수 있다. ① 누군가가 법정에서 원진술자가 했다고 말하는 진술을 원진술자가 과연 했는가? ② 법정외 진술을 한 사람이 그 말을 할 당시 믿은 것은 무엇인가? ③ 법정외 진술자가 어떤 것에 대해 무엇을 인식했는가?[19)]

이때 법정외 진술을 증거로 제출하려는 유일한 이유가 첫 번째 쟁점을 위한 것이라면—구두 진술이든 서면 진술이든—그 진술의 증거능력을 인정한다. 그런 상황에서는 그 진술은 그 의미가

17) Richard O. Lempert · Samuel R. Gross · James S. Liebman, *A Modern Approach to Evidence*(3rd ed.), West Group(2000), p. 506.
18) 왜냐하면 처음부터가 아니라 뱀이 말을 겁나게 한 이후에 낙마했기 때문이다.
19) 아서 베스트(Arthur Best), 앞의 책, 119쪽.

진실임을 입증하기 위해 제출되는 것이 아니며, 증언상의 취약점도 포함하고 있지 않기 때문이다.[20] 증언상의 취약점은 법정외 진술의 제출자가 사실확인자들이, 그 진술을 듣고는 진술자가 믿은 것 또는 인식한 것에 대한 의견을 형성하도록 하는 때에만 문제가 되며, 반대로 법정외 진술이 진술자의 믿음을 정확히 표현한 것인지 또는 진술자가 인식한 과거의 사건의 실체를 정확히 보고한 것인지에 대해 사실확인자들이 판단할 필요도 없이 쟁점을 해결할 수 있는 경우에는 전문법칙이 적용되지 않는다.[21]

3. 한계

증거가 증인으로 소환되지 아니한 다른 사람에 의해서 말하여진 단어를 포함하고 있다는 사실 자체가 허용성의 반대 이유가 되지는 않는다.[22] 요증사실의 판단이 원진술자의 인식의 진실성에 의존하는 경우에만 전문진술로서 허용되지 않기 때문이다. 결국 입증 목적에 따라서 동일한 증거가 전문증거로 되거나 원본증거로 인정될 여지가 있다. 그러나 입증 목적 관련성에 대해서는 다음과 같은 비판이 가능하다. 예컨대 협박죄 사건에서 협박죄의 유죄를 선고하기 위해서는 특정한 언행이 존재하였다는 점과 그 언행이 경고를 넘어서는 공포심을 야기할 수 있는 정도에 해당한다는 점이 모두 확인되어야 한다. 즉, 특정한 언행의 존재와 내용이 모두 문제된다. 따라서 진술의 내용이 입증 목적인 경우에는 진술의 존재 여부가 이미 포함되어 있으며, 두 목적은 동일한 목적의 한 부분이라고 할 수 있으며, 결국 두 목적 사이에는 사실 특별한 차이가 없다고 할 수 있다.

검사에 의해서 제출된 증거는 비록 범죄 사실을 직접적으로 인정하는 데 사용되는 것은 아니지만, 간접적으로 법관의 사실 인정에 영향을 줄 수도 있다. 형사소송의 실제에서 검사 또는 변호인은 증거를 어떤 형태로든지 법정에 제출하려고 시도하고, 입증 목적을 달리하는 경우에는 얼마든지 전문증거를 법정에 현출시킬 수 있기 때문에 진술증거를 진술에 언급된 사실의 주장이 아닌 다른 입증 목적으로 제시하여 전문법칙을 피하려고 할 것이다. 따라서 전문법칙의 적용은 사실상 검사 또는 변호인의 재판 전략에 따라 증거가 어떻게 법정에 제출되는지에 달려 있게 되며,

---

20) 아서 베스트(Arthur Best), 위의 책, 119쪽.
21) 아서 베스트(Arthur Best), 위의 책, 120쪽.
22) Lord Wilberforce v. Ratten [1971] 3 All E. R. 801. ; Steve Uglow, *op. cit.*, p. 575.

검사와 변호인이 무엇을 발견해야 하는지의 문제보다 오히려 무엇을 어떻게 활용하는지의 문제가 더 중요하게 된다.[23)]

제3절·전문증거의 구체적 범위

1. 실정법적 규정

법정외 진술이 법정에 제출된 목적이 진술에 언급된 사실의 확인(진실성)을 위해서 제출된 경우에만 전문증거라고 정의하더라도, 실제 법률에서 전문증거의 범위가 어떻게 규정되어 있는지는 나라마다 상이한 입법론과 해석론의 문제에 속한다. 앞서 본 것처럼, 미국 연방증거법은 제8조에서 "전문증거란 원진술자가 공판기일 또는 심문기일에 행한 진술 이외의 진술로서 그 주장 사실이 진실임을 입증하기 위하여 제출된 것을 말한다."라고 규정하고 있다. 따라서 법정외 진술들이 전문으로 정의되며, 한쪽 당사자가 진술들의 내용이 진실임을 증명하기 위하여 이를 증거로 제출하려고 한다면, 그것은 증거로 허용될 수 없다. 즉, 전문증거 배제법칙에 대한 예외가 없다면, 한쪽 당사자는 증인을 내세워 다른 사람이 법정외에서 행한 진술을 내용으로 이를 인용하는 증언을 할 수 없고, 법정외에서 서면으로 기재된 진술을 포함하는 문서를 증거로 제출할 수도 없다.

영국의 CJA(the Criminal Justice Act) 2003의 제114조에서는[24)] '전문증거의 허용성'이라는 제목으로 전문증거가 일정한 조건하에서 허용되는 경우를 규정하고 있으며,[25)] 형사절차에서 구두

---

23) Paul Roberts · Adrian Zuckerman, *op. cit.*, p. 586.

24) CJA 2003 제114조의 내용은 다음과 같다.
「Admissibility of hearsay evidence (1) In criminal proceedings a statement not made in oral evidence in the proceedings is admissible as evidence of any matter stated if, but only if—. (a) any provision of this Chapter or any other statutory provision makes it admissible, (b) any rule of law preserved by section 118 makes it admissible, (c) all parties to the proceedings agree to it being admissible, or Criminal Justice Act 2003(c. 44) Part 11—. Evidence Chapter 2—. Hearsay evidence 76 (d) the court is satisfied that it is in the interests of justice for it to be admissible.」

25) 이 규정은 얼핏 보기에는 전문증거에 대한 보통법상의 접근을 반대로 규정한 것으로 보인다. 왜냐하면 이 규정은 원래의 보통법의 규칙인 '전문증거의 배제'에 관한 것임에도 불구하고 특정 조건이 충족되면 '허용되는 전문증거'에 관한 것이기 때문이다. 그러나 보다 정확히 본다면 제114조 제1항의 "단지 … 경우에만"이라는 문언의 의미는 전문증거의 허용이 예외라는 것으로 명백히 하고 있다고 해석함이 타당하다. 즉, 문제의 진술이 특별한 허용의 예외 조항에 포섭되지 않는 경우에는 허용되지 않는다는 것을 의미한다. ; Ian Dennis, *op. cit.*, p. 698.

진술 안에서 이루어지지 않은 진술에 대한 일반적인 배제의 원칙을 그대로 유지하고 있다.[26) 한편, 동법 제118조 제2항에 의해서 형사절차에서 전문증거의 허용성을 규정하고 있는 보통법상의 규칙은 폐지되었다. 따라서 영국에서의 전문증거의 범위에 관해서는 CJA 2003 제114조와 제118조 제2항이 함께 검토되어야 하며, 전문법칙이 발생한 영국에서도 이제는 보통법에 의해서가 아니라 실정법규에 의해서 전문법칙과 그 예외가 인정되고 있음을 알 수 있다.[27)]

우리나라 형사소송법 제310조의2는 "제311조 내지 제316조에 규정한 것 이외에는 공판준비 또는 공판기일에서의 진술에 대신하여 진술을 기재한 서류나 공판준비 또는 공판기일 외에서의 타인의 진술을 내용으로 하는 진술은 이를 증거로 할 수 없다."라고 규정하고 있다. 우리나라 형사소송법상의 문언체계는 '…의 외에는 증거능력이 없다'는 식으로 규정되어 있기 때문에, 위의 규정이 전문증거의 개념과 범위에 대한 직접적인 규정이라고 보기 힘들다. 다만 전문법칙의 예외 규정을 통하여 전문증거의 범위를 추론할 수 있을 뿐이다. 즉, 우리나라 형사소송법의 규정에 의하면, 전문진술, 수사기관 작성의 피의자신문조서, 수사기관 작성의 검증조서, 진술서, 진단서, 감정서 등이 전문증거로서 일정한 요건 하에 증거능력을 인정받을 수 있다고 규정하고 있을 뿐이다. 요컨대 우리나라 형사소송법의 규정에 의하면, 전문증거의 범위에는 ① 공판준비 또는 공판기일에서의 진술에 대신하는 진술 기재 서류, ② 공판준비 또는 공판기일 외에서의 타인의 진술을 내용으로 하는 진술 등이 해당한다.

2. 진술

전문증거는 진술이 간접적으로 법원에 보고되는 것을 말하기 때문에, 전문증거의 출발은 인간의 '진술'이라는 점이다. 따라서 진술의 의미와 범위가 중요하다. 영국 CJA 2003에서는 '진술'과 '사실'의 의미를 규정하고 있다(제115조).[28)] 이에 따르면, 진술은 '사람에 의한 어떠한 사실 또는

---

26) Ian Dennis, *ibid.*, p. 698.

27) 영국의 CJA 2003 제114조와 제118조 제2항의 결합적 효과는 세 가지로 분석된다. 첫째는 전문진술은 여전히 진술에 언급된 사실의 증거로서 일반적 배제법칙에 따르게 된다. 그러나 배제법칙은 보통법에 의한 것이 아니라, 성문 법률에 의해서 인정되는 것이다. 둘째는 허용되는 전문진술이 되기 위해서는 제114조 제1항의 4개 유형의 범위 안에 해당하여야만 한다. 셋째는 보통법에서의 전문증거로 정의되던 진술이라고 모두 CJA 2003 제115조에서의 '진술에 언급된 사실(matter stated)' 또는 '진술'의 정의에 의해서 포함되는 것은 아니다. 왜냐하면 보통법상의 전문법칙은 폐지되었기 때문이다. ; Steve Uglow, *op. cit.*, p. 582.

28) 「CJA 115 Statements and matters stated: (1) In this Chapter references to a statement or to a matter stated are to be read as follows. (2) A statement is any representation of fact or opinion made by a person by

견해의 표현을 말하며, 그것은 스케치(sketch), 포토피트(photofit) 또는 다른 그림 형태(pictorial form)로 만들어진 표현도 포함한다. 그리고 진술을 하는 사람이 법정에서 다른 사람으로 하여금 그 사실을 믿게 하려 하거나 또는 사실이 진술된 것처럼 행동하게 하거나 기계가 작동하게 하려고 하는 목적을 가진 경우에도 위의 사실에 해당한다. 결국 영국 법에서는 법정 밖에서의 어떠한 표현이라도 의도를 가지고 법정에 제출된 경우에는 전문증거에 해당한다.

한편, 미국 연방증거법(제801조 a항)에서는 진술이 '구두 또는 서면에 의한 주장, 또는 주장의 의도로 행해진 어떤 사람의 비언어적 행동'을 말한다고 규정하고 있다. 그러므로 구두 진술과 서면 진술, 비언어적 행동도 그 범위에 포함된다. 그런데 우리나라 형사소송법은 진술 및 서류를 전문증거로 한다고 규정하고 있을 뿐, 진술의 의미나 범위에 대한 언급이 없다. 따라서 비언어적 행동, 녹음테이프, 사진 또는 디지털 매체, 묵시적 주장 등이 진술의 범위에 포함될 수 있는지 여부가 문제된다.

1) 서면 진술

증인은 반드시 법관에게 그 자신의 지각에 근거한 정보를 제공해야만 한다. 증인은 다른 사람이 알고 있는 것에 대해 다른 사람에 의해서 이루어진 진술에 기초한 정보를 제공해서는 안 된다.[29] 즉, 증인 자신이 본 것, 들은 것, 느낀 것, 맛본 것 등을 법관에게 직접 구두로 보고해야 한다. 따라서 자신의 경험을 서면의 형태로 — 자신이 작성한 서면이든, 타인이 작성한 서면이든 — 법정에 제출하는 것은 전문진술에 해당한다. 보통법에서도 서면은 전문증거에 해당한다고 보았다.[30] 앞서 본 것처럼 미국 연방증거법은 서면에 의한 주장도 진술에 해당한다고 규정하고 있고,

---

whatever means; and it includes a representation made in a sketch, photofit or other pictorial form. (3) A matter stated is one to which this Chapter applies if (and only if) the purpose, or one of the purposes, of the person making the statement appears to the court to have been. (a) to cause another person to believe the matter, or (b) to cause another person to act or a machine to operate on the basis that the matter is as stated.」

29) Steve Uglow, *ibid.*, p. 562.

30) 영국에서의 이에 관한 대표적인 판결은 Mayer v. Dpp 사건에 관한 것이다([1964], 2All E. R. 877). 이 사건에서 피고인은 파손된 차량을 차량등록증을 소지하기 위하여 구입하였다. 그리고 이어서 소형 자동차를 절취하고 그 차량을 파손된 차량의 등록증의 세부사항에 맞게 차량을 개조하였다. 그리고 그는 그 개조된 차량을 파손된 차량의 등록증과 함께 팔려고 하였다. 검사는 엔진번호를 볼 때 그 자동차와 차량의 등록서류가 서로 일치하지 않는다는 것을 보여 주기 위하여 제작자에 의해서 보관된 마이크로필름 증거를 제출하면서 이 엔진번호가 등록일자상의 자동차의 것이 아니라는 것을 나타내었다. 이 마이크로필름은 조립공장의 작업라인의 작업자들에 의해서 준비되어 있던 카드에서 마련된 것이었다. 상원(House of Lord)의 Reid 경은 그 마이크로필름은 특정되지 않은 작업자들에 의한 법정외 주장(the out-of-court assertions)을 담고 있기 때문에, 이는 허용될 수 없다고 하였다. ; Steve Uglow, *ibid.*, p. 564.

우리나라 형사소송법도 서류를 전문증거로 규정하고 있다.

가령, 갑이 작성한 일기장이 법정에 증거로 제출된 경우에 이 일기장에서 갑이 "피고인 병이 피해자 정에게 총을 겨누면서 '너는 죽어야 해.'라고 말했다."라고 기재하였다면, 일기장 자체가 (서면) 진술로서 전문증거이며, 그 진술이 피고인의 진술을 내용으로 담고 있기 때문에 제316조 제1항이 적용된다. 또한 "(피해자 정이) 병에게 '나를 죽여 달라.'라고 말하였다."라고 기재되어 있는 경우에는 일기장 자체가 (서면) 진술이고, 그 진술이 피고인 아닌 자의 진술을 내용으로 담고 있기 때문에 제316조 제2항이 적용된다. 조사자 증언의 경우, 사법경찰관 갑이 "피고인 정이 '병을 폭행하였다.'라고 신문에서 말하였다."라고 법정에서 진술한다면, 진술 자체는 원본증거이므로 전문증거가 아니다. 그러나 정의 진술 부분 "내(정)가 병을 폭행했다."라는 진술은 정으로부터 전해 들은 것이다. 즉, 이 부분에 한해서는 원진술자는 정이며, 조사자의 증언 내용은 전문증거이다.[31]

한편, 피의자신문조서는 피의자의 진술(원진술자)이 기재된 서면 진술로서 그 자체는 원본증거이다. 그러나 이 원본 진술(서면 진술)이 수사기관을 통해서(즉, 간접적으로) 법원에 제출되기 때문에 법관의 입장에서 보면 전문인 것이다. 즉, 법관은 피의자였던 피고인이 직접 법관에게 보고하는 것만 가지고 심증을 형성해야 한다. 따라서 피고인이 법정에서 자신에 대한 피의자신문조서의 진정성립 또는 내용을 인정하는 법정 진술 자체는 원본증거로서 전문증거인 피의자신문조서보다 우선하는 것이다. 결국 원본증거에 의해서(즉, 피고인의 진정성립을 인정하는 법정 진술에 의해서) 전문증거의(즉, 피의자신문조서의) 증거능력이 인정되거나 배제되는 것이다. 또한 의사 병이 피해자의 사체를 부검하는 경우에 부검 결과를 직접 기재한 서면은 서면 진술로서 원본증거이다. 그러나 이 원본증거가 수사기관 또는 변호인을 통해서 법정에 간접적으로 전달되는 순간에 이것은 전문증거가 된다. 법관은 병이 직접 법정에서 자신에게 그 감정 결과를 보고하기를 원하는 것이다. 또는 법원에 제출된 감정서에 대하여 감정인인 의사가 직접 법정에 출석하여 법정 진술을 통해서 진정성립 여부를 확인해 주기를 원하는 것이다.

2) 행동에 의한 진술

비언어적 행동이 전문증거에 해당하는지에 대해서 미국 연방증거법에 의하면, '언어의 대용물로서 의도된 어떤 사람의 비언어적 행동'이 전문증거로서 취급된다는 데에 아무런 의의가 없다.[32]

31) 법관은 정으로부터 직접 병에 대한 폭행 사실을 보고받는 경우에만 그 사실을 기초로 심증을 형성하겠다는 것이다.
32) 차용석, 『형사소송법』, 세영사(1997), 315쪽.

따라서 '물리적 행동에 의한 주장(assertions by physical gesture)' 또는 '행동에 의한 진술(statements by conduct)'도 전문법칙이 적용된다. 따라서 어떤 행동이 언어에 수반되거나 언어에 의미를 부여하는 경우, 예컨대 A가 추적되는 범인으로 B를 지목한다든가 목격증인이 사고현장을 손으로 가리키는 것 등은 언어적 진술과 다름이 없다.[33)]

영국에서도 보통법에서부터 언어적 행동도 진술의 범위 안에 포함되어 법정 밖에서 이루어진 경우에는 전문증거로 취급된다. 영국의 Gibson 사건에서,[34)] 피해자는 돌에 맞아서 부상을 입었으며, 피해자는 공격당한 직후에 '확인되지 않은 어떤 여자가 어떤 집을 가리켰고, 공격자가 그 집으로 도망쳤다'고 증언하였다. 그곳은 피고인의 집이었다. 재판부는 "그 진술은 피고인에 대한 신문 절차에서 이루어진 진술이 아니기 때문에 피고인에 대한 증거로서는 제출될 수 없다."라고 결정하였다. 또한 Chandrasekera v. R 사건의[35)] 예를 들면, 해당 사건으로 피해자는 혀를 절단당했다. 그는 자신에게 공격을 한 것이 피고인인가 하는 물음에 대해서 고개를 끄덕였으며, 재판부는 이 행동이 전문증거에 해당한다고 판시하였다.

우리나라 형사소송법에는 비언어적 행동에 대한 언급이 없다. 이와 관련한 두 가지 견해를 살펴보자.

먼저, 우리나라 형사소송법 제310조의2에서 규정된 진술은 언어적 행태로 표현되는 것에 국한하는 것이 타당하다는 견해가 있다.[36)] 이에 따르면, 전문증거는 진술증거이므로 원진술은 언어적 표현에 의하여 진술자의 체험 사실을 외부에 전달하는 것이어야 하므로, 도망이나 침묵과 같은 비언어적 행동을 포함하는 경우에는 피고사건의 증명을 위한 자료가 지나치게 제한되어 실체적 진실 발견을 저해할 우려가 있다고 한다.[37)] 다른 견해는 비언어적 행동을 주장으로서 의도된 비언어적 행동과 주장으로서 의도되지 않은 비언어적 행동으로 구별하여 설명하는 것이다.[38)] 이에 따르면, 전자의 경우에는 요증사실의 진실을 입증하기 위하여 제출되는 한 전문증거라고 한다.

33) 차용석, 위의 책, 315쪽.
34) [1887] 18 Q. B. D. 537.
35) [1937] A. C. 220. ; Ian Dennis, *op. cit.*, p. 683.
36) 신동운, 『신형사소송법』, 법문사(2008), 891쪽 ; 이재상, 『형사소송법』, 박영사(2013), 40/16 ; 임동규, 『형사소송법』, 법문사(2012), 495쪽 ; 정영석·이형국, 『형사소송법』, 법문사(1996), 형사소송법, 348쪽 ; 진계호, 『형사소송법』, 형설출판사(2004), 570쪽. ; 이 책에서 각주의 출처에서 쪽수 대신 '40/16'과 같이 밝힌 것은 해당 장(chapter)과 단락의 번호를 표시한 것이다. 즉, '40/16'은 제40장 제16단락을 의미한다.
37) 신동운, 앞의 책, 법문사(2008), 891쪽 ; 이재상, 앞의 책, 40/16.
38) 정웅석·백승민, 『형사소송법』, 대명출판사(2014), 223쪽.

이 두 가지 견해에 따라 예를 들어 적용해 보자. 가령, 증인 W가 증언대에서 "갑이 을에게 야구공이 병의 눈을 때리는 것을 봤느냐?"라는 질문을 받았다. 이때 W가 "을이 고개를 상하로 흔드는 것을 봤다."라고 증언했다면, 갑의 질문에 대한 을의 동작이 야구공이 병의 눈을 때린 것을 증명하기 위해 제공된 때에 그것은 전문증거가 된다.[39] 그러나 후자의 경우에, 즉 사건의 쟁점에 관한 직접적 주장으로서 의식적으로 의도된 것은 아니나, 그럼에도 불구하고 그러한 주장의 하나로서 추리되는 법정외의 행동의 경우는 전문증거가 아니라고 한다.

언어는 상징을 이용해서 우리의 생각을 부호화하고 형체를 부여한다. 이러한 상징은 형태와 의미로 구성되어 있으며, 그 형태는 발화 형태이거나 글말 형태이거나 몸짓 형태일 수 있다.[40] 말이 행동의 일종이라면, 행동도 일종의 언어로서의 기능을 하는 경우가 있다. 예컨대 자동차 밖에 있는 사람이 자동차 안에 있는 사람과 대화를 하는 경우에 사람들은 창문 때문에 상대방이 듣지 못하기 때문에 의도적으로 행동으로 자신의 의사를 표시하려고 할 수도 있다. 따라서 비록 우리나라 형사소송법에 행동에 의한 진술이 전문증거인지 나타내는 명문 규정은 없지만, 언어의 대용물로서 의도된 비언어적 행동도 진술로서 전문증거로 취급함이 타당하다.

3) 동물과 기계로부터의 정보

만약 레이더 속도측정기가 어떤 차가 어떤 속도로 달리고 있다는 '말'을 한다면, 이 말을 법정외의 원진술에 해당한다고 할 수 있는지가 문제된다.[41] 전문증거의 기초로서의 진술은 인간의 언어활동이며, 언어활동의 중대한 기능의 하나는 사고와 생각을 표현하는 것이다. 즉, 언어는 인간의 생각을 부호화하고 그것에 형체를 부여한다.[42] 그리고 인간의 언어활동은 인간 자신의 표현일 때 자의식과 통하고, 대상에 관한 표현일 때 대상 의식이 된다.[43] 따라서 언어활동과 직결되는 소리는 단순한 물체나 기계의 진동과 같은 '소리(sound)'가 아니다. 즉, 기계의 작동의 결과로서의 말은 인간의 말이 아니라 기계 그 자체라고 할 수 있다. 물론 인간의 청각으로 들을 수 있지만 전문증거에서의 기초로서의 진술은 사람의 사고의 결과로서의 말을 의미한다. 따라서 기계 장치의

39) 차용석, 앞의 책, 315쪽 ; 정웅석·백승민, 앞의 책, 223쪽.

40) 비비언 에반스·멜러니 그린(Vyvyan Evans·Melanie Green), 『인지언어학 기초』, 임지룡·김동환 옮김, 한국문화사(2008), 6쪽.

41) 아서 베스트(Arthur Best), 앞의 책, 132쪽.

42) 비비언 에반스·멜러니 그린(Vyvyan Evans·Melanie Green), 앞의 책, 6쪽.

43) 데리다는 인간의 언어활동을 가능케 하는 목소리는 비록 물리적 울림이지만, 그 소리는 '물체로부터 살을 하나의 정신적 살로 만드는 지향적 생기나 숨결'과 통하는 이른바 현상학적 목소리(la viox phénpménologique)라고 하였다. ; 김형효, 『데리다의 해체철학』, 민음사(1993), 93쪽.

반응으로서,[44] 소리 또는 기계적 기록에서 읽히는 것은 전문증거에 해당하지 않는다. 마찬가지로 훈련된 마약 탐지견이 마약 소지자를 발견하고 지목했다는 증언을 탐지견의 조련사가 하는 경우에도 개는 사람이 아니기 때문에 전문증거에 해당하지 않는다. 보통법에서도 동물과 기계로부터 얻은 증거는 전문증거라는 이의 제기에서 대부분 보호되었다. 그 근거는 이러한 증거는 비정직성, 화법상의 문제, 기억력, 그리고 인식 과정 등의 문제에 대한 위험성이 적고, 기계적으로 관찰된 것 혹은 동물의 관찰의 신용성은 보통 기계의 작동 방식이나 동물의 훈련을 설명하는 증거로 보강될 수 있기 때문이라고 한다.[45]

4) 과학적 저장 매체

우리나라 형사소송법은 제310조의2에서 '진술 또는 서류'로 규정되어 있을 뿐이므로, 사진, 녹음테이프, 비디오테이프, CD, 보이스펜, USB 등과 같은 컴퓨터를 이용한 저장 매체가 '진술 또는 서류'로서 전문증거에 해당하는지가 명확하지 않다. 즉, 이 규정이 위에 열거한 매체들을 포섭할 수 있는지에 관해서는 문언해석을 통해서는 밝히기 곤란하다. 특히 동법 제310조의2는 원진술을 기재한 '서류'를 그 규율 대상으로 삼고 있기 때문에 이 조문을 문자를 기록 매체로 삼고 있지 않은 녹음·녹화 매체의 증거능력 제한의 근거로 삼는 데에는 문제가 없지 않다.[46]

미국 연방증거법에도 과학적 저장 매체에 관하여 명문 규정이 없다. 그러나 영국 법에서는, 앞서 본 것처럼, 전문진술의 표현에는 스케치(sketch), 포토피트(photofit) 또는 다른 그림 형태(pictorial form)로 만들어진 표현도 포함된다고 규정하고 있다. 그리고 다수의 견해도 서면은 정보가 기록될 수 있는 어떠한 매체라도 가능하기 때문에, 비디오나 녹음테이프, 컴퓨터 디스켓 등에 기록된 경우에도 동일한 원리가 적용될 수 있다고 보는 것이다.[47]

전문증거는 법정 밖에서의 원진술이 간접적인 형태로 보고되는 것이다. 원진술(또는 비언어적 행동)이 다른 사람의 진술의 형태로 법관에게 보고되는 것이 전문진술이라면, 원진술 또는 비언어적 행동이 서류의 형태로 법원에 보고되는 것이 전문서류에 해당한다. 전문진술은 원진술자의 진술이 다른 사람의 입을 통해서 법원에 보고되면서 법정 내에서의 그 다른 사람의 기억력과

---

44) 예컨대 유료의 도로를 통과할 때 돈을 넣게 되면 아름다운 여성의 목소리로 "감사합니다."라고 말하는 것은 기계의 소리이지, 인간의 말이 아니다.
45) 아서 베스트(Arthur Best), 앞의 책, 132쪽.
46) 신동운, 앞의 책, 982쪽.
47) Steve Uglow, *op. cit.*, p. 564.

표현력 — 결국 인간의 사고 작용 — 에 기초한 간접 보고라고 할 수 있다. 그러나 전문서류는 원진술자의 진술이 서면의 형태로 법원에 보고되는 것으로서, 법정 밖에서의 사람의 기억력 또는 표현력에 기초한 간접 보고라고 할 수 있다. 그리고 전문진술에 대해서는 법관은 청각을 통하여 그 진술을 듣고 이해하고 또한 판단할 수 있다. 전문서류의 경우에도 그 서류에 대한 내용의 고지 절차를 통해서 듣고 판단하거나, 서류의 내용을 인간의 시각 기능을 통하여 확인할 수 있다. 결국 전문진술이나 전문서류는 다른 매개절차 없이 법정에서 듣거나 보는 것이 가능한 증거이다.

사진도 원진술 또는 비언어적 행동이 그래픽의 형태로 법원에 보고되는 것으로서, 법관은 시각기능을 통해서 그 내용을 확인하고 판단할 수 있다. 따라서 서면 진술에 해당하여 전문증거라고 할 수 있다.[48] 그러나 과학적 저장 매체 자체는 단순한 기계이므로 전문진술이나 전문서류에 해당하지 않는다. 물론 과학적 저장 매체를 녹취한 녹취서는 당연히 전문서류로서, 전문증거에 해당한다.[49] 사진 이외의 다른 저장 매체는 저장 매체 자체에 대해서는 인간의 청각적·시각적 기능을 동원하여도 그 내용을 확인할 수 없다. 따라서 과학적 저장 매체에 저장된 내용을 확인하기 위해서는 일정한 재생 절차가 요구된다. 재생 절차를 통해서 생성된 음성, 화면, 문자 등이 비로소 청각적·시각적 기능을 통해서 확인될 수 있다.[50] 따라서 저장 매체를 재생한 내용 — 즉, 음성, 화면, 문자 등 — 을 형사소송법상의 진술 또는 서류에 포함시킬 수 있을지가 문제된다.

진술(범행 현장의 소리) 또는 비언어적 행동(범행 장면의 사진)이 다른 형태로 보관되는 경우에 그 보관 매체는 사람일 수도 있고 기계일 수도 있다. 사람이 매체인 경우에 기억력의 한계 또는

---

48) 물론 사본으로서의 사진은 진술과의 관련성이 없기 때문에 전문증거가 아니다. 따라서 사진은 주로 비언어적 행동을 내용으로 하는 전문증거라고 할 수 있다.

49) 따라서 녹취서 자체의 증거능력과 녹취서의 내용과 저장된 내용의 원본유지성이 증거능력의 조건이 된다.; 대법원 2008. 3. 13. 선고 2007도10804 판결.
「피고인과의 대화 내용을 녹음한 보이스펜 자체의 청취 결과 피고인의 변호인이 피고인의 음성임을 인정하고 이를 증거로 함에 동의하였고, 보이스펜의 녹음 내용을 재녹음한 녹음테이프, 녹음테이프의 음질을 개선한 후 재녹음한 시디 및 녹음테이프의 녹음 내용을 풀어쓴 녹취록 등에 대하여는 증거로 함에 부동의하였으나, 극히 일부의 청취가 불가능한 부분을 제외하고는 보이스펜, 녹음테이프 등에 녹음된 대화 내용과 녹취록의 기재가 일치하는 것으로 확인된 사안에서, 원본인 보이스펜이나 복제본인 녹음테이프 등에 대한 검증조서(녹취록)에 기재된 진술은 그 성립의 진정을 인정하는 작성자의 법정 진술은 없었으나, 피고인의 변호인이 보이스펜을 증거로 함에 동의하였고, 보이스펜, 녹음테이프 등에 녹음된 대화 내용과 녹취록의 기재가 일치함을 확인하였으므로, 결국 그 진정성립이 인정된다고 할 것이고, 나아가 녹음의 경위 및 대화 내용에 비추어 그 진술이 특히 신빙할 수 있는 상태하에서 행하여진 것으로 인정되므로 이를 증거로 사용할 수 있다.」

50) 실무상으로 사법경찰관이 피의자를 신문할 때 작성하는 피의자신문조서는 서면 진술로서 전문증거이다. 그러나 이러한 피의자신문조서를 수사기관에서 컴퓨터에 저장한 경우에 그 저장 파일은 과학적 저장 매체가 된다.

지각력의 한계 등이 문제되듯이, 기계인 경우에도 기계의 정확성 등이 문제될 수도 있다. 매체가 사람인 경우에도 인간 스스로에 의한 조작이 가능하듯이 기계의 경우에도 인위적인 조작이 가해질 가능성이 높기 때문에 저장 매체를 재생한 결과물들은 일단은 전문증거로 보아서 — 특히 진술을 기재한 서류 —, 그 예외(제311조~제316조)의 적용 여부를 검토하는 것이 타당하다.

제4절 · 묵시적 주장

1. 의의

타인의 말에 고개를 끄덕이는 것은 보통 동의나 '그렇다'라는 뜻을 전하는 것으로 이해된다. 즉, 여기서 고개를 끄덕이는 것은 기본적으로 생각을 표현하기 위하여 의도된 행동이며, 미국 연방증거법에서는 그러한 행동을 '주장적 행위(assertive conduct)'라고 부른다.[51] 그러나 이와 대조적으로 대부분의 행위는 무엇인가를 이루기 위한 것이지만 정보를 전달하기 위한 것은 아니라는 점에서 '비주장적(nonassertive)'이다.[52] 그런데 '비주장적 행위'도[53] 경우에 따라서는 어떤 사람이 어떤 주제에 대해 어떤 생각을 하는지를 나타낼 수도 있는데, 이와 관련된 문제가 묵시적 주장의 경우이다.

묵시적 주장은 진술 또는 행동이 특정한 사실을 주장하려고 의도한 것은 아니지만 — 특정한 사실을 추론하는 것이 가능한 —,[54] 사실의 존재에 대한 믿음의 증거로 제출되는 것을 말한다.[55] 가령 노련한 선장이 배를 검사한 후 그 배로 항해를 했다는 내용의 증언을 제출함으로써 그 배가 항해하는 데 적합했음을 입증하려고 하는 경우에, 선장의 행위에 대한 보고는 전문증거인지의 여부이다.[56]

---

51) 아서 베스트(Arthur Best), 앞의 책, 121쪽.
52) 아서 베스트(Arthur Best), 위의 책, 121쪽.
53) 한편, 비주장적 행동도 비록 의도적인 것은 아니나 사건의 쟁점에 관한 어떤 주장을 '함유(含有)하고 있으므로, '비주장적 행동이라는 용어가 적절하지는 않다는 견해는 주광일, 「전문증거의 범위」, 『법조』, 제9호(1978. 9), 42쪽 참조.
54) 예컨대 갑이 거리를 걸으면서 휴대폰을 사용하지 않고서 "어이, 병!"이라고 말했다면, 병이 갑의 면전에 있었다는 것이 추론될 수 있다. ; Adrian Keane, *The Modern Law of Evidence*, Oxford University Press(2006), p. 290.
55) Ian Dennis, *op. cit.*, p. 701.
56) 아서 베스트(Arthur Best), 앞의 책, 121쪽.

2. 전문증거로 보는 입장

보통법에 따르면, 원래 묵시적 주장에 대해서도 전문법칙이 적용된다. 그러므로 전문법칙은 특정한 사실을 주장하기 위한 사람의 말이나 행동의 증거에 대해서뿐만 아니라 특정한 사실을 주장하지는 않지만 무엇을 암시하는 말이나 행동에 대해서도 그러한 행동이 다른 어떤 사실을 증명하기 위하여 제출된 경우에는 적용되어야 한다고 한다.[57)]

이와 관련된 대표적인 사건으로 다음 두 가지를 들 수 있다.

첫째, Wright v. Tatham 사건이다. Marsden의 하인이었던 Wright는 자기가 수증자(受贈者)라고 주장하였고, 이에 대해 법적 상속인이었던 Tatham은 Marsden이 소유하고 있던 재산을 회복하기 위하여 소송을 제기하였다. 이 사건에서는 Marsden이 유언을 할 만큼 정신적으로 건전했는지의 여부가 쟁점이었다. 수증자인 Wright는 Marsden가 정신적으로 이상이 없었음을 입증할 목적으로 Marsden에게 보내어진 세 통의 편지를 증거로 제출하였다. 그 세 통의 편지는 모두 Marsden의 정신이 정상적이라는 전제하에 작성된 것들이었다. 즉, 그 편지를 작성한 사람들은 모두 Marsden을 정신적으로 건전한 사람으로 취급하였던 것이다. 하지만 법원은 그 편지들은 전문증거라고 판시하였다. 그 편지들은 쟁점 사항인 Marsden의 정신 상태에 관하여 직접적으로 언급하고 있지는 않았지만, 그 편지를 보면 편지의 작성자들은 Marsden의 정신 상태가 정상적이라고 믿고 있음이 명백하게 나타나 있으며, 따라서 이른바 비주장적 행동으로서 전문증거라는 것이었다.[58)]

둘째, 비교적 최근의 사건으로 영국의 Kearley 사건이 있다.[59)] 이 사건의 내용은 다음과 같다.[60)] 경찰관은 피고인이 살고 있는 주택을 급습하였는데, 그 과정에서 비교적 소량의 마약을 발견하였고, 마약 구입을 문의하는 전화에 대답하였으며 피고인으로부터 마약을 구매하려고 방문한 사람들을 만나기도 하였다. 주거에서 발견된 마약과 돈의 양이 실제 피고인이 마약 판매의 고의를 가지고 소지하고 있었다고 확실하게 추정을 하기에는 부족하였기 때문에 검사는 전화를 받고 방문객들을 만났던 경찰관의 증언에 의존하려고 하였다. 항소심은 두 가지 문제를 집중적으로 검토하였는데, 첫째는 경찰관의 증언 내용이 공급의 의도를 증명하는 것과 관련이 있는지 여부,

---

57) JR Spencer, *Hearsay Evidence in Criminal Proceedings*, Hart Publishing(2008), p. 7 ; 주광일, 앞의 논문, 43쪽.

58) 요컨대 이 판례는 비주장적 행동도 보통법에 있어서는 전문증거라는 이유로 배척하였음을 재확인한 점에서 그 의의가 크다. ; 주광일, 위의 논문, 44쪽.

59) [1992] 2 All E. R. 345.

60) Ian Dennis, *op. cit.*, p. 701.

둘째는 만약 관련성이 있다면 그것이 전문법칙에 의해서 배제되는지의 여부였다. 이 사건에서 다수 견해는 전화와 방문은 피고인이 마약 판매자라는 방문자에 의한 묵시적 주장이며, 마약 판매자에 대한 방문 사실에 관한 경찰관의 증언은 피고인이 판매자라는 것을 추론할 것을 요청받는 것과 다름이 없으며, 그 추론은 경찰관의 증언의 진실성에 의존하기 때문에 전문증거에 해당한다는 것이었다. 또한 전화 통화자의 진술이 피고인의 고의를 증명하기 위하여 제출되고 배심에게 '피고인이 마약 공급자이다.'라는 추론이 가능하다면, 이러한 진술은 증인으로 소환되지 않은 사람의 법정외 진술로서, 전문법칙에 따라야 한다고 보았다. 결국 Kearley 사건에서의 핵심 내용은 비의도적인 묵시적 주장도 전문증거의 범위 내에 있으며 따라서 배제된다는 것을 긍정한 것이다.

3. 전문증거가 아니라는 입장

1) 미국 연방증거법

미국 연방증거법의 규정에 의하면, 묵시적 주장은 전문증거가 아니다. 미국 연방증거법에서는 전문진술을 '구두 진술, 서면 진술 또는 비언어적 행동이 다른 사람에 의해서 의도된 경우'라고 정의하고 있기 때문에, 묵시적 행동이 특정한 의도를 가지지 않는 경우에는 그 자체가 진술로서 인정되지 않는다. 이러한 미국 연방증거법상의 전문증거는 진술 중심적 접근이라고 할 수 있으며, 이 정의에서의 중심 요소는 '만약 무엇을 위해서 의도되지 않았다면 진술이 아니라는 점'이다.

위의 선장 사례에서 선장이 "이것은 좋은 배다."라고 말했다고 하는 것은 전문증거로 취급된다. 그러나 증인이 선장이 그 배를 점검한 뒤 배를 타고 항해하는 것을 보았다고 증언하는 것은 선장이 배를 타고 어디에 가려고 한 것일 뿐, 어떤 주장을 하려고 한 것이 아니다. 그러므로 연방증거법에 의하면, 전문증거의 우려 없이 그 행위에 대해 진술하는 것은 허용된다. 왜냐하면 배를 타고 항해하는 것은 비주장적 행위, 즉 어떤 것을 실행하기 위한 행위일 뿐 의사 전달의 효과를 나타내거나 어떤 주장을 하기 위한 행위가 아니기 때문이다. 연방증거법의 입안자들은 법정외에서 '말하는 사람'의 진술에 내포될 수 있는 비정직성이라는 위험이 법정외에서 '행위하는 사람'의 행위에서의 비정직성의 위험보다 더 크다고 믿었다.[61] '말하는 사람'은 자신의 말이 그가 말하는 주제와 관련이 있음을 항상 의식한다. 하지만 '행위하는 사람'은 다른 사람들이 자기

61) 아서 베스트(Arthur Best), 앞의 책, 122쪽.

행위를 보고 그가 진실이라고 믿는 것을 드러내는 것으로 해석할 수 있다는 것을 말하는 사람의 경우처럼 명확히 인식하지 않을 수도 있다. 즉, 어떤 사람이 일정한 주제에 대하여 거짓말을 할 만한 이해관계가 있다면 그가 그 주제에 대해 말하는 동안 거짓말을 할 가능성이 높다. 그러나 어떤 것에 대해 거짓말을 하려는 사람이 비언어적 행동을 사용하여 다른 사람들을 속이려고 할 것인지는 그보다 확실성이 떨어진다. 이러한 말과 행위 사이의 차이점들이 비주장적 행위를 전문증거의 정의에서 제외하는 연방증거법 제801조 a항의 주된 논거이다.[62]

2) 영국 법

영국의 법률개정위원회 및 다수의 판결에서는 Kearley 사건에서의 결정은 전문법칙의 적용에 있어서 상식과 반대되는 결정이며, 피고인의 유죄에 대한 개연성이 매우 높은 증거를 법원이 제거해 버렸다고 비판하였다.[63] 이에 따르면, 전문법칙은 오직 진술의 작성자가 다른 사람에게 진술이나 진술에 암시된 것이 사실이라고 믿게 하려고 하는 경우에만 작용되어야 하기 때문에,[64] 진술의 작성자가 다른 사람에게 진술의 진실성을 믿게 하려고 의도하지 않는 경우에는 진술자가 계획적으로 오해를 유도하지 않았다는 것이 추론될 수 있다고 하였다. 또한 일반적으로 사람들이 행동할 때보다 말할 때 거짓을 더 많이 하게 되기 때문에, 인위적인 조작의 가능성은 묵시적 주장에 있어서는 훨씬 줄어든다고 보았다.[65]

검사가 납치의 공범으로 기소된 자(D)의 공모에의 가담을 입증하기 위해서 다른 공동피고인(K)의 휴대폰의 메모리의 기재 내용을 증거로 제출한 Sukadeve v. Singh 사건에서,[66] 피고인 측은 메모리에 기재된 휴대폰 번호가 비의도적인 묵시적 주장으로서 보통법의 원칙에 따라서 전문증거에 해당하므로 증거로서 허용되지 않는다고 주장하였다. 그러나 법원은 기록이 전화기 소유자인 공동피고인에 의해서 기억장치 안으로 저장되었다고 가정한다면, 그 기록들은 번호들이 정확하다는 묵시적 주장에 해당하고, 또한 다른 사람에게 그 사실을 믿게 하려고 하는 것이 저장자들의 목적이 아니므로 비의도적 행동으로서 전문증거에 해당하지 않기 때문에 범죄 사실과 관련성이 있는 한 증거로서 허용된다고 판시하였다.

---

62) 아서 베스트(Arthur Best), 위의 책, 122쪽.
63) Ian Dennis, *op. cit.*, p. 701.
64) Ian Dennis, *ibid.*, p. 702.
65) JR Spencer, *op. cit.*, p. 7.
66) [2006] EWCA Crim 660 ; [2006] 2 Cr. App. R. 12(p. 201). ; Ian Dennis, *op. cit.*, p. 703.

이러한 일련의 비판을 수용하여 영국 정부는 마침내 CJA 2003 제115조 제3항을 통하여[67] '비의도적 묵시적 주장(unintentional implied assertion)'을 전문증거의 범위에서 제외시키는 입법적 결단을 내리게 되었다.[68]

4. 소결

원진술 자체로서는 전문법칙의 문제는 발생하지 않는다. 원진술이 간접적으로 전달되는 경우에 비로소 '전문'법칙이 작동한다. 원진술자가 직접적으로 법원에 보고하는 것은 전문이 아니라 원본증거로 된다. 결국 전문증거는 '① 어떤 의도를 가진 진술 또는 비언어적 행동이 존재할 것, ② 진술 또는 비언어적 행동에 나타난 사실의 입증을 위할 것, ③ 진술 또는 비언어적 행동이 법정에 간접적으로 전달될 것'이라는 요건이 필요하다.

이러한 관점에서 볼 때, 묵시적 주장은 우리나라 형사소송법상의 진술의 범위에 속하지 않는다.

수많은 행동들 중에는 일정한 목적으로 가진 것도 있지만 일정한 목적 없이 단순히 기계적인 것도 있다. 예컨대 비가 오면 사람들은 당연히 우산을 펼치고, 어두워지면 자동차 운전자는 차의 헤드라이트를 켜게 된다. 이러한 행동들은 처음부터 타인에게 무엇인가를 알리기 위한 의도를 지닌 행동이 아니며, 인간의 사고 작용의 결과로서의 진술에 해당하지 않는다. 물론 인간의 몸짓도 언어의 형태에 해당하지만, 그것은 그 몸짓이 일정한 의도를 내포하고 있는 경우에 — 물론 본인이 행위자가 그것을 의식하든 의식하지 못하든 — 한해서 전문증거의 기초로서의 진술에 해당한다.

묵시적 행동이 일정한 의도를 가진 경우도 있다. 예컨대 '묵시적 기망'은 일정한 의도를 가진 '설명 가치 있는 행동'이기 때문에 전문증거가 될 수 있다. 또한 묵시적 주장이 일정한 '의미(meaning)'를 가진 행동이라고 할 수는 있다. 의도(intention)가, 행위자가 사전(事前)에 가진 정신적인 목표라고 한다면, 의미는 행위자의 의도와 무관하게 관찰자의 입장에서 사후(事後)에 부여하는 평가에 해당한다. 의도의 주체는 행위자이지만, 의미의 주체는 행위자가 아니라 행위자의

---

67) 「CJA 115 (3) A matter stated is one to which this Chapter applies if (and only if) the purpose, or one of the purposes, of the person making the statement ppears to the court to have been—.」

68) CJA 2003 제115조 제3항의 의미는 Kearley 사건에서 확립된 내용을 공식적으로 변경하는 것으로서, 비의도적인 암시적 주장(unintenttional implied assertion)을 전문증거의 정의의 범위 밖에 두는 것이며, 따라서 허용되는 비전문증거라는 것을 명문화한 것이다. ; Uglow, *Evidence,* p. 582.

행위에 대한 평가자이다. 의도의 주체가 의미 판단에 있어서는 객체의 입장으로 된다고 볼 수 있다. 예컨대 학생이 전혀 의도하지 않고서 교수의 강의 중에 하품을 하는 경우에, 비록 학생에게 처음부터 하품을 할 의도는 없었지만,[69] 관찰자는 학생이 교수의 강의에 흥미를 느끼지 못하는 것으로 의미를 부여할 수 있는 것이다.

또한 묵시적 주장은 명시적 주장보다 덜 취약하다고 할 수 있다. 묵시적 주장에서 면밀한 조사가 필요한 것은 증인의 진실성이 아니라, 오히려 그들의 지각과 판단능력이다.[70] 따라서 증인이 사실을 당연한 것으로 간주하면서, 그에 따라 행동하기 때문에 비진실성을 찾아보기 힘들다. 예컨대 사고 당시 비가 왔는지 문제된 사안에서 어떤 사람이 우산을 펴려고 하였다는 행동으로부터 비가 오고 있다는 점은 일반적으로 추론할 수 있지만, 비가 오고 있다는 것을 다른 사람에게 주장하려는 의도를 추론하는 것은 일반적인 것은 아니다.[71] 물론 행위자의 관찰의 정확성·기억력이 반대신문에 의하여 테스트되지 않는다는 문제는 여전히 제기될 수 있고, 행위자가 생각하지 못한 실수(honest mistake)를 만들었을 수도 있지만, 이러한 상황에 있어서 오류의 위험성은 그것들을 배척하는 이유보다는 오히려 증거가치를 평가하는 데 더 실제적인 의미를 가지므로 전문증거가 아니라고 보는 것이 타당하다.[72]

앞의 선장 사례를 다시 떠올려 보자. 선장이 처음부터 그 배가 좋은 배라는 것을 보이기 위한 의도는 없었지만, 선장이 배를 점검한 후에 그 배에 탑승한 것에 대하여 관찰자의 입장에서는 그 배가 출항에 아무런 문제가 없었다는 것이라는 '의미'를 부여할 수는 있는 것이다.[73] 그러나 전문증거는 진술 또는 행동이 일정한 의도를 가지고 외부세계로 나타난 경우에 그 진술이나 행동에 존재하는 의도를 입증하기 위하여 법원에 간접적으로 제출하는 경우에 비로소 원본증거가 전문증거로 된다. 따라서 사후적인 의미를 부여하고 그 의미를 입증하기 위하여 제출하는 경우에는 전문증거가 아니다. 결국 의도되지 않은 묵시적 주장은 전문증거가 아니다.

---

69) 즉, 학생이 교수의 강의에 흥미가 없다는 것을 의도적으로 표현하기 위한 행동이 아니다.

70) Steve Uglow, *op. cit.*, p. 578.

71) 만약 이 경우에 그 의도를 추론하는 것은 '성급한 일반화의 오류'에 빠질 가능성이 있다. 성급한 일반화의 오류(Fallacy of hasty Generalization)는 논증자가 너무 빨리 특별한 사실적 관찰에 기초를 둔 광범위한 또는 일반적인 원칙을 형성하기 위하여 이동하는 경우에 발생한다.; 이정일, 『논증과 논쟁』, 이담(2010), 125쪽.

72) 정웅석·백승민, 『형사소송법』, 대명출판사(2014), 223쪽.

73) 따라서 정황증거로 제출할 수 있을 것이다.

제5절 · 전문증거가 아닌 경우

1. 진술의 존재가 요증사실인 경우

앞에서 언급한 것처럼 원진술의 내용이 요증사실(fact in issue)인 경우에는 전문증거이지만, 원진술의 존재 자체가 요증사실인 경우에는 원본증거이지 전문증거가 아니다.[74)]

가령 갑이 "내가 개발한 약을 먹으면 영원히 죽지 않는다."라고 말하고 그 약을 다수의 사람들에게 판매하였다고 하자. 실제로 그 약이 사람을 영원히 죽지 않게 하는지의 여부가 쟁점인 경우에는 이 진술은 전문증거에 해당한다. 그러나 사기죄의 성립 여부가 쟁점인 경우에는 그러한 말을 했다는 자체가 사기죄의 기망에 해당하므로 전문증거가 되지 않는다. 또 다른 경우를 생각해 보자. 가령 원고가 피고인이 증인에게 보낸 편지를 법정에 제출하도록 증인에게 요구하였다. 이 편지에서 피고인은 원고가 도둑이었다고 말하였다. 만약 이 편지의 제출을 요구하는 원고의 목적이 원고가 도둑이었는지의 여부를 입증하는 데 있다면, 이 편지는 전문증거에 해당한다. 그러나 피고인이 그러한 진술을 하였다는 것 자체를 입증하려는 것에 있다면 편지는 절도 사실과 관련해서는 전문증거가 아니다. 왜냐하면 이러한 형태의 진술 자체는 명예훼손에 해당하며, 따라서 그러한 진술이 있었다는 증명은 피고인을 명예훼손죄로 고소하는 원고의 행동의 원인을 형성하기 때문이다.[75)]

또한 어떤 진술을 범죄 사실에 대한 직접증거로 사용함에 있어서는 그것이 전문증거가 된다고 하더라도, 그와 같은 진술을 하였다는 것 자체 또는 그 진술의 진실성과 관계없는 간접사실에 대한 정황증거로 사용함에 있어서는 반드시 그런 것은 아니다.[76)] 예컨대 요증사실이 어떤 사람이 술에 취한 상태 또는 환각 상태에 있었는지의 여부에 관한 것인 경우에, 만약 증인이 피고인이 '도로에 분홍색의 코끼리가 있었다'고 말하는 것을 들었다고 증언했다면, 그런 진술은 전문진술이 아니다. 왜냐하면 코끼리가 도로에 있었는가에 대한 증거로서가 아니라, 피고인이 취했거나 정신이 상이라는 것에 대한 증거로 제출되었기 때문이다.

또 다른 예를 생각해 보자. 어떤 사람이 교통사고 현장에서 도주한 혐의로 기소되었다. 경찰관은 자동차의 등록번호를 현장에서 보았다는 목격자를 신문하였지만, 그는 현재 사라지고 없다. 따라서

---

74) 대법원 2008. 11. 13. 선고 2008도8007 판결.
75) Ian Dennis, *op. cit.*, p. 664.
76) 대법원 2000. 2. 25. 선고 99도1252 판결.

검사는 경찰관이 그 목격자로부터 들은 것에 관해서 증언하게 하려고 한다면, 이 경찰관의 증언은 허용될까? 검사에게 있어서 입증 목적은 그 자동차가 사고에 연루된 피고인의 자동차라는 것을 보여 주는 것이며, 법원은 그 판단에 있어서 부재증인의 주장의 진실성에 의존하여야만 한다. 따라서 경찰관의 증언은 전문진술이다.[77] 그러나 이 경우에도 만약 목격자가 의도적으로 경찰관을 속이기 위해서 허위의 등록번호를 말하였고, 공무집행방해죄로 기소되어 있다면, 경찰관의 증언은 전문진술에 해당하지 않는다. 왜냐하면 이런 상황에서는 증명을 요하는 것은 내용의 진실성보다는 진술이 이루어졌다는 사실(자체)이며, 법원은 증인의 지각이 아니라 단지 그러한 말들이 실제로 하여졌는지 여부와 검사의 증거 제출의 목적에 관심을 가지게 될 것이기 때문이다.[78]

2. 듣는 이나 읽는 이에게 끼친 효과를 입증하기 위해 제출된 증거

예컨대 갑에게 또는 그의 면전에서 한 발언에 관한 증거는 갑의 '있음 직한 마음의 상태(the probable state of mind)'나 그의 이후의 행동과 관계있는 어떤 정보를 취득했었음을 입증하기 위하여 증거로 제출되는 경우에는 허용된다. 왜냐하면 그 증언은 요증사실이 진실임을 입증하기 위하여 제출된 것이 아니고, 단지 그 말의 효과를 입증하기 위하여 제출된 것이므로 전문증거가 아니기 때문이다.[79] 또한 갑이 읽었던, 병의 신용상태에 관한 편지를, 갑이 그 이후에 병에게 물건을 인도할 것을 거절한 것은 선의(good faith)였음을 입증하기 위하여 제출하는 것은 허용된다. 이 경우에 그 편지는 그 속에 담겨진 내용이 진실임을 입증하기 위하여 제출되는 것이 아니라, 그 편지를 읽은 갑의 마음의 상태를 입증하기 위하여 제출되는 것이므로 전문증거가 아니다.[80] 마찬가지로 피해자가 피고인을 만난 직후에 "피고인은 정말 무서운 사람이야."라고 말하는 것을 들었다는 증인의 증언도 전문증거가 아니다. 피고인이 정말 무서운 사람인지의 여부가 요증사실인 것이 아니라, 피해자가 피고인을 두려워

77) 물론 전문법칙의 예외에 의해서 증거능력이 부여되겠지만 말이다.

78) 이에 관해서는 영국의 이것은 Chapman 사건에서 잘 나타나고 있다([1962] 2All E. R. 321). 이 사건에서 피고인은 음주운전으로 인하여 도로안전법(Road Safety Act 1967) 위반죄로 기소되었다. 해당 법률의 제2조 2(b)항에서, 병원의 환자는 만약 의사가 반대하는 경우에는 호흡 샘플을 제공해서는 안 된다고 규정하고 있다. 호흡 검사는 피고인이 병원에 있는 동안에 시행되었고, 경찰관은 의사가 "반대하지 않았다."라고 진술하였다. 항소심 재판에서 검사는 의사를 불러서 반대가 없었다는 것을 증명해야만 한다고 주장하였고, 이에 따라 의사의 증언이 허용되었으며, 유죄 평결은 유지되었다. 그 이유는 의사의 증언이 전문진술이 아니기 때문이라는 것이었다. 즉, 증명이 필요한 사실은 호흡 검사의 결과가 아니라 호흡 검사에 대한 반대가 없었다는 것이다. 따라서 반대가 없었다면, 절차가 적법하게 수행된 것이고, 항소인은 항소의 이유가 없게 된다고 판시되었다.

79) 정웅석·백승민, 앞의 책, 636쪽.

80) 주광일, 앞의 논문, 32쪽.

하는 마음을 가지고 있었다는 피해자의 심리상태가 요증사실인 경우이기 때문이다.[81)]

또한 경고(warnings)도 법정외 진술이 그 내용의 진실 여부와 상관없이 요증사실과 관련성이 있는 것으로 평가되는 경우에는 전문증거에 포함되지 않는다. 가령 위험한 기계를 제대로 관리하지 못했기 때문에 상해를 입은 피해자가 기계 판매자에 대하여 사전 주의 의무에 대한 경고가 없었다는 것을 이유로 고소를 하였다고 하자. 이 경우, 판매자가 피해자에게 "날카로운 모서리를 조심하라."라고 말했다는 증거는 판매자가 기울인 주의의 정도가 사건의 실체 파악과 관련성이 있다면 허용될 것이다. 왜냐하면 '조심하라'는 말에는 진실이라든가 거짓이라든가 하는 문제가 없으며, 주의 의무의 위반 여부를 판단함에 있어서는 단지 그러한 말을 했다는 것만이 중요하기 때문이다. 경고하는 사람이 '날카롭다'는 의미가 아니라 '뾰족하다'는 의미로 말했거나,[82)] 말한 사람이 기계가 위험하다고 생각하고 있었으나 사실은 오해였다 하더라도, 그런 잘못된 인식이나 기억상의 불분명 등도 전혀 중요하지 않다. 왜냐하면 판매자가 행한 경고에 대해 피해자가 어떻게 반응했는가 하는 쟁점과 관련하여, 사실확인자들이 고려해야 할 정보를 제공하는 것은 "날카로운 모서리를 조심하라."라는 말을 했다는 사실 자체이기 때문이다.[83)]

3. 언어적 행동

진술이 말하거나 기록되었다는 바로 그 점(사실)이 법적 결과를 수반하는 것을 일반적으로 '언어적 행동(verbal acts)'이라고[84)] 부른다. 진술이 언어적 행동에 해당하는 경우에는, 특정한 말 또는 쓰기는 직접적으로 요증사실 자체와 관련된다. 그리고 경우에 따라서는 당사자가 법적 구제를 얻어 내기 위해서 증명해야만 하는 사실을 형성한다.[85)] 이러한 언어적 행동들은 관련 실체법률(substantive law)의 이해 없이는 설명될 수 없다. 왜냐하면 언어적 행동에 법적 의미(중요성)를 형성해 주는 것은 실체법률이기 때문이다.[86)]

---

81) 이은모, 『형사소송법』, 박영사(2014), 683쪽.

82) 아서 베스트(Arthur Best), 앞의 책, 114쪽.

83) 이런 증언에는 전문증거에서 논의되는 취약점 중의 어떤 것도 포함되어 있지 않다. 즉, 법정외 진술자의 인식 과정, 기억력, 정직성, 그리고 용어의 유별난 사용 가능성은 사실확인자가 판매자가 그러한 경고의 말을 했다는 것을 사실로 믿는다면 아무런 영향을 미치지 못하기 때문이다. ; 아서 베스트(Arthur Best), 위의 책, 115쪽.

84) 이를 'operative facts'(효과 발생적 사실) 또는 'operative legal facts'라고 부르기도 한다. ; Richard O. Lempert · Samuel R. Gross · James S. Liebman, *op. cit.* p. 508.

85) Richard O. Lempert · Samuel R. Gross · James S. Liebman, *ibid.*, p. 508.

86) 예컨대 갑이 을에게 "너, 다른 남자를 만나면 죽을 줄 알아."라고 말했을 때, 이 말은 협박죄를 구성하는 요증사실

언어적 계약 체결을 하는 행동을 생각해 보자. 계약을 형성하기 위해 주장된 법정외 진술은 전문증거가 아니다. 왜냐하면 요증사실이 진술이 어떤 의미에서 진실인지의 여부가 아니라, 오히려 그러한 진술이 행해졌는지의 여부이기 때문이다.[87] 법적 권리와 의무는 계약을 형성하는 데 충분한 단어(말)들이 행해졌는지에 달려 있다.

예컨대 Bonny가 C의 생존 배우자인지의 여부가 쟁점인 소송의 예를 생각해 보자. Bonny와 C가 결혼식에서의 전통적인 질문에 "그렇게 하겠습니다(I do)."라고 서로 대답하였고, 이어서 주례가 "당신들은 이제 서로 남편과 부인이 되었음을 선포합니다."라고 말했다는 증언은 전문증거가 되지 않는다. 왜냐하면 그러한 진술들은 결혼 행위의 부분들이기 때문이다. 파트너가 영원히 사랑하기로 했는지, 축복하기로 했는지의 여부는 문제되지 않는다. 결혼식에 참석하였다는 것만이 중요하다. 비록 그 결혼식이 너무 형식적이어서 어떤 법적 구속력을 형성할 수 없다고 하더라도, 서약을 주고받았다는 보고의 증언은 전문증거가 아니다. 그 증언은 단지 법적으로 충분한 의식이 있었다는 어떤 증거에 불과하다.

'계약상의 문구(language of contract)'도 전문증거가 아닌 방식으로 사용되는 법정외 진술의 다른 예이다.[88] 즉, 법정외에서 일방 당사자가 계약을 체결하는 어떤 말을 서면으로 쓰거나 구두로 말했다는 증거를 소송 당사자가 제출하려는 경우, 이론적으로 소송 당사자는 그 말들을 통해 내용의 진실성을 입증하려는 것이 아니다. 계약 이행이 강제되는 경우, 그것은 법원이 일방 당사자의 약속 내용을 '진실'로 받아들이기 때문이 아니다.[89] 즉, 당사자의 말이 진실인지 아닌지와 무관하게 법규정에 의해서 서면으로 쓰이거나 구두로 행해진 말들이 하나의 계약을 구성한다면, 그 계약은 강제될 것이다. 즉, 실체법률이 예상하고 있는 진술 — 말이나 문자 — 이 사용되었다면, 당사자의 의사와 관계없이 일정한 법적 효과가 그 진술에 부여되는 것이다.

4. 행동의 언어적 부분

일정한 상황에서 행동이 애매할 때도 있다. 그러나 수반하는 말이 행동을 분명하게 한다. 즉,

자체이며, 이러한 말이 협박죄를 구성하는 것은 실체법인 형법에서 '공포심을 야기하는 행위'를 협박죄의 구성요건으로 정하고 있기 때문이다.

87) Richard O. Lempert · Samuel R. Gross · James S. Liebman, *ibid.*, p. 507.

88) 아서 베스트(Arthur Best), 앞의 책, 115쪽.

89) 아서 베스트(Arthur Best), 위의 책, 115쪽.

그 말이 행동의 적절한 법적 의미를 가리키게 된다. 그러한 설명적인 단어들은 일반적으로 '행동의 언어적 부분'으로 알려져 있으며, 이는 전문증거가 아니다.

가령, 누군가 200만 원을 자신의 친구에게 주면서 "나는 네게 200만 원을 빌려줄 수 있다."라고 했다. 또는 예금자가 은행 직원에게 1,000만 원을 건네주며, 그 돈은 자기 자식의 신용계좌에 예치되어야 한다는 메모를 남겼다. 이 경우에 수반되는 말이 없다면, 행동의 법적 상태(의미)는 불분명하다. 그러나 말을 통해서 그 사람이 친구에게 200만 원을 증여하는 것이 아님을, 그 예금자가 1,000만 원을 포기하는 것이 아님을 알 수 있다. 이렇듯, 행동과 관련성이 있는 설명적 진술은 전문증거가 아니다. 대부분의 법원은 설명적(해명적) 진술을 '행동의 언어적 부분'으로 취급하고, 배심은 그 진술로부터 요증사실을 직접 추론해 낸다.[90)]

주의해야 하는 것은 이러한 진술들이 경우에 따라서는 전문증거로 되는 경우가 있다는 것이다. 예를 들어 보자. 불법행위로 인한 손해배상 청구 소송에서, 원고가 상해를 입기 전에 제조자가 다른 상해 사고에 대한 보고를 받았기 때문에 제품 디자인을 변경했어야 한다고 주장하는 경우가 있다. 이때 다른 사람들의 상해에 대한 보고는 두 가지 측면에서 관련성을 가진다. 즉, 만약 법정외의 보고가 과거 상해 사고에 대한 정보를 제대로 전달했다는 점을 입증하려는 것일 경우에는 정보의 진실성 여부가 쟁점이 되기 때문에 그 보고 내용은 전문증거에 해당한다. 그러나 정보의 진실성이 아니라 제조자가 합리적인 관점에서 조사를 했어야 할 정보를 보고받았다는 사실의 입증이 쟁점인 경우에는 그 보고는 정확성이 요구되지 않으므로 전문증거가 아니다. 이를 입증하려면 제조자가 실제로 보고를 받았다는 점만을 보여 주면 되기 때문이다.[91)]

이러한 '행동의 진술에의 흡수(동화)'는 법원 실무에 반영되어 있다. 그 이유는 이것들은 '행해진 일(part of the thing done)' — 즉, res gestae[소송 사건의 부대 상황](이는 증거 능력을 가진 중요한 사실이다) — 을 이루므로, 전문증거가 아니기 때문이다. 즉, 진술 내용이 과거에 있었던 일을 정확히 설명하는지와 상관없이, 그런 말을 누가 했다는 사실에 대한 증거가 쟁점인 경우에, 증인은 법정에서 그런 말을 인용할 수 있다. 경고의 말이나 사업상 합의의 말을 누가 했다는 사실에 대한 증언과 같은 증거는, 그 말이 진실임을 입증하기 위해서가 아니라 단지 그 말을 했다는 사실 자체를 입증하기 위하여 제출된 경우에는 전문증거의 문제를 전혀 포함하지 않는다.[92)]

---

90) Richard O. Lempert · Samuel R. Gross · James S. Liebman, *op. cit.*, p. 509.
91) 아서 베스트(Arthur Best), 앞의 책, 116쪽.
92) 아서 베스트(Arthur Best), 위의 책, 116쪽.

5. 인식을 나타내는 진술

어떤 주장이나 항변이, 개인이 특별한 사실을 어느 정도 알고 있거나 알고 있었음에 틀림이 없다는 주장에 의존하는 경우가 종종 있다. 이때 개인이 특별한 진술을 하거나 들었다는 사실은 '인식(awareness)'이 존재한다는 강력한 증거가 될 수 있다.

가령, 살인 사건에서 피고인 G가 B에게 총을 쏘았을 때, 자신이 정당방위를 하였다고 주장하는 경우를 보자. 이때 B가 "너, 잘 만났다. 너는 없어져야 해!"라고 말하는 것을 G가 들었다고 주장하는 것은 전문증거에 해당하지 않는다. 그 진술은 B가 G를 죽이려고 했다고 생각하게 하는 이유를 제공하기 때문이다. 이것은, G의 믿음으로 이끈 협박이 B가 실제로 실행하려고 했는지의 여부와는 무관하다.

'인식을 나타내는 진술'의 사용은 과실 행위에서도 나타난다. 예컨대 수리공이 갑에게 브레이크 수리를 요한다고 말했다는 진술은, 만약 갑이 자신의 브레이크의 결함을 알고 있었다는 것을 보이기 위해서 제출된다면 전문증거가 아니다.[93] 마찬가지로 갑이 그 친구에게 사고 전에 "브레이크 상태가 좋지 않은 것 같아."라고 말했다는 것을 보고하는 증언도 그가 브레이크의 좋지 않은 상태를 알고 있었는지가 쟁점인 경우에는 전문증거가 아니다. 그러나 이 두 진술은 실제로 갑의 브레이크가 수리를 요하는지를 보여 주기 위해서 제출되는 경우에는 전문증거에 해당한다. 만약 수리공의 말이 농담이었던 경우라도, 이것은 갑이 그의 경고를 무시했다는 결정이 합리적이었다는 것을 의미하지는 않는다. 이것은 갑이 수리공의 말에 대해서 농담이라고 의심할 만한 합리적 이유가 있는가의 문제, 즉 경고나 충고를 무시하거나 평가 절하했다는 것의 합리성은 증거의 가치(증명력)의 문제이기 때문이다. 즉, 그것은 증거의 허용성(증거능력)을 결정하는 것은 아니다.[94]

결국 수리공의 경고나 갑 자신의 진술('브레이크가 좋지 않다.')은 특정 목적에 대해서는 전문증거가 아니고, 다른 목적을 위해서는 전문증거일 수 있다. 즉, 경고나 갑 자신의 진술이, 갑이 자기 차의 브레이크의 결함을 알고 있었다(또는 알고 있었음이 틀림없다)는 것을 보여 주기 위해서 제출된다면, 이는 전문증거가 아니다. 그러나 브레이크가 실제로 결함이 있었다는 것을 보여 주기 위해서 제출되는 경우에는 전문증거에 해당한다.[95] 후자의 목적과 관련해서, 배심원은

93) Richard O. Lempert · Samuel R. Gross · James S. Liebman, *op. cit.*, p. 509.
94) Richard O. Lempert · Samuel R. Gross · James S. Liebman, *ibid.*, p. 510.
95) Richard O. Lempert · Samuel R. Gross · James S. Liebman, *ibid.*, p. 510.

갑이 그가 말한 것을 믿고 있으며, 이 믿음은 현실을 반영한다는 것을 확신하기를 원할 것이다.[96)]

한편, 때때로 '인식'이 요증사실은 아니지만, 다른 논쟁을 증명할 수 있는 사실인 경우에, 지식 또는 인식을 보여 주기 위해 해당 진술이 제출되는 경우가 있다.[97)] 잘 알려진 사건은 Bridges v. State 사건이다. 이 사건에서 피고인은 소녀를 유혹하여 자신의 방에 들어오게 하였다고 주장된 후에 성적 착취 혐의로 기소되었다. 그 방에서 행한, 소녀의 법정외 진술이 전문증거의 반대를 넘어서 적절하게 허용되었다고 받아들여졌다. 왜냐하면 그 진술은 그 남자의 방이 어떻게 보일 수 있는가를 입증하기 위해 제출한 것이 아니라, 그 소녀가 직접 보아야만 알 수 있는, 방에 대한 '인식'을 가지고 있었다는 것을 보여 주기 위해서 제출되었기 때문이다.

6. 마음의 상태

법률은 당사자들이 종종 그들의 또는 다른 사람의 정신적 관점(상태)을 증명해야 하는 경우에 '의도'를 고려한다. 그런 증명이 요구되는 때에, 우리는 '마음의 상태'가 요증사실이 된다고 말한다.[98)] '마음의 상태(state of mind)'는 정신적 전망(상태)[outlook]이 요증사실인, 사람에 의한 진술로부터 정황적으로(circumstantially) 증명된다. 이러한 진술들은 전문증거가 아니다. 왜냐하면 배심은 그 진술이 진술자의 신념을 암시하는 것에 관심이 있는 것이며, 그러나 그 진술들이 실제를 반영하는지의 여부에 관심이 있는 것은 아니기 때문이다.

이는 정신상태(sanity)가 쟁점이 되는 경우에 가장 명백하다. 변호사는 자신의 고객의 진술인 "외계인이 나를 따라 오고 있었다."라는 것을 그 고객이 외계인에 의해서 미행되고 있었다는 것을 입증할 목적으로 제출하는 것을 원하지 않을 것이다. 이 진술의 관련성은 바로 그러한 진술이 정신적 혼란의 징후라는 사실에 대신하는 것이라는 데 있다. 그러나 이것은 정신 질병의 이슈에서 결정적인 것이라는 것을 의미하는 것은 아니다. 왜냐하면 고객의 진술이 농담일 수도 있고, 거짓말일 수도 있기 때문이다 — 가령 정신 이상처럼 보이는 것이 그의 취미일 수도 있다. 하지만 그러한 진술을 하는 것은 정신 이상을 나타내는 증거가 될 수 있다.

---

96) 어떤 진술이 허용되는 비전문증거 추론(non-hearsay inference)과 금지되는 전문증거의 추론을 모두 지지하고 있을 때, 그 진술은 허용되는 추론을 입증하기 위해서 허용된다(미국 연방증거법 제403조에 의해서).; Richard O. Lempert · Samuel R. Gross · James S. Liebman, *ibid.*, p. 511.

97) Richard O. Lempert · Samuel R. Gross · James S. Liebman, *ibid.*, p. 511.

98) Richard O. Lempert · Samuel R. Gross · James S. Liebman, *ibid.*, p. 512.

제3장 미국 연방증거법상 전문법칙의 예외

제1절 · 전문증거가 아닌 경우

미국 연방증거법에 따르면, 다음의 경우는 전문증거에서 제외된다.

1. 자인

미국 연방증거법상으로 '자인(confession)'은 전문증거의 정의 자체에서 제외된다.[1] 자인을 증거로 허용하는 논거를 이용하여 법정외 진술을 증거로 제출하려는 사람은 반대당사자가 그 진술을 했다는 사실과 현재 사건 심리에 관련성이 있음을 입증하면 된다.[2] 이러한 관점은 우리의 증거법과 다소 다르다. 우리나라 형사소송법상으로는 피고인의 자백이 기재된 서류(예컨대 피의자신문조서 등)는 원칙적으로 전문증거이지만, 예외적으로 일정한 요건(진정성립, 특신상태 등)이 인정되면 그 증거능력이 인정된다. 즉, 보통법에서 전문증거는 주로 진술을 중심으로 전개되어 왔지만, 우리나라의 경우에는 조서가 증거로 제출되는 경우가 많다. 또한 연방증거법에서는 당사자와 공모 관계에 있는 공범자가 공모 과정 또는 공모 내용의 실행 중에 한 진술도 당사자에게 불리하게 제출되는 경우에는 전문증거에 해당하지 않는다.[3]

2. 증인의 종전 진술

미국 연방증거법에서 '증인의 종전 진술(prior statement by a witness)'은 어떤 사람이 법정외에서 한 진술들로, 그가 이후 다시 공판정에서 증언하는 경우의 법정외 진술을 말한다. 미국 연방증거법에서는 증인의 법정외 진술을 '종전의 모순 진술(prior inconsistent statement)', '종전의 부합 진술(prior consistent statement)', 그리고 '사람을 확인하는 진술(statement identifying

---

1) 미국 연방증거법 제801조 d(2)항.
2) 아서 베스트(Arthur Best), 『미국 증거법』, 이완규 · 백승민 외 옮김, 탐구사(2009), 150쪽.
3) 미국 연방증거법 제801조 d(2)항.

a person)' 등으로 구분하였는데, 이러한 진술이 전문증거의 정의에서 제외되기 위해서는 진술자를 상대로 법정에서 그의 법정외 진술에 관하여 '반대신문을 할 수 있다'는 요건이 충족되어야 한다.[4)]

미국 연방증거법상으로는 증인의 종전의 부합 또는 모순 진술은 모두 전문증거가 아니다. 그러나 우리나라 법의 경우에는 증인의 '종전의 부합 진술'이 진술서류의 형태로 법원에 제출되는 때에는 전문증거에 해당한다. 즉, 참고인진술조서로서 형사소송법 제312조 제4항의 요건을 갖춘 경우에만 증거능력이 인정된다. 그리고 증인의 '종전의 모순 진술'도 진술서류의 형태로 법원에 제출되는 때에는 전문증거에 해당한다. 그러나 모순 진술을 탄핵증거로 제출하는 경우에는 전문증거가 아니므로 당연히 허용된다.

'종전의 모순 진술'은 어떤 증인이 한 진술로서 다음 세 가지를 갖추어야 한다. ① 법정외에서 했고, ② 현재의 사건에서 증언하기 전에 한 것으로서, ③ 증인이 법정에서 증언한 내용과 모순된 진술이다. 이러한 진술은 보통법상 탄핵을 위한 목적,[5)] 즉 증인이 허위로 증언한다는 판단을 뒷받침하기 위한 목적으로 제출될 수 있었다. 법정외 진술을 이와 같이 사용하는 것은 전문법칙에 위배되지 않는다. 왜냐하면 이런 경우에 법정외 진술은 그 내용이 진실임을 입증하기 위해서가 아니라 법정에서 행한 진술과 대비되는 것을 보여 주기 위해 제출되는 것으로 분석되기 때문이다.[6)]

'종전의 부합 진술'은 증인이 법정에서 증언하기 전에 한 법정외 진술로, 증언을 보강하거나 뒷받침하는 내용의 진술이다. 어떠한 주장에 대한 증언을 한 증인이 재판의 한쪽 당사자를 위하여 거짓말을 하거나 증언을 왜곡했다고 공격하는 경우에, 그 증인이 재판 전에 이미 유사한 취지의 진술을 한 적이 있다는 점을 보강하기 위해서 제출하는 것이 종전의 부합 진술이다. 따라서 이 진술은 법정외 진술이 이루어진 시점이 상대방이 주장하는 거짓말을 하려는 동기가 발생하기 이전일 때 강한 설득력을 지니게 된다.[7)]

한편, 증인의 종전의 '사람을 확인하는 진술(statement identifying a person)'은 그 사람의 확인과 관련한 실체적 증거로 허용된다.[8)] 가령 병이 범죄 후에 경찰 조사에서 범인이 갑이라고 진술하였고,

---

4) 아서 베스트(Arthur Best), 위의 책, 155쪽.
5) 우리나라 법에서도 증인의 '종전의 모순 진술'을 탄핵증거로 사용할 수 있다. 탄핵증거가 주장된 사실의 진실성을 입증하기 위해 제출되는 것이 아니라 종전의 모순 진술로서 현재의 증인의 진술을 탄핵—즉, 증명력을 감쇄—하기 위하여 사용하는 것이기 때문에 전문증거와 충돌을 일으키지 않는다.
6) 아서 베스트(Arthur Best), 위의 책, 156쪽.
7) 아서 베스트(Arthur Best), 위의 책, 157쪽.
8) 아서 베스트(Arthur Best), 위의 책, 158쪽.

그 후 갑에 대한 재판에 출석하여 증언을 하였다면, 이 법정외 진술은 갑이 범행을 하였다는 실체적 증거로 허용된다. 갑이 용의자와 함께 몇 사람을 줄로 세우고 그중에서 범인을 확인하는 절차나 용의자의 사진과 함께 다른 몇 사람의 사진을 보여 주면서 갑을 지목하여 확인해 준 때에도 동일한 논리가 적용될 것이다. 이 규정의 논거는 재판 전에 범인을 확인하는 것은 공판정에서 증언하는 과정에서 범인을 확인하는 것보다 더 정확하기 때문에 이를 실체적 증거로 사용하지 못하게 해서는 안 된다는 것이다.[9)]

제2절 · 예외의 전체적 개관

미국 연방증거법은 제803조와 제804조에서 개별적 예외(categorical exception)를 규정하고 있다. 이 규정들은 개별 증거에 대한 필요성과 신용성의 결합에 기초하여 개별 전문증거에서 전문법칙의 장애(barrier)를 제거한다.[10)]

또한 동법 제807조는 포괄적 예외를 규정하고 있다. 즉, 이 규정은 법원이 개별 사건에서 전문증거의 개별적 사용을 위해서 문제의 증거의 특별한 필요성과 신용성에 기초하여 사실에 대한 예외를 인정하는 것을 허용하고 있다.[11), 12)] 이 규정에 의하면, 동법 제803조와 제804조의 개별 규정에 해당하지는 않더라도 그 조항에 의하여 인정되는 정도로 신용성의 정황적 보장이 있는 진술은, 법원이 ① 진술이 중요한 사실에 대한 증거로 제출되고, ② 진술이 그것이 증명하려는 쟁점에 대하여 증거 신청자가 합리적인 노력을 통하여 획득할 수 있는 다른 증거들보다 증거적

---

9) 아서 베스트(Arthur Best), 위의 책, 158쪽.

10) G. Michael Fenner, *The Hearsay Rule*, Carolina Academic Press(2009), p. 133.

11) G. Michael Fenner, *ibid.*, p. 133.

12) 「Rule 807. Residual Exception (a) IN GENERAL. Under the following circumstances, a hearsay statement is not excluded by the rule against hearsay even if the statement is not specifically covered by a hearsay exception in Rule 803 or 804: (1) the statement has equivalent circumstantial guarantees of trustworthiness; (2) it is offered as evidence of a material fact; (3) it is more probative on the point for which it is offered than any other evidence that the proponent can obtain through reasonable efforts; and 23 FEDERAL RULES OF EVIDENCE Rule 901 (4) admitting it will best serve the purposes of these rules and the interests of justice. (b) NOTICE. The statement is admissible only if, before the trial or hearing, the proponent gives an adverse party reasonable notice of the intent to offer the statement and its particulars, including the declarant's name and address, so that the party has a fair opportunity to meet it.」(Added Apr. 11, 1997, eff. Dec. 1, 1997 ; amended Apr. 26, 2011, eff. Dec. 1, 2011.)

가치가 더 크고, ③ 진술을 증거로 허용하는 것이 이 법규정들의 일반적 목적과 정의의 이익에 잘 부합한다고 인정하는 때에는 전문법칙에 의하여 배제되지 않는다. 다만, 증거 제출자는 공판기일 또는 공판 전 심문기일로부터 충분한 기간 전에 그 진술에 상대방이 대응할 준비를 할 수 있는 공정한 기회를 가지도록 상대방에게 이 진술을 제출하려는 의도, 원진술자의 성명 및 주소를 포함한 진술의 세부 내용을 고지하지 않는 한, 이를 증거로 사용할 수 없다. 이 예외 조항은 구체적으로 열거된 예외 사유에는 해당하지 않지만, 중요한 신용성을 가진 진술 유형들을 증거로 허용하는 데 사용되어 왔다.[13)]

한편, 동법 제805조는 전문증거 내의 전문증거, 즉 재전문증거를 규정하고 있다.[14)] 전문증거 안에 포함된 전문증거는 복합된 진술들의 각 부분이 이 법에 의한 전문법칙의 예외에 해당할 때에는 전문증거 배제법칙에 의하여 배제되지 않는다. 가령 어느 경찰관의 노트에 교통사고를 목격했다고 주장하는 사람의 진술을 기록한 내용이 있다고 하자. 이때, 목격자의 진술을 증거로 제출하기 위해서는 두 단계의 전문증거 문제를 극복해야 한다. 첫 번째 전문증거는 목격자의 진술 자체이고, 두 번째 전문증거는 경찰관의 서면이다. 여기서 목격자의 진술은 '현장성 감각 인상 진술'에 의한 예외에 해당하고, 경찰관의 기록 메모는 '공적 기관의 기록'의 예외에 해당할 수 있다.[15)]

제803조와 제804조의 차이는 법정외 원진술자(declarant)의 법정 내의 진술의 가능성과 관련이 있다. 제803조하에서는 법정외 원진술자의 현재의 '증언(진술) 가능성(availability of the testimony)'은 문제되지 않는다. 제803조의 예외 각각 또는 모두는, 만약 법정외 원진술자가 사망하거나 살아 있거나, 준비가 되어 있건 아니건, 증언할 수 있건 불가능하건 등은 문제되지 않는다. 그러나 제804조하에서는, 법정외 원진술자의 현재의 '진술 가능성'이 항상 문제된다. 제804조의 각각 또는 모든 예외의 기본적 요소는 원진술자의 '법정 내에서의 진술 불가능성'이기 때문이다.[16)]

---

13) 아서 베스트(Arthur Best), 앞의 책, 399쪽.

14) 「Rule 805. Hearsay Within Hearsay: Hearsay within hearsay is not excluded by the rule against hearsay if each part of the combined statements conforms with an exception to the rule. (As amended Apr. 26, 2011, eff. Dec. 1, 2011.)」

15) 아서 베스트(Arthur Best), 위의 책, 398쪽.

16) G. Michael Fenner, *op. cit.*, p. 137.

제3절 · 원진술자의 출석 가능성과 관계없이 허용되는 전문법칙의 예외 [제803조]

이번 절에서는 미국 연방증거법 제803조를 통해 원진술자의 출석 가능성과 관계없이 허용되는 전문법칙의 예외를[17] Michael Fenner 교수의 *The Hearsay Rule*의 내용을 중심으로 살펴보기로 한다. 이러한 경우들은 주로 '강한 신용성'이 인정되기 때문에 예외로 허용되고 있는 것이다.[18]

1. 현장성 감각 인상 [제803조 제1항]

원진술자가 어떤 사건의 상황을 인식하고 있는 도중 혹은 그 직후에 그 사건이나 상황을 묘사하는 진술, 즉 '현장성 감각 인상(present sense impression)' 진술은 증거로 허용된다. 예컨대 갑의 자동차가 을의 차를 추돌하는 장면을 목격한 병이 "아이고, 앞 차가 갑자기 후진했네."라고 말하는 경우이다. 이러한 진술은 진술이 주장하는 사실의 진실성을 입증하기 위한 증거로서 허용된다.

이 예외의 기본적 요소는 다음 두 가지다. ① 법정외 진술이 원진술자가 사건이나 상황을 보고 있거나 그 직후에 이루어져야 한다. ② 법정외 진술은 본 사실을 묘사하거나 설명하는 것이어야 한다. 이 예외는 원진술자의 증언의 가능성 여부와 관계없이 적용되며, 상당히 신용성이 있기 때문에 필요성은 예외 형성의 요소가 아니다.[19]

이 전문증거 예외에 근거하는 이론은 자발성(즉흥성[spontaneity])이 이러한 증언적 불가능성을 극복한다는 점이다.[20] 즉흥성은 반대신문을 대체한다. 이 예외 상황에서는 불성실할 수 없고, 명백한 거짓말을 할 시간이 없다. 불성실한 진술이나 명백한 거짓 진술은 '의식적인 행동(conscious act)'이기 때문이다. 또한 원진술자의 기억이 쇠퇴하거나 원진술자가 사건을 그의 마음속으로 반복해서 다시 보거나 할 시간이 없으며, 다시보기에 따른 이야기의 차이가 있을 시간도 없다. 이 예외는 보았거나 들었거나 느꼈거나 만졌거나 냄새 맡았던 것, 그 어떤 것에도 적용된다. '즉흥성'이 신용성의 유일한 보증 조건이기 때문이다. 즉, 이러한 진술은 반사적(reflexive) 행동으

---

17) 「Rule 803. Hearsay exceptions; availability of declarant immaterial. The following are not excluded by the hearsay rule, even though the declarant is available as a witness.」

18) 이하에서 소개하고 있는 미국 판례는 대부분 Michael Fenner 교수의 *The Hearsay Rule*에서 재인용한 것임을 미리 밝혀 둔다.

19) G. Michael Fenner, *ibid.*, p. 138.

20) G. Michael Fenner, *ibid.*, p. 138.

로서, 그것이 불합리하고 사전에 계획된 것이 아니기 때문이며, 사전에 연구된 것이 아니기 때문에 신용성이 있는 것이다.[21), 22)]

2. 흥분 상태에서의 언급 [제803조 제2항]

원진술자가 놀라운 사건 또는 상황으로 흥분한 상태에서 그 사건 또는 상황에 대해서 한 진술, 즉 '흥분 상태에서의 언급(excited utterance)'은 증거로 허용된다. 미국 연방증거법은 이런 유형의 진술을 현장성 감각 인상의 것과 다소 다르게 취급하고 있다. 예컨대 불이 나는 현장을 본 사람이 "세상에!"라고 말하는 경우이다.

이 예외는 ① 충분히 흥분되는 사건이 있을 것,[23)] ② 법정외 원진술자는 충분이 이 사건으로 인해서 흥분 상태에 있을 것, 즉 이성과 성찰(숙고)이 막혀 있는 정신적 상태에 돌입할 것, ③ 법정외 진술은 원진술자가 사건으로 야기된 흥분 상태가 유지되는 동안에 이루어질 것, 즉 촉발 사건(triggering event)의 영향에 의해서 원진술자의 이성과 판단이 막혀 있는 동안에 이루어질 것, ④ 법정외 진술은 흥분되는 사건과 관련되어야만 할 것 등이다.[24), 25), 26)]

법원은 증거의 허용성을 결정할 때에 진술자의 외면적인 흥분 상태에 관한 증언에 귀를 기울인다. 그러나 실무적으로 법원은 기간의 경과에 더 많은 주의를 기울인다. 즉, 진술과 사건 사이의 경과가 짧을수록 그 진술이 증거로 허용될 가능성이 높다.[27)]

'흥분 상태에서의 언급'의 예외의 주요한 근거는 흥분 상태가 사고(판단) 능력을 저하시켜서,

---

21) G. Michael Fenner, *ibid.*, p. 138.

22) 물론 즉흥적인 진술이 모두 진실인 것은 아니다. 따라서 이 예외의 신용성의 이론적 보장은 종종 거짓이기 때문에 법원은 즉흥성이나 자발성의 요소에 특별한 주의를 기울여야 한다. 결국 이러한 진술은 대부분 원진술자가 사건을 함께 보고 있는 다른 누군가에게 그 사건에 대해 말하거나 또는 무슨 일이 일어나고 있는지 아는 다른 사람들이 듣고 있는 가운데 말하게 될 것이기 때문에 원진술자의 인식의 정확성을 어느 정도는 체크할 수 있을 것이다. ; 아서 베스트(Arthur Best), 앞의 책, 169쪽.

23) 즉, 진술을 야기한 사건은 진술자의 판단을 약화시키기에 충분히 놀라운 일이어야 한다. ; Richard O. Lempert · Samuel R. Gross · James S. Liebman, *A Modern Approach to Evidence*(3rd ed.), West Group(2000), p. 575.

24) G. Michael Fenner, *op. cit.*, p. 142.

25) 이것은 진술이 어떤 식으로든 사건과 관련되는 한 지각된 사건을 직접적으로 이야기할 필요는 없다. ; Richard O. Lempert · Samuel R. Gross · James S. Liebman, *op. cit.*, p. 577.

26) 한편, 일부 주에서는 연방증거법상의 "relating to"라는 표현을 사용하지 않는다. 이러한 주에서는 허용되는 '흥분 상태'에서의 언급은 직접적으로 사건을 설명하는 경우에만 인정된다. ; Richard O. Lempert · Samuel R. Gross · James S. Liebman, *ibid.*, p. 577.

27) Richard O. Lempert · Samuel R. Gross · James S. Liebman, *ibid.*, p. 576.

충격적 사건에 대해 흥분 상태에 있는 개인에 의한 진술이 속임수를 쓰기 위한 동기에 의해서 채색될 것 같지는 않다는 데에 있다.[28] 또한 원진술자가 혹시라도 거짓말을 하게 될 동기가, 놀라운 사건에 의해서 압도되고, 진술이 사건과 근접한 시점에 이루어진 것이 확실하므로, 기억력도 문제되지 않는다는 것이다.[29] 따라서 비록 놀라운 사건의 직후의 진술이라도 진술자가 평정을 찾은 것으로 보이는 때에는 그것을 예외로 인정하지 않는다. 개인이 흥분되는 사건의 영향하에서 진술을 하는 것인가를 결정하기 위해 법원은 진술의 외면적인 즉흥성(spontaneity)을 면밀히 검토한다. 만약 사건과 진술자의 진술 사이에 그 진술자가 취한 행동이 '무엇이 일어났는지'에 대해서 판단(숙고)할 수 있는 능력을 암시하는 경우에 법원은 예외를 인정하지 않으려고 한다. 가령 자신의 두 아이를 불타는 자동차에서 침착하게 구조한 부인이 구조 후에 진술한 것은 '흥분 상태에서의 언급'으로 취급되지 않을 수도 있다.[30]

이 예외도 필요성은 거의 존재하지 않고, 거의 신용성에 기초하여 형성된다. 신용성의 첫 번째 주요한 보장의 근거는 '위조(왜곡) 능력의 결여(the lack the capacity to fabricate)'에 있다.[31] 한편, '흥분 상태에서의 언급'과 '현장성 감각 인식' 사이에는 차이점이 두 가지가 있다. 하나는 '즉시성(immediacy)'의 요소이다. 즉, 사건과 법정외 진술 사이의 시간의 경과가 '흥분 상태에서의 언급'의 예외에서는 '현장성 감각 인식'의 경우에서보다 길어질 수 있다는 점이다. 그리고 다른 하나는 '현장성 감각 인식'은 반드시 지각(인식)된 사실을 묘사하여야 하는 반면에, '흥분 상태에서의 언급'은 단지 놀라운 사건과 관련되어 있으면 된다는 것이다.[32]

법정외 진술이 이 두 가지 예외 조건에 모두 해당하는 경우가 종종 있다. 원진술자가 놀라운 사건을 목격하고 그것이 일어난 것처럼 묘사하는 경우에는, 그 법정외 진술은 두 예외에 모두 해당한다.

가령 증인이 법정에서 "나는 누군가 비명을 지르는 것을 들었다. '트럭이 불빛 쪽으로 달리고 있다!' 그리고 나는 그 트럭이 작은 자동차에 추돌하는 것을 보았다."라고 증언한다고 하자. 이 진술의 법정외의 부분은 '현장성 감각 인식'(사건을 지각하는 동안에 이루어진 진술, 그리고 지각된 사건을 묘사함)이고, 동시에 '흥분된 상태에서의 언급'에 해당한다.

28) Richard O. Lempert · Samuel R. Gross · James S. Liebman, *ibid.*, p. 575.
29) 아서 베스트(Arthur Best), 앞의 책, 170쪽.
30) Richard O. Lempert · Samuel R. Gross · James S. Liebman, *op. cit.*, p. 576.
31) G. Michael Fenner, *op. cit.*, p. 142.
32) G. Michael Fenner, *ibid.*, p. 150.

또 다른 예를 생각해 보자. 집 주인이 유리창이 부서지는 소리에 잠에서 깨어, 119에 전화를 하였다. 그리고 119 근무자에게 주거 침입 강도에 대해서 설명하였다. 이때 집 주인이 119 근무자에게 말한 것은 '현장성 감각 인식'인 동시에 '흥분된 상태에서의 언급'에 해당한다.[33)]

한편, 많은 '흥분된 상태에서의 언급'은 사건이 일어난 지 몇 분 뒤에 이루어진다. 그러나 어떤 경우에는 몇 시간 후에,[34)] 하루 뒤에, 그리고 한 주 또는 몇 달 뒤에 이루어지는 경우도 있다.[35)] 조작(왜곡)의 능력(가능성)이 그 몇 주 또는 몇 달 동안에 얼마나 억제되었는지, 또한 그 상황을 몇 주 또는 몇 달 동안에 마음속에 몇 번이고 사건을 반복하는 영향이 사건의 지각을 변경하지 않는지를 확인하는 것은 어렵다.

학대받은 것을 주장하거나, 중대한 폭력 범죄를 목격한 어린이가 폭력이 발생한 직후에 그 폭력 사실을 슬프게(눈물을 흘리며) 말하는 것과, 몇 주 후에 말하는 것은 다르다. 사건이 발생한 지 꽤 오랜 시간이 흐른 후에 이루어진 진술에 대하여 흥분 상태에서의 언급을 적용하는 사건은 법적인 결정이라기보다는 신용성과 정책적 결정 — 이 아이는 진실을 말하는 것으로 보이고, 이 진술 외에는 다른 증거가 없다. 그리고 피고인이 이 범죄로부터 벗어나는 것을 원하지 않는다 — 을 하는 것으로 보인다. 또한 증인이 폭력 범죄의 어린이 피해자 또는 목격자인 사건에서, 흥분 상태에서의 언급은 원진술자가 사건의 흥분 상태에서의 영향하에 있어야 한다는 조건을 완화하는 경향이 있다.[36)]

아이에 대한 폭력 또는 아이에 의해 목격된 폭력에 관한 사건에서 시간의 경과에 따른 미국 판례의 태도를 정리해 보면 다음과 같다.

① 하루 경과

강간 사건 재판에서 5년 6개월 된 피해자의 법정외 진술이 놀라운 사건의 20시간 후에 이루어진 경우에, 그 진술은 '흥분 상태에서의 언급'으로 허용되었다.[37)]

② 이틀 경과

피고인의 18개월 된 양아들에 대한 2급 살인과 4살 된 아이에 대한 1급 폭력 및 학대

33) State v. Bergeevine, 942 A. 2d 974, 979(R. I. 2008).
34) U. S. v. Jahagirdar, 466 F. 3d 149, 155(1st Cir. 2006).
35) G. Michael Fenner, *ibid.*, p. 158.
36) U. S. v. Jahagirdar, 466 F. 3d 149, 155(1st Cir. 2006).
37) State v. Woodward, 646 P. 2d 135(Wash. Ct. App. 1982).

재판에서, 그의 4살 된 딸이 그 사건을 목격한 지 이틀이 지난 뒤에 이루어진 진술은 '흥분 상태에서의 언급'으로 허용되었다.[38]

③ 3일 경과

성폭력에 대한 재판에서 10살 된 피해자의 법정외 진술이 놀라운 사건의 3일 후에 이루어진 때에, 그 진술은 '흥분 상태에서의 언급'으로 허용되었다.[39]

④ 1주일 경과

강간·살인의 결과가 나온 중살인죄의 재판에서, 3세 6개월 된 목격자 아이의 법정외 진술이 놀라운 사건 뒤 1주일 뒤에 이루어진 경우에는 '흥분 상태에서의 언급'으로서 허용되었다.[40]

⑤ 두 달 경과

성 학대자인 아버지의, 자녀에 대한 방문권을 제한하는 재판에서, 피해 어린이의 법정외 진술이 놀라운 사건이 발생한 지 거의 두 달 만에 이루어진 경우에, '흥분 상태에서의 언급'으로 인정되었다.[41]

⑥ 석 달 경과

법원은 놀라운 사건이 발생한 지 석 달 뒤에 아이가 자신의 어머니에게 한 진술을 허용하였다.[42]

법원이 이 예외의 적용을 통해서 지향하고자 하는 것은 아동 학대자를 감옥에 보내고, 피고인인 학대자들에게 그들의 불만스러운 증인을 대면하는 것을 허용하지 않는 것이며,[43] 이미 충분히 상처받았을 어린이에 대한 반대신문을 금지하는 것이다. 결국 '흥분 상태에서의 언급'의 예외에서의 핵심은 사건과 법정외 진술 사이에 경과된 시간이 아니다. 오히려 핵심은 '왜곡(조작) 능력의 흠결'에 있다.[44]

---

38) State v. Plant, 461 N. W. 2d 253(Neb. 1990).

39) State v. Padilla, 329 N. W. 2d 263(Wis. 1982).; 법원은 이 사건에서 사건과 법정외 진술 사이에 경과한 시간이 다른 '흥분 상태에서의 언급' 사건보다 더 길었음을 인정하였다. 그러나 시간의 경과는 문제되지 않는다. 왜냐하면 즉흥성(spontaneity)과 스트레스가 중요하기 때문이다. 이는 곧 성폭력에 대한 어린이 피해자에 대한 스트레스가 사건 후에 일정한 시간이 경과한 후에도 존재하기 때문이다.

40) People v. Lovett, 272 N. W. 2d 126(Mich. Ct. App. 1976).

41) In reMarriage of Theis, 460 N. E. 2d 912, 917(Ⅲ, App. Ct. 1984).; 그러나 State v. Galvan, 297 N. W. 2d 344(Iowa 1980)에서는 살인 후 5개월이 지난 후의 법정외 진술은 시간적으로 사건과의 간격이 너무 멀어서 전문법칙의 예외에 해당하지 않는다고 보았다.

42) People v. Gage, 28 N. W. 835-837(Mich, 1886).

43) G. Michael Fenner, *ibid.*, p. 161.

44) G. Michael Fenner, *ibid.*, p. 162.

3. 진술 당시의 정신적, 감정적 또는 신체적 상태에 관한 진술 [제803조 제3항]

가령 병이 갑으로부터 성폭행을 당하는 당시에 "무서워요, 제발 살려 주세요."라고 말한 경우에, '무섭다'는 진술은 그 주장 사실의 진실성, 즉 진술자가 진술할 당시 두려움을 느꼈다는 점을 입증하기 위한 증거로 허용된다.[45), 46)]

미국 연방증거법 제803조 제3항은[47)] 진술 당시의 정신적, 감정적 또는 신체적 상태에 관한 진술에 관한 것이다. 이는 크게 육체적 상태의 진술과 정신적 상태의 진술로 대별할 수 있다. 육체적 상태의 진술은 마음의 상태를 반영하는 자발적(즉흥적) 진술에 대한 일반적 예외하에서 허용된다.

이 예외 인정을 위해서는 다음 두 가지의 요건이 충족되어야만 한다. 첫째, 진술은 진술이 이루어졌을 때 존재하는 상태를 반영하여야만 한다.[48)] "나는 엄청난 두통에 시달리고 있다."라는 진술이 이 예외에 해당한다. 그러나 "나는 어제 엄청난 두통에 시달렸다."라는 진술은 이에 해당하지 않는다. 둘째, 진술은 반드시 즉흥적(자발적)이어야 한다. 미국 연방증거법하에서, 그리고 대부분의 법원에서는 정황(상황)이 진술자가 증거를 자신에게 유리하게 제조하려고 시도하였다는 정황이 없는 한, 묘사된 진술과 상태의 단순한 동시발생(concurrence)은 즉흥성의 충분한 증거를 제공하는 것으로 평가한다.

이 예외는 '현장성 감각 인식'의 특별한 경우에 해당한다. 따라서 '필요성'과 '신용성'은 현장성 감각 인식의 경우와 같다. 이는 곧 조작할 시간의 결여와 기억력이 저하될 시간의 부족이다. 진술의 즉흥성은 불완전한 인식, 나쁜 기억력, 진실성의 결여, 부정직, 애매함 등에 의한 잠정적인 문제점을 극복한다.[49)]

전문증거의 이론에 의하면, 거짓말(lying)은 시간을 요구하는 의식적 행동이다. 따라서 시간을 제거하는 것은 거짓말을 예방한다(Remove the time, prevent the lie).[50)] 만약 인상(imoression)에

---

45) 아서 베스트(Arthur Best), 앞의 책, 171쪽.

46) 원진술자의 진술 당시에 존재하는 정신, 감정, 감각 또는 신체적 상태(예컨대 의도, 계획, 동기, 구상, 정신적 느낌, 고통 및 신체적 건강)에 관한 진술. 다만 기억하거나 믿은 사실을 입증하기 위한 기억 또는 믿음에 관한 진술은 그것이 원진술자의 의사(will)의 실행, 취소 또는 의사의 동일성이나 의사의 조건들에 관계되는 것인 때에만 이에 포함된다.

47) 「(3) Then Existing Mental, Emotional, or Physical Condition. – A statement of the declarant's then existing state of mind, emotion, sensation, or physical condition (such as intent, plan, motive, design, mental feeling, pain, and bodily health), but not including a statement of memory or belief to prove the fact remembered or believed unless it relates to the execution, revocation, identification, or terms of declarant's will.」

48) Richard O. Lempert · Samuel R. Gross · James S. Liebman, *op. cit.*, p. 578.

49) Horton v. Allen, 370 F. 3d 75, 85(1st Cir. 2004).

관한 진술이 인상을 형성함과 동시에 이루어진다면, 시간적 요소는 제거되고, 진술이 거짓일 가능성도 크게 줄어든다.

하지만 제803조 제3항의 예외는 너무 광범위하여, 신용성의 보장과 관련하여 다음과 같은 문제점이 제기된다.

첫째, 사람이 현재의 감각 인상에 대하여 장래에 거짓말을 할 계획을 가지는 경우이다. 예컨대 디너파티에서 밖으로 나가려고 노력하는 사람은 호스트(초대자)를 호출하여 "나는 두통이 매우 심하다."라고 말하려고 결정할 수도 있다. 불륜(affair)을 하고 있는 남편은 자신의 부인에게 "사랑해, 당신을."이라고 말할 수도 있다. 이러한 것들은 상대가 느끼고 있는 것에 관하여 거짓말을 하기 위해 사전에 계획하는 모든 근거가 된다.

둘째, 이 예외는 장래에 무엇을 하기 위한 현재의 의도를 내용으로 하는 진술을 포함하고 있다. 사람들은 종종 무엇을 말하기 전에 그 의도에 대해서 주의 깊게 생각하는 경우가 있다. 그러한 진술들은 그것에 대해서 거짓말을 하려고 결정하기까지 상당한 시간을 가지고 세심하게 계획된 것이다. 예컨대 자신의 자살 계획을 숨기려고 의도한 사람은 "다음 달, 나는 나의 딸과 파리에 여행하려고 한다."라고 말할 수도 있다. 즉, 알리바이를 강하게 만들려는 사람은 많은 사람들에게 말할 것을 미리 계획할 것이다.[51] 이 예외는 당시 감정의 진술, 예컨대 '춥다', '뜨겁다', '배고프다', '지쳤다' 등이나, 장래에 무엇을 하려는 현재 의도의 진술을 포함한다. 또 어떤 곳에 가려는 의도, 거기에 가기 위해서 서두르려는 의도, 어떤 특별한 사람을 만나려는 의도, 총을 발사하려는 의도 등을 포함한다. 이 예외는 정신, 감정, 느낌, 신체적 상태에 관한 진술에 적용된다. 그러나 이런 상태의 이유에 수반하는 진술에는 적용되지 않는다.[52] 즉, 정신적 상태의 예외는 어떤 진술자의 사실에 대한 진술을 진술자가 그 사실이 진실이라고 믿었다는 점을 입증하는 증거로는 허용되지만, 진술자의 느낌에 관한 진술을 이용하여 진술자에 의해 기억된 사실 자체가 진실이라는 점을 입증하기 위한 증거로 사용하는 것은 금지한다.[53] 예컨대 병의 합격 소식을 듣고 갑이 "와우, 합격이라니! 최고다."라고 말한 경우에 갑이 병이 합격한 것으로 믿었다는 점을 입증하기 위한 증거로는 허용된다. 그러나 병이 실제로 합격했는지가 쟁점인 경우에 병의

50) G. Michael Fenner, *op. cit.*, p. 164.

51) G. Michael Fenner, *ibid.*, p. 164.

52) Apanovitch v. Houk, 466 F. 3d 460, 487(6th Cir. 2006).; 증인은 어떤 사람이 그에게 무엇에 대한 공포를 말했다는 것은 증언하지만, 왜 공포를 느꼈는지에 대한 사람의 설명에 대해서는 증언하지 않는다.

53) 「but not including a statement of memory or belief to prove the fact remembered or believed unless it relates to the execution, revocation, identification, or terms of declarant's will.」; 아서 베스트(Arthur Best), 앞의 책, 171쪽.

합격 사실을 입증하기 위해 제출되는 경우에는 전문증거로서 허용되지 않는다.

정신적 상태의 예외는 증인이 원진술자가 왜 특별한 마음 상태를 가지게 되었는지 또는 그가 믿은 어떤 것이 마음의 상태를 유발했는지에 관한 원진술자의 어떠한 진술과 관련된 증인을 허용하지 않는다.[54] 이의 이해를 위해서 다음의 세 가지의 법정외 진술을 비교해 보자.

첫째, "나는 나의 남편이 나를 죽이려고 위협해서 두렵다(I am afraid because my husband has threatened to kill me)." 이때 '나는 두렵다'는 진술이 이 예외에 해당한다. 그러나 '남편이 나를 죽이려고 위협하기 때문에'는 해당하지 않는다.[55] 후자는 기억되거나 믿고 있는 사실을 입증하기 위해서 제출된 기억 또는 믿음의 진술이기 때문이다.[56]

둘째, "나는 나의 남편이 두렵다. 왜냐하면 그가 나를 살해한다고 위협하였기 때문이다(I am afraid of my husband because he has threatened to kill me)." 이때 '나의 남편이 두렵다'는 진술은 이 예외에 해당한다. 그러나 후자는 그렇지 않다.[57] 후자는 기억되거나 믿고 있는 사실을 입증하기 위하여 제공된 기억 또는 믿음이기 때문에 제803조 제3항에 의해서 허용되지 않는다.

셋째, "나는 나의 남편이 나를 죽일 것이 두렵다(I am afraid that my husband will kill me)." 이때 마음의 상태를 나타내는 '나는 두렵다'는 이 예외에 해당한다. 그러나 '남편이 나를 죽일 것'이라는 상세한 설명(상술[elaboration])은 이 예외에 해당하지 않는다.[58] 후자가 예외에 해당하지 않는 이유는 두 가지이다. ① 상술 제외의 규칙에 위배되기 때문이다. ② 부인의 진술은 장래에 무엇을 하려고 하는 어떤 사람의 의도에 관한 부인의 믿음의 진술이기 때문이다. 또한 이것은 이 예외의 세 번째 기본적 요소와 충돌하기 때문이다. 즉, 장래의 계획에 관한 진술은 장래의 행동의 증거로서 제출되는 경우에, 다른 사람의 장래의 행동의 증거가 아니라 원진술자의 장래의 행동의 증거일 때에만 허용된다는 것이다.

한편, 사람의 계획이나 의도에 대한 진술은 진술 당시에 존재하는 정신적 상태의 표현이라고 볼 수 있다.[59] 따라서 ① 그 계획을 가지고 있었는지, ② 진술자가 그 계획을 실행했는지에 대해서는

---

54) G. Michael Fenner, *op. cit.*, p. 169.

55) G. Michael Fenner, *ibid.*, p. 167.

56) 「제803조 제3항: 원진술자의 진술 당시에 존재하는 정신, 감정, 감각 또는 신체적 상태(예컨대 의도, 계획, 동기, 구상, 정신적 느낌, 고통 및 신체적 건강)에 관한 진술. 다만 기억하거나 믿은 사실을 입증하기 위한 기억 또는 믿음에 관한 진술은 그것이 원진술자의 의사(will)의 실행, 취소 또는 의사의 동일성이나 의사의 조건들에 관계되는 것인 때에만 이에 포함된다.」

57) U. S. v. Joe, 8 F. 3d 1488, 1493(10th Cir. 1993)("남편을 두려워했다."라는 Ms. Joe의 진술은 제803조 제3항에 의해서 허용된다. 그러나 남편이 그녀를 죽이려고 했다는 Ms. Joe의 믿음은 허용되지 않는다).

58) U. S. v. Joe, 8 F. 3d 1488, 1493(10th Cir. 1993).

관련성이 있는 것으로 허용된다. 과거의 어떤 행위에 대한 진술은 그 행위가 실제로 발생했다는 점을 입증하기 위한 증거로 제출되는 경우에는 전문증거가 될 것이다. 예컨대 원진술자가 금요일에 극장에 갔다는 사실을 입증하기 위해 원진술자가 토요일에 "나는 어제 극장에 갔다."라고 말한 법정외 진술을, 원진술자가 실제로 금요일에 극장에 갔다는 사실을 입증할 목적으로 제출한다면 이는 전문증거로서 제한된다. 이는 정신적 상태인 '기억'에 대한 진술을 '기억되는 사실'을 입증하기 위한 목적으로 사용하는 것으로서, 미국 연방증거법상 명백히 금지된다.[60] 그러나 원진술자가 목요일에 "나는 내일 극장에 갈 계획이다."라고 말한 진술은 원진술자가 금요일에 극장에 갔는지에 대한 쟁점에 관련성이 있는 것으로 허용된다.

이러한 결과는 어떤 사람이 어떤 일을 했다는 진술과 어떤 일을 할 생각(계획)이라는 진술과의 차이에서 나타난다. 즉, 어떤 계획에 대한 법정외 진술(예컨대 "내일 ㅇㅇ빌라에 들어가서 금괴를 훔칠 거야.")은 전문증거의 예외로서 허용되지만, 반면에 과거에 행한 행위에 관한 기억으로서의[61] 법정외 진술(예컨대 "나는 지난주에 ㅇㅇ빌라에서 금괴를 훔쳤다.")은 증거로 허용되지 않는다. 이때에는 절도죄에 관한 전문증거가 되는 것이다. 이 두 가지 유형의 진술은 모두 많은 오류의 가능성을 가지고 있지만, 계획에 관한 진술은 이를 배심원들이 듣더라도 계획은 때때로 실행되지 않는다는 점을 인식한다고 기대할 수 있다. 따라서 배심원들이 계획에 관한 진술을 들을 때의 위험성은 크지 않다. 반면에 배심원들이 어떤 사람이 실제로 어떤 일을 했다고 과거에 말했다는 증언을 듣고 그 진술을 한 사람이 실제 그 일을 했다고 판단하는 데 있어 이를 뒷받침하는 증거로 사용하는 것이 허용된다면, 이러한 경우에는 계획에 관한 진술을 들었을 때 그 계획의 실행 여부에 대하여 자연스럽게 가질 수 있는 의심은 배심원들의 추론 과정에서 설 자리가 없게 된다. 따라서 배심원들은 원진술자가 어떤 일을 했다고 말한 법정외 진술을, 그 사람이 실제로 그 일을 했다는 점에 대한 강력한 증거로 의존하게 될 가능성이 매우 크다.[62] 즉, 원진술자에 대한 반대신문 등의 기회 없이 그대로 인정할 위험성이 큰 것이다.

또한 개인적인 부상 관련 소송에서, 정신적 상태의 예외는 개인의 고통에 관한 손해(부상)의 진술에는 적용된다. 그러나 그 고통의 원인에 관한 진술에는 적용되지 않는다. 예컨대 "나는 엄청난 두통을 가지고 있다. 나는 일하는 중에 큰 다른 사람과 부딪쳤다." 이때 '나는 엄청난

59) 아서 베스트(Arthur Best), 앞의 책, 171쪽.
60) 아서 베스트(Arthur Best), 위의 책, 172쪽.
61) 전문증거의 취약성 중의 하나가 기억력의 한계라는 점을 상기하자.
62) 아서 베스트(Arthur Best), 위의 책, 172쪽.

두통을 가지고 있다'는 손해가 쟁점인 경우에 전문법칙과 관련해서 정신적 상태의 예외에 해당한다. 그러나 후자의 진술 — '나는 일하는 중에 큰 다른 사람과 부딪쳤다' — 은 그렇지 않다. 후자의 진술은 과거에 관한 것이고, 상술에 해당하기 때문이다.[63)]

한편, 상술 제외의 규칙은 실제 적용이 그렇게 용이한 것은 아니다. 정신적 상태의 이유(원인)에 대한 상술은 정신적 상태의 진술의 예외에 해당하지 않지만, 장래에 무엇을 하려고 하는 현재의 의도는 이 예외에 해당한다. 그 의도가 '상술'로 간주될 수 있는 어떤 것을 포함하는 경우도 있기 때문이다.[64)]

정신적 상태의 진술의 예외에 의하면, 원진술자 갑이 다른 어떤 사람 병을 만날 계획을 이야기했다는 내용의 증언을 바로 병이 원진술자 갑을 만나기로 했다는 그 장소에 갔다는 점을 입증하기 위하여 제출하는 경우에는 허용된다.[65)] 이는 원진술자의 의도에 대한 진술을 다른 사람의 행위에 대한 증거로 — 다른 사람이 원진술자가 기대한 대로 행동했다는 점을 입증하기 위하여 — 사용하는 것이다.

정신적 상태의 진술의 예외는 누군가 "나는 토성의 공주다."라고 말하는 진술이 그 진술자가 정신이상자라는 추론을 뒷받침하기 위해서 사용되는 경우에는, 그 진술을 증거로 제출하는 사람이 목적하는 바는 진술이 진술자의 믿음을 반영하고 있다는 결론뿐이다. 또한 여론조사는 사람들이 생각하는 것에 대한 정보를 얻기 위한 것이지, 사람들이 생각하는 것이 실제를 정확히 반영하는지를 알기 위한 것은 아니다. 따라서 응답자들이 특정의 믿음을 표명했다는 점에 대한 증거는 정신적 상태의 예외에 의하면, 증거로 허용된다.[66)]

4. 의학적 진단· 치료를 위한 진술 [제803조 제4항]

미국 연방증거법 제803조 제4항에 따라,[67)] 의학적 진단이나 치료의 목적으로 행해지는 병력, 과거나 현재의 증후, 통증, 감각 혹은 병의 발단, 병의 원인의 일반적 성격, 병의 원인의 외부적

63) G. Michael Fenner, *op. cit.*, p. 169.
64) G. Michael Fenner, *ibid.*, p. 170.
65) 아서 베스트(Arthur Best), 앞의 책, 172쪽.
66) 아서 베스트(Arthur Best), 위의 책, 173쪽.
67) 「(4) Statements for Purposes of Medical Diagnosis or Treatment. – Statements made for purposes of medical diagnosis or treatment and describing medical history, or past or present symptoms, pain, or sensations, or the inception or general character of the cause or external source thereof insofar as reasonably pertinent to diagnosis or treatment.」

요건 등을 설명하는 것으로서, 진단 또는 치료와 합리적 관련성이 있는 진술, 즉 '의학적 진단·치료를 위한 진술(statement for purposes of medical diagnosis or treatment)'은 예외적으로 허용된다. 이 규정은 의료 행위의 대상자(환자나 보호자)가 일반적으로 진실을 말하게 되는 강한 이해관계를 가진다는 점을 근거로 한다.

이 예외 역시 제803조의 예외의 하나로서 특별한 필요성이 강조되는 것은 아니다. 오히려 이 예외는 신용성에 더 많이 근거한다.[68] 사람들은 자신을 낫게 해 줄 사람이라고 믿는 자들(예컨대 약사 또는 의사)에게 거짓말을 하지 않는다. 만약 거짓말을 한다면 잘 치유되지 않는다. 결국 신용성의 주요한 보증(기초)은 오직 진실만이 환자를 치료할 수 있을 것이라는 것이다.[69] 둘째, 의사들은 환자들의 진술에 근거에서 의학적 결정을 한다. 따라서 정보가 의학적 결정에 충분히 신용성이 있는 경우에는, 그 진술은 법적 결정에 대해서 충분히 신용성이 있는 것이다.[70]

의학적 진단·치료를 위한 진술의 예외에서 법정외 진술은 반드시 의사나[71] 간호사 또는 어떠한 종류의 의학적 훈련과 관계있는 자에게 행해질 필요는 없다. 핵심은 진술의 목적에 있는 것이지 그 진술이 누구에게 행해졌는지에 있지는 않기 때문이다. 따라서 이 예외는 부상당한 아이가 아버지에게 한 진술, 질병을 앓고 있는 남편이 부인에게 한 진술, 사고 피해자가 우연히 그 장소에 있던 전혀 낯선 사람에게 한 진술도 포함한다. 중요한 것은 진술자가 진술이 진단이나 치료에 도움이 될 것이라고 믿는다는 점과, 합리적인 의사는 그 진술이 진단이나 치료에 적절하다는 것을 알게 될 것이라는 점이다.

의학적 진단·치료를 위한 진술의 예외의 법정외 진술자는 반드시 환자이어야 할 필요는 없다. 즉, 진단되거나 치료되어야 하는 증세를 경험한 사람이어야 할 필요가 없으며, 진술자 자신의 증세와는 무관하다. 예컨대 환자인 아이의 엄마가 자신의 이야기를 자신의 아이를 치료하거나 또는 다른 사람에게 치료를 위하여 찾아보는 데 사용할 것을 기대하면서 이야기하였다면, 엄마는 다음의 두 가지 중 어느 하나를 기대하면서 구급차 운전자에게 그 이야기(진술)를 반복하게 된다. 즉, 구급차 운전자가 그 진술을 의사에게 반복하고, 그 정보(진술)가 아이를 치료하는 데 사용될 것을 기대한다. 세 번 반복된 진술 안의 정보가 의사가 환자를 치료할 때 합리적으로

---

68) G. Michael Fenner, *op. cit.*, p. 185.

69) White v. Illiinois, 502 U. S. 346(1992) ; U. S. v. Pacheco, 154 F. 3d 1236, 1240(10th Cir. 1988).

70) 전문법칙의 이론은 우리가 의사를 방문하면 의사는 우리를 잘 낫게 해 주고, 따라서 우리는 진실을 말한다는 강한 동기를 가지고 있다는 것이다. ; G. Michael Fenner, *ibid.*, p. 185.

71) 그리고 이 예외는 환자를 치료하는 의사뿐만 아니라 증언을 하기 위해서 환자에 의해 고용된 의사에게도 적용된다. ; G. Michael Fenner, *ibid.*, p. 187.

의존하는 그러한 유형의 정보라면, 세 개의 법정외 진술은 각자 그러한 기대에 합치되게 된다.[72] 그리고 의사는 환자를 치료할 때에 합리적으로 그러한 정보에 의존하게 될 것이고, 그 진술은 의료적 진단이나 치료의 결과로 이어질 것이다. 진술자는 자신의 진술이 치료를 위한 진단이나 치료로 이어질 것으로 믿어야만 한다.[73] 즉, 진술자는 그 진술의 상대방이 의료적 진단이나 치료를 제공할 것이라고 기대하거나, 또는 진술의 상대방이 그 진술(정보)을 진단이나 치료를 제공할 누군가에게 전달할 것이라고 기대할 것이다.[74]

한편, 의사에 대한 어떤 진술 — 의사가 다루고 있는 부상의 이유에 관한 진술조차도 — 은 진단이나 치료의 목적으로 행해지지 않는 경우도 있다. 예컨대 자신의 아이의 학대에 관여한 혐의로 재판을 받고 있는 아버지가 그 아이의 치료를 담당하고 있는 의사에게 한 진술을 제공한다면, 판사는 그 아버지가 아이를 위한 가능한 최선의 치료를 하기 위해서보다는 그의 범죄를 숨기기 위하여 진술을 하였다는 결정을 할 것이다.[75]

한편, 심리적인 상태나 정신적 질병의 진단이나 치료를 목적으로 하는 진술도 이 예외에 해당한다.[76] 어떤 사람이 진단이나 치료를 위해서 심리학자에게 상담을 하였다면, 그 진술이 이 예외에 해당한다. 따라서 문제는 무엇이 '의료적(medical)'인가에 있게 된다. 옥스퍼드 사전에는 '의료적(medical)'이 '치유(healing) 기법 또는 치유 전문가(교수)와 관련된'이라고 정의되어 있다.

의학적 진단·치료를 위한 진술의 예외는 현재의 사실의 진술에 제한되지 않는다.[77] 즉, 의학적 진단이나 치료를 목적으로 한 진술인 경우에는 현재의 증후뿐만 아니라 과거의 병력에 대한 진술도 허용된다. 예컨대 "머리를 부딪치고 난 직후부터, 이 두통이 시작되었다. 그리고 이 두통은 그날 밤에 가장 심했으며, 3일간 계속되었다." 등. 또한 진단이나 치료와 합리적인 관련성을 가지는 경우에는 환자에게 문제를 야기한 원인에 대한 진술도 허용된다.[78] 예컨대 갑이 최근 스트레스를 많이 받은 적이 있다고 의사에게 말하는 경우에, 이 말을 근거로 의사가 치료를

---

72) 이것은 각 단계마다 예외로 허용되는 일종의 삼중 전문증거의 예라고 할 수 있다. ; G. Michael Fenner, *ibid.*, p. 190.
73) G. Michael Fenner, *ibid.*, p. 192.
74) G. Michael Fenner, *ibid.*, p. 192.
75) 한 죄수는 교도소의 심리학자를 면담할 것을 명령받았다. 그 죄수는 그가 심리학자를 면담할 이유가 없다고 생각했다. 이때 그가 심리학자에게 한 진술들은 진단이나 치료의 목적으로 이루어진 것이 아니다. 그는 단지 심리학자를 면담할 것을 명령받았고 다른 선택의 여지가 없었다. 결국 중요한 것은 진술이 이루어진 목적(이유)에 있다. ; G. Michael Fenner, *ibid.*, p. 193.
76) G. Michael Fenner, *ibid.*, p. 193.
77) G. Michael Fenner, *ibid.*, p. 198.
78) 아서 베스트(Arthur Best), 앞의 책, 173쪽.

하는 경우에는 갑의 진술은 증거로 허용된다. 또한 의학적 도움을 필요로 하는 사람의 진술뿐만 아니라 환자(피보호자)를 대신하는 자, 즉 구조자나 보호자의 진술도 이에 해당한다. 예컨대 수영장에서 병을 구조한 갑이 "그는 수영장에서 다이빙을 하다가 머리를 다쳤다."라고 진술하는 경우에는 이 진술은 병이 부상을 입게 된 상황을 입증하기 위한 증거로 허용될 것이다. 왜냐하면 이러한 세부 상황에 대한 진술은 의료진에게 매우 중요하기 때문이다.[79] 즉, 의료진이 제공하는 의료서비스와 밀접한 관련성이 있다.

이 예외는 정보(진술)가 합리적으로 치료나 진단에 적절한 정보에 대해서만 적용된다. 어떤 진술은 명백히 적절한 정보라고 할 수 있지만, 어떤 진술은 그렇지 않은 경우도 있다. 또한 적절한지의 여부에 대해서 전문가 증언을 필요로 하는 경우도 있을 것이다. 많은 논쟁은 실수나 비난을 나타내는 진술의 경우에 야기된다. 예컨대 다른 자동차가 시속 60마일로 달렸으며 신호등을 무시하였다는 것은 진단이나 치료에 적절한 것이다. 그리고 피해자를 성적으로 폭행한 사람이 그의 아버지인지 또는 완전히 모르는 사람인지에 관한 진술도 진단이나 치료에 적절할 것이다.[80] 마찬가지로 피해자가 총에 맞은 것이라는 진술은 적절하다. 그러나 피해자가 백인에 의해서 총에 맞았다거나 키가 180m라든가, 피고인과 같은 안경을 끼고 있었다는 등의 진술은 적절하지 않다.[81]

5. 기록된 과거 기억[제803조 제5항]

미국 연방증거법 제803조 제5항에 따라,[82] 증인이 과거에는 알고 있었으나 현재는 기억이 나지 않아서 완전하고 정확하게 증언할 수 없는 사항에 대한 메모 또는 기록으로서, 그 사항에 관한 증언의 기억이 생생했을 때 작성했거나 메모 또는 기록 내용에 관해 증인이 사실이라고

---

79) 한편, 구조자의 진술이 "그는 수영장에서 다이빙을 하다가 머리를 다쳤는데, 그 수영장에는 얕은 쪽에 대한 경고 표지가 전혀 없었다."인 경우에는, 이 증거의 사용에 반대하는 당사자는 경고에 대한 정보는 의료서비스의 제공과 밀접한 관련성이 적다는 이유를 강력하게 주장할 수 있을 것이다. ; 아서 베스트(Arthur Best), 앞의 책, 174쪽.

80) U. S. v. Peneaux, 432 F. 3d 882, 893(8th Cir, 2005).

81) G. Michael Fenner, *op. cit.*, p. 198.

82) 「(5) Recorded Recollection. - A memorandum or record concerning a matter about which a witness once had knowledge but now has insufficient recollection to enable him to testify fully and accurately, shown to have been made or adopted by the witness when the matter was fresh in his memory and to reflect that knowledge correctly. If admitted, the memorandum or record may be read into evidence but may not itself be received as an exhibit unless offered by an adverse party.」

인정하였던 것으로 입증된 것은 허용된다.[83] 다만 증거로 허용될 경우, 증거조사에서 메모 또는 기록을 낭독하여 증거로 할 수 있으나 상대방 당사자가 제안하지 않는 한, 그 자체를 증거물로 제출받을 수는 없다.[84]

기록된 과거 기억(recorded recollection)의 예외의 요건은 필요성과 신용성에 있다. 필요성은 증인이 관련 있는 무엇인가를 망각하여야만 한다는 것이다. 증인은 기록된 것의 일부 또는 전부를 망각하고 있어야 한다. 이 예외가 없다면 기억은 상실될 것이다.[85] 기록된 진술에 대한 진실성을 확인하는 증인의 신용성이 시험되는 만큼, 진술의 진실성 자체도 시험될 수 있을 것이다.[86]

기록을 만들거나 채택한 사람은 반드시 기록으로부터 증언이 제공되는 법정 또는 청문(hearing) 절차에서 증인이어야 한다. 증인은 그 기록이 진실하다는 현재의 개인적인 지식을 가지고 있어야만 한다. 또한 누군가가 기록된 사건이 원진술자의 마음속에 생생할 때에 그 기록이 만들어졌거나 채택되었다는 것을 확인하여야만 한다.[87] 기록된 과거 기억의 예외는 증인에 의해서 채택되거나 만들어졌다는 것을 보여 주는 메모나 기록을 포함한다. 증언하는 증인이 직접 그 기록을 만들어야 하는 것이 아니다.[88] 과거 기억에 관한 법정외 진술은 반드시 어떤 식으로든지 기록되어야 한다. 그것은 자필일 수도, 타이핑일 수도, 녹음테이프일 수도, 컴퓨터 하드 드라이브에 저장된 것일 수도, 외양간의 벽에 페인팅된 것일 수도 있고, 성경의 뒷면에든, 신생아에 대한 편지에든, 리본으로 장식된 진술서에든 어떤 곳에 기록되어도 무방하다. 기록이 다른 나라에서 만들어졌다는 사실은 이 예외 적용에 영향을 미치지 않는다.[89] 또한 다른 누군가의 기억에 남아 있을 수도 있다.[90] 예컨대 피해자라고 주장하는 사람은 피고인이 자신에게 무슨 일을 하였는지 상세한 것을 기억할 수 없다고 증언하였다. 하지만 그녀는 수사 경찰관에게 하였던 상세한 말은 기억하였다. 경찰관은

---

83) 예컨대 채권자 갑이 채무자로부터 변제를 받았는지 지금은 확실하지 않지만, 과거에 자신의 일기장에 "아직도 채무자가 돈을 갚지 않아서 불쾌하다."라고 기록하였다면, 이 일기장은 갑이 법정에서 그 일기장의 내용이 확실하다고 증언한다면, 증거로서 허용된다.

84) 이는 우리나라 형사소송법상 제312조 제2항의 영상녹화물 등 기타 객관적 방법에 의한 진정성립의 입증과 유사하다고 할 수 있다.

85) G. Michael Fenner, *ibid.*, p. 201.

86) United States v. Porter, 986 F. 2d 1014, 1017(6th Cir. 1992).

87) 이 증인은 법정에서 선서하에 있을 것이다. 반대 측 변호인단은 반대신문의 기회에 그들의 능력, 기억 그리고 정직성을 시험할 수 있다. 배심은 또한 그들의 태도를 관찰할 수 있다.

88) United States v. Williams, 571 F. 2d 344, 348(6th Cir. 1978). 증인이 보고서를 준비한 것이 아니지만, 단지 그것을 검토하였고, 그것이 정확하다는 것을 알았기 때문에 그는 그 보고서를 채택하였다. 따라서 그것은 증거능력이 있다.

89) G. Michael Fenner, *ibid.*, p. 210.

90) G. Michael Fenner, *ibid.*, p. 200.

피해자에 의해서 자신에게 보고된 상세한 내용을 증언하였다. 피고인의 전문증거의 주장에 대해서, 법원은 경찰관의 증언을 '과거의 기록된 기억(past recollection recorded)'으로 허용하였다. 과거의 기억은 피해자의 것이며, 피해자의 과거의 인식(지식)의 기록은 경찰관의 기억 속에 존재하는 것이었다.[91)]

공판정에서 증인은 기록이 정확하다고 기억하여야만 한다. 또한 이러한 서류를 증거로 제출하려는 자는 증인이 그 정보를 생생하게 기억하고 있을 때 그 기록을 작성했기 때문에, 증인이 과거에 그 주제에 대해 알고 있었으나 지금은 '완전하고 정확하게' 증언할 수 있을 만큼 적절한 기억을 하지 못한다는 점을 입증해야 한다.[92)]

이 예외에서 기록(즉, 법정외 진술)은 반드시 증인의 기억에 생생하게 남아 있을 때 작성된 것이면 족하고, 반드시 사건의 당시 또는 직후에 작성되어야 하는 것은 아니다.[93)] 시간의 경과는 기억의 신선함에 있어서 결정적인 조사 대상이 아니다. 증인의 기억의 신선함은 특별한 사건과 특별한 증인에 의존하며, 기억이 훼손될 수 있는 시간에 관한 명백한 기준이 있는 것은 아니다.[94)]

메모나 기록은 반드시 증언하는 증인의 인식이 정확하다는 것을 반영한다는 것을 보여 주는 것이어야 한다. 이에는 세 가지의 방법이 있다.

첫째, 가장 일반적인 방법으로는 원진술자가 그 진술이 정확하다는 것을 증언하는 것이다.[95)] 예컨대 원진술자가 이렇게 진술하는 것이다. "나는 무엇이 일어났는지를 기록하였다. 나는 내가 기록한 것이 정확하였다는 것을 기억한다. 그리고 이 증거는 내가 작성한 것이다."

둘째, 변호인이 원진술자의 증언을 준비 절차나 청문(hearing) 절차에서의 원진술자의 증언을 사용할 수도 있을 것이다. 예컨대, 살인 사건이 일어난 밤, 이 사건의 목격자가 경찰에서 진술을 하였고, 증인은 피고인이 총을 발사한 자라고 확인하였다. 증인이 "대배심 앞에서 증언을 하였을 때, 그녀의 경찰에 대한 증언은 낭독되었고, 그녀는 그것이 사실이라고 확인하였다."

피고인의 재판에서 증인은 살인이 일어난 밤에 무엇이 일어났는지를 기억하지 못한다고 증언한

91) People v. Guardado, 47 Cal. Rptr. 2d 81, 83(Cal. Ct. App, 1985) ; Flynn v. State, 702 N. E. 2d 741(Ind. Ct, App, 1998). ; 두 경찰관의 증언(원진술자가 자신들에게 말하였던 것에 대한 것)은 원진술자의 과거의 기록된 기억으로서 허용되었다.

92) 기록은 배심원들에게 읽어 주는데, 이렇게 함으로써 배심원들은 그 기록에 포함된 정보를 마치 증인이 법정에서 이를 기억하고 증언할 때와 정확히 같은 방법으로 이용할 수 있도록 하기 위한 것이다. ; 아서 베스트(Arthur Best), 앞의 책, 175쪽.

93) G. Michael Fenner, *op. cit.*, p. 208.

94) G. Michael Fenner, *ibid.*, p. 208.

95) Parker v. Reda, 327 F. 3d 211, 214(2d Cir. 2003).

다. 이에 따라 증인의 경찰에서의 진술이 전문법칙의 예외에 의해서 기록으로 낭독되고, 증인이 경찰에서의 진술이 자신의 진술이고 그것이 진실하다고 증언한다면, 그 진술은 증인이 그 사건에 대하여 기억하지 못한다고 증언할 때 법정에 제출될 것이다.[96)]

셋째, 진술의 정확성은 정황증거(circumstantial evidence)에 의해서도 확인될 수 있다.[97)] 그것은 만약 원진술자가 이 특별한 진술을 기억하지 못한다고 증언하는 경우에도, 그 진술이 정확하다는 것은 어떤 것을 정확히 기록하는 증인의 습관이거나 일상적인 행동에 의해서 확인될 수 있다.

또한 만약 개인이 사건 당시에 그것이 진실하다고 믿지 않았었다면 그에 대해서 서명하지 않았을 것이기 때문에, 진술에 대한 자신의 서명을 인정하는 증언을 하는 것으로도 충분하다. 어떤 사건에서 원진술자는 자신이 그 진술을 할 때 자신이 약물로 인해서 정상적인 상태가 아니었으며, 그리고 비록 그녀가 진실을 말하려고 노력하였지만, 그렇게 되었는지 확실하지 않다고 증언하였다. 그럼에도 불구하고 법원은 그 진술을 과거의 기록된 기억으로서 충분한 정황증거로 인정하였다. 그 진술이 매우 상세하고 일관성이 있었기 때문이다. 그것은 사건이 기록된 직후에 이루어졌으며, 위증죄의 경고하에서 이루어졌고, 원진술자는 그 진술을 매우 강하게 수정하였으며, 각 변화에 대하여 이니셜을 부가하였고, 각 페이지마다 서명을 하였다.[98)]

한편, 기록된 기억은 원진술자의 원본 기록(메모)으로부터가 아니라, 오히려 그러한 메모로부터 준비된 것인 경우, 즉 원본의 재기록(re-record)인 경우에는 이 예외에 따라서 허용되는 기억에 해당하지 않는다.[99)]

'기록된 과거 기억(past recollection recorded)'의 예외는 증인의 기억을 돕는 방법 중 하나로 '현재의 기억 환기(present recollection refreshed)'의 그것과 혼동되기 쉽다. 증인의 기억을 환기하기 위한 진술의 비전문법칙적 사용과, 과거의 기록된 기억의 전문법칙의 예외는 종종 혼동되어 사용되기도 한다.[100)] 그러나 '현재의 기억 환기'는 전문법칙과는 전혀 관련이 없는 증인신문상의 절차이다.

'현재의 기억의 환기'는 망각한 것을 회복하면서, 그리고 증인 스스로의 환기된 기억으로부터 그 자신의 환기된(회복된) 관찰에 대하여 증언하는 것을 허용하는 것으로서, 증인의 기억을 되찾게

---

96) G. Michael Fenner, *ibid.*, p. 209.

97) United States v. Porter, 986 F. 2d 1014, 1017(6th Cir, 1993).

98) United States v. Porter, 986 F. 2d 1014, 1017(6th Cir, 1993).

99) Dayan v. McDonald's Corp, 466 N. E. 2d 958, 970-971(Ⅲ App. Ct. 1984). ; G. Michael Fenner, *ibid.*, p. 210.

100) 왜냐하면 이들은 모두 실패한 기억의 공통된 온상에서부터 출발하고, 그들의 혼동되는 복수의 언어적 리듬과 문법적 구조 때문에 양자를 유추하는 매력적인 유혹이 존재하기 때문이다. 그러나 그것은 극복되어야만 하는 유혹이다. ; Baker v. State, 371 A. 2d 699, 702(Md. Ct. Spec. App. 1977).

하는 법률적 기법이다.[101] 증인에게 질문을 하는 당사자는 다양한 방법으로 증인의 기억을 환기하는 것이 허용된다. 질문자는 또한 증인에게 어떤 문서를 보여 주면서 일정한 주제에 대한 증인의 기억을 현재 되살리는 데 도움이 되는지를 물을 수 있다. 만일 증인에게 문서를 보여 줌으로써 증인이 기억을 되살리게 되면, 이때에는 전문증거의 문제는 발생하지 않는다.[102] 따라서 이러한 경우에는 전문법칙이 존재하지 않는다. 예컨대 환자의 부상에 대하여 증언하는 의사가 자신이 작성한 진료 기록을 가지고 기억을 환기하거나,[103] 피의자에 대하여 증언하는 경찰관이 자신이 작성한 보고서나 피의자의 체포에 관련된 다른 경찰관이 작성한 경찰보고서에 의해서 기억을 환기하는 것이다.[104]

과거의 기억에 관한 기록은 이와 반대로 법정외 전문진술이 증거로서 법정 내에 그 진술에 포함된 사실을 증명하기 위하여 들어온다.[105] 따라서 증거는 전문증거일 수 있다. 그런데 만일 과거 기억을 환기해 주는 문서가 전문법칙의 다른 예외 요건을 충족하는 경우에는 다른 예외의 요건에 의해서 증거로 사용할 수 있다. 다만 기억이 환기된 증인이 증언으로 불이익을 받는 상대방 당사자는 증인이 사용한 문서를 증거로 제출할 수 있다는 사실에 유의해야 한다.[106]

6. 업무상 기록과 공공기관의 기록 [제803조 제6항]

'업무상 기록과 공공기관의 기록(records of regularly conducted activity)'의 예외의 요건은 다음과 같다. 미국 연방증거법 제803조 제6항에 따라,[107] 활동, 사건, 상태, 의견 또는 진단들에

101) G. Michael Fenner, *ibid.*, p. 203.
102) 아서 베스트(Arthur Best), 앞의 책, 176쪽.
103) Dexheimer v. Indus. Comm'n., 559 N. E. 2d 1034, 1036(3. Ct. App. 1990).
104) Baker v. State, 371 A. 2d 699(Md. Ct. Spec. App. 1977).
105) E. g., Humphrey, 279 F. 3d at 377 n. 3, 203.
106) 제612조는 이러한 권리를 인정하고 있고, 과거의 기억을 환기하는 절차의 오용을 방지하기 위한 추가적 안전장치를 규정하고 있다. ; 아서 베스트(Arthur Best), 위의 책, 176쪽.
107) 「(6) Records of Regularly Conducted Activity. - A memorandum, report, record, or data compilation, in any form, of acts, events, conditions, opinions, or diagnoses, made at or near the time by, or from information transmitted by, a person with knowledge, if kept in the course of a regularly conducted business activity, and if it was the regular practice of that business activity to make the memorandum, report, record, or data compilation, all as shown by the testimony of the custodian or other qualified witness, unless the source of information or the method or circumstances of preparation indicate lack of trustworthiness. The term "business" as used in this paragraph includes business, institution, association, profession, occupation, and calling of every kind, whether or not conducted for profit.」

관한 메모, 보고서, 기록 또는 자료 편집물 등 형식을 불문한 기록, 당시에 또는 이와 근접한 기간 내에 이에 대해 알고 있는 사람이 직접 작성하거나 또는 그로부터 전달된 정보로부터 작성된 기록으로서 정규적으로 수행되는 업무적 활동 중에 기록되어야 하고, 이에 대한 메모, 보고서, 기록 혹은 자료 편집물의 작성이 그 업무의 정규적인 실무여야 하며, 이 모든 요건들은 보관자나 그 외에 자격 있는 증인의 증언에 의해 입증되거나, 또는 제902조 제11항, 제902조 제12항 또는 그 외에 인증을 허용하는 법률 규정에 따른 인증에 의해 입증되어야 한다. 다만, 정보의 원천 혹은 준비 방법이나 상황으로부터 자료의 신용성이 결여된 것으로 인정되는 때에는 그렇지 않다. 이 조항에서 '업무'란 영리 여부를 불문하고 사업, 기구, 단체, 전문 직업, 정규 직업 및 기타 모든 종류의 직업을 포함한다.

'업무상 기록과 공공기관의 기록' 예외의 '필요성'은 기록된 사실에 대한 상세한 기억을 현재 가지고 있는 자가 존재하지 않는다는 데 있다. 3년 전에 의사가 특정한 환자에게 청구를 하였다는 것을 현재 기억하는 자가 누가 있겠는가?[108] 이 예외의 '신용성'은 이러한 기록들이 주로 소송을 위하여 작성되기보다는 일정한 업무를 수행하는 과정에, 그리고 사업 운영의 목적으로 작성되는 것이기 때문에 정확할 가능성이 높다는 것이다. 즉, 이러한 기록들은 정확하게 규칙적으로 보관되고 있으며, 사업이나 특정한 업무들은 보관된 기록들에 의존하게 되고,[109] 사업에 있어서 중요하며, 그리고 사업이 안전하게 진행되고 있다는 점이다. 물론 이러한 기록들이 일반적으로 꼭 정확하다는 것은 아니다. 그러나 경우에 따라서는 전문증거가 종종 개인의 사후적인 기억보다 더 정확하다는 점에 있다.[110), 111]

'업무상 기록과 공공기관의 기록' 예외로 인정되려면, 해당 기록을 제출하는 자는 그 문서가 어떤 조직의 업무의 한 부분으로 작성되고 문서에 기록되는 내용을 알고 있는 사람이 작성하거나 그 사람이 그 내용을 문서를 작성하는 사람에게 알려 주었다는 점과, 그 기록이 기술하는 사건이 발생한 때로부터 근접한 시점에 작성되었다는 점을 입증해야 한다.[112]

108) G. Michael Fenner, *op. cit.*, p. 213.
109) Palmer v. Hoffmann, 318 U. S. 109, 115(1943).
110) G. Michael Fenner, *ibid.*, p. 214.
111) 예컨대 만약 당신이 삼년 전의 어떤 여름날 피고인의 마당으로부터 울타리를 제거한 정확한 일자가 문제되는 법률소송의 사실확인자라면, 당신은 그 울타리가 내려지거나 또는 그 울타리를 자르거나 제거하였던 조경회사의 업무일지를 보았다는 사람에 대하여 증언을 듣는 것이 유리할 것이다. ; G. Michael Fenner, *ibid.*, p. 215.
112) 아서 베스트(Arthur Best), 앞의 책, 177쪽.

7. 업무상 기록의 부존재[제803조 제7항]

1) 의의

미국 연방증거법 제803조 제7항에 따라,[113] 어떤 사항이 발생하지 않은 사실 또는 그 부존재를 증명하기 위하여 그 사항이 보존되는 메모, 보고서, 기록 혹은 편집물에 포함되어 있지 않다는 점에 대한 증거는 그 증거능력이 인정된다. 이때 증거의 내용은 정규적으로 메모, 보고서, 기록 또는 자료 편집물로 작성되고 보존되는 종류의 사항이어야 한다. 다만 정보의 원천 기타 상황으로부터 신용성이 결여된 것으로 인정되는 때에는 그렇지 않다. 이 규정은 업무상 기록에 대한 예외와 관련된 것으로서, 업무상 기록에 기재되지 않은 사실을 어떤 사실이 발생하지 않았다는 점에 대한 증거로 사용할 수 있도록 하는 규정이다. 미국 연방증거법은 명시적으로 이에 대한 예외 규정을 둠으로써 기록 누락을 전문증거로 불러야 하는지에 대한 논란을 제거하였다.[114]

'진술이 없는 것'은 '진술'이 아니기 때문에 기록에의 미기재는 전문증거에 해당하지 않는다고 주장하는 견해도 있다. 이 견해에 의하면, 이 예외는 사실 불필요한 것이라고 한다. 왜냐하면 전문증거는 법정외 진술이며, 진술은 구두 또는 서면 주장을 의미한다. 또한 어떤 의도가 없다면 주장이 없는 것이다. 기록의 결여는 어떠한 구두 혹은 서면 주장이 아니며, 어느 누구도 진술에 대한 기록의 결여를 의도하지는 않는다. 일반적으로 볼 때, 기입(기록)의 결여는 우선 전문증거가 아니기 때문이다.[115]

가령 기록의 보관 책임을 지고 있는 사람이 회사에서 보고의 의무와 지식을 가지고 있는 사람으로부터 "내가 잘못했다. 화재가 없었다."라는 말을 들었다고 하자. 그 기록의 보관자는 '좋아, 나는 화재가 없었으며, 따라서 장부에 화재가 없었다고 기록하지 않는 것으로 화재가 없었다고 주장할 것이다.'라고 생각하지 않는다. 즉, 화재가 발생하지 않았다면 아무것도 기록할 필요가 없는 것이다. 예컨대 "눈이 왔다."라고 기록하지, "눈이 오지 않았다."라고 기록하지는 않는다. 우리는 모두 법정에서 "어떠한 기록도 발견되지 않았다."라고 증언하게 되며, 이것은 법정 내에서

---

113) 「(7) Absence of Entry in Records Kept in Accordance with the Provisions of Paragraph (6). - Evidence that a matter is not included in the memoranda, reports, records, or data compilations, in any form, kept in accordance with the provisions of paragraph (6), to prove the nonoccurrence or nonexistence of the matter, if the matter was of a kind of which a memorandum, report, record, or data compilation was regularly made and preserved, unless the sources of information or other circumstances indicate lack of trustworthiness.」

114) 아서 베스트(Arthur Best), 위의 책, 179쪽.

115) G. Michael Fenner, *op. cit.*, p. 227.

의 진술이다. 결국 어떠한 법정외 진술도 제출된 것이 아니며, 따라서 전문증거가 존재하지 않는다. 결국 기록의 부존재는 전문증거의 범주에 해당하는 일이 거의 없을 것이다.[116)]

제803조 제6항과 제7항의 기본적 요소는 다음과 같다. 법정외 진술은 반드시 규칙적으로 수행되는 업무의 과정 안에서 작성된 기록(또는 기록 안에서의 기재의 부재[an absence of an entry])이어야 한다.[117)] 즉, 법정외 진술은 법정외 원진술자의 업무의 한 부분으로서 이루어져야 한다.[118)] 소송 사건에서 원진술자의 무죄를 인정하기 위해서 준비된 서면이 업무의 일반적인 과정 안에서 준비된 서면이 아닌 경우가 종종 있기 때문이다. 이때 규칙적으로 행해진 업무활동의 과정에서 만들어졌다는 것은 기록을 만든 원진술자가 그 자신의 업무 과정에서 행동하는 자이어야 한다는 것을 의미한다.[119)] 종종 어떤 업무는 그 수요자가 특정 정보를 제공하여야 하므로, 수요자(고객)가 특정 양식을 채워야 하는 업무가 실무적으로 존재한다. 그러나 그러한 특정 서면에 기입하는 것은 수요자의 입장에서는 일반적인 사무가 아니다.[120)] 업무 기록에 대한 신용성의 근거는 서면이 자주 작성된다는 점에 있는 것이 아니라, 규칙적으로 작성된다는 점에 있다.[121), 122)]

진술은 일상적인(규칙적인) 업무 행위의 과정 안에서 이루어져야만 한다. 따라서 기록을 작성하는 횟수(occasion)가 빈번하지 않을 수 있다. 기록이 업무의 규칙적인 과정 안에서 작성되는 한, 비록 그에 대한 기록 행위가 빈번하지 않는 경우에도 이 예외의 기본적 요소는 충족된다. 예컨대 제공된 서비스 문제에 있어서 고객이 결제하는 것을 실패한 것은 일상적이지는 않다. 그러나 만약 결제를 하지 않는 고객을 매시간 기록하는 것은 회사의 규칙적인 업무의 과정에 속한다. 따라서 그러한 기록은 이 예외에 해당하게 될 것이다.[123)] 물론 기록이 작성되는 것의

116) G. Michael Fenner, *ibid.*, p. 227.

117) 한편, 연방증거법상의 예외는 네브래스카(Nebraska) 주의 예외와는 다르다. 연방증거법에서는 “acts, events, conditions, opinions, or diagnoses”라고 규정되어 있지만, 네브래스카 주에서는 “acts, events, or conditions, other than opinions or diagnoses”로 규정하고 있다. 따라서 네브래스카 주에서는 의견이나 진단이 제외된다. ; G. Michael Fenner, *ibid.*, p. 212.

118) 그러나 이 경우에도 실제로 기록을 작성하는 자가 기록되는 내용의 첫 번째 인식자이어야 하는 것은 아니다. ; G. Michael Fenner, *ibid.*, p. 212.

119) G. Michael Fenner, *ibid.*, p. 215.

120) 예컨대 고객이 금액을 인출하지 않았을 뿐 아니라 승인하지도 않았음을 인정하는 서류에 서명한 직후에는 누군가가 권한 없이 고객의 은행 계좌로부터 일정한 금액을 인출한 경우에, 철회된 금액은 계좌로 반환될 것이다. 이때 이것은 은행의 일상적인 절차에 속한다. 그러나 고객이 인정하는 서류는 이 예외에 해당하지 않는다. 왜냐하면 서면을 요구하는 것은 은행의 일상 업무의 과정에 해당하지만, 여기서의 핵심은 원진술자에 있고, 그러한 승인(affirmation)은 원진술자의 업무의 일상적인 과정을 이루고 있는 것이 아니기 때문이다. ; Stahl v. State, 686 N. E. 2d 89(Ind. 1997).

121) G. Michael Fenner, *ibid.*, p. 216.

122) 즉, ‘regular’은 ‘자주(빈번한[frequent])’의 유사어가 아니다. ‘regular’는 패턴의 통일성을 강조한다.

빈도(frequency)는 기록의 비신용성 여부, 그리고 이 예외 적용의 여부와 관련성이 있다. 그리고 연방증거법상 이 예외는 특별히 의견이나 진단에 관한 기록을 포함하고 있다는 것은 주지의 사실이다.

또한 이 규정의 '업무'는 광의로 정의되며, 이는 반드시 영리를 목적으로 하여야 하는 것은 아니다. 이때의 기록은 반드시 기록된(발생한) 사건이 일어난 때 또는 근접한 시점에 작성되어야만 한다. 즉, 그렇게 해야만 그 기억이 신선하기 때문이다. 또한 기록은 개인적으로 기록되는 내용에 대한 개인적인 지식(인식)을 가지고 있는 자 또는 개인적인 지식이나 관련되는 사건의 정규적인 과정 안에서 정보를 제공하는 자에 의해서 제공되는 정보에 기초하여 작성되어야 한다. 그런데 오늘날 대부분의 업무기록은 개인이 아니라 컴퓨터에 의하여 작성된다. 즉, 문제의 정보는 수집되어 컴퓨터의 메모리에 자동적으로 저장되고 기록된다. 정보가 자동적으로 컴퓨터에 저장되고 유지된 경우에, 그러한 정보도 당연히 업무적 기록에 해당하며 정보의 출력된 서면도 당연히 이 예외에 해당한다.[124] 한편, 이 예외는 국내의 활동 기록에 제한되지 않는다. 규칙적으로 수행된 외국의 활동에 관한 기록에도 적용된다.[125], [126]

2) 보증 증인의 법정 증언에 의한 확인

한편, 미국 연방증거법은 각 요소들은 반드시 관계인(custodian)이나 다른 자격 있는 증인의 증언에 의해서 또는 제902조 제11항, 제12항에 따른 증명이나, 실정법상의 허가 증명에 의해서 인정(확인)되어야만 한다고 규정한다. 즉, 다른 모든 전문법칙의 예외와 마찬가지로, 업무적 기록에 대한 '보증 증인(sponsoring witness)'은 반드시 기본적인 사실에 대한 개인적인 지식을 가진 사람이어야 한다.[127] 일상적인 업무 활동의 기록 보관 실무에 대한 직접적인 지식을 가진 자는 누구나 보증 증인이 될 수 있다. 다시 말해서, ① 특정 업무 내용의 규칙적 실무, ② 그러한 기록이 작성되고 있거나 사건과 근접한 시점에 작성되었다는 사실, ③ 기록된 사실에 대한 개인적

---

123) 마찬가지로 소비자가 회사의 제품의 품질이나 결함에 대하여 불만을 제기하는 전화를 하는 것은 일상적이지 않다. 그러나 그러한 전화를 모두 기록하여 두는 것은 회사의 일상적인 업무에 해당한다. 따라서 이 예외에 해당한다. ; G. Michael Fenner, *ibid.*, p. 216.

124) U. S. v. Salgado, 250 F. 3d 438, 452(6th Cir. 2001).

125) U. S. v. Wilson, 249 F. 3d 366, 376(5th Cir. 2001)(이는 해외 은행으로부터의 기록이다).

126) 한편, 외국 기록의 진정성에 대해서는, 규칙적으로 수행된 활동의 해외 기록에 관한 법률(the Foreign Records of Regularly Conducted Activity Act)과 연방증거법 제902조 제12항 참조.

127) U. S. v. Riley, 236 F. 3d 982, 984-985(8th Cir, 2001). ; 경찰관이 주의 범죄연구소의 보고서에 대한 기본적인 필요적 사실에 대해 개인적 지식을 가지는 것은 업무적 기록의 예외에 해당할 것이다.

지식을 가지고 있거나, 혹은 개인적인 지식을 가지고 있는 자에 의해서 업무의 규칙적인 과정 안에서 제공된 정보에 대한 기록을 기초로 하고 있는 자에 의해서 만들어졌다는 사실 등에 대하여 개인적인 지식을 가지고 있는 자는 누구나 보증 증인이 될 수 있다.

그러나 실무적으로는 증거로 제출된 특정 기록에 대한 개인적인 지식이 없는 자도 보증 증인으로 인정되어 왔다.[128] 예컨대 2년 동안 병원에서 일하고 있는 사람은 비록 그가 이전에 특정한 청구서를 본 적이 없는 경우에라도 그 병원에서 발행된 5년간의 의학적 청구서에 대하여 보증 증인이 될 수도 있다. 범죄연구소에서 과학자이든 행정 업무자이든 1년 동안 근무한 자는 비록 그가 4년 동안 그 연구소에서 업무가 어떻게 처리되었는지에 관한 직접적인 개인적 지식을 가지고 있지 않더라도, 그 연구소에서 발행된 4년간의 연구보고서에 대하여 보증 증인이 될 수 있다. 회사의 사무실에서 실무적으로 진행되고 있는 현재의 기록에 대한 개인적인 지식을 가지고 있는 사람은 그가 회사에 입사하기 전에 작성된 회사의 기록에 대한 보증 증인이 될 수도 있다. 따라서 만약 그가 현재의 회사의 일상적 실무 관행에 대한 개인적 지식을 증언한다면, 법원은 동일한 실무가 과거에도 진행되었을 것이라고 추정하게 될 것이다.[129]

또한 추정을 반박하는 부존재 증거(absent evidence) — 현재의 일상적 과정에 대한 증언이 옳지 않다는 증언, 현재의 업무 과정은 기록이 작성될 낭시에는 존재하지 않았다는 증언, 또는 업무 과정이 이 사례의 경우에는 적절하지 않다는 증언 등 — 의 경우에도, 이 예외가 적용된다.[130]

3) 보증 증인의 법정 증언 없는 확인

미국 연방증거법은 각 요소들이 반드시 관계인(custodian)이나 다른 자격 있는 증인의 증언에 의해서 또는 동법 제902조 제11항, 제902조 제12항에 따른 증명이나, 실정법상의 허가 증명에 의해서 인정(확인)되어야만 한다고 규정하고 있지만, 사실은 모든 경우에 다 그렇지는 않다. 이 규정이 실제로 요구하는 것은 일상적으로 수행된 행위의 기록으로서 진정성(authenticated)이 요구되는 서류는 반드시 위의 어느 하나 또는 그 이상의 방식으로 진정성이 인정되어야만 한다는 것이다. 이 예외에 의해 제공되는 일정한 서류는 서면 자체로서 이 전문법칙의 예외의 기본적

128) G. Michael Fenner, *ibid.*, p. 219.

129) G. Michael Fenner, *ibid.*, p. 219.

130) U. S. v. LeShore, 543 F. 3d 935, 942(7th Cir. 2008) ; Second Med., P. C. v. Auto One Ins. Co., 857 N. Y. S. 2d 898, 901(N. Y. Civ. Ct. 2008). ; 증인이 기록을 작성하거나 그 기록에 정통하여야 하는 것은 아니다. 기록을 작성한 업무의 현재 또는 과거의 고용인일 필요조차도 없다. 증인은 단지 기록을 작성하게 한(created) 업무 과정을 유지하는(keeping) 기록과의 익숙함(familiarity)을 보여 주는 것으로 충분하다.

요소에 대한 정황적 증거를 가지게 될 것이다. 즉, 일정한 서면은 그 자체로서 진정성이 있다.[131)]

은행에서 발행된 수표에 대한 취소 마크는 자동적인 진정성 확인이 될 것이다.[132)] 은행에서 수표의 뒷면에 취소의 마크를 하는 것은 은행의 규칙적인 업무이며, 마크가 적절한 시기에 이루어졌고, 취소와 결합된 날짜는 취소의 적절한 시기를 말해 주며, 이러한 마크들은 자신의 행위에 대한 개인적인 지식이나 그러한 개인적 지식을 가진 사람에 의해서 작동되는 기계에 의한 것이다. 따라서 이러한 취소 수표를 법원에 제출하게 되면, 법원은 취소 마크들이 업무적 기록이라고 추정하게 될 것이다. 그러한 추정을 뛰어넘는 증거가 제출되지 않는다면 말이다.

한편, 보증 증인이 없는 요소의 확인의 변용으로서, 업무적 기록의 예외에 대한 요건이 서면(affidavit) — 그 자체로서 전문증거인 — 에 의해서 인정되는 경우가 있다. 예컨대 Fslic v. Griffin 사건에서[133)] 서류의 관리인이었던 은행 부행장의 서면은, 그 서면이 업무 활동의 규칙적인 과정 안에서 보관되었던 것이라는 사실을 확인하였다. 또한 그 서면들은 적절한 시기에 준비되었으며, 개인적인 지식 요건을 충족하는 것으로 확인되었다. 결국 업무 기록을 위한 보증 증인이 존재하는 것으로 되었으며, 그 보증 증인의 증거는 서면으로 제출된 결과로 된 것이다.[134)]

주의하여야 할 것은 이 조항이 증언하는 보증 증인이 결코 필요 없으며, 기록의 원천이 항상 서면이나 확인서에 의하여 인정될 수 있다는 것을 의미하는 것이 아니라는 것이다. 일반적인 규칙은 여전히 전문증거는 다른 허용될 수 없는 전문서류에 기초하여 확인될 수는 없다는 것이다.[135)]

한편, 규칙적으로 수행된 기록의 예외는 종종 다중적인 전문증거를 포함한다. 즉, 이러한 기록들은 기록을 작성한 원진술자의 직접적이고 개인적인 관찰 이상의 것을 포함하고 있는 경우가 많다.[136)] 재전문증거(다중전문증거[multiple hearsay])의 문제는 다중적인 예외 또는 동일한 예외의 복수의 적용을 요구한다.

4) 신용성 조항

제803조 제6항과 제7항의 기본적 요소들은 신용성이 보장되어야 한다(신용성 조항). 이것은 비록 기본적 요소들이 충족되는 경우에라도, 법관이 증거에 대해서 의혹을 갖는 경우에는 법관은

131) G. Michael Fenner, *ibid.*, p. 220.
132) G. Michael Fenner, *ibid.*, p. 220.
133) Fslic v. Griffin, 935 F. 2d 691(5th Cir. 1991).
134) G. Michael Fenner, *ibid.*, p. 222.
135) G. Michael Fenner, *ibid.*, p. 222.
136) G. Michael Fenner, *ibid.*, p. 222.

그 증거를 허용하지 않을 수도 있음을 의미한다.[137] 이 신용성 조항(trustworthiness clause)은 이 예외의 최종적인 조건으로서, 비록 다른 조건이 충족되는 경우에도 만약 정보의 원천이나 다른 정황이 신용성의 결여로 나타난다면 이 예외의 조항이 적용되지 않는다는 것을 의미한다.[138] 즉, 만약 특별한 기록의 신용성에 문제가 있는 경우에는 — 기록의 보관자를 포함하여 — 공판 판사는 예외의 적용을 부인할 수 있는 재량을 가진다.

한편, 주의하여야 하는 것은 'trustworthiness'는 'credibility'와 같지 않다는 것이다. 전자에 대한 결정이 '법률(law)'의 문제라면, 후자는 '사실(fact)'의 문제에 해당한다. 판사는 자신이 진실이라고 믿지 않기 때문에 진술이 'trustworthy'하지 않다고 결정함에 있어서 배심의 기능을 침해하지 않도록 주의하여야만 한다.[139] 예컨대 업무적 기록이 다른 증거와 모순된다고 말하는 경우에, 판사는 다른 증거가 '진실(true)'이고, 따라서 업무적 기록이 진실이 아니라고 믿는 것이다. 즉, 이 결정은 판사의 권한에 속하는 'trustworthiness' 결정이 아니라, 배심의 권한에 속하는 'credibility' 결정에 속하기 때문이다.

기록이 '믿을 만한지(credible)'의 여부는 배심이 그것을 믿는지의 여부와 관련된다. 반면에 기록이 '신용성이 없는지(untrustworthy)'의 여부는 그것이 신뢰할 수 없는(unreliable) 것으로 하였는지의 여부와 관련이 있다.[140] 따라서 기록이 신용성이 있는 것인지 여부를 판단할 때에는, 법원은 그 보고서가 믿을 만한 것인지(credible)를 고려해서는 안 되고, 그 보고서가 신뢰할 만한 것인지(reliable)를 판단해야만 한다.[141]

앞서 언급한 것처럼 업무적 기록은 자주 준비되어야 할 필요가 있는 것이 아니라, 단지 규칙적으로 준비되면 충분하다. 즉, 이 예외는 '규칙성(regularity)'을 요한다. 물론 특정 기록이 작성된 빈도(frequency)는 기록의 신용성(trustworthy)과는 관련성이 있다. 즉, 그러한 기록들이 만들어진 빈도는 그 기록에 대한 신용성을 부여하게 될 것이다. 따라서 빈번한 기록의 보관 시스템은 빈번하지 않은 기록 보관 시스템에 비해서 보다 믿을 만한 것으로(reliable) 평가될 수 있다.

일반적으로 기록의 치밀한 준비는 업무의 핵심이다. 따라서 더 신용성이 강하게 된다. 물론 업무의 핵심에서부터 준비 절차가 소홀할수록 신용성은 약하다고 할 수 있다. 그러나 처음부터

137) G. Michael Fenner, *ibid.*, p. 213.
138) G. Michael Fenner, *ibid.*, p. 214.
139) G. Michael Fenner, *ibid.*, p. 224.
140) G. Michael Fenner, *ibid.*, p. 235.
141) 결국 'trustworthiness', 'credibility', 'reliability'는 서로 다른 관점의 용어이다.

소송을 예상하고 준비된 서면은 신용성이 약한 것으로 평가된다. 따라서 업무적 기록으로 인정되지 않는다.

예외 인정의 기본적 요건에 대한 '확인의 부담(burden establishing)'은 이 예외의 이점을 추구하는 측(즉, 증거를 제출하는 측)에 있다. 그러나 이 당사자는 이 예외에 의해서 제출된 각각의 기록의 신용성을 서면을 통해서 보여 주어야 할 필요는 없다. 즉, 예외 인정의 다른 요건들을 통해서 신용성은 추정된다(추정적인 신용성[presumptive trustworthiness]).

특정한 업무적 기록 혹은 보고서가 신용성이 없다는 '증명의 부담(burden of demonstrating)'은 증거의 허용에 반대하는 측에 있다. 즉, 반대하는 당사자는 이 예외가 적용되지 않는다고 주장한다.[142)]

8. 공적 기록 및 보고서[제803조 제8항]

1) 의의

미국 연방증거법 제803조 제8항에[143)] 따르면, 형식을 불문하고 ① 공무소 또는 공공기관의 활동, ② 법률에 따라 보고할 의무가 규정된 사항에 대하여 법률에 부과된 의무에 따라 관찰한 사항 — 다만 형사사건에서는 경찰관이나 그 외 다른 법집행기관 요원이 관찰한 사항은 제외한다, ③ 민사적 소송 및 절차, 그리고 형사사건에서, 정부에 불리한 증거로 제출되는 경우에 법률이 부여한 권한에 따라 행한 조사의 결과로 확인된 사실적 사항에 대한 공무소 또는 공적 기관의 기록, 보고서, 진술 또는 자료 편집물은 증거능력이 있다. 다만 정보의 원천이나 다른 상황으로부터 신용성이 결여된 것으로 인정되는 때에는 그렇지 않다. '공적 기록 및 보고서(public records and reports)'와 같은 유형의 문서들에 대해 전문법칙의 예외를 인정하는 논거는 이러한 서류들의 주제가 정부기관 내의 내부적 업무에 관한 것인 때에는 일반적인 업무상 기록과 매우 유사하며, 이를 작성한 기관이 매일의 업무에서 이를 사용하기도 하므로 신용성이 매우 높다는 판단에 근거한다.

---

142) Shelton v. Consumer Prods. Safety Comm'n., 277 F. 3d 998, 1010(8th Cir. 2002).

143) 「(8) Public Records and Reports. - Records, reports, statements, or data compilations, in any form, of public offices or agencies, setting forth (A) the activities of the office or agency, or (B) matters observed pursuant to duty imposed by law as to which matters there was a duty to report, excluding, however, in criminal cases matters observed by police officers and other law-enforcement personnel, or (C) in civil actions and proceedings and against the State in criminal cases, factual findings resulting from an investigation made pursuant to authority granted by law, unless the sources of information or other circumstances indicate lack of trustworthiness.」

법집행기관 요원을 포함하는 공무원들의 관찰에 기초한 보고 또는 조사에 기초한 결론에 관한 문서는 일상적 성격을 가지기 때문에 정확성에 대한 강력한 보증이 있다고 말하기 어렵다. 그러나 이 조항에서는 민사소송에서 예외를 인정해 주고 있다. 그러나 형사사건에서는 예외를 인정하지 않는다.[144)] 법집행기관 요원들은 유죄 판결을 받아 내려는 이해관계로 인해 허위로 기록할 동기가 있기 때문이며, 이들의 관찰에 대해서는 전문법칙의 예외를 인정하지 않는다. 이 예외의 필요성은 기록이나 보고서, 진술, 자료를 준비하는 원진술자가 그 안에 포함된 정보에 대한 직접적인 지식을 가지고 있을 것 같지 않은 경우이다. 만약 이 예외가 없다면 이러한 원천으로부터의 증거는 더 이상 사용할 수 없다.[145)] 또한 이 예외는 법률에 의해서 부여된 권한에 따른 수사 결과 발견된 사실을 포함한다. 예컨대 비행기 추락의 원인의 증거를 제출하기를 원하는 소송 당사자는 이미 국가 수송안전국에서 행해진 수사를 다시 하려고 하지는 않을 것이다. 그리고 만약 이 예외가 없다면 증거는 소멸될 것이다. 그리고 비록 소송 당사자가 수사를 다시 한다고 하더라도 개인에 의한 수사의 결과를 받아들이기는 어려울 것이다. 결국 만약 증거를 더 이상 사용할 수 없다고 한다면, 사실 확인의 자료는 상실될 것이다.

이 예외의 '신용성'의 요건은 업무상 기록의 경우와 유사하며, 다음과 같다.[146)] ① 문제의 기록을 조사하고 발견하는 것이 기록된 사실에 관한 기억에 대하여 공적인 증언을 하는 것보다 더 신빙성이 있을 것, ② 기록을 법정에서 사용하는 것에 충분히 신빙성(reliability)이 있을 것(왜냐하면 공무원들은 일반적으로 그들의 업무를 적절하게 수행하고, 따라서 그 기록들은 믿을 만한 것이기 때문이다),[147)] ③ 이 기록들은 공적 기록이라는 것 등이다.

공적 기록이나 보고서의 확인된 복사본(certified copy)도 당연히 이 예외에 해당하며, 미국 내의 주 정부나 지방 법원, 그리고 외국의 정부나 법원에 의해[148)] 준비된 공적 기록이나 보고서에도 이 예외가 적용된다. 물론 외국의 공적 기록에 대해서는 특별한 신용성(trustworthiness)의 문제가 있을 수 있다.

---

144) 이는 우리나라 법의 경우에도 피의자신문조서나 참고인진술조서, 검증조서 등의 경우에 원칙적으로 증거능력이 인정되지 않으나, 예외 조건을 충족하는 경우에 한하여 그 능력을 인정하고 있다.

145) G. Michael Fenner, *ibid.*, p. 229.

146) 이 둘의 차이점은, 업무상의 기록들은 관리인이나 다른 권한 있는 증인의 증언을 요구하지만, 공적 기록의 경우에는 어떠한 증언도 요구하지 않는다는 점이다.

147) Melville v. Am. Home Assurance Co., 443 F. Supp. 106, 1112(E. D. Pa. 1997). ; 공무원들이 법적 의무 또는 권한에 의해서 작성한 기록과 보고서는 법정에서 그 사용을 정당화할 수 있는 충분한 정황적 신용성의 보장을 포함하고 있다.

148) Mike's Train House, Inc. v. Lionel, L. L. C., 472 F. 3d 398, 412(6th Cir. 2006).

한편, 재전문증거(다중전문증거)의 문제에 있어서, 제7차 연방순회항소법원(circuit court of appeals)은 다음과 같이 판시하였다. "만약 공적 기록 또는 보고서에 포함되어 있는 각 단계의 전문증거에 재전문증거에 관한 규정을 적용하고, 각각의 단계에서 예외를 요구한다면, 이 예외는 본질적으로 의미를 상실하게 될 것이다."[149] 결국 공적 기록 안에 포함되어 있는 전문증거를 단계별로 검토할 필요가 없다는 것이다.[150]

제8차 연방순회항소법원도 같은 입장을 취하였다. 어느 당사자가 공적 기록이 재전문증거를 포함하고 있다고 주장하자 — 기록을 준비한 공무원이 기록된 사실에 대한 직접적인 지식을 가지지 못하였기 때문에 —, 이 법원은 공적 기록이나 보고서는 만약 정보의 원천이나 다른 정황이 신용성의 결여를 보여 주고 있지 않는 한, 공적 기록은 허용된다고 하였다.[151] 따라서 공적 기록이나 보고서의 예외는 만약 증거의 반대자가 전문증거의 단계가 특정한 보고서를 신용성이 없는 것으로 만들었다는 것을 재판부에 대하여 설득하지 않는 한, 재전문증거의 문제에 방해받지 않는다. 하지만 다른 법원은[152] 이와 다른 견해를 보인 경우도 있다. 즉, 제삼자의 진술이 단지 공적 기록에 포한되어 있기 때문에 허용되어야 하는 것은 아니라는 것이다.

한편, 개인에 의해서 준비되어 공적 기관에 제출한 기록의 경우에는 공적 기록의 예외가 적용되지 않는다.[153] 비록 법률이 개인 당사자에게 그 보고서를 준비하고 제출하도록 요구하는 경우에도 마찬가지이다.[154] 그러나 이 예외는 법률에 의한 의무하에서 정부의 기관(agent)으로서 행위하였던 비정부적(non-governmental) 당사자의 진술에는 적용된다.[155]

이 예외에서도 신용성 조항의 규정이 있다. 이 조항은 증거가 신용성이 없다고 판단되는 경우에 이를 배제할 수 있는 사법적 재량이다. 따라서 비록 당사자가 이 예외의 요건들을 충족할 수 있는 경우에도 증거를 배제할 수 있는 상당한 재량을 판사에게 부여하고 있다.[156] 그리고 이 경우에도 앞서 본 것처럼 'trustworthiness(신용성)'와 'credibility(신빙성)'의 문제는 구별하여야 한다.

---

149) In re Oil Spill by Amoco Cadiz, 954 F. 2d 1279, 1308(7th Cir. 1992).
150) 결국 이러한 관점에서 본다면 제805조는 제803조 제8항에는 적용되지 않는다. ; G. Michael Fenner, *ibid.*, p. 232.
151) Amtrust, Inc. v. Larson, 388 F. 3d 594, 599(8th Cir. 2004).
152) U. S. v. Mackey, 117 F. 3d 24, 28-29(1st Cir. 1997).
153) Marsee v. U. S. Tabaco Co., 866 F. 2d 319, 325(10th. 1989). ; 정부 주관의 회의에 참석한 비공무원이 회의에서의 연설과 서면에서의 그들의 보고서에 기초하여 준비한 보고서는 이 예외에 의해 허용되지 않는다.
154) U. S. v. Doyle, 130 F. 3d 523, 546(2d Cir. 1997).
155) Fiberboard Corp., 813 S. W. 2d at 676.
156) Young, 327 F. 3d at 623.

이때 기록 또는 보고서의 'untrustworthiness(불신용성)'를 판단함에 있어서, 법원은 성향(선입견[bias]), 전문성(expertise), 기억(memory), 철저함(완전함[thoroughness])을 고려하는 것으로 보인다.[157] 즉, '보고서를 준비한 사람 또는 정보를 획득한 사람이 선입견을 가지고 있는가?[158] 보고서가 특별한 기술이나 전문성을 요구하는가? 만약 그렇다면 그 보고서를 준비한 자가 전문성이나 기술을 가지고 있는가?[159] 관련된 사람의 기억에 영향을 미친 사실이 표현되어 있는가? 예컨대 수사가 사건 발생 후에 너무 오랜 시간 후에 시작되었는가? 또는 사건에 대한 수사의 결론과 보고서의 준비 사이에 너무 많은 시간의 경과가 있었는가? 그리고 수사와 그 보고서는 철저한가(빈틈이 없는가)?' 등이다.[160]

2) 경찰관의 보고서

경찰관이나 법집행요원이 관찰한 사실을 형사사건의 증거로 제출하는 경우에는 이 예외가 적용되지 않는다(증거능력이 인정되지 않는다). 그러나 법률에 의한 조사의 결과로 확인된 사실이 형사사건에서 정부에 불리한 증거로 제출된 경우에는 이 예외가 적용된다.

이처럼 경찰관의 보고서(police report)를 다르게 취급하는 이유는 범죄 현장 또는 피고인의 체포 현장에서 경찰관에 의한 관찰(observation)은 형사사건에서의 경찰관과 피고인의 상반된 성격 때문에, 다른 경우에 공무원에 의한 관찰에 비하여 믿을 만하지 않다는 데 있다(not as reliable as).[161] 한편, 일부 법원은 이 규정은 경찰관이 적대적(대립적) 상황이 아닌 경우에 작성한 보고서의 경우에는 적용되지 않는다고 보았다. 즉, 예외가 인정된다고 보았다. 예컨대 경찰관이 절취된 것으로 보고된 자동차의 등록번호를 확인하는 보고서를 작성하고, 이 보고서가 문제의 자동차가 절취되었다고 보고하는 경우에는 예외 조항은 적용되지 않는다.[162]

이에 대해서는 검찰로 하여금 이러한 유형의 보고서를 사용하지 못하도록 하는 것은 이해가 되지만, 피고인이 이를 증거로 제출하는 때에도 이를 적용하는 것이 정책적으로 타당한지에 대한 의문이 강하다는 견해도[163] 있다. 또한 비록 이러한 보고서가 '공적 기록이나 보고서'의

157) G. Michael Fenner, *ibid.*, p. 235.
158) Hertz v. Luzenac Am., Inc., 370 F. 3d 1014, 1020(10th Cir. 2004).
159) Baker v. Elcona Homes Corp., 588 F. 2d 551, 558(6th Cir. 1978).
160) Coleman, 306 F. 3d at 1342.
161) 미국 연방증거법 제803조 제8항, 자문위원회 노트(advisory commitee's note). ; G. Michael Fenner, *ibid.*, p. 239.
162) U. S. v. Enterline, 894 F. 2d 287, 290-291(8th Cir. 1990).
163) 아서 베스트(Arthur Best), 앞의 책, 181쪽.

예외에는 해당하지 않지만, '현장성 감각 인상'이나 '업무적 기록'의 예외에 해당할 수 있다는 견해도 있다.[164)]

9. 통계의 기록 [제803조 제9항]

법의 요구에 따른 공식 업무를 위해서 작성된 출생, 사망, 결혼에 관한 어떤 형태로든 기록이나 자료의 편집물, 즉 '통계의 기록(records of vital statistics)'은 그 증거능력이 인정된다.[165)] 이 예외에서 사실들을 보고하도록 요구받는 정보제공자는 공무원일 필요는 없다. 출생, 결혼, 사망 등의 보고는 일반적으로 의사나 성직자, 장의사 또는 부모나 그들의 부모의 사망과 관련된 자식들에 의해서 이루어진다.[166)] 이러한 서류들은 통상적으로 보고 의무가 있고, 거짓말을 할 동기가 없는 사람들에 의해서 작성되며,[167)] 사건 발생과 출생, 사망 등이 문제가 되는 소송 사이에 꽤 오랜 시간이 경과되었고, 그에 대한 다른 증거를 획득하기 어렵다는 점 등이 필요성의 근거로 작용한다.[168)]

10. 공적 기록 혹은 기재의 부존재 [제803조 제10항]

기록, 보고, 진술 또는 자료 편집물 등의 부존재(absence), 혹은 공무소 또는 공공기관이 정규적으로 행태를 불문하고 어떤 기록, 보고, 진술 또는 자료 편집물을 작성하여 보존했던 사항이 발생하지 않았거나 존재하지 않는 사실을 증명하기 위해 제출되는 것으로서, 기록, 보고, 진술, 자료 편집물 또는 기재를 발견하기 위해 성실히 찾아보았으나 찾을 수 없었던 점에 대한 제902조에 따른 인증 방식의 증거 혹은 증언 등은 그 증거능력이 인정된다.[169)]

---

164) G. Michael Fenner, *op. cit.*, p. 240.

165) 「(9) Records of Vital Statistics. - Records or data compilations, in any form, of births, fetal deaths, deaths, or marriages, if the report thereof was made to a public office pursuant to requirements of law.」

166) Michael H. Graham, *Federal Rules of Evidence*, West(2011), p. 568.

167) 아서 베스트(Arthur Best), 앞의 책, 390쪽.

168) Michael H. Graham, *op. cit.*, p. 568.

169) 「(10) Absence of Public Record or Entry. - To prove the absence of a record, report, statement, or data compilation, in any form, or the nonoccurrence or nonexistence of a matter of which a record, report, statement, or data compilation, in any form, was regularly made and preserved by a public office or agency, evidence in the form of a certification in accordance with Rule 902, or testimony, that diligent search failed to disclose the record, report, statement, or data compilation, or entry.」

11. 종교단체의 기록[제803조 제11항]

종교단체에서 정규적으로 유지하는 기록, 즉 '종교단체의 기록(records of religious organizations)'에 포함되어 있는 출생·결혼·이혼·사망·적출자 여부, 조상, 혈족관계, 인척관계, 기타 이와 유사한 개인이나 가족의 역사에 대한 진술들은 그 증거능력이 인정된다.[170] 이러한 사실들은 일반적으로 엄숙한 종교적 예식과 관련하여 기록된 것이며, 정보를 왜곡할 가능성이 매우 희박하기 때문에[171] 신용성이 높고, 그 정보를 종교단체의 장부에 기록하는 행위는 정확성과 신용성이 높다는 점에 근거한다. 이 예외에 의해서 입증할 수 있는 사실들은 관련 날짜와 관계를 모두 포함한다. 따라서 교회에서 보관되고 있는 세례 기록은 아이의 나이와 그 부모의 나이를 증명할 수 있을 뿐만 아니라, 동시에 그 세례 의식이 특정 날에 거행되었다는 사실을 증명한다.[172] 또한 이 예외는 제803조 제8항의 '공적 기록'의 예외, 동 조 제9항의 '통계기록'의 예외, 동 조 제6항의 '업무상 기록과 공공기관의 기록'의 예외와 달리, 정보를 제공하는 사람이 업무상 의무나 법적 의무에 근거하여 정보를 제공할 필요가 없다.[173]

12. 결혼, 세례, 이와 유사한 증명[제803조 제12항]

작성자가 결혼식 또는 그 외의 의식을 거행하였거나 또는 성사를 집전하였다는 내용의 인증서로서 종교단체의 규칙이나 관행에 따라 또는 법률에 의하여 인증된 행위를 수행할 수 있는 권한을 받은 성직자, 공무원 또는 그 외의 권한자에 의하여 작성되었고, 인증서가 그 행위가 행해진 시점 혹은 그 후 합리적 시간 내에 발행된 경우, 인증서에 포함되어 있는 사실에 대한 진술은 그 증거능력이 인정된다.[174] 이 예외는 종교단체에 소속된 성직자 또는 공무원 등에 의해서 작성된

170) 「(11) Records of Religious Organizations. – Statements of births, marriages, divorces, deaths, legitimacy, ancestry, relationship by blood or marriage, or other similar facts of personal or family history, contained in a regularly kept record of a religious organization.」

171) Michael H. Graham, *ibid.*, p. 572.

172) Michael H. Graham, *ibid.*, p. 572.

173) Michael H. Graham, *ibid.*, p. 572.

174) 「(12) Marriage, Baptismal, and Similar Certificates. – Statements of fact contained in a certificate that the maker performed a marriage or other ceremony or administered a sacrament, made by a clergyman, public official, or other person authorized by the rules or practices of a religious organization or by law to perform the act certified, and purporting to have been issued at the time of the act or within a reasonable time thereafter.」

증명서의 그 기재의 내용에 강한 신용성이 있다는 점에서 인정된다. 증명서가 제출되었을 때, 관련 사실을 증명하는 특정한 의식이 권한을 부여받은 자에 의해서 거행하였다는 사실의 증명도 수반하게 된다.[175]

13. 가족 기록[제803조 제13항]

족보, 혈통도, 계보도, 반지에 새겨진 내용, 가족 초상화에 새겨진 내용, 납골단지에 새겨진 내용, 납골실, 묘비 또는 유사물에 포함되어 있는 개인이나 가족의 역사에 대한 진술은 증거능력이 있다.[176] 이 예외의 기초는 가족 구성원은 진실하지 않은 내용을 묘비 등에 기재 또는 새김을 허용하지 않으며, 따라서 가족에 의해서 인정된 것으로 보이는 가족의 기록은 충분히 진정성이 있다는 점이다.[177] 이 예외에서 진술자가 반드시 특정되어야 하는 것은 아니다. 즉, 진술자가 반드시 가족의 구성원일 필요는 없으며, 진술자가 가족에 대한 개인적인 지식을 가지고 있다는 것을 보여 주어야 하는 것도 아니다.[178] 가족의 기록은 특정한 가족 구성원의 필체 혹은 서명의 확인에 의해서도 증명될 수 있을 것이다. 제803조 제13항에 의한 예외는 원진술자의 진술 불가능을 요하지 않는다는 점, 원진술자가 가족과 혈연관계나 혼인관계에 있어야 하는 것이 아니라는 점 등에서 전통적인 보통법상의 예외 인정보다 더 자유롭다.

14. 재산상 이익에 영향을 미치는 서류에 기재의 기록[제803조 제14항]

재산상 이익을 창설하거나 영향을 미치기 위한 문서의 기록으로서, 공무소의 기록이며, 법령에 따라 공무소에서 그러한 종류의 기록을 작성할 권한이 부여된 경우에, 원본 기록문서의 내용과 양도, 양수를 행할 각자가 양도와 교부를 한 사실을 입증하기 위한 문서의 기록은 그 증거능력이 있다.[179] '재산상 이익에 영향을 미치는 서류에 기재의 기록(records of documents affecting an

175) Michael H. Graham, *ibid.*, p. 574.
176) 「(13) Family Records. - Statements of fact concerning personal or family history contained in family Bibles, genealogies, charts, engravings on rings, inscriptions on family portraits, engravings on urns, crypts, or tombstones, or the like.」
177) Michael H. Graham, *ibid.*, p. 575.
178) Michael H. Graham, *ibid.*, p. 575.
179) 「(14) Records of Documents Affecting an Interest in Property. - The record of a document purporting to establish or affect an interest in property, as proof of the content of the original recorded document and its

interest in property)'의 예외에서 권리문서는 다른 문서에 기록된 상세한 정보에 대한 증거로 사용될 수 있는데, 다만 법률에 따라 권리문서의 기록물과 같은 문서를 포함하는 등록 시스템이 설립되어 있어야 한다.[180] 이 예외는 문서의 내용뿐만 아니라 그 적절한 집행과 양도에 관한 기록의 허용을 인정하고 있다.[181] 공무소라는, 강력한 신용성이 보장되는 기관에 의해서 권한 있는 자에 의해서 작성된 기록이라는 점에 그 근거가 있다.

15. 재산상 이익에 영향을 미치는 서류에 기재된 진술 [제803조 제15항]

재산상 이익을 창설하거나 영향을 미치기 위한 목적으로 작성된 서류에 포함되어 있는 진술로서 서류의 작성 목적과 관계가 있는 것은 증거능력이 있다.[182] 다만 서류가 작성된 후 재산 처리가 진술의 진실성이나 서류의 취지와 모순된 때에는 예외로 한다. 이 예외는 양도인의 설명과 같이 재산상 이익의 양도와 관련된 서류에 진술되어 있는 정보를 입증하는 방법을 제공한다.[183]

'재산상 이익에 영향을 미치는 서류에 기재된 진술(statements in documents affecting an interest in property)'의 예외는 필요성보다는 신용성의 관점에서 인정되는 예외이다. 즉, 재산상 이익을 위한 당사자의 주장을 위한 증거들이 많이 존재하기 때문이다. 이 예외 규정에 의한 진술들이 기재되어 있는 서류들은 중요하고 신중하게 계획된 거래와 관련되어 실행되기 때문에 그리고 거래의 금전적 중요성 때문에 신빙성이 높을 가능성이 많다.[184] 이 예외에서 서면이 제삼자의 기대에 부응하기 위해 미리 준비되어 있어야 할 필요는 없다.

법정외 진술은 반드시 서류의 목적과 관련되어야만 한다. 이것은 일종의 신용성 확인의 역할을 수행한다. 예컨대 어떤 진술이 유언과 관련된 서면 안에 기재되어 있었고, 그 서면은 피고인을 범죄에 연루시키는 긴 진술을 포함하고 있었으며, 남편의 범죄에의 참여에 관해 묘사한 2페이지의

---

execution and delivery by each person by whom it purports to have been executed, if the record is a record of a public office and an applicable statute authorizes the recording of documents of that kind in that office.」

180) 아서 베스트(Arthur Best), 앞의 책, 392쪽.

181) Michael H. Graham, *op. cit.*, p. 577.

182) 「(15) Statements in Documents Affecting an Interest in Property. - A statement contained in a document purporting to establish or affect an interest in property if the matter stated was relevant to the purpose of the document, unless dealings with the property since the document was made have been inconsistent with the truth of the statement or the purport of the document.」

183) 아서 베스트(Arthur Best), 앞의 책, 392쪽.

184) G. Michael Fenner, *op. cit.*, p. 245.

글에서는 그녀가 소유하고 있었던 모든 것은 그녀의 어머니와 가족에게 전달되어야만 한다고 진술되었다. 법원은 이 진술은 재산상의 이익을 창설하거나 영향을 미치기 위한 목적을 작성된 것인지의 여부와, 범죄에 대한 장황한 묘사가 이 서면의 목적으로 보증하는 것이 아니기 때문에 이 서면은 허용될 수 없다고 판시하였다.[185]

16. 오래된 문서에 있는 진술[제803조 제16항]

20년 이상 존재하였고 진정성이 인정되는 문서상의 진술, 즉 '오래된 문서에 있는 진술(statements in ancient documents)'은 증거능력이 있다.[186] 이때 문서의 진정성은 연방증거법 제901조 b(8)항에 의하여 입증되어야 한다. 즉, 오래된 문서는 진정성에 관하여 어떠한 의심을 야기하지 않는 상태에 있어야 하고, 제출 당시에 20년 이상 된 문서나 자료 편집물로서 보관되어 있었을 것으로 보이는 장소에서 발견되었을 것을 조건으로 한다. 그리고 제803조 제16항과 제901조 b(8)항에서의 '20년'은 보통법상의 '30년'이 단축된 것이다.[187] 오래된 문서의 예외는 편지, 기록, 계약, 지도, 신문 등을 포함한 모든 서류들에 적용되고 있으며, 진술의 주제가 문서와 일관성이 있어야 하는 것도 아니다.[188] 오래된 문서에 대하여 증거능력을 인정하는 이유는 원진술자가 그 진술을 한 때에서 20년 이상 지난 시기에 발생하는 소송의 결과에 영향을 미치기 위해서 거짓말을 했을 가능성이 매우 희박할 것이라는 점에 있다.[189]

17. 시장 보고서, 상업적 출판물[제803조 제17항]

일반 공중이나 특정한 직역에 있는 사람들이 일반적으로 사용하고 신뢰하는 시장 시세표, 일람표, 목록, 인명록, 기타 출간된 자료는 증거능력이 있다.[190] 출판된 기상예보, 주식시세표,

---

185) People v. Burton, 441 N. W. 2d 87(Mich. Ct. App. 1989).
186) 「(16) Statements in Ancient Documents. - Statements in a document in existence 20 years or more the authenticity of which is established.」
187) Michael H. Graham, *op. cit.*, p. 580.
188) Michael H. Graham, *ibid.*, p. 580.
189) 아서 베스트(Arthur Best), 앞의 책, 182쪽.
190) 「(17) Market Reports, Commercial Publications. - Market quotations, tabulations, lists, directories, or other published compilations, generally used and relied upon by the public or by persons in particular occupations.」

상품시세표 또는 전화번호부와 같은 정보가 이에 해당한다. '시장 보고서, 상업적 출판물(market reports, commercial publications)'의 예외의 근거는 이러한 유형의 서류들의 본질적인 높은 신용성에 있다.[191] 즉, 이러한 문서는 허위로 기재할 동기가 없는 사람들이 편집하고, 일반 대중이 이용하기 때문에 편집자들은 오류를 최대한 줄이려고 할 것이다.[192] 또한 많은 경우에 편집된 사실의 각 분야에 대한 개인적인 지식을 가진 많은 사람들을 배출한다는 것은 사실상 불가능하다는 점이 예외 인정의 필요성으로 등장한다.[193]

한편, 신용보고서와 같은 특별한 자료는 독특한 문제를 야기하기도 한다. 즉, 편집된 신용보고서는 표면상으로는 제803조 제17항의 요건과 합치하는 것으로 보인다. 그렇지만 신용보고서는 동 조 제6항과 제8항에서의 허용성과 관련된 신용성의 범주에 속하는 것이 타당하다. 왜냐하면 신용보고서의 편집과 관련된 정보는 일반적으로 업무적 의무하에 있는 자에 의해서 제공된 객관적 사실을 넘어 확대될 수 있기 때문에, 그런 평가 자료가 자동적으로 제803조 17항에 포함되는 것은 적절하지 않다.[194]

18. 학술적 논문[제803조 제18항]

반대신문에서 전문가 증인의 주의를 환기시키기 위하여 인용되거나 주신문에서 전문가 증인이 이에 근거하는 한도 내에서 역사, 의학, 기타 과학이나 예술을 내용으로 출판된 논문, 정기간행물, 유인물에 포함된 진술로서, 증언, 증인의 동의 또는 그 외 전문가 증언이나 법원에 공지의 사실에 의하여 신뢰할 만한 입증 진술은 증거능력이 있다.[195] 논문, 정기간행물, 유인물 등에 표현된 공인된 견해들은 반대신문에서 전문가 증인에 대한 탄핵을 위하여 사용될 수 있으며, 제803조 제18항에 따라서 탄핵에 사용된 진술들은 또한 실질증거(substantive evidence)로서 사용될 수도 있다.[196]

---

191) Michael H. Graham, *ibid.*, p. 581.
192) 아서 베스트(Arthur Best), 앞의 책, 392쪽.
193) Michael H. Graham, *op. cit.*, p. 581.
194) Michael H. Graham, *ibid.*, p. 582.
195) 「(18) Learned Treatises. - To the extent called to the attention of an expert witness upon cross-examination or relied upon by him in direct examination, statements contained in published treatises, periodicals, or pamphlets on a subject of history, medicine, or other science or art, established as a reliable authority by the testimony or admission of the witness or by other expert testimony or by judicial notice. If admitted, the statements may be read into evidence but may not be received as exhibits.」

특별한 출판된 간행물이 충분히 신용성이 있는 것인지의 여부는 제104조 a항에 따라 법원의 결정에 달려 있다. 이때 간행물이 신용성이 있다는 입증의 부담은 간행물을 제출하는 당사자에게 있다.[197)]

'학술적 논문(learned treatises)' 등이 증거로 허용되는 경우에도 이 진술은 낭독의 방법으로 증거로 현출되어야 하며, 그 자체를 증거물로 제출할 수는 없다.[198)] 따라서 배심원들에게 보내질 수 없다. 이 규정은 배심원들을 서면화된 증거에 대한 과잉평가 또는 혼돈으로부터 예방하고자 하는 규정이다. 또한 간행물 안에 언급된 진술은 오직 전문가가 증언하는 상황에서만 증거로서 허용된다.

19. 개인사나 가족사에 관한 평판[제803조 제19항]

'개인사나 가족사에 관한 평판(reputation concerning personal or family history)', 즉 어떤 사람의 혈연, 입양, 결혼에 의한 가족 구성원들, 동료 간 또는 지역 공동체에서 출생, 입양, 결혼, 사망, 적출자 관계, 조상 관계, 그 외에 이와 유사한 개인 또는 가족력에 대한 평판은 증거능력이 있다.[199)] 평판은 논쟁이 일어나기 전에 존재하여야 한다는 보통법상의 요건은 삭제되었다.[200)]

일반적으로 가족 구성원들 사이의 평판은 보통법에서도 가족력을 입증하는 방법으로서 수용되어 왔다. 공동체 안에서 또는 동료 사이에서의 평판은 결혼이나 가족력에 대한 다른 관점을 입증하는 증거로 허용되었었다. 제803조 제19항은 평판에 의한 예외 인정의 범위를 가족 구성원, 동료, 공동체 사의의 개인 또는 가족력에 대한 평판으로 한정하여 규정하고 있다.[201)] 평판을 증언하기

---

196) Michael H. Graham, *ibid.*, p. 584.

197) Michael H. Graham, *ibid.*, p. 584.

198) 연방증거법 제104조 a항에 의하면, 판사가 출판된 자료가 어떤 분야의 전문가들에 의하여 신뢰할 만한 것으로 생각된다고 판단하는 경우, 그러한 자료에 기재된 진술은 전문가 증인에 대한 주신문 또는 반대신문에서 사용되는 때에는 그 진실성을 입증하기 위한 증거로서 허용된다. 다만 배심원이 이러한 자료에 지나치게 의존하는 위험성을 피하기 위하여 이 조항은 그 자료 자체를 증거물로 제출하는 것을 금지하고 있다. ; 아서 베스트(Arthur Best), 앞의 책, 393쪽.

199) 「(19) Reputation Concerning Personal or Family History. - Reputation among members of his family by blood, adoption, or marriage, or among his associates, or in the community, concerning a person's birth, adoption, marriage, divorce, death, legitimacy, relationship by blood, adoption, or marriage, ancestry, or other similar fact of his personal or family history.」

200) Michael H. Graham, *op. cit.*, p. 587.

201) Michael H. Graham, *ibid.*, p. 586.

위하여 소환된 증인은 특별한 그룹의 일원임과 그 평판에 대하여 잘 알고 있음을 보여 주어야만 한다.[202]

20. 토지 경계, 일반적 역사에 대한 평판[제803조 제20항]

'토지 경계, 일반적 역사에 대한 평판(reputation concerning boundaries or general history)', 즉 어떤 지역 공동체 내에서 분쟁이 발생하기 전부터 있었던 지역 공동체 토지들의 경계 또는 토지들에 영향을 미치는 관습들에 대한 세평, 지역 공동체가 위치한 주나 국가에 중요한 의미를 가지는 일반적인 역사적 사건들에 대한 세평은 증거능력이 있다.[203] 경계 등에 대한 평판은 논쟁이 발생하기 전에 존재하여야만 한다.[204] 그러나 역사적 사건들에 대한 평판에는 그러나 요건이 요구되지 않는다.

21. 성격에 대한 평판[제803조 제21항]

'성격에 대한 평판(reputation as to character)', 즉 어떤 특정 단체나 지역에서 어떤 개인의 성격에 대한 평판은 그 증거능력이 인정된다.[205] 이 예외에 따라서 성격에 대한 평판이 제한 없이 허용될 수 있음을 의미하는 것은 아니다. 이 예외는 성격에 대한 증거가 허용되는 경우에 성격 증거를 입증하는 방법을 서술하고 있는 제405조 a항 및 제608조 a항의 재언급에 지나지 않는다.[206] 성격에 대한 평판 증거는 성격이 문제되는 경우에 제405조 b항에 따라서 관련 사실을 증명하는 데 적용될 수 있으며, 제405조 a(1)항에 의해서 피고인의 성격의 적절한 특성을, 제404조 a(2)항에 따라서 피해자의 특성을 입증하는 데 적용될 수 있다. 또한 평판 증언(reputation testimony)은 제608조 a항에 따라서 증인의 신용성을 지지하거나 공격하는 데 사용될 수 있다.

---

202) Michael H. Graham, *ibid.*, p. 587.

203) 「(20) Reputation Concerning Boundaries or General History. – Reputation in a community, arising before the controversy, as to boundaries of or customs affecting lands in the community, and reputation as to events of general history important to the community or state or nation in which located.」

204) Michael H. Graham, *ibid.*, p. 588.

205) 「(21) Reputation as to Character. – Reputation of a person's character among his associates or in the community concerning the person's character.」

206) Michael H. Graham, *ibid.*, p. 589.

22. 종전의 유죄 판결[제803조 제22항]

법정형이 사형이거나 1년을 초과하는 징역형에 해당하는 범죄로 공판을 거치거나 유죄 답변 — 불항쟁 답변의 경우는 제외한다 — 에 의하여 유죄가 선고된 종국판결에 대한 증거로서, 그 판결을 뒷받침한 중요한 사실을 입증하기 위한 경우에는 그 증거능력이 인정된다.[207] 다만 형사사건에서 검사가 탄핵 이외의 목적으로 제출하는 때에는 피고인 이외의 자에 대한 판결은 포함되지 않는다.[208] 항소심이 계속되고 있음을 입증할 수는 있으나, 이것이 증거능력에 영향을 미치지는 않는다.

'종전의 유죄 판결(judgment of a previous conviction)'의 예외는 공소 철회나 공소 기각에 대해서는 적용되지 않는다. 또한 민사재판의 결과에 대해서도 적용되지 않는다. 유죄 판결은 사형이나 1년 이상의 징역에 대해서만 이 예외가 적용되며, 이러한 제한의 목적은 범행의 동기가 확실하고 가벼운 범죄를 제외시키는 데 있다.[209]

23. 개인사, 가족사, 일반적인 역사, 토지 경계에 대한 판결[제803조 제23항]

'개인사, 가족사, 일반적인 역사, 토지 경계에 대한 판결(judgment as to personal, family or general history, or boundaries)', 즉 동일한 사실이 평판 증거에 의해서도 입증될 수 있는 경우에, 판결에 중요한 사항이었던 개인사, 가족사, 일반적인 역사 또는 토지 경계에 대한 사항에 대한 입증 자료로서의 판결은 증거능력이 있다.[210]

---

207) 「(22) Judgment of a Previous Conviction. Evidence of a final judgment of conviction if: (A) the judgment was entered after a trial or guilty plea, but not a nolo contendere plea; (B) the conviction was for a crime punishable by death or by imprisonment for more than a year; (C) the evidence is admitted to prove any fact essential to the judgment; and (D) when offered by the prosecutor in a criminal case for a purpose other than impeachment, the judgment was against the defendant. The pendency of an appeal may be shown but does not affect admissibility.」

208) 즉, 당시 유죄 판결을 선고받았던 사람이 아닌 다른 사람에게는 사용될 수 없다.

209) Michael H. Graham, *ibid.*, p. 591.

210) 「(23) Judgment as to Personal, Family or General History, or Boundaries. - Judgments as proof of matters of personal, family or general history, or boundaries, essential to the judgment, if the same would be provable by evidence of reputation.」

24. 포괄적 예외[제803조 제24항]

제803조 제24항에는 다음과 같은 내용이 기술되어 있다.

> 제803조와[211] 제804조의 개별 규정에 해당하지 않더라도 그 조항에 의하여 인정되는 정도로 신용성의 정황적 보장(circumstantial guarantees of trustworthiness)이 있는 진술은 ① 진술이 중요한 사실에 대한 증거로 제출되고, ② 그 진술이 그것이 증명하려는 쟁점에 대하여 증거신청자가 합리적인 노력을 통하여 획득할 수 있는 다른 증거들보다 증거적 가치가 더 크고, ③ 진술을 허용하는 것이 이 법규정들의 일반적 목적과 정의의 이익에 잘 부합된다고 인정하는 때에는 전문법칙에 의하여 배제되지 않는다. 다만, 증거 제출자는 공판기일 또는 공판 전 심문기일로부터 충분한 기간 전에 그 진술에 상대방이 대응할 준비를 할 수 있는 공정한 기회를 가지도록 상대방에게 이 진술을 제출하려는 의도, 원진술자의 성명 및 주소를 포함한 진술의 세부 내용을 고지하지 않는 한, 이를 증거로 사용할 수 없다.

'포괄적 예외(other exceptions)'에 관한 이 규정은 개별적인 예외 조항에는 해당하지 않는 전문증거임에도 불구하고 그 증거능력을 인정할 수 있는 '포괄적(catch-all)' 예외 규정에 해당한다.[212]

이 포괄적 예외 조항에는 다음과 같은 5가지의 주요 조건이 있다. 즉, ① 증거로 제출되는 진술은 다른 특정 규정의 예외들과 동등한 정도의 신용성이 있어야 한다(신용성).[213] ② 강한 필요성이 있어야 한다. ③ 진술의 관련성이 인정되는 주제도 중요한 것이어야 한다. ④ 그 진술을

---

211) 「(24) Other Exceptions. - A statement not specifically covered by any of the foregoing exceptions but having equivalent circumstantial guarantees of trustworthiness, if the court determines that (A) the statement is offered as evidence of a material fact; (B) the statement is more probative on the point for which it is offered than any other evidence which the proponent can procure through reasonable efforts; and (C) the general purposes of these rules and the interests of justice will best be served by admission of the statement into evidence. However, a statement may not be admitted under this exception unless the proponent of it gives written notice stating his intention to offer the statement and the particulars of it, including the name and address of the declarant, to the adverse party sufficiently in advance of offering the statement to provide the adverse party with a fair opportunity to prepare to meet the statement.」(1983, c. 701, p. 1.)

212) 아서 베스트(Arthur Best), 앞의 책, 204쪽.

213) 따라서 증거제출자는 제출하려는 증거의 신용성과 개별적 예외 조항들이 적용되는 전형적인 신용성을 비교해야 한다. ; 아서 베스트(Arthur Best), 앞의 책, 205쪽.

증거로 허용하는 것이 정의 및 증거법의 목적에 부합해야 한다. ⑤ 이 증거를 제출하려는 당사자는 예외 조항을 이용할 의사를 상대방에게 고지했어야 한다.

제4절 · 원진술자의 법정 증언 불가능으로 인하여 허용되는 진술 [제804조]

제804조의 예외 사유의 첫째 요건은 법정외 원진술자의 법정 내에서의 진술(the in-court testimony of the out-of-court declarant)이 불가능하여야 한다는 것이다. 한편, 이 조항의 제목은 "Hearsay Exception; Declarant Unavailable"인데, 이러한 제목은 잘못되었다고 할 수 있다.[214] 왜냐하면 '법정외 원진술자의 사용 불가능(unavailable)'이 이 예외의 핵심이 아니기 때문이다. 법정외 원진술자는 법정에서 증인으로서 진술할 수 있다. 그러나 원진술자가 특권을 주장하거나 증언을 거부하거나 할 때 제804조의 진술 불가능을 야기하는 것이다. 실제로 원진술자가 충분히, 그리고 완벽하게 진술할 수 있는 경우에라도, 법정외 진술의 내용에 관하여 기억력의 결여 때문에 진술 불가능을 주장하는 때에는 여전히 진술은 불가능할 수 있다. 결국 이 예외의 핵심은 '법정외 원진술자의 증언의 불가능(the unavailability of the testimony of the out-of-court)'이며, 증인으로서 불가능이 아니다(not the unavailability of the declarant to testify). 따라서 원진술자의 법정 내에서의 증언이 사용 가능한 경우에는, 제804조는 적용되지 않는다.[215] 증언 불가능 입증의 부담은 전문진술의 주장자에게 있다.[216]

이러한 예외들은 원진술자가 법정에서 증언할 수 없기 때문에 인정되는 것으로서, 이러한 예외들은 일반적으로 법정에서 진술할 수 있음에도 불구하고 허용되는 예외에 비해 신빙성이 낮은 경우에 해당한다.[217] 그러나 이러한 법정외 진술도 어느 정도 신빙성이 있다고 주장할 만하고, 이 진술이 포함하는 정보를 사용해야 할 필요성이 큰 상황을 포함하고 있기 때문에 이러한 예외가 인정되는 것이다. 그러나 한쪽 당사자가 불법적인 방법으로 증인으로 하여금 법정 진술을 하는 것을 불가능하게 만드는 경우에는 그 증인이 행한 법정외 진술에 대해서는 증거능력을 인정한다. 이것은 증인이 될 사람들에게 부정한 수단을 사용하는 것을 미리 단념하도록 하는 것이다.

---

214) G. Michael Fenner, *op. cit.*, p. 270.
215) G. Michael Fenner, *ibid.*, p. 270.
216) Garcia-Martinez v. City and County of Denver, 392 F. 3d 1187, 1193(10th Cir. 2004).
217) 아서 베스트(Arthur Best), 앞의 책, 196쪽.

1. 증언 불가능의 의의

'증언 불가능'은 아래에서 설명할 다섯 가지 경우를 포함한다.[218] 다만 증언 면제, 증언 거부, 기억 없음의 주장, 불능 상태 또는 불출석 등의 사유가 법정외 진술을 증거로 제출하려는 자가 증인의 출석이나 증언을 저지할 목적으로 한 행위 또는 부정한 행위로 초래된 때에는 원진술자가 증언할 수 없는 때에 해당하지 않는다. 이 다섯 가지의 유형은 예시에 해당하므로, 그 밖의 다른 '증언 불가능' 상황도 존재할 수 있다. 예를 들면, 부적절한 재정적 부담도 원진술자의 증언을 불가능하게 할 수 있다. 가령 증인이 민사소송에서 네팔에 있고, 그 증인을 법정에 데려오는 데 4,000달러가 소요된다고 하자. 그러나 소송 원인의 최대 가치가 10,000달러라면, 부적절한 재정적 부담은 증인이 증언을 불가능하게 할 수도 있을 것이다.[219]

'증언 불가능'의 다섯 가지 경우는 다음과 같다.

첫째, 원진술자가 자신의 진술 내용에 대한 증언을 거부할 수 있는 특권이 있음을 이유로 법원의 결정에 의해 증언에서 면제된 때이다. 특권은 어떠한 증거법상의 특권이든 헌법상의 자기부죄거부특권(privilege against self-incrimination)을 모두 포함한다. 원진술자가 특권을 주장하여 그 결과로서 증인으로 소환되지 않는 것으로는 충분하지 않으며, 증인은 반드시 법원의 명령에 의해서 증언으로부터 면제되어야만 한다.[220]

둘째, 원진술자가 법원의 명령에도 불구하고 자신의 진술 내용에 대한 증언을 거부하는 때이다. 이 경우에 증인의 증언의 거부 동기가 공포이든, 충성심이든, 사랑이든, 무지이든, 완고함이든 어떤 이유이든 불문한다. 어떤 사건에서는 증인이 특권을 주장하였지만 거부당한 경우에도 증언을 거부할 수 있다고 판시된 경우도 있다.[221]

---

218) 「(a) Definition of unavailability. "Unavailability as a witness" includes situations in which the declarant – (1) is exempted by ruling of the court on the ground of privilege from testifying concerning the subject matter of his or her statement; or (2) persists in refusing to testify concerning the subject matter of his or her statement despite an order of the court to do so; or (3) testifies to a lack of memory of the subject matter of his or her statement; or (4) is unable to be present or to testify at the hearing because of death or then existing physical or mental illness or infirmity; or (5) is absent from the hearing and the proponent of the witness' statement has been unable to procure the witness' attendance (or in the case of a hearsay exception under subdivision (b) (2), (3), or (4), the witness' attendance or testimony) by process or other reasonable means.」

219) G. Michael Fenner, *op. cit.*, p. 274.

220) United State v. Udey, 748 F. 2d 1231, 1243(8th Cir, 1984).

221) United State v. Jackson-Randolph, 282 F. 3d 369, 381(6th Cir, 2002)(이 사건에서 증인은 그의 변호인의 특권

셋째, 원진술자가 자신의 증언 내용을 기억할 수 없다고 증언하는 때이다.[222]

넷째, 원진술자가 사망 또는 당시에 존재하는 신체적, 정신적 질병 등으로 인해 법정에 출석할 수 없거나 증언할 수 없는 때이다. 공포, 신경과민, 흥분 등과 같이 어린이에게 법정에서 증언하는 것을 불가능하게 하는 것은 비록 그러한 것들이 그 연령에 있어서 어느 누구에게나 일반적인 것이라고 할지라도 정신적 질병의 범위에 해당한다.[223]

다섯째, 원진술자가 법정에 출석하지 않고 원진술자의 진술을 증거로 신청한 자가 소송상의 절차나 그 외의 합리적인 수단에 의하여 원진술자의 출석이나 증언을 확보할 수 없는 때이다. 원진술자의 법정 출석을 확보할 수 없는 경우는 원진술자에 대해 그의 소재를 확인할 수 없거나,[224] 그를 인도할 수 없거나, 그가 자발적으로 나타나기를 거부하는 경우도 포함된다. 또한 원진술자가 법원의 소환권(subpoena power)의 범위 밖에 있는 경우도 이에 해당한다.[225]

2. 증거능력이 인정되는 진술들

원진술자가 증인으로서 증언할 수 없을 경우, 다음 각 호의 증거는 전문법칙에 의하여 그 증거능력이 배제되지 않는다.[226] 즉, 증거능력이 인정된다.

1) 종전 증언

'종전 증언(former testimony)',[227] 즉 당해 소송 또는 다른 소송의 신문 절차에서 당해 소송 또는 다른 소송의 과정에서 법률에 따라 행해진 진술 보전 절차에서 증인으로서 한 증언은 증거능력이 있다. 다만 현재 그 증언이 증거로 제출되는 민사적 소송 또는 절차에서는 반대당사자

과, 사건 당시 무엇이 일어났는지 이해할 수 있는 능력이 손상되었다고 주장하였다).

222) 실제로 기억이 나지 않는 경우이든, 기억하지만 증언하고 싶지 않아서 기억할 수 없다고 진술하는 경우이든, 모두 이에 포함된다.

223) Virgin Islands v. Riley, 754F. Supp. 61, 64(D. V. I. 1991)

224) United State v. Chapman, 345 F. 3d 630, 632(8th Cir. 2003)

225) G. Michael Fenner, *op. cit.*, p. 274.

226) 「(b) Hearsay exceptions. The following are not excluded by the hearsay rule if the declarant is unavailable as a witness:」

227) 「804 (b) (1) Former testimony. Testimony given as a witness at another hearing of the same or a different proceeding, or in a deposition taken in compliance with law in the course of the same or another proceeding, if the party against whom the testimony is now offered, or, in a civil action or proceeding, a predecessor in interest, had an opportunity and similar motive to develop the testimony by direct, cross, or redirect examination.」

와 이해관계를 같이 하는 피계승인이 주신문, 반대신문 또는 재주신문에 의하여 증인의 증언을 전개할 기회 및 유사한 동기를 가진 때에 한한다. 이 조항에 따라서 민 · 형사사건에서 이전의 절차나 진술 보전 절차에서 이루어진 증언은 증거 제출의 반대당사자에게 원진술자에 대한 반대신문의 기회가 주어졌다면, 그 진술이 주장하는 사실의 진실성을 입증하기 위한 증거로서 허용된다.

종전 증언의 예외는 증언 불가능, 당사자의 지위, 선서에 의한 진술, 원진술자에 대한 반대신문의 기회 보장, 유사한 반대신문의 동기의 존재의 요건으로 구성된다. 이 예외의 '필요성'은 원진술자의 법정 내의 증언이 불가능하다는 점이다. 만약 다른 예외가 적용되지 않는다면 이 증거는 상실될 것이다. 그리고 '신용성'은 증인을 신문하고 문제를 노출시키려는 유사한 동기를 가진 누군가가 선서를 한 증인에 대하여 그렇게 하였다는 점이다.[228)]

2) 임종 임박 시의 진술

살인죄로 기소된 형사사건 또는 민사소송 절차에서 원진술자가 자신이 죽음이 임박하였다고 믿는 동안에 한 진술 중, 그가 믿는 죽음의 원인이나 상황에 관한 진술은 증거능력이 있다.[229)]

'임종 임박 시의 진술(statement under belief of impending death)'은 원진술자가 믿는 임박한 죽음의 원인에 대한 진술에 대해서만 예외가 인정된다.[230), 231)] 이때 진술의 신용성을 형성하는 것은 죽음이 임박했다는 믿음이며, 실제의 죽음 자체가 아니다. 원진술자가 실제로 사망했는지 여부는 중요하지 않다. 이 점에서 이 예외는 '임종 시의 진술(dying declaration)'의 것과 다르다. 죽음의 임박에 대한 믿음은 원진술자가 자신의 상태가 치명적이고 결국은 죽음에 이르게 될 것이라고 믿는 것으로는 충분하지 않다. 원진술자는 자신의 죽음이 임박했음(near at hand)을 믿어야 한다. 판례는 원진술자가 죽음이 임박하고 피할 수 없음을 믿어야만 이 경우에 해당한다는 방향으로 전개되고 있다.[232)] 죽음의 임박에 대한 믿음의 증거로는 원진술자의 죽음에 대한 직간접

---

228) G. Michael Fenner, *ibid.*, p. 277.

229) 「(2) Statement under belief of impending death. In a prosecution for homicide or in a civil action or proceeding, a statement made by a declarant while believing that his or her death was imminent, concerning the cause or circumstances of what the declarant believed to be impending death.」

230) 예컨대 갑이 죽어 가면서 "사실은 병이 나의 커피에 독약을 넣었다. 나는 그것을 모르고 마셨다."라고 말하는 경우.

231) State v. Satterfield, 457 S. E. 2d 440, 447(W. Va. 1995).

232) 반드시 죽음이 임박해 있다는 회복 불가능한 상태가 존재하여야 하고, 원진술자가 말하는 것은 임박한 죽음의 정적(hush) 상태 안에서 말해져야만 한다. ; Shepard v. United States, 290 U. S. 96, 100(1933). ; G. Michael Fenner, *ibid.*, p. 296.

적인 진술이나,[233] 질병이나 부상의 정도, 부상을 입힌 무기의 종류, 동일한 사고에 관련된 다른 부상자들의 상태에 대한 원진술자의 인식,[234] 원진술자를 둘러싸고 있는 사람들의 활동 — 그들의 진술이 아니라 몸짓언어(body language) —[235] 등이 될 것이다.

사망이 임박했다고 믿었던 원진술자가 회복되는 경우에도 그 진술은 임종 임박 시의 진술로 간주된다. 이 경우에는 증거 제출자는 제804조 a항에 규정된 다양한 방법으로 원진술자의 '증언 불가능' 요건을 입증해야 한다.[236] 한편, 원진술자가 사망한 경우에, 실제 죽음의 원인이 원진술자가 예견하였던 죽음의 원인과 관련되어야만 하는 것은 아니다.[237]

이 예외의 '필요성'은 사람이 자신이 죽을 것이라고 생각하는 때에는 얼마 있지 않아서 죽는 경우가 종종 있다는 것이다. 이때 이 예외 또는 다른 예외가 없다면,[238] 원진술자가 사망하면 이 증거는 상실되고 만다. 또한 비록 원진술자가 사망하지 않은 경우에라도, 원진술자의 법정 증언이 불가능한 경우에는 이 예외가 없다면 그 증언은 상실될 것이다. 이 예외의 '신용성'은 일반적으로 사람들은 자신의 죽음이 임박했다는 것을 아는 경우에는 진실을 말할 것이라는 경향이 있다는 점이다.[239] 또한 자신이 곧 죽게 될 것이라고 진실로 믿는 자는 거짓말로부터 어떠한 개인적인 이익을 얻는 것이 아니라는 점이다.[240] 이 예외에서 신용성의 보장은 계획적인 왜곡(변조)와 관련이 있는 것이며, 불완전한 기억이나 불완전한 지각에 따른 증언의 취약점과 관련되는 것이 아니다.

한편, 대면권 조항에 의해서 피고인이 원진술자를 반대신문할 기회를 가지지 못한 경우에는 형사사건에서 피고인에 불리한 증언적 전문진술은 허용되지 않는다. 그러나 이 원칙에 대한 하나의 예외가 바로 임박한 죽음의 믿음에서의 증언적 진술이다.[241]

---

233) 법정외 원진술자가 자동차에 치였고, 그가 진술을 하기 전에 목사를 불렀다는 사실(fact)은 그가 자신의 죽음이 임박했음을 믿었다는 증거가 된다.; Connor v. State, 171 A. 2d.

234) Key, 407 N. E. 2d at 332(원진술자는 응급실에서 다른 희생자들의 부상을 볼 수 있었고, 그들에게도 동일한 의료적 조치가 수행되고 있었지만, 결국 다른 희생자들은 사망하였다).

235) 예컨대 의사가 생명 구조 활동을 하고 있었고, 원진술자는 의사의 조치가 그의 상태에 대한 징조임을 충분히 알 수 있는 경우.; Smith, 314 A. 2d at 226(환자는 의사였으며, 그는 다른 의료진에 의해서 취해지는 조치를 예견할 수 있었다).

236) 아서 베스트(Arthur Best), 앞의 책, 200쪽.

237) United State v. Tolliver, 61 F. 3d 1189, 1204 n. 17(5th Cir. 1995).

238) 예컨대 흥분 상태에서의 언급으로서의 죽음 과정의 진술에 해당할 수 있다.

239) G. Michael Fenner, *op. cit.*, p. 293.

240) State v. Shatterfield, 457 S. E. 2d 440, 447(W. Va. 1995).

241) G. Michael Fenner, *ibid.*, p. 303.

3) 이해관계에 반하는 진술

진술이 행해질 당시 원진술자의 금전상 또는 재산상 이익에 현저히 반하거나, 원진술자로 하여금 민사 및 형사 책임을 부담하게 할 경향성이 현저하거나, 또는 원진술자의 타인에 대한 권리를 무효화하게 할 진술이기 때문에, 합리적인 사람이 원진술자의 지위에 있는 경우라면, 그것이 진실이라고 믿지 않는 한 하지 않았을 진술, 원진술자로 하여금 형사책임을 지게 할 수 있고 피고인의 무죄를 증명하기 위하여 제출되는 진술은 보강하는 상황들에 의하여 그 진술이 명백히 신빙성이 있다고 인정되는 경우와 같이 이해관계에 반하는 진술(statement against interest)에 한하여 그것을 증거로 할 수 있다.[242)]

'이해관계에 반하는 진술'의 예외의 신용성은, 사람들은 만약 자신이 말하는 것을 알고 있고, 그것이 진실이라는 것을 알고 있다는 것을 스스로 확신하지 않는다면, 일반적으로 자신의 이익에 반하는 진술을 하지 않는다는 점이다. 만약 원진술자가 그의 이익에 반하는 진술에 언급된 사실에 대하여 충분히 확신을 가진다면, 그것은 전문법칙을 피하게 할 만큼 충분히 신용성이 있다는 것이다.[243)] 따라서 진술이 전체적으로 복수나 다른 자기 이익적 동기가 지배하는 경우에는 신용성이 보장되지 않는다.

원진술자의 진술은 자신의 이익에 반하여야 하고, 원진술자는 자신의 진술이 자신의 이익에 반하다는 것을 알고 있어야만 한다. 어떤 진술이 그 진술자의 이익에 반하는 것이어서 그 진술은 사실일 것이라는 추론을 지지해 주기에 충분할 정도로 중요한 이해관계가 어떤 것인지를 결정하는 문제에 대해서, 보통법은 엄격한 입장을 취해 왔다. 즉, 금전상 또는 재산상 이해관계만을 인정하였다. 연방증거법은 여기에 '형사상 이해관계', 즉 어떤 사람이 형사책임에서 면제되는 이익을 추가하였다.[244)] 이익에 반하는 진술과 원진술자의 인식 여부는 진술이 행해질 당시를 기준으로 하며,

---

242) 「(3) A statement which was at the time of its making so far contrary to the declarant's pecuniary or proprietary interest, or so far tended to subject the declarant to civil or criminal liability, or to render invalid a claim by the declarant against another, that a reasonable person in this position would not have made the statement unless the person believed it to be true. A statement tending to expose the declarant to criminal liability and offered to exculpate the accused is not admissible unless corroborating circumstances clearly indicate the trustworthiness of the statement.」

243) 합리적인 사람들은 — 비록 특별히 정직하지 않은 합리적 사람조차도 — 만약 그들이 사실들을 진실하다고 믿지 않는다면 자책적인 진술(self-inculpatory statement)을 하지 않으려고 한다. ; Williamson v. United States, 512 U. S. 594(1994).

244) 일부 주들은 이러한 범주를 더욱 확장하였다. 캘리포니아 증거법은 사회적 이해관계에 반하는 진술도 포함시켰다. 사회적 이해관계는 형사적, 금전적 또는 재산적 이해관계보다 범위가 넓지만 정의하기가 더 어렵다. ; 아서 베스트(Arthur Best), 앞의 책, 202쪽.

재판 당시에 판단되는 것이 아니다.[245] 원진술자의 이익은 '금전적으로(pecuniary), 재산적으로(proprietary), 형벌로(penal)' 판단된다. 이를 '3Ps'라고 부르기도 한다. 즉, 원진술자의 진술은 원진술자의 금전적 이익, 재산적 이익, 형벌적 이익에 반하는 것이어야만[246] 한다. 결국 원진술자의 진술이 민사 혹은 형사책임의 근거가 될 수 있는 경우를 말한다. 진술이 이익에 반하는지의 여부는 '합리적인 사람(reasonable person)'의 기준에 의하여 판단한다.[247]

원진술자가 지인에게 한 진술이 원진술자에 대한 형사소추를 실제로 야기하였는지의 여부는 중요한 것이 아니며, 진술이 자신에게 불리하게 사용될 수 있다는 것을 아는 것이 중요하다. 중요한 것은 진술이 소송에서 원진술자의 금전, 재산, 형벌의 이익에 불리하게 작용할 수 있는 개연적 가치가 있다는 점이다.[248] 또한 진술이 이익에 반하는 성질이 있는지의 여부는 당시의 상황을 종합적으로 평가하여 판단하여야 하며, 진술이 이루어진 전체적인 맥락이 중요하다.[249]

이 예외는 오직 실제로 원진술자의 이익에 반하는 서술(narrative)에 적용된다. 이익에 반하는 진술 안에서 진술은 전체적인 서술을 언급하는 것이 아니라 진술의 개별적 부분을 말한다. 따라서 이익에 반하는 개별적인 부분들만이 이 예외 적용을 받는다. 비록 진술이 전체적으로 자기부죄적인(self-incriminating) 경우에라도, 이 예외는 진술의 자기면책적 부분(self-exculpatory parts)에는 적용되지 않는다.[250]

한편, 경우에 따라서는 동일한 진술이 원진술자의 이익에 반하는 측면과 이익에 합치되는 측면이 있을 수도 있다. 예컨대 원진술자가 범죄에 연루되었고, 다른 연루자에 의해서 이중으로 배신(double-cross)을 당하는 경우가 있을 수 있다. 만약 원진술자가 다른 사람의 개입을 암시하는 진술을 한다면, 그것은 그의 이익에 반하는 진술일 가능성이 있다. 왜냐하면 그것은 범죄의 공모에 대한 알고 있음을 보여 주는 것이기 때문이다. 동시에 그 진술은 배신자에 대한 복수를 위해서는 진술자의 이익에 부합하는 진술일 수도 있다.[251] 이해관계에 반하는 진술은 원진술자가 당사자의

---

245) G. Michael Fenner, *op. cit.*, p. 305.

246) 즉, 그 진술로 인해서 형벌이 부과될 수도 있는 것이다.

247) 피고인의 혐의를 벗겨 주는 공동피고인의 변호인의 양형 절차에서의 진술은 변호인의 이익에 반하는 진술이 아니다. 왜냐하면 그 진술은 그를 형사책임을 대상이 되게 하거나 연루시키는 것이 아니기 때문이다.; United States v. Loggins, 486 F. 3d 977, 981(7th Cir. 2007).

248) United States v. Alverze, 584 F. 2d 694, 699-700(5th Cir. 1978).

249) Williamson, 512 U. S. at 603-604(이 문제는 모든 주변 환경의 관점에서 결정되어야 한다).; Watson, 525 F. 3d at 587.

250) Williamson, 512 U. S. at 598-602.

251) G. Michael Fenner, *ibid.*, p. 310.

한쪽일 필요도 없고, 어느 당사자를 위해서 제출되는 증거인지도 문제되지 않는다. 증거 제출자는 원진술자가 법정에서 진술할 수 없다는 점과 원진술자가 진술을 할 당시 그 진술이 원진술자의 중요한 이익을 해할 가능성이 있었다는 점을 입증해야 한다.[252)]

한편, 피고인이 다른 더 큰 범죄의 면책을 위해서 어떤 범죄를 자백하는 경우가 있다. 이 경우에 법원은 이 자백(진술)이 원진술자에게 이익이 되는 것인가 불리한 것인가를 전체적 맥락에서 판단해야만 할 것이다. 따라서 은행 강도로 기소된 피고인이 증인에게 피고인이 많은 돈을 가지고 있는 것을 보았을 때, 피고인이 증인에게 며칠 동안 피고인이 숨겼던 은행 강도로부터 돈을 가지고 왔다고 증언하라고 제안하였다. 이 경우에 피고인의 범죄에 대한 자백 — 은행 강도를 숨겼다는 자백 — 은 실제로 피고인의 이익에 반하는 진술이 아니다. 왜냐하면 피고인의 진술의 주요한 의도(기능)는 보다 중대한 강도 범죄의 기소로부터 자신을 보호하기 위한 것이기 때문이다.[253)]

한편, 어떤 사람이 자신에 대하여 형사책임을 지게 할 수 있고 피고인의 무죄를 증명하기 위하여 제출되는 진술은 그 진술을 보강하는 상황들에 의하여 그 진술이 명백히 신빙성이 있다고 인정되는 경우에 한하여 증거로 할 수 있다. 그러나 이러한 제한은 형사사건에서 검찰이 제출하는 진술, 또는 민사사건에서 제출되는 진술에는 적용되지 않는다. 이에 대해서는 형평성의 문제가 제기되고, 검찰이 제출하는 진술에 보강이 필요한지에 대해 아무런 규정을 두지 않은 것은 대면권 조항(confrontation clause)과도 문제가 제기된다.[254)] 결국 이익에 반하는 진술이 형사사건에서 피고인을 면책하기 위해 사용되는 경우에만 보강 상황(증거)이 존재하여야만 한다.

보강 증거를 요구하는 이유는 다음의 두 가지 점에 있다.

하나는 피고인이 너무 쉽게 다른 누군가가 범죄를 저질렀다는 자백을 들었다고 증언할 증인을 가장할 수 있다는 것이다. 즉, 피고인이 법정에 출석하여 자신을 방어할 수 없는 법정외 원진술자에 대한 비난하는 것이 너무 용이하다는 것이다. 따라서 보강증거는 피고인이 형사사건에서 "나는 피고인이 아니라 K가 범행을 하였다는 것을 들었다."라고 말하는 수많은 거짓 증인을 데려오는 것을 방지하는 데 도움을 준다.[255)]

또 하나는 제삼자가 자신에게 책임을 돌리고 피고인은 면책시키는 법정외 진술을 하고, 이어서 피고인의 재판에서는 자신에 대한 자기 부죄 금지의 특권에 의해서 증언 불가능을 주장하는

252) 아서 베스트(Arthur Best), 앞의 책, 201쪽.
253) United States v. Evans, 635 F. 2d 1124, 1126(4th Cir. 1980).
254) 아서 베스트(Arthur Best), 위의 책, 203쪽.
255) G. Michael Fenner, *op. cit.*, p. 311.

것이 너무 용이하다는 것이다. 결국 피고인의 법정외 진술만이 남게 되며, 특권은 증인의 진술을 반대신문의 공격으로부터 보호하게 된다.[256)]

4) 개인사나 가족사에 대한 진술

(a) 원진술자 자신의 출생, 입양, 결혼, 적출자 문제 또는 혈연이나 입양, 결혼, 조상계보에 의한 친족관계, 기타 이와 유사한 개인이나 가족력에 대한 진술은 증거능력이 있다. 원진술자가 진술된 문제에 대하여 개인적 경험에 의한 지식을 얻을 수단이 없었던 경우에도 같다.

(b) 타인에 대한 a항에서 열거한 문제들 및 사망과 관련된 진술로서 원진술자가 혈연, 입양 또는 결혼에 의하여 타인과 관계가 있거나 또는 타인 가족과 밀접한 관계를 가지고 있어 진술된 문제에 대하여 정확한 정보를 가졌을 가능성이 있는 경우는 증거능력이 있다.[257)]

'개인사나 가족사에 대한 진술(Statement of personal or family history)'의 예외에서 원진술자는 제804조 b항의 다른 예외와 마찬가지로 증언이 불가능하여야 하며, 원진술자의 법정외 진술은 사실(fact)에[258)] 관한 진술이어야 한다. 이 예외 인정의 근거로서의 신용성은 이러한 사실들은 가족 안에서 너무 중요하고 일반적으로 가족들에게 이해관계가 많은 것이어서, 그에 관한 진술들은 진실하고 믿을 만하다는 점에 있다.[259)]

미국 연방증거법상 개인이나 가족력에 대한 예외는 제803조 제19항과 제804조 b(4)항이 있다. 전자는 개인이나 가족력에 대한 평판(reputation)에 관한 증거에 적용됨에 비하여, 후자는 개인이나 가족력에 대한 사실(fact)에 적용된다. 또한 전자의 경우에는 원진술자의 증언 가능성이 요구되지 않지만, 후자의 경우에는 원진술자의 법정 내에서의 진술이 불가능할 경우에만 적용된다. 따라서 의견 증거(opinion evidence), 원진술자가 밀접한 관계에 들어가게 된 동기,[260)] 밀접한 관계 안에서 일어난 사건, 활동, 감정적인 진술[261)] 등은 제804조 b(4)항의 적용 범위에 해당하지 않는다.

---

256) United States v. Mackey, 117 F. 3d 24, 29(1st Cir. 1997).

257) 「(4) (A) A statement concerning the declarant's own birth, adoption, marriage, divorce, legitimacy, relationship by blood, adoption, or marriage, ancestry, or other similar fact of personal or family history, even though declarant had no means of acquiring personal knowledge of the matter stated; or (B) a statement concerning the foregoing matters, and death also, of another person, if the declarant was related to the other by blood, adoption, or marriage or was so intimately associated with the other's family as to be likely to have accurate information concerning the matter declared.」

258) 의견(opinion)이 아니라 사실(fact)이라는 의미이다.

259) United States v. Carvalho, 742 F. 2d 146, 151(4th Cir. 1984).

260) United States v. Carvalho, 742 F. 2d 146, 151(4th Cir. 1984).

261) State v. Hester, 470 S. E. 2d 25, 28(N. C. 1996)(이 사건에서 피고인은 자신이 피해자를 살해한 것이 아니라

한편, 이 예외는, 증인이 그가 증언하는 사실에 대하여 개인적인 지식을 가져야 한다는 제602조의 요건을 특별히 요구하지 않는다.[262] 또한 원진술자가 규정이 요구하는 사람에 해당하는 한, 재전문증거도 문제되지 않는다.[263] 따라서 만약 원진술자가 자신의 출생 도시에 대하여 법정외 진술을 하였다면 — 이 예외 인정의 다른 요건의 충족을 전제로 하여 — 그 진술은 비록 반대당사자가 원진술자가 자신의 출생지에 관한 사실을 원진술자를 키워 주었던 그의 삼촌과 숙모로부터 들었다고 주장하고, 삼촌과 숙모는 그 사실을 그의 최근의 새아버지에게 들었다고 주장하는 경우에도 허용된다. 전문증거의 연쇄가 너무 길어지는 경우에 그것은 관련성이나 제403조의 문제이지, 전문증거의 문제가 아니기 때문이다.[264]

제5절 · 전문법칙과 대면권 조항

1. 미국에서의 전문법칙과 대면권

미국 연방증거법상 전문법칙의 예외를 적용함에 있어서 법정외 진술이 그 주장 사실을 증명하기 위한 증거로 허용되는 상황들은 연방헌법에 규정된 대면권 조항과 외견상 충돌하는 측면이 있다. 즉, 수정 헌법 제6조는 형사피고인은 "자기에게 불리한 증인을 대면할 권리를 가져야 한다."라고 규정하고 있다.[265] 대면권 조항은 수정 헌법 제4조의 적법절차의 적용에 따라서 연방 형사재판뿐만 아니라 주 형사재판에도 적용된다.[266), 267] 이러한 대면권 조항의 적용에 의해서 피고인과 진술인과의 대면은 수정 헌법 제6조의 근간으로, 피고인은 그에 대하여 불리한 진술을 하는 증인을 직접 보고 들어야 한다. 나아가 대면권은, 증인으로 하여금 선서를 하게 하고 그를

피해자의 남편이라고 주장하였다. 제출된 진술에 대하여 볼 때, 오직 결혼이라는 사실만이 이 예외에 의하여 제출이 허용되었고, 그 남편의 부인에 대한 학대에 관한 상세한 진술은 허용되지 않았다).

262) United States v. Hernandez, 105 F. 3d 1330, 1332(9th Cir. 1997).; 이 예외는 증인이 자신이 어디에서 출생하였는지에 관하여 개인적인 지식을 가지지 못하는 경우에라도 출생지에 대하여 증언하는 것을 허용한다.

263) G. Michael Fenner, *ibid.*, p. 321.

264) G. Michael Fenner, *ibid.*, p. 321.

265) 「In all criminal prosecutions, the accused shall enjoy the right … to be confronted with the witness against him.」

266) Pointer v. Texas, 380 U. S. 400(1965).

267) 대면권은 오직 형사사건에만 적용된다. 민사사건의 경우에는 비록 준형사법적 사건(quasi-criminal)이라도 적용되지 않는다. 또한 이 대면권 조항은 기소 절차에 의한 형사사건에만 적용된다. 따라서 가석방 취소절차 등에는 적용되지 않는다.; U. S. v. Ray, 530 F. 3d 666, 668(8th Cir. 2008).

출석시켜 진술을 하는 태도를 관찰하고 반대신문을 하는 교호신문권을 포함하고 있다.[268] 대면권 조항과 연방증거법상의 전문법칙은 모두 간접증거(second hand evidence)에 부착되어 있는 증언의 취약성(testiminial infirmities)의 문제를 그 대상으로 하며, 간접증거의 수용을 제한하고자 한다.[269]

전문법칙의 예외는 특별한 범주의 진술이나 개별적 진술들이 신용성이 있으며, 또한 특정한 경우에는 증거에 대한 강한 필요성이 존재한다는 인식에 기초한다. 전문증거의 신용성은 다양한 방법으로 확인될 수 있다. 즉, 동시적인 교호신문(contemporaneous cross examination), 임종에 임박한 때의 진술, 의학적 진단이나 치료를 기대하는 진술, 사건 직후의 진술 등등의 다양한 방식들이다.

대면권 조항에 의한 예외 인정 역시 신용성과 관련이 있다. 그러나 여기에서의 대면권은 반드시 특별한 방식으로 행사되어야 한다. 즉, 엄격한 교호신문의 방식(testing in the crucible of cross-examination)으로 행사되어야 한다.[270] 따라서 대면권이 적용되는 경우에, 피고인은 반드시 교호신문을 통하여 증인을 대면할 기회를 가져야만 한다.

따라서 이 조항을 문리해석하면 전문증거의 제외 조항이나 예외 조항들은 모두 위헌적인 것이 된다. 따라서 상당수의 전문법칙의 예외가 허용되지 않는 결과로 된다. 왜냐하면 전문증거의 제외 사유나 예외 사유들은 형사재판에서 공판정에 출석하지 않아 '대면하지 않은' 원진술자들의 진술을 증거로 허용하기 때문이다. 이러한 문제점은 우리의 전문법칙의 예외 적용에 있어서도 그대로 나타난다. 우리나라 형사소송법에서는 제311조에서 제316조에 이르기까지 전문법칙의 예외를 규정하고 있는데, 전문서류의 경우에 적법절차와 진정성의 요건이 충족되면 허용되는 경우가 많기 때문이다. 물론 제312조 제4항과 같이 반대신문을 요건으로 하는 경우에는 대면권 조항과 같은 효과를 발생시킨다고 볼 여지도 있지만, 직접적인 대면권 조항의 적용과는 그 적용의 방법과 절차에 있어서 많은 차이점이 발생한다. 대면권 조항이 전문법칙의 예외 적용의 합리성을 위한 제도적 장치라고 한다면, 우리의 형사소송법에 있어서도 그 적용의 가능성을 검토하는 것은 — 물론 입법적인 조치가 선행되어야 하겠지만 — 의미가 있다.

---

268) Mueller · Kirkpatrick, *Evidence*(4th ed.), Wolters Kluwer(2009), p. 1012.
269) G. Michael Fenner, *op. cit.*, p. 512.
270) Crawford v. Washington, 541 U. S. 36, 61(2004). ; G. Michael Fenner, *ibid.*, p. 512.

2. 대면권 조항의 성격과 그 적용

대면권이 모든 법정외 진술에 적용되는 것이 아니라 생생한 증언(live testimony)에만 적용된다는 견해가 있다.[271] 대면권은 피고인이 출석해서 증인에 대하여 교호신문을 하는 것을 말하고, 이미 반대신문을 거쳐 검증된 다른 사람의 진술서를 제출하는 것을 막지 않는다는 것이다. 이에 따르면, 우리나라의 경우에도 반대신문을 전문법칙 예외 인정의 조건으로 하고 있는 경우(예컨대 제312조 제4항 등)에는 사실상 대면권 조항과 동일한 의미를 가지는 것으로 볼 여지가 있다.

그러나 미국에서 오늘날 다수의 견해는 대면권은 직접적인 증언에만 적용되는 것은 아니며, 국가가 형사피고인에 대하여 법정외 진술을 수집하고 이를 전문증거로 제출하는 것을 예방하기 위한 절차법적인 권리로 이해하는 입장이다. 즉, 외부와 격리된 신문을 통해 자백을 얻는 등의 수사기관의 남용으로부터 피고인을 보호해야 한다는 권리이다(절차적 권리설[Procedual Right]). 이러한 절차적 권리설을 명확히 한 판결이 연방대법원의 Crawford 판결이다.[272]

Crawford 판결에서 미국 연방대법원은 대면권 조항에 관한 두 가지의 주요한 원칙을 언급하였다. 첫째, 원진술자를 대면할 권리는 형사절차에서 피고인에 대하여 제공된 증언적인 법정외 진술(out of court statements that are 'testimonial', offered against the accused in a criminal prosecution)에 적용된다. 둘째, 만약 원진술자의 법정 내의 증언이 불가능하거나 피고인이 원진술자를 반대신문할 기회를 가지지 못함에도 불구하고 그러한 증거를 증거로 허용하는 것은 피고인의 대면권을 침해하는 것이다.[273] 대면권에 의해서 보장되는 권리는 피고인의 권리이므로,[274] 검사는 증인을 대면할 동등한 헌법적 권리를 가지지 않는다.[275] 그리고 문제의 증거는 반드시 법정외 진술의 형태로서 그 진술에 언급된 사실의 진실을 증명하기 위한 목적으로 제출되어야만 한다.[276] 만약 증거가 증인의 직접적인 관찰(경험)에 관하여 직접적인 법정 내에서 증언되었다면, 이 경우에는 피고인은 원래증인(real witness)을 대면할 수 있기 때문에, 대면권의 논의는 발생하지 않는다. 또한 만약 진술이 진실의 증명과 다른 관련성이 있다면, 대면권 조항은 적용되지 않는다. 이 경우에는 아마도 증언적인 것일 수 없을 것이다.

---

271) 권영법, 『형사증거법 원론』, 세창출판사(2013), 17쪽.
272) Crawford v. Washington, 551 U. S. 36(2004).
273) G. Michael Fenner, *op. cit.*, p. 513.
274) U. S. Const. amended. Ⅵ.
275) G. Michael Fenner, *ibid.*, p. 513.
276) Crawford, 541 U. S. at 59 n. 9.

3. 연방대법원 판결의 변화

1) Robert 판결

Robert 판결은[277] 대면권 조항의 적용에 따라서 전문증거가 허용되는 두 가지 기준을 제시한 판결로서 의의가 있다.[278] 이에 따르면, ① 통상의 사건에서는 검사가 재판 시 진술자로 하여금 진술하게 하고 반대신문을 거치도록 하거나, 진술인이 진술할 수 없는 사유에 대해 입증하여야 한다. ② 위의 기준이 충족되면, 전문증거는 신빙성의 징표(indicia of reliability)를 충족하는 경우에만 허용된다. 확고하게 전문법칙의 예외에 근거하는 경우에 신빙성은 추정된다. 그러나 그렇지 않는 경우에는 '진술과 관련된 특정 사실(specific facts surrounding the statement)'은 '특별한 신뢰성의 보장(particularized guarantees of trustworthiness)'이 있어야 한다.[279] 이러한 Robert 판결의 원칙은 약 25년 동안 유지되었지만, 확고하게 전문법칙의 예외에 근거하는 경우와 그렇지 않은 경우의 구별이 모호하며, 결과적으로는 전문법칙의 예외 적용에 있어서 대면권 조항이 실질적으로 작동하지 못하였다는 비판을 받았다. 즉, Robert 판결에 의하면, 공범의 자백이 피고인의 형사 처분과 관련되면 증거로 허용된다고 보므로, 사실상 피고인의 대면권이 행형화되었던 것이다.

2) Crawford 판결

대면권 조항에 의한 전문법칙의 예외에 제한을 가할 수 있는 경우는 오직 증언적인 법정외 진술에 한다는 제한의 한계를 판시한 것이 바로 Crawford 판결이다.[280] 즉, 증언적인 전문증거는 원진술자가 공판정에 출석하여 반대신문의 기회가 부여되거나 또는 원진술자가 공판정에 출석할

277) Ohio v. Roberts, 448 U. S. 56(1980).

278) 권영법, 앞의 책, 17쪽.

279) Mark M. Dobson, *Hearsay and The Confrontation Clause*, Preview U. S. Sup. Ct. Cas(1993-1994).

280) Crawford 판결에서의 사건의 개요는 다음과 같다. Michaele Crawford는 자신의 처 Sylvia를 강간하려고 시도한 자(피해자)에 대한 살인미수의 혐의로 기소되었다. Michaele과 Sylvia는 분리되어 조사를 받았다. 피해자는 무장한 상태였으나 Michaele(피고인)은 비무장 상태였기 때문에 정당방위를 주장하였다. 재판에서 Michaele은 증인을 반대신문할 권리가 침해되었다고 주장하였고, 검사는 경찰에서 Sylvia가 진술한 것이 이익에 반하는 예외(against-Interest Exception)에 해당한다고 주장하였다. 이에 대하여 피고인은 Sylvia의 진술을 허용하는 것은 대면권의 침해라고 주장하였다. 법원은 Sylvia의 진술은 '증언적'인 성격을 띠고 있다고 판시하였다. 그리고 Sylvia의 진술은 경찰서에서 조사를 받는 동안에 이루어졌고, 남편과 격리되어 수사기관의 신문기법에 따라 진술이 이루어졌고, 그러한 진술은 대면권을 침해한다고 판시하였다. 즉, 로버트 판결과 달리 Sylvia의 진술은 '증언적 진술(Testimonial Statement)'에 해당하므로 허용되지 않는다고 본 것이다. ; 권영법, 앞의 책, 19쪽.

수 없는 경우라면 원진술자의 법정외 진술이 제출됨으로써 불이익을 받는 피고인이 원진술자에 대하여 이전에 반대신문을 할 기회가 있었던 경우가 아니라면 증거능력이 부정되어야 한다는 것이다.[281)]

Crawford 판결은 증언적 진술에 해당하는지의 여부에 대하여 다음의 세 가지 기준을 제시하였다. ① 일방적인(ex parte) 법정에서의 증언이나 이와 동등한 경우에는 증언적인 진술에 해당한다. 따라서 선서진술서(affidavits), 피고인이 반대신문할 수 없었던 이전의 증언 등은 증언적 진술에 해당한다. ② 법정외 진술 형태의 증언으로서, 녹취록(deposition), 이전의 증언, 자백, 경찰에서의 신문에서 행해진 진술 등이다. ③ 그 외에도 합리적으로 판단할 때 법정에서 사용되리라고 믿을 만한 진술 등이다.

Crawford 판결의 증거 배제 효과는 원진술자가 공판정에 출석할 수 없을 때에만 적용되기 때문에 이는 범죄자로 하여금 증인이 공판정에 출석하는 것을 방해할 동기를 부여하게 된다. 따라서 공판정에 그 증인이 출석했다면 말했을 모든 내용이 공판정에 현출되지 못할 수가 있고, 또한 그 증인이 공판 전에 수사관에게 했을 수도 있는 진술들을 증거로 사용하지 못할 수가 있다. 이에 따라 미국 연방대법원은 부정한 행위로 인한 권리 박탈 규정이 이런 유형의 상황에도 적용되므로, 이런 행위를 한 피고인에게서 대면권 조항의 보호를 회수하게 될 것임을 지적하였다.[282)] 결국 Crawford 판결은 신빙성은 특별한 방법, 즉 피고인의 교호신문을 통하여 증인을 대면할 기회가 주어지는 방법에 의해야 인정된다는 것을 시사한다. 따라서 대면권 조항에 따라 전문법칙의 예외는 상당수 폐기되었으며, 법정에서 허용되지 않는 증언적인 진술과 허용되는 비증언적 진술의 구별만이 실익이 있게 되었다.

Crawford 판결 이전에는 헌법이 모든 종류의 전문진술에 대해 그것이 확고하게 정립된 전문증거 배제 원칙의 예외 사유에 해당하거나, 또는 그 진술이 신뢰성을 가진 징표나 특별한 신용성의 보장이 있을 때에는 형사피고인에게 불리한 증거로 사용할 수 있다는 입장이었다. 그러나 Crawford 판결은 증언적 전문진술에 대한 이러한 접근 방법을 거부하고, 그것이 비증언적 전문진술에 대하여는 더 이상 적용되지 않는다는 점을 시사하고 있다.[283)]

---

281) 아서 베스트(Arthur Best), 앞의 책, 205쪽.
282) 아서 베스트(Arthur Best), 위의 책, 206쪽.
283) 다만 Crawford 판결은 '증언적'이란 무엇인가에 대한 정의를 명확히 내린 것은 아니며, 그 설시 내용에서 그 용어 포함될 진술들의 예를 제공하고 있다.

3) Davis 판결

Crawford 판결에서 명확히 정의되지 않은 '증언적인 진술'의 의미를 보다 명확히 하면서, 신문(interrogations)에 대한 보다 구체적인 언급을 한 것이 Davis 판결이다.[284] 즉, 연방대법원은 911 전화로 한 진술들은 객관적인 정황으로 볼 때 질문의 일차적 목적이 경찰로 하여금 진행 중인 위급 상황에 대응할 수 있도록 하기 위한 것임을 알 수 있는 때에는 비증언적이며(긴급한 예외[emergency exception]), 반면에 경찰에 대해서 한 진술이 객관적인 정황으로 볼 때 긴급 상황이 아니고, 질문의 일차적 목적이 형사소추와 관련성이 있을 것으로 보이는 과거 사건들을 파악하는 것임을 알 수 있는 경우에는 그 진술은 증언적인 것이 된다. 그러나 Davis 판결은 증언적 진술에 대해서는 보다 구체적으로 판시하였으나, '긴급한 상황의 예외'에 대한 분명한 한계를 제시하지는 못하였다고 비판받는다.

4) Hammon 판결과 Giles 판결

Hammon 판결은[285] 긴급한 상황의 예외를 보다 명확히 한 것으로 평가된다. 2006년에 가정폭력이 신고되어, 경찰관이 Hammon의 집으로 출동하였다. Hammon의 처는 경찰관이 집으로 들어오는 것에 대하여 괜찮다고 하였으며, 경찰관은 집으로 들어가서 부부를 격리하여 조사하였다. 이 조사에서 Hammon의 처는 남편으로부터 폭행을 당하였다는 내용의 진술서(affidavit)에 서명하였다. 법정에서 피고인인 남편의 이의에도 불구하고 이 진술서는 증거로 채택되었다. 검사는 그 진술서를 받은 경찰관을 증인으로 신청하였고, 진술서의 진정성립(authentication)을 입증하였다. 연방대법원은 Hammon의 처의 진술은 그 성격에 있어서 증언적 진술이고, 수정 헌법 제6조의 대면권을 침해하였다고 판시하였다. 즉, 긴급한 상황이 해소된 경우에 경찰에 대하여 한 진술은 '증언적 진술'에 해당한다고 판시한 것이다.[286]

한편, Giles 판결은[287] 피고인이 증인으로 하여금 재판에 출석하지 못하는 데 관여하였다는 사실이 검사에 의해 입증된 경우에만 피고인의 헌법상의 대면권이 실권(forfeiture)된다고 판시하였다.

---

284) Davis v. Washington, 126 S. Ct. 2266(2006).
285) Hammon v. Indiana, 547 U. S., 813(2006).
286) 권영법, 앞의 책, 21쪽.
287) Giles v. California, 128 S. Ct. 2678(2008).

4. 대면권 조항과 전문법칙 예외 적용의 한계

결국 미국에서는 판례를 통하여 전문법칙 예외의 적용에 대하여 헌법상의 대면권 조항과의 조화를 통하여 적절하게 제한하고자 노력하고 있다. 결국 실체적 진실 발견의 이념은 적법절차의 이념과의 조화 속에서 구현되어야 함을 밝히고 있는 것이다. 특히 Crawford 판결에서는 피고인의 절차적 권리를 강조하여 전문법칙의 예외를 제한하기에 이른 것이다.[288]

결국 앞으로 연방대법원의 입장은 증언적인 진술의 의미를 보다 구체화하는 것이 될 것이다. 지금까지의 판례를 통해 형성된 증언적 진술의 범위를 살펴보면 다음과 같다.

① 증언적 진술의 개념 정립에 있어서 법정 내 진술자의 신원(동일성)은 중요하지 않다. 그리고 경찰관, 의사, 범죄 신고 전화의 응답자, 가족 구성원에게 한 진술은 증언적일 수도 있고 그렇지 않을 수도 있다. 문제는 진술의 최초의 목적에 있으며, 그 목적은 진술이 이루어진 맥락에 의해서 판단된다.[289] 진술을 청취한 사람의 정체성(identity)은 진술의 원래의 목적을 밝히는 데 있어서는 관련성이 있다.

② 결국 진술의 원래 목적을 확인하는 절차가 중요하다. Davis 판결에 따르면, '진술이 경찰 조사(신문[interrogation]) 단계에서 진행 중인 위급 상황을 해결하기 위해 경찰의 도움을 요청하게 하는 목적임을 나타내는 객관적인 상황하에서 신문이 이루어졌을 때의 진술은 비증언적이다. 그러나 그 정황들이 객관적으로 현재의 위급상황이 존재하지 않는다는 것을 보여 주는 객관적인 정황들을 나타내는 경우에는 증언적이다.

---

288) Graham C. Lilly *et al.*, *Evidence*(5th ed.), West(2009), p. 271.

289) G. Michael Fenner, *op. cit.*, p. 516.

Hearsay Rules
in the
Criminal Procedure Act

제2부

한국 형사소송법상 전문법칙

제4장 조서와 진술서

제1절 · 법원 또는 법관의 조서

1. 의의 및 취지

법원 또는 법관의 면전에서의 진술을 기재한 조서는[1), 2), 3)] 그 진정성립이 인정되고 신용성의 정황적 보장도 높기 때문에 증거능력을 인정받는 것이다. 물론 공판정에서 피고인이 한 진술은 그 자체가 원본증거로서 전문법칙이 문제되지 않는다. 형사소송법 제311조는 다른 전문법칙의 예외 규정과는 달리 증거능력 인정에 특별한 조건을 요구하지 않는다. 따라서 사실상 제한 없이 증거능력이 부여되는 것이며, 이것은 법원 또는 법관의 조서는 다른 전문서류나 전문진술에 비하여 더 큰 신용력이 인정된다는 것을 의미한다.

제311조 후단에 규정된 증거보전과 증인신문 절차에서 작성된 조서가 전문법칙의 예외에 속한다는 점은 의문이 없다. 그런데 본 조 전단에서 공판준비 또는 공판기일에 피고인이나 피고인 아닌 자의 진술을 기재한 조서에 증거능력을 인정하는 근거에 대해서는 여러 의견이 있다. 당사자의

---

1) 「제311조: 공판준비 또는 공판기일에 피고인이나 피고인 아닌 자의 진술을 기재한 조서와 법원 또는 법관의 검증조서, 증거보전의 청구(제184조) 및 증인신문의 청구(제221조의2)에 의해 작성된 조서는 증거능력이 인정된다.」

2) 조서는 대륙법계에서 규문시대에 규문판사가 신문 내용을 조서에 작성하여 그것을 재판에서 증거로 사용하였던 것에서 시작되었는데, 규문주의가 타파되고 탄핵주의를 기본으로 하는 근대적 형사소송체계가 성립된 후에도 예심판사의 조서와 예외적으로 예심판사의 권한을 행사하는 수사기관의 조서의 형태로 전승되었으며 그 증거능력이 인정되었다. 한편, 역사적으로 볼 때 조서(protokoll 또는 protocol)라는 단어는 고대 파피루스 두루마리에서 발견된 'protokollen'에서 비롯되었다. 이것은 고대 파피루스 두루마리에 공증을 위하여 붙여진 것으로 부호가 찍힌 종이 한 장이다. 이것이 있으면 서류상의 진술이 실제 증인의 지위를 대신하였다. 즉, 이것은 문서의 진실성(die Echtheit)을 증명하였다. 이러한 공증의 장점은 무엇보다도 문서의 효력이 증인의 현존, 그리고 시간과 공간으로부터 독립된다는 점이다. ; 안승진, 「형사소송에 있어 조서의 증거능력에 관하여 -신문조서를 중심으로-」, 서울북부지역 법학교수·검찰실무연구회 발표문(2008. 6.), 330쪽.

3) 형사소송법의 제정 과정에서, 당시 조선형사령에 의하여 예심조서는 물론이고 수사기관의 조서에도 무제한의 증거능력이 인정되었는데, 예심제도를 폐지하면서 수사기관이 작성한 조서의 증거능력을 어떻게 할 것이냐의 관점에서 증거능력에 관한 규정이 탄생하였던 것이다. 그리하여 법관의 조서는 예전 그대로 무제한의 증거능력을 인정하되 수사기관의 조서는 당시의 상황과 현실여건 등을 고려하여 검찰과 경찰로 구분하여 그 요건을 규정하였던 것이다. 즉, 독일과 프랑스에서는 규문절차를 타파하면서 직접주의 및 구술주의의 원칙에 입각하여 원칙적으로 모든 신문조서를 증거로 할 수 없도록 한 것에 비해, 우리는 수사기관의 신문조서에 대해서는 일정한 요건을 요구함으로써 그 증거능력을 제한하는 방향으로 나아갔다. ; 안승진, 위의 논문, 348쪽.

반대신문권이 보장되어 있으므로 처음부터 전문법칙의 적용이 없다는 견해,[4] 인적·물적 독립이 헌법적으로 보장된 법관 면전 조서는 특별한 지위를 갖기 때문에 직접주의의 예외라는 견해,[5] 형사소송법이 명문으로 전문법칙의 예외로 규정하고 있고, 또한 본조는 공판준비 또는 공판기일에서의 진술에 대하여 증거능력을 인정하는 것이 아니라 그 진술을 기재한 조서에 대하여 신용성과 필요성의 견지에서 그 증거능력을 인정하고 있으므로 전문법칙의 예외에 해당한다는 견해가[6] 있다.

전문법칙의 근거와 전문법칙 예외의 근거는 구별된다. 즉, 전문법칙 인정의 근거 — 증거능력을 배제하는 근거 — 는 직접주의의 관점, 반대신문권의 보장 등을 위해서이다. 그러나 전문법칙 예외의 근거는 전통적으로 필요성과 신용성이다. 즉, 전문증거로서 직접주의의 관점, 반대신문권의 결여 때문에 증거능력을 인정하지 않아야 되지만, 신용성과 필요성이 높기 때문에 예외를 인정하는 것이다. 그런데 법원 또는 법관 면전에서의 조서는 필요성은 약하더라도 신용성이 다른 어떤 전문서류보다 월등히 높기 때문에 예외로 인정하는 것이라고 봄이 타당하다. 결국 제311조는 필요성과 신용성 — 실질적으로는 신용성의 관점에서 — 을 근거로 하여 전문법칙의 예외를 인정하고 있는 것이다.

2. 피고인의 진술을 기재한 조서

1) 당해 사건의 공판준비 또는 공판기일

가. 공판준비에서의 피고인의 진술을 기재한 조서란 공판준비절차에서 피고인신문(제273조 제1항)에 의해서 작성된 조서, 공판기일 전의 법원의 검증조서 중 피고인의 진술을 기재한 부분을 말한다.[7]

나. 공판기일에서의 피고인의 진술을 기재한 조서란 공판절차 갱신 전의 공판조서, 상소심에 의한 파기 환송 전의 공판조서, 이송된 사건의 이송 전의 공판조서, 관할위반의 재판이 확정된 후에 재기소된 경우의 공판조서 등을 포함한다.[8]

---

4) 백형구, 『형사소송법 강의』, 박영사(2001), 652쪽 ; 송광섭, 『형사소송법』, 형설출판사(2010), 219쪽 ; 신현주, 『형사소송법』(개정2판), 박영사(2002), 601쪽 ; 정영석·이형국, 『형사소송법』, 법문사(1996), 350쪽.
5) 강구진, 『형사소송법 원론』, 학연사(1982), 454쪽 ; 신동운, 『신형사소송법』, 법문사(2008), 902쪽.
6) 신양균, 『형사소송법』, 화산미디어(2009), 716쪽 ; 이재상, 『형사소송법』, 박영사(2013), 40/29 ; 임동규, 『형사소송법』, 법문사(2012), 499쪽 ; 정웅석·백승민, 『형사소송법』, 대명출판사(2014), 641쪽.
7) 임동규, 앞의 책, 499쪽.
8) 임동규, 위의 책, 499쪽.

2) 다른 사건의 공판준비조서와 공판조서

전문법칙의 예외 규정에서 공판준비 또는 공판기일은 당해 사건의 공판준비 또는 공판기일을 전제로 한다고 해석함이 타당하다.[9] 만약 다른 사건의 공판준비조서와 공판조서에 대해서도 제311조가 적용된다고 한다면 다른 예외 규정과 달리 아무런 조건 없이 증거능력이 부여되기 때문에 피고인에게 불리한 규정으로 작용할 여지가 높다. 예외 규정은 엄격하게 적용하는 것이 법적 안정성과 피고인 보호를 위해서도 타당하다. 결국 당해 사건에서 요증사실의 입증 목적을 위해서 전문증거가 제출된 경우에 적용된다. 따라서 다른 사건에서의 공판준비로써 또는 공판조서는 제315조 제3호(기타 신용할 만한 정황)에 의하여 증거능력이 인정되게 된다.

3. 피고인 아닌 자의 진술을 기재한 조서

1) 피고인 아닌 자

피고인 아닌 자란 피고인을 제외한 제삼자, 즉 증인·감정인·공범인 공동피고인을 포함한다.

2) 다른 사건의 공판준비조서와 공판조서

예컨대 갑과 을이 공동으로 절도를 하였는데, 을은 달아나고 갑만 현장에서 체포되어 재판을 받으면서 공판정에서 을과의 공동 범행 사실을 자백하여 유죄 판결이 확정된 후, 을이 체포되어 재판을 받게 되었는데, 을이 범행을 부인한 경우에 갑의 자백 진술이 기재된 공판조서를 을에 대한 유죄의 증거로 사용할 수 있는지가 문제된다.

(1) 견해들

통설은 피고인 아닌 자의 진술을 기재한 다른 사건의 공판준비조서와 공판조서는 제311조가 적용되지 않고, 제315조 제3호의 문서 — '기타 특히 신용할 만한 정황에 의하여 작성된 문서' — 로서 증거능력이 인정된다고 한다.[10] 우리나라 형사소송법이 증거보전절차(제184조)의 조서와 제1회 공판기일전의 증인신문 절차(제221조의2)에 의한 절차를 제311조에서 별도로 명시하고

9) 신동운, 앞의 책, 903쪽 ; 김기두, 140쪽 ; 차용석, 『형사소송법』. 세영사(1997), 327쪽 ; 신양균, 앞의 책, 777쪽 ; 이은모, 『형사소송법』, 박영사(2014), 687쪽 ; 임동규, 앞의 책, 500쪽. ; 대법원 1966. 7. 12. 선고 66도617 판결.

10) 신동운, 앞의 책, 905쪽 ; 백형구, 앞의 책, 462쪽 ; 임동규, 앞의 책, 500쪽 ; 이재상, 앞의 책, 40/31. ; 대법원 2003. 10. 10. 선고 2003도3282 판결.

있는 점[11] 등을 근거로 제시한다.

대법원도 '다른 피고인에 대한 형사사건의 공판조서는 형사소송법 제315조 제3호에 정한 서류로서 당연히 증거능력이 있는바(대법원 1964. 4. 28. 선고 64도135 판결, 1966. 7. 12. 선고 66도617 판결 등 참조), 공판조서 중 일부인 증인신문조서 역시 형사소송법 제315조 제3호에 정한 서류로서 당연히 증거능력이 있다고 보아야 할 것이다'라고 하여 같은 입장이다.[12]

한편, 먼저 검거되어 재판을 받는 공범은 자신에게 유리한 방향으로 진술을 하는 경우가 많으므로 후에 재판을 받은 공범에게 반대신문의 기회를 주는 것이 실체적 진실 발견을 위하여 합리적이고, 통설과 판례에 의할 때 을은 반대신문을 통하여 갑의 진술의 신빙성을 탄핵할 수 없는 불이익을 받게 되므로, 공범자의 법정 진술에 대하여 반대신문권이 보장된다는 점을 근거로 증거능력이 인정되는 것과 마찬가지로[13] 피고인 아닌 자의 진술을 기재한 다른 사건에서의 공판조서에 대해서도 반대신문권의 보장을 요건으로 하여 제311조에 따라 증거능력을 인정하는 것이 타당하다는 견해도 있다.[14),15] 이에 의하면, 공범이지만 공동피고인이 아니므로 증인 적격도 당연히 인정되므로 반대신문의 기회를 보장하는 것에 어려움이 있는 것도 아니며, 다만 갑의 소재 불명으로 증인으로 출석할 수 없는 경우에는 제314조에 의한 증거능력 여부를 검토하면 될 것이라고 한다.[16]

법관이 공판조서에 대해서 실제로 '특신정황'을 인정할 수 있는 경우에 증거능력이 인정된다는 견해도 있다. 이 견해는 ① 반대신문은 법률적 근거가 없을 뿐만 아니라 공판조서를 증거로 사용해야 할 정도이면 공범이 소재 불명이어서 증인으로 출석할 수 없는 경우일 텐데, 이런 경우에는 반대신문을 할 수 없고, ② 실무가 서증조사 절차를 형식적으로 하므로 거짓일 가능성이 높은 공범의 자백이 공판조서에 기재되어 있는 것이라고 해서 제315조 제3호에 따른 '특신정황'을 무조건 인정할 수는 없다고 한다.[17]

---

11) 신동운, 앞의 책, 905쪽.
12) 대법원 2005. 4. 28. 선고 2004도4428 판결.
13) 대법원 1992. 7. 28. 선고 92도917 판결.
14) 정웅석·백승민, 앞의 책, 643쪽.
15) 배종대·이상돈·정승환·이주원, 『신형사소송법』, 홍문사(2012), 10/135.
16) 윤동호, 「개정 형사소송법과 공범의 자백의 증거능력에 관한 해석론」, 『형사법연구』, 제20권 제1호(2008. 봄), 20쪽.
17) 여기서 '특신정황'이란 법관이 공정하고 자유로운 분위기에서 자연적이고 임의적이며 진실한 진술을 할 수 있도록 상황을 이끌어야 하고, 억압적이거나 훈계적인 태도를 미리 취하거나 반대증거와 부합하지 않는 진술에 대하여 진실성을 추궁하지 않고 그냥 넘어가지 않는 등의 상황이 조서의 기재 내용만으로도 알 수 있을 정도로 표현된 상태를 말한다. ; 황종국, 「공범의 자백」, 『사법논집』, 제26집(1995), 465쪽.

(2) 소결

앞서 지적한 것처럼 공판준비 또는 공판기일은 당해 사건의 공판준비와 공판기일로 해석하여야 한다. 그리고 피고인의 진술을 기재한 조서에 대하여 당해 사건으로 한정한다면, 피고인 아닌 자의 진술을 기재한 조서는 더더욱 당해 사건으로 한정되는 것이 전문법칙의 예외 인정의 이유 등에 비추어 볼 때 타당하다. 결국 통설과 판례의 입장이 타당하다.

3) 공범 아닌 공동피고인

공범인 공동피고인은 피고인 아닌 자에 해당한다. 그러나 피고인과는 별개의 범죄 사실로 기소되고 다만 병합심리된 공동피고인은 피고인에 대한 관계에서는 증인의 지위에 있음에 불과하다. 따라서 공범 아닌 공동피고인이 공판정에서 선서 없이 진술을 하였다면 그 진술은 피고인에 대한 공소사실을 인정하는 증거로 사용할 수 없다.[18] 따라서 공범 아닌 공동피고인의 법정 진술을 기재한 공판조서도 피고인의 범죄 사실에 대한 증거로는 사용할 수 없다.[19] 결국 공범 아닌 공동피고인의 진술을 피고인에 대한 유죄의 증거로 사용하기 위해서는 증인신문의 절차를 거쳐야만 한다.

4) 구속적부심사조서

법원 또는 합의부원, 검사, 변호인, 청구인이 구속된 피의자를 심문하고 그에 대한 피의자의 진술 등을 기재한 구속적부심사조서는 형사소송법 제311조가 규정한 문서에는 해당하지 않는다. 그러나 특히 신용할 만한 정황에 의하여 작성된 문서라고 할 수 있으므로 특별한 사정이 없는 한, 피고인이 증거로 함에 부동의하더라도 형사소송법 제315조 제3호에 의하여 당연히 그 증거능력이 인정된다.[20] 한편, 이에 대하여 체포·구속 적부심사 절차가 검사에 의하여 피의자의 법관

---

18) 대법원 1982. 9. 14. 선고 82도1000 판결.
「피고인과 별개의 범죄 사실로 기소되어 병합심리중인 공동피고인은 피고인의 범죄 사실에 관하여는 증인의 지위에 있다 할 것이므로 선서 없이 한 공동피고인의 법정 진술이나 피고인이 증거로 함에 동의한 바 없는 공동피고인에 대한 피의자신문조서는 피고인의 공소 범죄 사실을 인정하는 증거로 할 수 없다.」

19) 이재상, 앞의 책, 40/32 ; 임동규, 앞의 책, 500쪽.

20) 대법원 2004. 1. 16. 선고 2003도5693 판결.
「구속적부심문조서의 증명력은 다른 증거와 마찬가지로 법관의 자유판단에 맡겨져 있으나, 피의자는 구속적부심에서의 자백의 의미나 자백이 수사절차나 공판절차에서 가지는 중요성을 제대로 헤아리지 못한 나머지 허위자백을 하고라도 자유를 얻으려는 유혹을 받을 수가 있으므로, 법관은 구속적부심문조서의 자백의 기재에 관한 증명력을 평가함에 있어 이러한 점에 각별히 유의를 하여야 한다.」

면전 진술을 확보하는 장치로 전용될 위험이 있기 때문에 체포·구속 적부심사 절차에서 작성된 피의자신문조서는 처음부터 증거능력을 인정하지 않는 것이 타당하다는 견해도 있다.[21)]

4. 법원·법관의 검증조서

1) 의의 및 입법취지

법원 또는 법관의 검증조서는 법관이 오관의 작용에 의하여 사람의 신체 상태나 물건의 존재 및 상태에 대하여 직접 인식한 것을 기재한 서면이다. 공판법원의 검증인 경우에는 법원이 직접 경험자이므로 전문증거의 형식을 취하고 있지만, 실질적으로는 전문이 아니다.[22)] 그러나 검증목적물의 특수성 때문에 공판정에서 검증을 하기 곤란한 경우에는 공판정 외에서 검증을 행하고 그 결과를 서면으로 기재한 후 이 검증조서를 공판정에서 증거로 사용할 필요가 생긴다. 또한 수소법원 이외의 법관이 검증을 행하고 그 검증조서를 수소법원이 증거로 사용할 경우도 있다. 제311조 제1문 후단은 이러한 경우에 대비하여 법원 또는 법관의 검증조서에 증거능력을 부여하는 규정이다.[23)]

법원 또는 법관의 검증조서에 당연히 증거능력을 인정하는 이유는 공평한 제삼자인 법원 또는 법관이 직접 행하는 증거조사이고, 검증에 당사자의 참여권(제145조, 제121조)이 인정되어 기재의 정확성이 추정될 수 있으며,[24)] 피고사건 자체의 심리에 소송경제를 도모할 수 있다는 점,[25)] 검증이란 검증 대상물의 성질이나 상태를 법관이 오관에 의하여 인식하는 것이므로 소송관계인의 반대신문권을 생각할 수 없다는 점,[26)] 수소법원이 공판정에서 직접적인 검증을 행할 수 없거나 행하기 곤란한 경우에 대비할 필요가 있다는 점[27)] 등에 있다.

법원 또는 법관의 검증조서는 당연히 증거능력을 가지지만 그 전제로 검증절차를 준수하였을 것이 요구된다. 따라서 소송관계인에게 검증참여의 기회를 주지 않은 결과로 작성된 검증조서는

---

21) 신동운, 앞의 책, 910쪽. ; 또한 이러한 분석은 구속영장이 청구된 피의자에 대하여 법관이 영장실질심사를 행하는 과정에서 작성된 피의자신문조서에도 그대로 해당한다고 본다.
22) 정웅석·백승민, 앞의 책, 677쪽.
23) 신동운, 앞의 책, 906쪽.
24) 배종대·이상돈·정승환·이주원, 앞의 책, 58/27 ; 임동규, 앞의 책, 517쪽 ; 손동권, 『형사소송법』, 세창출판사 (2010), 590쪽.
25) 신동운, 앞의 책, 907쪽.
26) 정웅석·백승민, 앞의 책, 677쪽.
27) 신동운, 앞의 책, 906쪽.

법원 또는 법관의 검증조서라 할지라도 증거능력이 인정되지 않는다.[28)]

피고인의 공판조서 열람 또는 등사청구권이 침해된 경우와 증거능력의 경우, 형사소송법 제55조 제1항이 피고인에게 공판조서의 열람 또는 등사청구권을 부여한 이유는 공판조서의 열람 또는 등사를 통하여 피고인으로 하여금 진술자의 진술 내용과 그 기재된 조서의 기재 내용의 일치 여부를 확인할 수 있도록 기회를 줌으로써 그 조서의 정확성을 담보함과 아울러 피고인의 방어권을 충실하게 보장하려는 데 있다. 피고인이 공판조서에 대한 등사를 청구하였으나 제1심이 이에 대하여 아무런 조치를 취하지 아니하고 등사 청구에 불응하여 피고인의 열람 또는 등사청구권이 침해된 경우에는 그 공판조서를 유죄의 증거로 할 수 없을 뿐만 아니라, 공판조서에 기재된 당해 피고인이나 증인의 진술도 증거로 할 수 없다.[29)]

2) 다른 사건에 대한 검증조서

전문법칙의 예외 인정에 있어서 공판준비 또는 공판기일은 당해 사건을 전제로 함이 원칙이다. 즉, 당해 사건에 한하여 비록 전문증거라도 증거능력을 인정하는 것이 전문법칙의 예외이며, 이러한 해석이 예외 인정의 엄격성과도 일치한다. 법원 또는 법관의 검증조서에 증거능력을 인정하는 기본 취지는 당해 사건의 수소 법원과 동일시할 수 있는 지위에 있는 법관의 검증조서를 신뢰함과 동시에 피고사건 자체의 심리의 소송경제를 도모하기 위한 것이다.[30)] 또한 다른 사건의 검증조서는 재판 중인 당해 사건의 당사자가 참여한 것이 아니기 때문에[31)] 증거능력을 인정하지 않는 것이 타당하다.[32)] 따라서 다른 사건의 검증조서는 제315조 제3호에 의하여 증거능력이 인정된다.[33)]

한편, 판례는 '공범으로서 별도로 공소 제기된 다른 사건의 피고인 갑에 대한 수사 과정에서 담당 검사가 피의자인 갑과 그 사건에 관하여 대화하는 내용과 장면을 녹화한 비디오테이프에 대한 '법원의 검증조서'는 이러한 비디오테이프의 녹화내용이 피의자의 진술을 기재한 피의자신문

---

28) 신동운, 위의 책, 906쪽.
29) 대법원 2003. 10. 10. 선고 2003도3282 판결.
30) 신동운, 위의 책, 907쪽.
31) 한편, 법원 또는 법관의 검증조서의 증거능력이 인정되는 것은 직접심리주의에 대한 예외라고 하면서, 검증이란 증거자료를 획득하는 수소법원의 활동이라는 점에서 소송관계인의 검증참여권의 보장은 직접심리주의에 비하여 부차적인 의미를 가진다는 견해는 신동운, 위의 책, 907쪽 참조.
32) 배종대·이상돈·정승환·이주원, 앞의 책, 58/28 ; 신동운, 앞의 책, 906쪽 ; 이은모, 앞의 책, 40/72 ; 임동규, 앞의 책, 517쪽 ; 차용석, 앞의 책, 336쪽 ; 손동권, 앞의 책, 591쪽.
33) 임동규, 앞의 책, 505쪽.

조서와 실질적으로 같다고 볼 것이므로 피의자신문조서에 준하여 그 증거능력을 가려야 한다'고 판시한 바 있다.[34)]

3) 검증조서에 기재된 참여인 진술의 증거능력

(1) 의의

법관의 검증조서에는 검증의 결과 자체뿐만 아니라 법관이 행하는 검증에 참여한 자의 직접 진술이 기재되는 경우도 있다. 이때 참여인의 진술은 검증 결과 자체가 아니라 진술에 불과하므로 그 진술 부분의 증거능력이 문제된다. 검증조서에 기재된 참여인의 진술에는 현장지시와 현장진술이 있다. 현장지시는 법관이 행하는 검증의 대상을 지시하는 진술이며, 현장진술은 검증현장에서의 현장지시 이외의 진술을 말한다.

(2) 견해

검증조서에 기재된 참여인 진술의 증거능력에 관한 견해로는 ① 제삼자의 진술이 검증조서에 기재된 경우에는 수소법원이나 증거보전을 하는 판사가 증인으로서 신문한 경우가 아닌 한, 이를 증거로 할 수 없다는 견해,[35)] ② 검증조서의 구성의 한 부분이기 때문에 독립된 진술증거가 아니며 제311조 제1문 후단에 의하여 증거능력이 인정된다는 견해,[36)] ③ 현장지시가 비진술증거로 이용되는 때에는 검증조서와 일체성을 가지지만, 현장지시가 범죄 사실을 인정하기 위한 진술증거로 이용되는 때에는[37)] 현장진술과 같이 취급되고, 현장진술은 법원 또는 법관의 면전에서 이루어진 것이므로 제311조 전단에 의하여 증거능력이 인정된다는 견해[38)] 등이 있다.

(3) 소결

현장지시와 현장진술의 구별이 그렇게 용이한 것도 아니며, 현장지시를 진술증거와 비진술증거로 구분하는 것은 더욱 어렵고 지나치게 형식적이다. 현장지시이건 현장진술이건 모두 법원 또는

34) 대법원 1992. 6. 23. 선고 92도682 판결.
35) 이은모, 앞의 책, 709쪽.
36) 신동운, 앞의 책, 909쪽; 정영석·이형국, 앞의 책, 352쪽.
37) 예컨대 자동차 교통사고 사건에서 사고 장소가 횡단보도상이냐의 여부는 극히 중요한 사실이다.; 정웅석·백승민, 앞의 책, 268쪽.
38) 배종대·이상돈·정승환·이주원, 앞의 책, 633쪽; 이재상, 앞의 책, 567쪽; 차용석, 앞의 책, 779쪽; 임동규, 앞의 책, 505쪽.

법관의 면전에서 이루어진 것이고, 참여인의 그러한 지시 또는 진술을 듣고서 법관이 오관의 작용에 의하여 사람의 신체 상태나 물건의 존재 및 상태에 대하여 직접 인식하는 활동이므로 사실상 공판정에서의 법정 진술과 마찬가지라고 할 수 있다. 따라서 검증조서에 기재된 진술은 법원 또는 법관의 검증조서와 일체화된 것으로서 제311조 제1문 후단에 의하여 증거능력이 인정된다.[39)]

4) 기타

(1) 검증조서에 첨부된 사진 및 도화

이것은 검증조서와 일체로 볼 수 있다. 따라서 제311조에 의해서 증거능력이 인정된다.[40)]

(2) 녹음테이프에 대한 검증 내용이 진술자의 상태 등을 확인하기 위한 것인 경우

수사기관이 아닌 사인(私人)이 피고인 아닌 자와의 전화 통화 내용을 녹음한 녹음테이프에 대하여 법원이 실시한 검증의 내용이 녹음테이프에 녹음된 내용과 검증조서에 첨부된 녹취서에 기재된 내용과 같다는 것을 확인하기 위한 경우가 아니라 그 진술 당시 진술자의 상태 등을 확인하기 위한 것인 경우에는, 녹음테이프에 대한 검증조서의 기재 중 진술 내용을 증거로 사용하는 경우에 관한 법리는[41)] 적용되지 않고, 법원의 검증의 결과를 기재한 조서로서 형사소송법 제311조에 의하여 당연히 증거로 할 수 있다.[42)]

---

39) 이 점에서 종래의 견해(제311조 전단의 '따라서 증거능력이 인정된다'는 견해)를 변경한다.

40) 임동규, 앞의 책, 518쪽.

41) 대법원 2008. 7. 10. 선고 2007도10755 판결.
「수사기관이 아닌 사인(사인)이 피고인 아닌 자와의 전화 대화를 녹음한 녹음테이프에 대하여 법원이 실시한 검증의 내용이 녹음테이프에 녹음된 전화 대화의 내용이 검증조서에 첨부된 녹취서에 기재된 내용과 같다는 것에 불과한 경우에는 증거자료가 되는 것은 여전히 녹음테이프에 녹음된 대화 내용이므로, 그중 피고인 아닌 자와의 대화의 내용은 실질적으로 형사소송법 제311조, 제312조 규정 이외의 피고인 아닌 자의 진술을 기재한 서류와 다를 바 없다. 따라서 피고인이 그 녹음테이프를 증거로 할 수 있음에 동의하지 않은 이상, 그 녹음테이프 검증조서의 기재 중 피고인 아닌 자의 진술 내용을 증거로 사용하기 위해서는 형사소송법 제313조 제1항에 따라 공판준비나 공판기일에서 원진술자의 진술에 의하여 그 녹음테이프에 녹음된 진술 내용이 자신이 진술한 대로 녹음된 것이라는 점이 인정되어야 한다.」

42) 대법원 2008. 7. 10. 선고 2007도10755 판결.
「원심법원이 검증한 녹음테이프는 공소외 1이 2004. 2. 1.경 공소외 2와의 전화 통화를 녹음한 것으로서 그 녹음자인 공소외 1이 제1심 법정에 증인으로 출석하여 제출한 것인데, 피고인들도 위 녹음테이프에 대한 녹취록(수사기록 25쪽)에 관하여는 이를 증거로 할 수 있음에 동의한 사실, 전화 통화의 상대방인 공소외 2도 제1심 및 원심법정에 증인으로 출석하여 2004. 2. 1.경 공소외 1과 전화 통화한 사실 및 그 통화에서 이 사건 부동산을 2억 원에 매도한 것이 아니고 1억 900만 원에 매도하였다는 취지로 공소외 1에게 대답하였던 것은 사실이라고 진술하였으며, 다만 그 당시 술에 취한 상태에서 다른 부동산 매도 건과 착각하여 말한 것이라는 취지로 다투고 있는 사실, 이에 원심법원은 (1) 위 녹취록의 내용이 피해자 공소외 1이 제1심 법원에 제출한 녹음테이프의 내용과 일치하는지 여부 및 (2)

5. 증거보전 절차 및 증인신문 절차에서 작성한 조서

1) 의의

증거보전절차(제184조)에서 작성된 조서와 제1회 공판기일 전 검사의 신청으로 행해진 증인신문 절차(제221조의2)에서 작성된 조서는 당사자의 참여 기회가 부여된 것이지만 수소법원의 면전에서 행해진 것이 아니므로 성질상 전문증거이다.[43] 그러나 선서와 법관의 직권신문에 의한 강한 신용성이 인정되므로[44] 그 절차의 적법성이 인정되는 한 제311조에 의해 당연히 증거능력이 인정된다. 증인신문의 절차가 적법하지 아니한 경우에는 당연히 증거능력이 인정되지 않는다.[45]

2) 공범인 공동피고인에 대한 증거보전 절차

조서는 당해 사건에 관한 것에 한하지 않는다. 따라서 공동피고인이 증거보전절차에서 증언한 내용을 기재한 증인신문조서도 증거능력이 인정된다.[46]

3) 증인신문조서에 기재된 피고인의 진술

피고인이 증거보전절차에서 증인으로서 증언한 것이 아니라 소송관계인으로 참여하여 증인을

녹음 당시 공소외 2가 술에 취한 상태에서 횡설수설 이야기한 것인지 여부 등을 확인하기 위하여 위 녹음테이프에 대한 검증을 실시하고 그 결과(녹음 당시 공소외 2의 발음이 전체적으로는 뚜렷하였고 목소리 자체가 횡설수설하는 것 같지는 않았다)를 증거로 채택하여 공소외 2가 술에 취한 상태에서 다른 부동산 매도건과 착각하여 말한 것으로는 보이지 않는다고 판단하고, 나아가 공소외 2가 위 전화 통화에서 답한 내용이 이 사건 부동산에 관한 매도건과 관련하여 진술한 것으로서 신빙성이 높고, 그 이후에 공소외 2가 진술을 번복하여 이 사건 부동산을 2억 원가량에 매도하였다는 진술은 그대로 믿기 어렵다고 판단한 것임을 알 수 있는바, 앞서 본 법리에 비추어 보면 원심의 위와 같은 판단은 정당한 것으로 수긍할 수 있고, 거기에 증거능력에 관한 법리 오해 등의 위법이 없다.』

43) 정웅석·백승민, 앞의 책, 643쪽.

44) 이재상, 앞의 책, 40/35.

45) 대법원 1992. 2. 28. 선고 91도2337 판결.
「제1회 공판기일 전에 형사소송법 제184조에 의한 증거보전절차에서 증인신문을 하면서, 위 증인신문의 일시와 장소를 피의자 및 변호인에게 미리 통지하지 아니하여 증인신문에 참여할 수 있는 기회를 주지 아니하였고, 또 변호인이 제1심 공판기일에 위 증인신문조서의 증거조사에 관하여 이의 신청을 하였다면, 위 증인신문조서는 증거능력이 없다 할 것이고, 그 증인이 후에 법정에서 그 조서의 진정성립을 인정한다 하여 다시 그 증거능력을 취득한다고 볼 수도 없다.」

46) 대법원 1966. 5. 17. 선고 66도276 판결.
「공범관계가 있는 공동피고인이라 하더라도, 공동 심리 중에 한 진술이 아니고, 이 사건에서와 같이 수사 단계에서 다른 공동피고인에 대한 증거보전을 위하여, 증인으로서 신문당한 경우의 진술까지, 그 다른 공동피고인에 대하여 증거 능력이 없다고는 할 수 없다.」

반대신문하는 과정에서 진술을 한 경우에는 증인신문조서에 기재된 피고인의 진술 부분에 대해서는 제311조가 적용되지 않는다.[47)]

제2절 · 피의자신문조서 [제312조]

피의자신문조서에 관해서는 형사소송법 제312조에서 살펴볼 수 있다.

1. 의의

피의자신문조서란 검사 또는 사법경찰관 등 수사기관이 피의자를 신문하여 그 진술을 기재한 조서를 말한다.[48)] 피의자신문조서는 피의자의 진술이 조서의 형태로 법관에게 간접적으로 보고되는 것이기 때문에 전문증거에 해당한다. 조서를 통한 재판은 수사기관의 심정이 공판정에 전달되어 법관의 심증 형성에 영향을 줄 수 있다는 문제점과 범죄 발생 후 신속하게 법관을 대면하게 함으로써 사건의 본질이 가능한 한 훼손되지 않는 상태에서 법관의 자유심증이 가해져야 한다는 형사절차법상의 원칙이 침해될 수 있다는 문제점을 야기한다. 직접주의와 공판중심주의 관점에서 볼 때 수사기관의 혐의는 법정에서 변론을 통해서 법관에게 전달되어야 하며, 다른 방법을 통해서 전달되는 것은 배제되어야 하기 때문이다.

그러나 수사기관에서 행한 피의자의 진술을 전혀 증거로 사용하지 못하게 한다면 범죄사건의

---

47) 대법원 1984. 5. 15. 선고 84도508 판결.
「논지가 형사소송법 제311조에 의하여 증거능력이 인정되어야 할 서류라고 주장하는 증인신문조서는 증거보전절차에서 피고인 3이 증인으로서 증언한 내용을 기재한 것이 아니라 공소외 1이 증인으로서 증언한 내용을 기재한 것이며, 다만 거기에 피의자이던 피고인 3이 당사자로 참여하여 자기의 범행사실을 시인하는 전제하에서 공소외 1에게 반대신문을 한 내용이 기재되어 있을 뿐이다. 그렇다면 위 증거보전절차에서 작성된 증인신문조서는 공판준비 또는 공판기일에 피고인이나 피고인 아닌 자의 진술을 기재한 조서도 아니고, 피의자인 피고인 3이 반대신문의 과정에서 한 진술 기재에 관한 한 형사소송법 제184조에 의하여 작성된 증인신문조서도 아니므로, 위 증인신문조서 중 피고인 3의 진술 기재 부분에 형사소송법 제311조에 의한 증거능력을 인정할 여지가 없다.」

48) 영미법계에서는 대륙법계의 신문조서와 유사한 형식으로 작성되는 서류가 있기는 하지만, 조서라는 개념자체가 존재하지 않으므로 신문조서가 증거로 되는 경우는 없고, 전문법칙의 예외(또는 비전문증거)에 해당하는 경우 서류상의 진술이 증거가 된다. 한편, 대륙법계에 있어서도 직접주의 또는 구술주의의 예외에 해당하는 경우 신문조서 자체가 증거로 되는 것이 아니라, 신문조서를 낭독함으로써 — 예컨대 독일 형사소송법 제251조 이하 — 증인에 대한 신문을 대체하게 되고, 그 신문조서 상의 진술이 증거로 되는 것이다. 따라서 신문조서 자체를 서증으로 취급하여 이것의 증거능력 여부를 규정하고 있는 일본과 우리나라의 입법 태도는 매우 독특한 것이다. ; 안승진, 앞의 논문, 343쪽.

실체적 진실 발견이 중대한 어려움에 봉착할 수도 있고, 소송경제적 관점에서도 이익이 되지 않으며 신속한 재판이라는 형사소송법의 이념이 방해될 수도 있다. 피고인은 진술거부권을 가지고 있기 때문에 법원은 피고인에게 새로운 진술을 요구할 수 없고, 그 결과 증거불충분으로 진범인을 무죄로 방면해야 하는 경우도 발생한다.[49] 반면에 피의자신문조서는 범행 시각에 근접한 시점에서 작성되었고, 또 공판정에서 피고인이 진술거부권을 행사하는 경우에는 수사 단계에서의 진술을 다시 확보할 수 없다는 점 때문에 신문당시의 조서의 진술 내용을 사용할 필요성도 존재한다. 이러한 점 때문에 법관의 면전조서와 달리 피의자신문조서의 증거능력을 일정한 요건하에 예외적으로 허용하고 있는 것이다.

2. 피의자신문조서의 증거능력 인정 근거

1) 직접주의의 예외설

직접주의의 예외설은[50] 전문법칙의 주된 근거는 반대신문권의 보장에 있는데, 피의자신문조서의 원질술자인 피고인이 자신에 대해서 반대신문을 할 수는 없고, 신문의 주체인 검사의 반대신문을 보장할 필요도 없으므로 제312조는 전문법칙의 예외가 아니라 직접심리주의의 예외에 해당한다고 보는 견해이다.

2) 전문법칙의 예외설

전문법칙의 예외설은[51] 전문법칙의 근거는 신용성의 보장에 있으며, 피의자신문조서도 공판기일의 진술에 대신할 만한 신용성이 보장되는 증거는 아니라는 점에서 전문증거이며, 제312조는 그런 전문증거의 증거능력을 예외적으로 인정하는 것이므로 제312조는 신용성과 필요성을 조건으로 증거능력을 인정하는 전문법칙의 예외에 해당한다고 보는 견해이다.

3) 소결

비록 전문증거라도 신용성과 필요성의 관점에서 예외적으로 증거능력을 인정하는 것이 전문법

49) 신동운, 앞의 책, 911쪽.
50) 신동운, 위의 책, 912쪽.
51) 이재상, 앞의 책, 40/37 ; 신양균, 앞의 책, 781쪽 ; 이은모, 앞의 책, 689쪽 ; 임동규, 앞의 책, 491쪽 ; 손동권, 앞의 책, 567쪽.

칙의 예외이다. 이때 신용성과 필요성은 모두 충족되어야 하는 것은 아니며, 신용성이 매우 강한 경우에는 필요성의 요건은 약하게 충족되어도 예외가 인정되며, 그 반대의 경우도 마찬가지이다.

피의자신문조서는 피의자의 법정 밖에서의 진술이 그 진술에 언급된 사실의 입증을 목적으로 서면의 형태로 법정에 제출된 것이므로 전문증거에 해당한다. 즉, 피의자신문조서 자체는 신용성과 반대신문이 결여된 전문증거이므로 증거능력이 인정되지 않는다.

직접주의는 법관이 진술을 직접 듣고서 심증을 형성하는 것을 말하는데, 서면을 통해서 심증을 형성하는 것이므로 직접주의의 예외에도 해당한다고 볼 여지가 있다. 그러나 증거능력을 인정하는 것은 조서 자체를 통해서가 아니다. 피고인 등의 법정 진술을 통해서 피의자신문조서에 그 증거능력을 인정하고 심증을 형성하므로 완전한 직접주의의 예외라고는 할 수 없다.

결국 제312조에 의한 피의자신문조서에 대하여 증거능력을 인정하는 것은 신용성이 없는 피의자신문조서에 대해서 일정한 조건을 통하여 그 신용성과 필요성이 인정되는 경우에 예외적으로 증거능력을 인정하는 것이므로 전문법칙의 예외라고 볼 수 있다. 물론 검사와 피고인이 공판정에 출석하고 있기 때문에 필요성의 요건은 그 의미가 줄어든다.

한편, 전문법칙의 예외 (또는 비전문증거) 및 직접주의의 예외로서 대표적인 것은 피고인의 자백 또는 불이익한 진술이다.[52] 그러나 우리나라 형사소송법은 원진술자의 진술 내용(자백 또는 모순 여부)을 따지지 않고 신문조서 일반에 관하여 증거능력을 규정하고 있다는 점에서 다른 입법례와 구별된다.

제3절 · 검사 작성 피의자신문조서 [제312조 제1항, 제2항]

검사 작성 피의자신문조서에 관하여는 형사소송법 제312조 제1항과 제2항에서[53] 살펴볼 수 있다.

---

52) 예컨대 미국 연방증거법상 피고인의 자백은 처음부터 전문증거에 해당하지 않는다.

53) 「제312조: ① 검사가 피고인이 된 피의자의 진술을 기재한 조서는 적법한 절차와 방식에 따라 작성된 것으로서 피고인이 진술한 내용과 동일하게 기재되어 있음이 공판준비 또는 공판기일에서의 피고인의 진술에 의하여 인정되고, 그 조서에 기재된 진술이 특히 신빙할 수 있는 상태하에서 행하여졌음이 증명된 때에 한하여 증거로 할 수 있다. ② 제1항에도 불구하고 피고인이 그 조서의 성립의 진정을 부인하는 경우에는 그 조서에 기재된 진술이 피고인이 진술한 내용과 동일하게 기재되어 있음이 영상녹화물이나 그 밖의 객관적인 방법에 의하여 증명되고, 그 조서에 기재된 진술이 특히 신빙할 수 있는 상태하에서 행하여졌음이 증명된 때에 한하여 증거로 할 수 있다.」

1. 의의

한국 형사소송에서 검사 작성 피의자신문조서는 강력한 증거법적 힘을 가지고 있었다. 일제강점기 시기의 경찰인력을 해방 후에도 활용해야 했던 제정 형사소송법의 입법자는 경찰 작성 피의자신문조서의 증거능력을 대폭 제한하는 선택을 하는 반면, 검사 작성 피의자신문조서에 대해서는 강한 증거능력을 부여하였다.[54] 개정 전의 형사소송법하에서는 피고인이 된 피의자신문조서의 증거능력과 관련하여, 제312조 제1항의 문언이나 입법취지에 비추어 볼 때, 피의자신문조서가 특히 신빙할 수 있는 상태에서 작성된 것이면 진정성립이 부정되는 경우에도 증거능력이 인정된다는 완화요건설(제312조 제1항 단서를 본문에 대한 완화 요건으로 보는 견해)과 제312조 제1항을 목적론적으로 해석하여 피고인이 된 피의자에 대한 피의자신문조서의 중요성에 비추어 증거능력 인정의 요건을 엄격히 한 것으로 보고, 진정성립과 특신상태가 있는 경우에만 증거능력이 있다고 보는 가중요건설(제312조 제1항 단서를 본문에 대한 가중요건으로 보는 견해)의 대립이 있었고,[55] 판례는 가중요건설을 취하고 있었다.[56] 현행 형사소송법은 이러한 판례의 입장과 가중요건설의 입장을 입법화한 것이라고 할 수 있다.[57]

또한 과거 오랫동안 대법원은 검사 작성 피의자신문조서의 증거능력을 판단할 때 '삼단계연속추정'을 적용하였다. 즉, 대법원은 조서의 형식적 진정성립이 인정되면 실질적 진정성립이 추정되고,[58] 실질적 진정성립이 추정되면 '특신성'이 추정된다는 입장을 유지하면서,[59] 나아가 조서에

---

54) 조국, 「검사 작성 피의자신문조서와 영상녹화물의 증거능력」, 『저스티스』, 제107호(2008. 10), 172쪽.

55) 가중요건설에 의하면, 피의자신문조서가 특신상태에서 작성된 것이라도 진정성립이 인정되지 않으면 그 증거능력이 부인된다.

56) 대법원 2004. 12. 16. 선고 2002도537 전원합의체 판결.
「형사소송법 제312조 제1항 본문은 "검사가 피의자나 피의자 아닌 자의 진술을 기재한 조서와 검사 또는 사법경찰관이 검증의 결과를 기재한 조서는 공판준비 또는 공판기일에서의 원진술자의 진술에 의하여 그 성립의 진정함이 인정된 때에 증거로 할 수 있다."라고 규정하고 있는데, 여기서 성립의 진정이라 함은 간인·서명·날인 등 조서의 형식적인 진정성립과 그 조서의 내용이 원진술자가 진술한 대로 기재된 것이라는 실질적인 진정성립을 모두 의미하는 것이고, 위 법문의 문언상 성립의 진정은 '원진술자의 진술에 의하여' 인정되는 방법 외에 다른 방법을 규정하고 있지 아니하므로, 실질적 진정성립도 원진술자의 진술에 의하여서만 인정될 수 있는 것이라고 보아야 하며, 이는 검사 작성의 피고인이 된 피의자신문조서의 경우에도 다르지 않다고 할 것인바, 검사가 피의자나 피의자 아닌 자의 진술을 기재한 조서는 공판준비 또는 공판기일에서 원진술자의 진술에 의하여 형식적 진정성립뿐만 아니라 실질적 진정성립까지 인정된 때에 한하여 비로소 그 성립의 진정함이 인정되어 증거로 사용할 수 있다고 보아야 한다.」

57) 정웅석·백승민, 앞의 책, 641쪽.

58) 대법원 1984. 6. 26. 선고 84도748 판결; 대법원 1998. 6. 9. 선고 98도980 판결; 대법원 1997. 2. 28. 선고 96도3456 판결; 대법원 2000. 6. 27. 선고 99도128 판결; 대법원 2001. 6. 29. 선고 2001도1049 판결 등등.

59) 대법원 1980. 12. 23. 선고 80도2570 판결; 대법원 1982. 6. 8. 선고 82도754 판결; 대법원 1984. 9. 11. 선고 84도1379 판결; 대법원 1986. 11. 25. 선고 83도1718 판결.

기재된 자백의 '임의성'(제309조)까지도 추정되는 것으로까지 나아갔다.[60] 그러나 대법원의 태도에 대한 강력한 학계의 비판 속에서 대법원은 2004년 12월 16일 전원합의체 판결을[61] 통해서 기존의 입장을 변경하였다. 즉, "제312조 제1항의[62] 문언상 성립의 진정은 '원진술자의 진술에 의하여' 인정되는 방법 외에 다른 방법을 규정하고 있지 아니하므로, 실질적 진정성립도 원진술자의 진술에 의하여서만 인정될 수 있는 것이며, 피고인이 공판정에서 검사의 피의자신문조서에 대하여 그 형식적 진정성립을 인정하였다고 하여 곧바로 그 조서의 실질적 진정성립까지 추정된다고 보기는 어렵다."라고 판시하였다. 이에 따라서 피고인이 검찰조사 때 검사가 작성한 피의자신문조서에 서명날인을 했더라도 법정에서 그 조서 내용이 자신의 진술과 다르다고 부인하는 경우에는 증거능력이 인정되지 않게 되었다.[63]

한편, 현행 형사소송법 제312조 제2항은 "제1항에도 불구하고 피고인이 그 조서의 성립의 진정을 부인하는 경우에는 그 조서에 기재된 진술이 피고인이 진술한 내용과 동일하게 기재되어 있음이 영상녹화물이나 그 밖의 객관적인 방법에 의하여 증명되고, 그 조서에 기재된 진술이 특히 신빙할 수 있는 상태하에서 행하여졌음이 증명된 때에 한하여 증거로 할 수 있다."라고 규정하여 실질적 진정성립 및 특신상태의 증명을 통하여 피고인이 된 피의자신문조서의 증거능력을 인정하고 있다.

2. 대상

제312조 제1항과 제2항에 적용 대상은 피고인이 된 피의자에 대한 검사 작성의 피의자신문조서이다. 즉, 검사의 서명날인이 있는 피의자신문조서를 말한다.

---

60) 조국, 앞의 논문, 173쪽.

61) 대법원 2004. 12. 16. 선고 2002도537 전원합의체 판결.
「성립의 진정이라 함은 간인·서명·날인 등 조서의 형식적인 진정성립과 그 조서의 내용이 원진술자가 진술한 대로 기재된 것이라는 실질적인 진정성립을 모두 의미하는 것이고, 위 법문의 문언상 성립의 진정은 '원진술자의 진술에 의하여' 인정되는 방법 외에 다른 방법을 규정하고 있지 아니하므로, 실질적 진정성립도 원진술자의 진술에 의하여서만 인정될 수 있는 것이라고 보아야 하며, 이는 검사 작성의 피고인이 된 피의자신문조서의 경우에도 다르지 않다고 할 것인바, 검사가 피의자나 피의자 아닌 자의 진술을 기재한 조서는 공판준비 또는 공판기일에서 원진술자의 진술에 의하여 형식적 진정성립뿐만 아니라 실질적 진정성립까지 인정된 때에 한하여 비로소 그 성립의 진정함이 인정되어 증거로 사용할 수 있다고 보아야 한다.」

62) 개정되기 전의 제312조 제1항임을 주의할 것.

63) 이러한 상황에서 검찰은 피의자신문조서의 증거능력 확보를 위해서 영상녹화로 눈을 돌리지 않을 수 없었다. 검찰은 2004년 5월 시범운영지침을 마련하고 서울 남부지검 등 전국 10개 검찰청 20개 검사실에서 피의자신문 녹음·녹화를 시범실시하고, 그 후 이를 확대 실시하고 영상녹화물에 대한 독자적 증거능력을 가진 본증으로 인정받아 이것으로 피의자신문조서를 대체하고자 한 것이다.; 조국, 위의 논문, 176쪽.

1) 피의자신문조서 초본

피고인에 대한 검사 작성의 피의자신문조서가 그 내용 중 일부를 가린 채 복사를 한 다음 원본과 상위 없다는 인증을 하여 초본의 형식으로 제출된 피의자신문조서 초본은 피의자신문조서 원본 중 가려진 부분의 내용이 가려지지 않은 부분과 분리 가능하고 당해 공소사실과 관련성이 없는 경우에만, 그 피의자신문조서의 원본이 존재하거나 존재하였을 것, 피의자신문조서의 원본 제출이 불능 또는 곤란한 사정이 있을 것, 원본을 정확하게 전사하였을 것 등, 3가지 요건을 전제로 피고인에 대한 검사 작성의 피의자신문조서 원본과 동일하게 취급할 수 있다.[64)]

2) 피고인에 대한 참고인진술조서와 피의자신문조서

수사기관이 처음에는 참고인으로 조사하여 참고인진술조서를 작성한 후 피의자로 입건하여 피의자신문조서를 받은 다음에 기소하여 피고인이 된 경우에 참고인진술조서의 증거능력을 판단하는 기준이 문제된다.

(1) 제312조 제1항, 제3항 적용설(피의자신문조서로 보는 견해)

이 견해에 의하면, 제312조 제1항과 제4항은 원진술자의 공판정에서의 지위가 피고인인가 증인인가에 따라 분류한 것이므로, 참고인으로 조사받은 사람이 피고인이 되면 자신이 행한 법정외 진술을 증거로 함에 있어 반대신문은 의미가 없으므로 제312조 제1항에 준하여 증거능력을 판단하는 것이 타당하다고 한다.[65)]

(2) 제312조 제4항 적용설(참고인진술조서로 보는 견해)

피의자로 조사를 받으면서, 그 사건에서 작성된 조서는 피의자신문조서로 보지만, 다른 사건에서의 참고인진술이라 하더라도 현재 피고인의 공소사실을 인정하는 증거로 사용하려는 피고인의 진술을 청취한 참고인진술조서는 제312조 제4항에 따라 참고인진술조서로 보아야 한다는 견해이다.[66)]

64) 대법원 2002. 10. 22. 선고 2000도5461 판결.
65) 이현종, 「수사기관 작성 조서의 증거능력」, 『형사재판의 쟁점과 과제』, 사법발전재단(2008), 112쪽.
66) 양동철, 「개정 형사소송법상의 참고인 진술의 증거능력 -참고인진술조서 및 진술서를 중심으로-」, 『법조』, 제58권 제2호(2009), 79쪽.

(3) 소결

피고인에 대하여 이전의 참고인 신분일 때 작성하였던 참고인진술조서는 제3124 제4항에 의하여 증거능력이 판단된다. 현재의 피고인이 피의자였던 경우도 있고 — 대부분이겠지만 —, 참고인 신분으로 소환되어 조사를 받다가 혐의가 구체적으로 증명되면 수사기관은 피의자신분으로 다시 조사하는 경우도 있다. 따라서 수사기관에서 조사를 받을 때에는 당연히 참고인진술조서를 작성하였고, 그 이후에는 피의자신문조서를 작성하였을 것이다.

참고인조사와 피의자신문은 그 방법에 있어서 다음과 같은 차이가 있다.

먼저, 피의자신문의 경우에는 수사기관은 진술거부권과 변호인의 참여 등 조력을 받을 권리가 있음을 피의자에게 사전에 알려주어야 하고, 진술거부권 및 변호인 조력권 고지 등의 확인도 필요하다(형사소송법 제244조의3). 즉, 피의자신문은 요식행위로서 엄격한 수사라고 할 수 있다.[67] 그러나 참고인조사에 대해서는 특별한 그 조사방법에 대한 규정이 존재하지 않는다. 즉, 참고인조사는 자유로운 수사라고 할 수 있다. 그러므로 비록 참고인이었던 자가 피의자 신분으로 변경되어 피고인이 된 경우에도, 참고인진술조서와 피의자신문조서의 성질이 변경되는 것은 아니다.

또한 예컨대 참고인 조사 당시에는 특신상태가 인정되었으나, 피의자신문 당시에는 인정되지 않는 경우도 있을 수 있고, 참고인진술조서에 대해서는 진정성립이 인정되지만 피의자신문조서에 대해서는 그렇지 않는 경우도 있을 수 있다. 따라서 참고인진술조서에 대해서는 제312조의 제4항에 따라서 증거능력이 예외적으로 인정될 수 있고, 피의자신문조서는 제312조 제1항~제3항에 따라서 증거능력이 검토되어야 한다. 특히 형사소송법은 피의자신문조서의 증거능력 인정을 위해서는 적법한 절차를 요구하지만,[68] 참고인진술조서의 경우에는 그러한 문언이 없다.

다만 동일 피고인에 대한 수사 단계에서의 전문서류이므로 증거능력을 확인할 때 중복되는

67) 형사소송법상 피의자에 대한 신문과 관련해서는 제241조(피의자신문), 제242조(피의자신문사항), 제243조(피의자신문과 참여자), 제243조의2(변호인의 참여), 제244조(피의자신문조서의 작성), 제244조의2(피의자진술의 영상녹화), 제244조의3(진술거부권의 고지), 제244조의4(수사 과정의 기록), 제244조의5(장애인 등에 대한 특칙), 제245조(참고인과의 대질), 제245조의2(전문수사자문위원의 참여), 제245조의3(전문수사자문위원 지정) 등의 규정이 있다.

68) 대법원 2013. 3. 28. 선고 2010도3359 판결.
「헌법 제12조 제2항, 형사소송법 제244조의3 제1항, 제2항, 제312조 제3항에 비추어 보면, 비록 사법경찰관이 피의자에게 진술거부권을 행사할 수 있음을 알려 주고 그 행사 여부를 질문하였다 하더라도, 형사소송법 제244조의3 제2항에 규정한 방식에 위반하여 진술거부권 행사 여부에 대한 피의자의 답변이 자필로 기재되어 있지 아니하거나 그 답변 부분에 피의자의 기명날인 또는 서명이 되어 있지 아니한 사법경찰관 작성의 피의자신문조서는 특별한 사정이 없는 한 형사소송법 제312조 제3항에서 정한 '적법한 절차와 방식'에 따라 작성된 조서라 할 수 없으므로 그 증거능력을 인정할 수 없다.」

부분 — 예컨대 진정성립, 특신상태 등 — 에 대해서는 재판장의 합리적인 공판의 진행을 통해서 해결할 수 있을 것이다.

3. 작성 주체

제312조 제1항에 의하여 증거능력이 인정되려면 피의자신문조서가 검사에 의해 작성된 것이어야 한다.

1) 사법연수생인 검사직무대리

사법연수생인 검사직무대리가 검찰총장으로부터 명받은 범위 내에서 법원조직법에 의한 합의부의 심판사건에 해당하지 아니하는 사건에 관하여 검사의 직무를 대리하여 피고인에 대한 피의자신문조서를 작성할 경우, 그 피의자신문조서는 형사소송법 제312조 제1항의 요건을 갖추고 있는 한 당해 지방검찰청 또는 지청 검사가 작성한 피의자신문조서와 마찬가지로 그 증거능력이 인정된다.[69] 이때 검찰청법 제32조 제3항에 의하여 검사직무대리가 처리하지 못하는 '법원조직법에 따른 합의부의 심판사건'은 검사직무대리가 처리할 당시 법원조직법 등 법률 자체로 합의부의 심판사건에 해당하는 사건을 의미하고, 검사직무대리가 처리할 당시에는 법원조직법에 의하더라도 단독 판사에게 심판권이 있는 사건인데도 공소가 제기된 후에 합의부의 결정에 따라 비로소 합의부 심판사건으로 되는 재정합의사건과 같은 사건은 특별한 사정이 없는 한, 여기에서 제외된다고 보아야 한다.[70]

2) 검찰주사

(1) 검사가 검찰주사의 조사 직후 피의자에게 개괄적으로 질문한 경우

검찰주사가 검사의 지시에 따라 검사가 참석하지 않은 상태에서 피의자를 신문하여 작성하고 검사는 피고인을 직접·개별적으로 신문한 것이 아니고 검찰주사의 조사 직후 피의자에게 개괄적으로 질문하였을 뿐인 경우에는 비록 검사의 서명날인이 있다고 하더라도 제312조 제1항의 검사 작성의 피의자신문조서에 해당하지 않는다.[71]

---

69) 대법원 2010. 4. 15. 선고 2010도1107 판결.
70) 대법원 2012. 6. 28. 선고 2012도3927 판결.
71) 대법원 2003. 10. 9. 선고 2002도4372 판결.

(2) 검사가 전반적 핵심 사항을 질문한 경우

검사가 피의사실에 관하여 전반적 핵심적 사항을 질문하고 이를 토대로 그 신문에 참여한 검찰주사보가 직접 문답하여 피의자신문조서를 작성함에 있어 검사가 신문한 사항 중에 다소 불분명한 사항이나 또는 보조적 사항(행위일시, 장소 등)에 관하여 피의자에게 직접 질문하여 이를 조서에 기재하였다 하여도 참여주사보가 문답할 때 검사가 동석하여 이를 지켜보면서 문제점이 있을 때에는 재차 직접 묻고 참여주사보가 조서에 기재하고, 조서 작성 후에는 검사가 이를 검토하여 검사의 신문 결과와 일치한다고 인정하여 서명날인하였다면 참여주사보가 불분명 또는 보조적 사항을 직접 질문하여 기재하였다 하여 이를 검사 작성의 피의자신문조서가 아니라고는 볼 수 없다.[72]

3) 검찰 송치 전, 검사가 경찰서에서 피의자신문조서를 작성한 경우

이에 대해서는 검사가 피의자신문조서를 작성하였다는 사정만으로 전문법칙의 예외를 인정할 수 있는 신용성과 필요성이 충족되었다고 볼 수는 없으며, 신용성이라는 관점에서 보면 작성 주체뿐만 아니라 작성단계도 중요한 의미를 가지고 있다는 점에서 제312조 제1항이 적용되지 않는다는 견해도[73] 있다.

판례도 "사건이 검찰에 송치되기 전에 피의자의 자백의사가 번복될 것을 우려하여 검사가 사법경찰관의 요청에 따라 경찰서에서 피의자신문조서를 작성한 경우에는 그렇게 했어야 할 특별한 사정이 보이지 않는 한 제312조 제1항이 적용되지 않는다."라고[74] 하여 같은 입장에 있다.

검사가 주체가 되어 작성한 피의자신문조서는 당연히 검사 작성의 피의자신문조서이다. 아직 검찰 송치 전의 단계이고 장소가 경찰서라고 하더라도, 수사에 있어서 검사는 사법경찰관에 대한 지휘자의 입장에 있기 때문에 검사의 지휘하에서 작성된 피의자신문조서로서 신문을 전체적으로 주도한 사람은 검사이기 때문이다. 결국 제312조 제1항이 적용될 수 있다.[75]

---

72) 대법원 1984. 7. 10. 선고 84도846 판결.
73) 임동규, 『형사소송법』, 법문사(2012), 503쪽.
74) 대법원 1994. 8. 9. 선고 94도1228 판결.
75) 같은 견해는 이재상, 앞의 책, 40/4 ; 정웅석·백승민, 앞의 책, 650쪽 참조.

4. 원진술자인 피고인의 진술

1) 피고인이 된 피의자의 의미

제312조 제1항은 피고인이 된 피의자의 조서에 적용된다. 따라서 원진술자는 피고인이 된 피의자이다. 이때 피고인이 된 피의자는 당해 사건에서의 피의자를 말함은 당연하다. 문제는 공범 또는 공동피고인이 피고인이 된 피의자에 해당하는지의 문제이다. 만약 해당한다고 보는 경우에는 제312조 제1항에 의해서, 해당하지 않는다고 보는 경우에는 제312조 제4항에 의하여 그 증거능력 여부가 결정되기 때문이다.

2) 공범자에 대한 피의자신문조서

이 경우에 주로 문제되는 것은 공동피고인이 아닌 공범의 경우이다. 물론 공범이 공동피고인이 아닌 경우는 드물지만, 공범이 서로 다른 법원에서 심리를 받는 경우도 있다.[76] 예컨대 갑과 을이 함께 특수절도를 한 후에 체포되어 공동피의자로 함께 피의자신문을 받은 후에, 을이 도주하자 검사가 먼저 갑만을 기소하여 재판을 하고 그 재판이 확정된 후에 을이 체포되어 재판을 받는 경우이다.

공범자의 피의자신문조서가 다른 공범자에 대하여 증거로 사용하기 위하여 원진술자인 공범이 피고인에 대한 현재의 공판절차에 증인으로 출석하여 진술해야 하느냐, 아니면 공범 자신에 대하여 이미 진행된 공판절차에서 진정성립을 진술해 놓았으면 그것으로 족한지 여부가 문제된다.[77]

공범이 공동피고인이 아닌 경우는 형식적으로나 실질적으로 별개의 재판이 진행되고 있는 상황이다. 따라서 각 공범의 피의자신문조서에 대한 증거능력 인정 여부는 각자의 재판에서 증거능력 요건을 충족하고 있는지를 검토하여야 할 것이다. 예컨대 위 특수절도의 사례에서 갑이 자신의 재판에서 자신에 대한 피의자신문조서에 대하여 동의하였더라도, 갑의 피의자신문조서가 바로 을에 대한 증거능력이 인정되지는 않는다. 따라서 이 경우에는 을의 재판에서 원진술자인 갑이 출석하여 자신의 피의자신문조서에 대하여 진정성립을 인정하고 또 갑에 대하여 을—현재 재판을 받고 있는—이 반대신문을 할 수 있었을 때에 비로소 갑의 피의자신문조서를 을에 대한 유죄의

76) 한편, 공범이 공동피고인이 아닌 경우에는 흔히 공범이 공판정에서 진술할 수 없어서 형사소송법 제314조가 적용 여부가 문제될 수 있다. ; 윤동호, 앞의 논문, 208쪽.

77) 정웅석, 「개정법상 공범자의 법정외 진술의 증거능력」, 『저스티스』, 제107호(2008. 10), 160쪽.

증거로 사용할 수 있다(형사소송법 제312조 제4항).[78] 결국 피고인이 되지 않은 공범자에 대한 피의자신문조서는 제312조 제4항에 의하여 증거능력을 판단하게 된다.[79]

대법원도 "공범이나 제삼자에 대한 검사 작성의 피의자신문조서등본이 증거로 제출된 경우 피고인이 위 공범 등에 대한 피의자신문조서를 증거로 함에 동의하지 않는 이상, 원진술자인 공범이나 제삼자가 각기 자신에 대한 공판절차나 다른 공범에 대한 형사공판의 증인신문 절차에서 위 수사 서류의 진정성립을 인정해 놓은 것만으로는 증거능력을 부여할 수 없고, 반드시 공범이나 제삼자가 현재의 사건에 증인으로 출석하여 그 서류의 성립의 진정을 인정하여야 증거능력이 인정된다."라고 판시하고 있다.[80]

3) 공동피고인에 대한 피의자신문조서

(1) 의의

문제는 공동피고인이 피고인이 된 피의자에 해당하는가의 여부이다. 공범(갑)과 다른 공범(을)이 공동피고인으로서 공소 제기되었는데, 공동피고인(갑)이 검사의 수사를 받을 때 함께 범죄를 저질렀다고 자백하여 그 자백 진술이 피의자신문조서의 형태로 을의 피고사건의 공판정에 제출된 경우에, 그 조서를 유죄 인정을 위한 증거로 사용할 수 있는가 하는 것이다.

(2) 견해

이에 대하여 공동피고인도 포함된다는 견해와 포함되지 않는다는 견해로 대별된다.

공동피고인이 '피고인이 된 피의자'에 포함된다는 견해, 즉 제312조 제1항설은 공동피고인이 진정성립을 인정한 경우에는 피고인에게도 증거능력이 인정된다고 본다.[81), 82)] 이 견해에서는 공동피고인이 진정성립을 인정하는 경우에는 조문의 위치만 다를 뿐 실질적으로 큰 차이가 없다고

---

78) 물론 이 경우에 갑이 출석할 수 없는 경우에는 제314조의 적용 여부가 검토될 수 있을 것이다.

79) 신동운, 앞의 책, 912쪽 ; 임동규, 앞의 책, 506쪽.

80) 대법원 1999. 10. 8. 선고 99도3063 판결.

81) 정웅석, 앞의 논문, 152쪽.

82) 한편, 일본 형사소송법은 제311조 제3항에서 공동피고인이 다른 공동피고인에게 반대신문할 수 있는 권리를 명시적으로 인정하고 있다(미츠이 마코토(酒券匡) 저, 『입문 일본형사수속법』, 신동운 역, 법문사(2003), 480쪽). ; 일본 형사소송법 제311조(피고인의 묵비권 및 임의의 진술)에는 다음과 같은 내용이 기술되어 있다.
「① 피고인은 시종 침묵하거나 개개의 질문에 대하여 공술(공술)을 거부할 수 있다. ② 피고인이 임의로 공술을 하는 경우에는 재판장은 언제라도 필요한 사항에 대하여 피고인의 공술을 구할 수 있다. ③ 배석재판관, 검찰관, 변호인, 공동피고인 또는 그의 변호인은 재판장에게 알리고 전항의 공술을 구할 수 있다.」

하더라도 공동피고인이 진정성립을 부인하는 경우에는 큰 차이가 난다고 한다. 왜냐하면 을이 진정성립을 부인하는 경우에도 형사소송법 제312조 제4항에 따라 특신상태 및 그 공동피고인에 대한 반대신문을 전제로 영상녹화물 또는 그 밖의 객관적인 방법에 의하여 수사당시 진술의 진정성립을 '증명'하는 경우에 다른 공동피고인(갑)에게도 증거능력이 인정된다고 본다면, 피고인의 자백에 공범자의 자백이 포함되지 않는다는 보강증거불요설에 따라 공범자(을)의 진술이 다른 공동피고인(갑)에 대한 보강증거로 인정되어 유죄 판결이 가능해지기 때문이라는 점, 더욱이 이러한 결론은 사실상 개정 형사소송법 제312조 제2항으로 전이되는 결과를 초래하므로 갑과 을이 공동피고인이 되지 않은 경우와 비교해 볼 때, 형사소송법 제312조 제1항에 따라 해결하는 것이 타당하다고 한다.[83)]

공동피고인이 '피고인이 된 피의자'에 포함된다는 견해는 형사소송법 제312조 제1항과 제2항이 검사 작성의 피의자신문조서의 증거능력을 규정한 것이 아니라, 피고인이 된 피의자의 진술이 기재된 조서의 증거능력을 규정하고 있으므로, 공범자나 공동피고인에 대한 피의자신문조서에 대하여는 개정 형사소송법 제312조 제1항과 제2항이 적용될 여지가 없다는 것이다.[84)] 또한 "개정법은 공동피고인에 대한 검사 작성의 피의자신문조서도 제312조에 따라 증거능력이 인정되는 것이 아니라, 이를 참고인진술조서로 취급하여 제312조 제4항에 따라 증거능력을 인정함으로써 다른 공동피고인의 반대신문권을 강화하였고"라고 설명하는 견해도 긍정설의 입장이다.[85)]

---

83) 정웅석, 앞의 논문, 151쪽. ; 한편, 정웅석 교수는 다음과 같이 주장하였다. 대법원 판례의 입장은 개정 전 형사소송법 제312조 제1항의 해석상 논리적으로 당연하다고 볼 수도 있으나, 이렇게 해석한다면 공동피고인의 법정 진술과 비교하여 피고인의 반대신문권의 보장이라는 측면에서 오히려 검사 작성의 피의자신문조서에 더 쉽게 증거능력이 부여되는 문제점이 생긴다. 즉, 대법원 판례가 공동피고인의 공판정 자백의 증거능력에 관해서는 피고인의 공동피고인에 대한 반대신문권이 보장되어 있다는 점을 증거능력을 인정하는 이유로 내세우면서 공동피고인의 검찰 자백의 증거능력에 관해서는 피고인의 공동피고인에 대한 반대신문을 거치지 않아도 증거능력이 인정된다는 견해를 취하는 것은 중대한 모순이기 때문이다. 따라서 공동피고인을 개정 형사소송법 제312조 제1항의 "피고인이 된 피의자에 포함시킨다고 하더라도 공동피고인에 대한 상피고인의 반대신문권을 보장하는 것이 타당하다고 본다."라고 하여 반대신문권의 보장을 추가로 요구하고 있다. ; 정웅석, 「개정법상 공범자의 법정외 진술의 증거능력」, 『저스티스』, 제107호(2008. 10), 152쪽.

84) 이재상, 앞의 책, 40/40 ; 신동운, 앞의 책, 912쪽.

85) 개정법은 "공동피고인에 대한 검사 작성의 피의자신문조서도 제312조에 따라 증거능력이 인정되는 것이 아니라, 이를 참고인진술조서로 취급하여 제312조 제4항에 따라 증거능력을 인정함으로써 다른 공동피고인의 반대신문권을 강화하였고"라고 설명함으로써 후자의 입장을 취지로 삼았다. ; 법원행정처, 『형사소송법 개정법률 해설』(2007), 135쪽.

(3) 소결

현행 규정의 문리해석상 제312조 제1항과 제2항에서의 원진술자는 (당해 사건의) 피고인이 된 피의자이므로 여기에 공동피고인 — 공범 여부를 불문하고 — 은 포함되지 않는다. 따라서 갑과 을이 공동피고인인 경우에 을에 대한 검사 작성의 피의자신문조서는 을이 진정성립을 인정하지 않는다면, 갑이 을의 피의자신문조서에 대하여 진정성립을 인정하더라도 갑에게는 적용되지 않는다.

제312조 제1항 적용설에서는 보강증거불요설에 따라 공범자(을)의 진술이 다른 공동피고인(갑)에 대한 보강증거로 인정되어 유죄 판결이 가능해진다고 설명한다. 그러나 유죄 판결이 가능한 것은 법관의 자유심증에 따른 결과이며, 공범자(공동피고인)의 자백이 피고인의 자백에 해당하는가의 문제와 제312조 제1항에서의 피고인이 된 피의자의 자백의 해석론이 반드시 관련되어야 하는 것도 아니다.

결국 다음과 같이 정리할 수 있다.

① 형사소송법 제312조 제1항·제2항은 검사 작성의 피의자신문조서가 아니라 피고인이 된 피의자의 진술이 기재된 조서의 증거능력을 규정하고 있다. 따라서 피고인이 되지 아니한 공범자 및 공동피고인에 대한 검사 작성 피의자신문조서는 제312조 제1항이 아니라 제312조 제4항에 의하여 증거능력을 판단하게 된다.

② 따라서 피고인 갑이 공동피고인 을에 대한 피의자신문조서를 증거로 함에 동의하지 않는 경우에는 공동피고인 을을 증인으로 신문하여 을에 의하여 피의자신문조서의 진정성립이 인정되어야 피고인 갑에게도 증거능력이 인정된다. 피고인 갑의 반대신문권을 보장하기 위함이다.[86) 예컨대 갑이 훔친 자동차를 병이 장물임을 알고서 취득하였다면 갑과 병은 공범은 아니지만, 공동피고인이 될 수 있다. 이때 갑이 공판정에서 절취 사실을 부인하고 있는 경우에, 병이 검사에게 자백한 피의자신문조서를 증거로 제출하더라도 갑이 이에 동의하지 않는다면, 원진술자인 병이 실질적 진정성립을 인정하고, 갑 또는 변호인이 병을 반대신문할 수 있는 경우에 병에 대한 피의자신문조서는 갑에 대한 절도의 유죄의 증거로 사용할 수 있다.

③ 판례도 공동피고인인 절도범과 그 장물범은 서로 다른 공동피고인의 범죄 사실에 관하여는 증인의 지위에 있다 할 것이므로, 피고인이 증거로 함에 동의한 바 없는 공동피고인에 대한

86) 임동규, 앞의 책, 507쪽.

피의자신문조서는 공동피고인의 증언에 의하여 그 진정성립이 인정되지 않는 한, 피고인의 공소범죄 사실을 인정하는 증거로 할 수 없다는 입장이다.[87)]

4) 제312조 제4항의 적용과 반대신문의 방법

제312조 제4항은 피고인이 상피고인 — 즉, 공동피고인 — 에 대하여 반대신문을 할 것을 요건으로 하고 있다. 이때 반대신문은 실질적으로는 (공동)피고인에게 다툼의 기회를 갖도록 한다는 의미라고 할 수 있다.[88)] 이때 반대신문을 함에 있어서 증인신문의 기회에서 하여야 하는지가 문제된다.

공범인 공동피고인(갑)이 진술거부권을 행사하면 (공동)피고인(을)이 그 자백의 진실성 여부에 대한 충실한 다툼을 할 수 없으므로, 이 경우에는 변론을 분리하여 공동피고인(갑)을 증인으로 세워 신문할 필요가 있다. 그러나 공범인 공동피고인이 진술거부권을 행사하지 아니하고 공판정에서 자백한 경우에는 그 자백은 증거능력이 인정되므로 이러한 경우에는 굳이 증인신문을 요하지 아니한다.[89)] 즉, 공범인 공동피고인의 경우 — 진술거부권을 행사하는 경우 — 에는 증인적격이 인정되지 않으므로 변론을 분리하여 증인의 지위를 부여한 다음에 반대신문을 하는 것이 타당하다.[90)] 그러나 공범이 진술거부권을 행사하지 않거나[91)] 공범이 아닌 공동피고인의 경우에는 상피고인은 서로 증인의 지위에 있다고 할 수 있다. 따라서 변론의 분리 없이 반대신문을 할 수 있다.

---

87) 대법원 2006. 1. 12. 선고 2005도7601 판결.

88) 이것은 광의의 의미에서는 공동피고인의 진술의 증거능력과 관련한 것으로서 크게 두 가지의 문제가 제기된다. 하나는, 그 진술에 대해 (공동)피고인이 다툼, 곧 반대신문의 기회를 갖도록 할 것인지 여부와 그 방법, 곧 변론을 분리하여 증인신문 절차를 거칠 것인지 여부이다. 다른 하나는, 공동피고인의 진술을 얻기 위해서는 반드시 증인신문 절차를 거치도록 함으로써 증언을 강제하고 그 진실성을 담보할 수 있도록 할 필요가 있는 경우가 어떤 경우인지이다. ; 윤동호, 앞의 논문, 198쪽.

89) 임동규, 앞의 책, 615쪽.

90) 그런데 공동피고인의 이중적 지위를 변론의 분리를 통해 인위적으로 분리한다고 해서, 또 실질적으로 분리되고, 그래서 충실한 반대신문이 이루어질지는 의문이라는 견해도 있다. 이 견해에서는 형사소송법 제148조에 따라 증인은 자신이 형사책임을 질 수 있는 사항에 관해 증언거부권을 행사할 수 있기 때문에 변론의 분리는 오히려 진술거부권에 대한 우회적 침해라고 한다. 따라서 아예 일본처럼 (공동)피고인이 공동피고인을 신문할 수 있는 권리를 형사소송법에 규정함으로써, 공범인 공동피고인의 경우에 진술거부권과 증언의무가 충돌하는 문제를 직접적으로 노출시켜 사안에 따라 달리 판단할 필요가 있다고 한다. ; 윤동호, 앞의 논문, 199쪽.

91) 이 경우에는 공범의 법정 진술은 증거능력이 있으므로.

5. 증거능력 인정 요건

현행 형사소송법은 검사 작성 피의자신문조서의 증거능력을 인정하기 위해서 조서가 "적법한 절차와 방식에 따라 작성"될 것을 명시적으로 규정함으로써 적법절차를 강조하였다. 또한 형식적 진정성립과 실질적 진정성립을 명확히 구별하여 규정하고, 특신상태는 별도의 '가중요건'으로 규정함으로써 증거능력의 요건이[92] 한편으로 강화되었다고 할 수 있다.[93] 그러나 다른 한편으로 조서의 진정성립을 인정하는 방법으로 원진술자의 진술 이외에 "영상녹화물이나 그 밖의 객관적인 방법"이라는 우회적인 방법을 열어 놓음으로 인해서 하여 구법에 비하여 증거능력 인정의 요건이 완화되었다고 평가할 수도 있다.

한편, 현행 형사소송법이 지향하는 공판중심주의에 비추어 볼 때 검사 작성 피의자신문조서에 증거능력을 부여하기 위한 요건은 엄격해석해야 하며, 입법론적으로는 우선 증거능력의 허용기준을 보다 개별적·구체적으로 명시함으로써 검사 작성 피의자신문조서에 증거능력이 부여되는 범위를 대폭 축소해야 할 것이며, 종국적으로는 증거능력 자체를 배제해야 한다는 견해도 있다.[94]

1) 적법한 절차와 방식

(1) 의의

전문증거인 검사 작성의 피의자신문조서가 제312조에 의하여 증거능력이 인정되려면 우선

---

92) 검사 작성의 피의자신문조서에 대해서 피고인이 증거로 함에 동의하는 경우에는 전문법칙의 예외를 검토할 필요가 없다. 피고인이 부동의하는 경우에 비로소 전문법칙의 예외가 검토되며, 이 경우에 검사는 피고인이 부동의한 피의자신문조서를 증거로 신청하고 법원은 증거능력 인정 여부를 위한 증거조사를 실시하게 된다. 그리고 만약 증거능력 인정의 요건에 충족하지 않는 경우에는 증거신청은 기각되고, 법원은 피의자신문조서를 검사에게 반환하여야 한다. 그러나 요건을 충족하는 경우에는 증거능력이 인정되고 이어서 증명력 판단을 위한 증거조사의 단계—즉, 엄격한 증명을 위한 조사—에 넘어가게 된다. 물론 이 경우에 증거능력이 인정되는 피의자신문조서를 유죄의 증거로 취하는 것과 그에 대하여 증명력을 부여하는 것은 전적으로 법관의 자유심증에 해당한다.

93) 한편, 개정법 제312조 제1항은 "검사가 피고인이 된 피의자의 진술을 기재한 조서는 적법한 절차와 방식에 따라 작성된 것으로서 피고인이 진술한 내용과 동일하게 기재되어 있음이 공판준비 또는 공판기일에서의 피고인의 진술에 의하여 인정되고, 그 조서에 기재된 진술이 특히 신빙할 수 있는 상태하에서 행하여졌음이 증명된 때에 한하여 증거로 할 수 있다."라고 규정하고 있는데, 이는 종래 판례의 입장인 가중요건설을 입법화한 것으로 볼 수 있는 반면, 동 조 제2항은 "제1항에도 불구하고 피고인이 그 조서의 성립의 진정을 부인하는 경우에는 그 조서에 기재된 진술이 피고인이 진술한 내용과 동일하게 기재되어 있음이 영상녹화물 기타 객관적인 방법에 의하여 증명되고, 그 조서에 기재된 진술이 특히 신빙할 수 있는 상태하에서 행하여졌음이 증명된 때에 한하여 증거로 할 수 있다."라고 규정함으로써 실질적 진정성립 및 특신상태의 증명을 통하여 피고인이 된 피의자신문조서의 증거능력을 완화하고 있다고 설명하는 견해는 정웅석, 앞의 논문, 149쪽 참조.

94) 신동운, 앞의 책, 927쪽.

그 피의자신문조서가 적법한 절차와 방식에 따라 작성된 것이어야 한다. 적법한 절차와 방식은 조서의 형식적 진정성립을 포함하는 넓은 개념으로서,[95] 종래의 규정이 형식적 진정성립이라는 소극적 태도를 취하고 있었다면 현행 규정은 형식적 진정성립을 넘어서 적극적으로 조서 작성의 실질적 적법성까지 요구하고 있다.

적법절차의 요구는 궁극적으로는 실체적 정의뿐만 아니라 형사소송이 지향하는 절차적 정의 관점을 구체화한 것이라고 볼 수 있으며, '적법한 절차와 방식'이라 함은 피의자에 대한 조서 작성 과정에서 지켜야 할 진술거부권의 고지 등 형사소송법이 정한 제반 절차를 준수하고 조서의 작성 방식에도 어긋남이 없어야 한다는 것을 의미한다.[96]

(2) 기명·날인의 적법성(형식적 진정성립)

형식적 진정성립은 조서에 기재된 서명날인 등이 진술자의 것이 틀림없다는 원진술자의 진술을 말한다. 형사소송법은 피의자신문조서의 작성 방법을 규정하고 있다(제244조). 따라서 피의자신문조서에는 피의자가 검사 작성 피의자신문조서를 열람하거나 읽어 본 후에 조서에 간인한 후 기명날인 또는 서명하여야 한다(동 조 제3항). 피의자신문조서는 일종의 진술녹취서에 해당한다. 진술녹취서는 진술청취자의 진술서로서 재전문의 성격을 지니고 있으나 원진술자가 녹취의 정확을 확인하고 (원진술자의 승인) 그에 서명·날인을 하면 녹취자의 진술 과정에는 아무런 문제가 없는 것으로 취급되어 원진술자의 진술서와 꼭 같이 인정할 수 있다는 것이 원진술자의 서명·날인을 요구하는 근거이다.[97] 원진술자의 서명만 있고 날인이 없거나,[98] 원진술자의 날인만 있고 서명이 없는 경우에도 피의자신문조서는 증거능력이 없다.

또한 검사 작성의 피의자신문조서에는 검사의 기명날인 또는 서명이 있어야 한다(제57조 제1항). 진술자인 피고인과 참여자인 검찰주사보의 기명날인이나 서명이 되어 있을 뿐, 작성자인 검사의 기명날인이나 서명이 누락된 경우에는 증거능력이 없다.[99], [100]

---

95) 임동규, 앞의 책, 503쪽.
96) 대법원 2012. 5. 24. 선고 2011도7757 판결 참조.
97) 곽종석, 「사진·녹음테이프의 증거능력」, 『형사증거법 (하)』(재판자료집 제23집), 법원행정처(1994), 458쪽.
98) 대법원 1999. 4. 13. 선고 99도237 판결.
99) 신동운, 앞의 책, 916쪽.
100) 한편, 조서 작성자의 서명·날인은 조서의 효력에 관한 문제로서 증거능력과는 관계가 없다는 견해는 임동규, 앞의 책, 504쪽 참조.

(3) 신문 절차의 적법성

피의자 확인 절차(제241조), 신문사항(제242조), 참여자 보장(제243조), 변호인의 참여(제243조의2), 조서의 작성 절차(제244조), 진술거부권의 고지(제244조의3), 수사 과정의 기록(제244조의4), 장애인 등 특별히 보호를 요하는 자에 대한 특칙(제244조의5) 등의[101] 절차가 준수되어야 한다.[102]

형사소송법이 보장하는 피의자의 진술거부권은 헌법이 보장하는 형사상 자기에게 불리한 진술을 강요당하지 않는 자기부죄거부권에 터 잡은 것이므로, 수사기관이 피의자를 신문함에 있어서 피의자에게 미리 진술거부권을 고지하지 않은 때에는 그 피의자의 진술은 위법하게 수집된 증거로서 진술의 임의성이 인정되는 경우라도 증거능력이 부인되어야 한다.[103]

검찰에서의 피의자신문 영상녹화 조사내용에 대한 각 속기록 작성 보고는 그 실질이 검찰 작성 피의자신문조서 및 검찰 작성 진술조서와 같다. 따라서 원진술자인 피고인의 서명날인이 없으면 형식적 진정성립이 인정되지 아니하여 증거능력이 인정되지 않는다.[104]

(4) 작성의 적법성의 입증

피고인이 조서 작성의 적법성을 다투는 경우에도 영상녹화물이나 그 밖의 객관적인 방법에 의해서 증명할 수 있다는 견해도 있다.[105] 이에 따르면, 실질적 진정성립에 대해서만 대체적 입증방법을 허용하면서 형식적 진정성립을 포함하는 사유에 대해 대체적 입증방법을 허용하지 않을 이유는 없다고 한다. 따라서 피고인이 서명이나 무인의 진정성립을 부인하는 경우에는 영상녹화물에 의한 확인은 물론 감정이나 서명에 의한 필적 감정 등의 객관적 방법으로 조서 작성의 적법성을 증명할 수 있다고 한다.

그러나 적법한 절차와 방식은 소송법적 사실로서 진정성립과 달리 '영상녹화물 기타 객관적인 방법'에 의하여 증명될 것을 요구하는 제한 규정이 없고, 또한 조서 작성의 적법성의 주장은 대부분 위법수집증거배제법칙에 의해서 증거능력이 제한될 수 있으므로 자유로운 증명으로 족하

---

101) 사법발전재단, 『형사재판의 쟁점과 과제』(2008), 117쪽.

102) 한편, 피의자신문조서 작성의 적법요건과 피의자신문 절차의 적법 요건은 이를 구별하여야 한다는 견해에 의하면, 예컨대 피의자신문 시 진술거부권의 고지(제244조의3)는 피의자신문 절차의 적법 요건이지 피의자신문조서 작성의 적법 요건이 아니라고 한다(백형구, 「검사 작성 피의자신문조서와 피해자진술조서의 증거능력 -개정 형사소송법의 해설을 중심으로-」, 『고시계』, 제52권 제12호(2007. 12), 48쪽).

103) 대법원 2009. 8. 20. 선고 2008도8213 판결.

104) 대법원 2010. 5. 27. 선고 2010도1755 판결.

105) 신동운, 앞의 책, 917쪽.

다.[106] 물론 자유로운 증명의 방법으로 감정이나 필적 감정 등의 방법이 사용될 수 있음은 물론이다.

2) 진정성립

(1) 의의

조서의 내용이 원진술자인 피고인이 피의자신문 당시에 진술한 내용과 동일하다는 것 — 즉, 진술한 대로 기재되어 있음 — 이 피고인의 공판정 진술 또는 영상녹화물이나 그 밖의 객관적인 방법에 의하여 증명되어야 한다.[107] 내용이 동일하다는 것은 적극적으로 진술한 내용이 그 진술대로 기재되어 있어야 한다는 것뿐 아니라 진술하지 아니한 내용이 진술한 것처럼 기재되어 있지 아니할 것을 포함하는 의미이다.[108]

수사기관이 작성한 조서의 내용이 원진술자가 진술한 대로 기재된 것이라 함은 조서 작성 당시 원진술자의 진술대로 기재되었는지의 여부만을 의미하는 것으로, 그와 같이 진술하게 된 연유나 그 진술의 신빙성 여부는 고려할 것이 아니다.[109] 또한 피고인이 된 피의자의 진술을 기재한 검사 작성의 피의자신문조서가 그 실질적 진정성립이 인정되지 아니한다면 그 조서에 기재된 피고인의 진술이 특히 신빙할 수 있는 상태하에서 행해졌다고 하더라도 이를 증거로 사용할 수 없다.[110]

검사가 피의자나 피의자 아닌 자의 진술을 기재한 조서 중 일부에 관하여만 원진술자가 공판준비 또는 공판기일에서 실질적 진정성립을 인정하는 경우에는, 법원은 당해 조서 중 어느 부분이 원진술자가 진술한 대로 기재되어 있고 어느 부분이 달리 기재되어 있는지 여부를 구체적으로 심리하여야 한다. 그리고 진술한 대로 기재되어 있다고 하는 부분에 한하여 증거능력을 인정하여야 하고, 그 밖에 실질적 진정성립이 부정되는 부분에 대해서는 증거능력을 부정하여야 한다.[111]

피고인이 진술한 내용과 조서의 기재 내용은 요증사실과 관련된 진술 내용의 중요부분이 일치하여 다른 의미로 해석될 여지가 없는 정도로 일치하면 족하다. 따라서 세세한 지엽말단까지 일치하여야 하는 것은 아니다.

---

106) 안승진, 앞의 논문, 350쪽.

107) 예컨대 검사가 증거능력 확인을 위한 증거조사를 위해서 피의자신문조서를 보여 주면, 피고인이 피고인석에 앉아서 그 내용을 본 후 자신이 검사에게 신문을 받을 때 "제가 먼저 병으로부터 발로 차이고 나서, 제가 병을 두 번 주먹으로 때렸습니다."라고 말했는데, 피의자신문조서를 보니까 "제가 말한 그대로 작성되어 있습니다."라고 진술하는 것이다.

108) 대법원 2013. 3. 14. 선고 2011도8325 판결.

109) 대법원 2005. 6. 10. 선고 2005도1849 판결.

110) 대법원 2007. 1. 25. 선고 2006도7342 판결.

111) 대법원 2008. 6. 12. 선고 2007도7671 판결 ; 대법원 2013. 3. 14. 선고 2011도8325 판결.

(2) 내용의 인정과 구별

진정성립은 기재 내용이 검사로부터 신문을 받을 때 진술한 내용과 동일하다는 것으로서, 조서에 기재된 내용이 사실로서 진실과 부합한다는 것을 의미하는 내용의 인정과 구별된다. 만약 피의자가 진술한 대로 조서에 기재되기는 하였지만 피의자가 당시에는 사실대로 진술한 것이 아니라고 주장하는 경우에는 실질적 진정성립은 인정하지만 내용은 인정하지 않는 것이다.[112)]

진정성립과 관련한 판례

대법원 2013. 3. 14. 선고 2011도8325 판결

기록에 의하면, 피고인은 제1심 제1회 공판기일에서 이 사건 공소사실 기재와 같은 범행을 한 적이 없다는 취지로 범행을 부인한 이래 이를 번복한 적이 없는 사실, 피고인의 제1심 변호인이 제1회 공판기일 후 제출한 증거인부서에는 이 사건 피의자신문조서에 대하여 "형식적 진정성립, 임의성 각 인정, 입증 취지 부인"이라고 되어 있고, 제1심 법원은 그 후 제4회 공판기일에서 이 사건 피의자신문조서에 대하여 증거조사를 하였는데, 그 기일의 공판조서의 일부인 증거목록의 증거의견란에는 "성립 및 임의성"을 인정한 경우를 나타내는 부호인 "○" 표시만이 되어 있는 사실, 피고인이나 변호인이 이 사건 피의자신문조서에 대한 증거조사가 완료된 위 제4회 공판기일에 이르기까지 이 사건 피의자신문조서의 실질적 진정성립을 명시적으로 인정하거나 부인하는 취지의 진술을 따로 한 바는 없는 것으로 보이고, 또한 원심이 인정한 것처럼 증거로 함에 동의하는 진술을 한 흔적도 전혀 없는 사실, 피고인은 제8회 공판기일에 이르러서는 "검찰에서 조사를 받으면서 그 피의자신문조서에 기재되어 있는 것처럼 '직원들과 회의를 하여 고용유지지원금을 신청하게 되었다', '실제 휴업현황과 신청현황이 일치하지 않는 등 잘못된 것인 줄 알았지만 변경신고를 하지 않았다', '관리 직원들에게 품질관리나 납품계획 등 업무에 차질이 없도록 휴업기간 중이라도 나와서 대응을 하라고 지시하였고, 그런 지시에 의해 직원들이 출근하여 각자의 업무를 수행한 것이다'라고는 진술한 사실이 없는데도 그 조서에는 마치 그와 같이 진술한 것처럼 기재되어 있는 것을 이 사건 재판을 받으면서 비로소 발견하게 되었고 이를 억울하게 생각한다."는 취지로 진술하기도 한 사실을 알 수 있다.

이러한 사실관계를 앞서 본 법리에 비추어 보면, 피고인은 이 사건 피의자신문조서의 진정성립 여부에 대하여 제1심에서 제출한 증거인부서를 통하여 '형식적 진정성립'을 인정한다고만 하였을

112) 배종대·이상돈·정승환·이주원, 앞의 책, 58/44.

> 뿐이므로 비록 제1심 제4회 공판기일 조서의 증거목록에 형식적 진정성립과 실질적 진정성립을 구분함이 없이 단순한 "성립인정"의 의미로 "○" 표시가 되어 있다고 해도, 그것만으로 피고인이 이 사건 피의자신문조서를 증거로 함에 동의한 것이라고 단정할 수는 없는 것이고, 또한 그것이 실질적 진정성립까지 분명하게 인정한 데 따른 조서 기재라고 볼 수 있는지에 대해서는 그 취지 등을 좀 더 심리하여 밝혀 보았어야 할 것이다. 그리고 그 점이 명확하지 않다면 원칙으로 돌아가 이 사건 피의자신문조서의 기재 내용이 피고인이 검사 앞에서 실제로 한 진술의 내용과 동일하게 기재되어 있음이 영상녹화물 등 객관적인 방법에 의하여 증명되지 않는 한 이를 증거로 사용할 수 없다고 보아야 한다.

(3) 진정성립의 증명

가) 피고인의 진술

진정성립은 공판준비 또는 공판기일에서의 원진술자인 피고인의 진술에 의해서 인정된다.[113)]'원진술자인 피고인의 진술'이란, 피고인이 당해 공판절차의 당사자로서 법관에게 행하는 그 조서의 증거능력에 관한 진술을 의미한다. 따라서 피고인이 당해 공판절차의 당사자로서 법관에게 검사가 제출한 자신의 진술이 기재된 조서의 진정성립을 부인함으로써 그 조서의 증거능력을 부정하는 취지의 진술을 한 이상, 비록 그 공판 진행 중 피고인신문 또는 공동피고인에 대한 증언 과정에서 그 조서의 진정성립을 인정하는 취지의 진술을 하였다고 하더라도, 이로써 그 조서의 증거능력에 관한 종전의 진술을 번복하는 것임이 분명하게 확인되는 예외적인 경우가 아니라면, 원진술자인 피고인의 진술에 의하여 그 조서의 진정성립이 인정되었다고 할 수는 없다.[114)]

---

113) 피고인이 피의자신문조서에 대하여 동의한 경우에는 진정성립의 확인 절차는 필요 없이, 바로 증거조사에 들어가게 된다. 그러나 피고인이 증거에 부동의하는 경우에는 검사의 신청에 의하여 진정성립의 확인 절차에 들어가게 된다. 일반적으로 공판정에서 검사가 피고인에게 피의자신문조서를 제시하면서 피고인이 진술한 대로 기재된 것인가를 묻는다.

114) 대법원 2008. 10. 23. 선고 2008도2826 판결.
「기록에 의하면, 검사는 제1심 제1회 공판기일(2007. 8. 27.)에서 피고인에 대한 검사 작성의 피의자신문조서를 피고인의 공소사실에 대한 증거로 신청하였고, 피고인은 제1심 제2회 공판기일(2007. 9. 10.)에서 피고인에 대한 검사 작성의 피의자신문조서 중 증거기록 제2428면 마지막 질문부터 제2429면 첫 번째 답변까지의 기재 부분(이하 '제외 부분'이라 한다)에 관하여는 형식적 진정성립만 인정하고 실질적 진정성립을 부인하고, 나머지 부분에 관하여는 형식적·실질적 진정성립을 모두 인정한다고 의견을 진술한 사실, 그 후 제1심은 제3회 공판기일(2007. 10. 1.)에서 검사의 신청에 의하여 피고인을 제1심 공동피고인 공소외인에 대한 공소사실에 관한 증인으로 채택하고 제4회 공판기일(2007. 10. 8.)에서 피고인을 증인으로 신문하였는데(소송절차를 분리하지 아니한 채 증인으로 채택, 신문한 것으로 보인다), 피고인은 선서를 한 후 검사의 신문에 대하여 피고인에 대한 위 피의자신문조서에 관하여 실질적 진정성립을 인정하는 취지로 진술하였다.」

나) 명시적 진술

피고인 본인의 진술에 의한 실질적 진정성립의 인정은 공판준비 또는 공판기일에서 한 명시적인 진술에 의하여야 하고, 단지 피고인이 실질적 진정성립에 대하여 이의하지 않았다거나 조서 작성절차와 방식의 적법성을 인정하였다는 것만으로 실질적 진정성립까지 인정한 것으로 볼 수 없다. 또한 특별한 사정이 없는 한 이른바 '입증 취지 부인'이라고 진술한 것만으로 이를 조서의 진정성립을 인정하는 전제에서 그 증명력만을 다투는 것이라고 가볍게 단정해서도 안 된다.[115)]

3) 진정성립의 번복

(1) 증거조사 완료 전

피고인이나 그 변호인이 검사 작성의 당해 피고인에 대한 피의자신문조서의 진정성립을 인정하는 진술을 하였다 하더라도, 증거조사가 완료되기 전에는 최초의 진술을 번복함으로써 그 피의자신문조서를 유죄 인정의 자료로 사용할 수 없도록 할 수 있다. 법원은 취소 주장이 이유 있는 것으로 인정하는 때에는 증거 배제 결정을 통하여 그 조서를 유죄 인정의 자료에서 제외하여야 한다.[116)]

(2) 증거조사 완료 후

증거조사가 완료된 뒤에는 그와 같은 번복의 의사 표시에 의하여 이미 인정된 조서의 증거능력이 당연히 상실되는 것은 아니다. 다만 적법절차 보장의 정신에 비추어 진정성립을 인정한 최초의 진술에 그 효력을 그대로 유지하기 어려운 중대한 하자가 있고 그에 관하여 진술인에게 귀책사유가 없는 경우에 한하여 예외적으로 증거조사 절차가 완료된 뒤에도 그 진술을 취소할 수 있다.[117)]

6. 영상녹화물, 기타 객관적 방법에 의한 증명

1) 의의

검사 작성의 피의자신문조서에 대해서는 영상녹화물 등의 객관적인 방법에 의해서도 진정성립

115) 대법원 2013. 3. 14. 선고 2011도8325 판결.
116) 대법원 2008. 7. 10. 선고 2007도7760 판결.
117) 대법원 2008. 7. 10. 선고 2007도7760 판결.

이 인정될 수 있도록, 즉 대체적 입증방법을 허용한 점이 큰 특징의 하나에 해당한다.[118), 119)] 그러나 이러한 규정은 공판중심주의와 구두변론주의에 전적으로 합치되는 것은 아니다. 따라서 이에 대한 보다 엄격한 접근이 필요하다. 대체적 증명방법에 의한 실질적 진정성립은 '증명'되어야 한다.

2) 영상녹화물

영상녹화물은[120)] 피의자의 진술을 녹화할 수 있도록 한 규정에 의해 제작된 녹화물로서 피의자신문 절차에서 피의자신문조서에 준하는 방식으로 제작된 것으로 녹음이 포함된 것을 말한다. 영상녹화물에 의하여 실질적 진정성립을 증명하기 위하여는 조사의 개시 시부터 종료까지의 전 과정 및 객관적 정황을 영상녹화한 것이어야 하는 등 피의자진술의 영상녹화에 관한 규정을 준수한 것이어야 한다(제244조의2).[121)]

영상녹화물을 객관적 증명의 방법으로 사용하려는 검사는 ① 영상녹화를 시작하고 마친 시각과 조사 장소, ② 피고인 또는 변호인이 진술과 조서 기재 내용의 동일성을 다투는 부분의 영상을 구체적으로 특정할 수 있는 시각을 기재한 서면을 제출하여 영상녹화물의 조사를 신청하여야 한다(형사소송규칙 제134조의2 제2항).

영상녹화물 등에 의해 실질적인 진정성립을 증명하는 방법은 피의자가 검사의 수사 과정에서 작성한 진술서에도 준용된다(제312조 제5항).

---

118) 이것은 수사 과정의 적법성과 투명성을 강화함과 동시에 실체적 진실 발견의 역량을 확충하기 위한 배려라는 견해는 신동운, 앞의 책, 920쪽 참조.

119) 이는 원진술자가 조서의 진정성립을 인정하는지 여부에 따라 증거능력을 부여하던 개정 전 형사소송법의 체제를 변경하여 조서의 진정성립을 증명하는 체제로 전환한 것이라고 할 수 있다는 견해는 정웅석·백승민, 앞의 책, 648쪽 참조.

120) 형사소송법상 "피의자의 진술은 조서에 기재하여야 한다."라는 의무 규정이 있고(제244조 제1항), 피고인의 진술을 담고 있는 영상녹화물은 검사 작성 피의자신문조서의 실질적 진정성립을 인정하는 자료(제312조 제2항), 검사 또는 사법경찰관 작성 참고인진술조서(제312조 제4항) 또는 피고인의 기억 환기(제318조의2)를 위한 자료로 사용될 수 있음은 분명하다. 그런데 문제는 영상녹화물을 본증이나 탄핵증거로 사용할 수 있는지에 대해서는 논란이 계속되고 있다.

121) 「제244조의2: ① 피의자의 진술은 영상녹화할 수 있다. 이 경우 미리 영상녹화사실을 알려 주어야 하며, 조사의 개시부터 종료까지의 전 과정 및 객관적 정황을 영상녹화하여야 한다. ② 제1항에 따른 영상녹화가 완료된 때에는 피의자 또는 변호인 앞에서 지체 없이 그 원본을 봉인하고 피의자로 하여금 기명날인 또는 서명하게 하여야 한다. ③ 제2항의 경우에 피의자 또는 변호인의 요구가 있는 때에는 영상녹화물을 재생하여 시청하게 하여야 한다. 이 경우 그 내용에 대하여 이의를 진술하는 때에는 그 취지를 기재한 서면을 첨부하여야 한다.」

3) 그 밖의 객관적 방법

(1) 의의

진정성립의 방법으로서 영상녹화물에 대해서는 비교적 논란의 여지가 적다. 왜냐하면 영상녹화의 절차와 방법에 대해서 형사소송법 제244조의2에서 규정하고 있으며 이미 실무적으로도 상당히 활용되고 있기 때문이다. 그러나 '그 밖의 객관적 방법'에 대해서는 그 문언의 추상성, 조사자 증언의 포함 여부와 관련하여 논의가 가중되고 있다.

(2) 견해

이에 대해서는 ① 영상녹화물 외에 녹음테이프, 조사자 증언, 조사 시 대질을 했거나 참여한 사람이 있으면 그 사람의 증언, 속기사의 증언 등이 포함된다는 견해,[122] ② 제312조 제4항과 비교하여 피고인의 경우와 피고인이 아닌 자의 경우를 다르게 해석하는 것이 타당하므로 피고인의 경우에는 영상녹화물, 녹음테이프, 다른 사건 또는 피고인 아닌 자의 신문조서 등 진술서류 및 압수한 서면, 물건 등이 이에 해당하고, 피고인 아닌 자의 경우(제312조 제4항의 경우)에는 조사자, 참여자 또는 대질자 등의 증언도 해당한다는 견해,[123] ③ 영상녹화물에 준하는 수준으로 엄격히 제한하여야 하므로 조사자증언은 물론, 녹음이나 자필 감정결과도 '객관적인 방법'으로 보기 곤란하다는 견해,[124] ④ 조사자, 조사 과정에 참여하여 조사사실을 들은 사인, 속기사 등의 증언 등이 영상녹화물과 같은 정도의 객관성을 가지고 있다고 평가하기 어렵고, 특히 조사자의 증언의 경우는 피고인에 대립하는 수사기관이므로 객관적 제삼자가 될 수 없으며 이를 조서의 증거능력을 뒷받침하는 방법으로 활용되는 것은 입법의 취지에 반하며, 그리고 제312조 제2항의 "증명된 때"라는 표현은 전문증거의 조서의 증거능력의 입증 책임이 검사 측에 있음을 밝히는 문언으로 읽혀야지 조사자의 증언을 조서의 증거능력을 보강하기 위한 근거로 읽힐 수는 없다는 견해,[125] ⑤ 객관적인 방법은 영상녹화물과 같은 정도로 진술 내용을 기계적으로 재현해 낼 수 있는 방법을 의미하므로, 증언은 증인의 주관적 기억능력에 좌우되기 때문에 '객관적 방법'에 해당한다고 볼 수 없다는 견해,[126] ⑥ 녹음, 무인 또는 필적의 감정 결과처럼 반드시 과학적·기계적인 방법에 한할 필요는

122) 이완규, 『개정 형사소송법의 쟁점』, 탐구사(2007), 114쪽 ; 법무부, 『개정 형사소송법』(2007), 238쪽.
123) 안승진, 앞의 논문, 350쪽.
124) 이승호, 「개정 형사소송법상 전문증거(傳聞證據)의 가치에 대한 검토」, 『형사법연구』, 제19권 제4호(2007. 겨울), 210쪽.
125) 조사자의 증언은 개정 형사소송법 제316조를 통하여 현출될 수 있음에도 불구하고, 조사자의 증언을 제312조 제2항에 끌어들이려는 해석은 검사 작성 피의자신문조서의 증거능력을 강화하려는 시도일 뿐이다(조국, 앞의 논문, 181쪽).
126) 신동운, 앞의 책, 921쪽.

없으며, 신문에 참여한 변호인의 증언 내지 신뢰관계자의 증언 또는 속기사의 증언 같은 인적 방법도 포함된다는 견해[127] 등이 제시되고 있다.

결국 이 견해들은 크게 과학적·기계적 방법에 한하는 견해, 인적 방법 중 조사자 증언까지 포함하는 견해, 조사자 증언은 제외된다는 견해로[128] 구별할 수 있다.

(3) 소결

영상녹화물 이외의 방법에 의한 실질적 진정성립의 요건은 제한적으로 해석하는 것이 타당하다.[129] 왜냐하면 제312조 제2항은 피고인이 진정성립을 부인하는 경우에 적용되는 대체적 증명방법이기 때문이다. 대체적 증명방법에 의해서 주된 입증 방법인 피고인의 공판정 진술을 뒤집고 진정성립을 인정하기 위해서는 법관에게 확신을 줄 수 있는 정도의 신뢰성이 전제되어야 한다. 따라서 '그 밖의 객관적인 방법'은 원칙적으로 형사소송법상 영상녹화물에 준하는 정도의 엄격한 객관성을 갖추고 있는 녹음 등과 같은 과학적·기계적 방법에 의한 입증을 말하며, 그 외에는 피의자신문에 참여한 변호인의 증언, 통역인의 증언[130] 등으로 제한해석하여야 한다.[131] 따라서 신문에 참여한 조사자의 증언에 의한 실질적 진정성립은 인정하지 않는 것이 타당하다.[132] 조사자 증언이 특별히 제316조에 규정되어 있는 것은 전문진술의 경우에만 적용되고, 전문서류의 경우에는 적용되지 않는다는 것을 증거능력 인정을 위한 방법임을 명시적으로 밝히고 있다고 보아야 한다. 다만 조사자 증언제도에 의하여 조사자의 진술 자체가 증거로 사용되는 것은 별개의 문제이다.[133]

---

127) 정웅석·백승민, 앞의 책, 649쪽.

128) 부산지방법원 2008. 4. 15. 선고 2008노131 판결.
「'그 밖의 객관적인 방법'에 해당하려면 형사소송법상 영상녹화물에 준하는 정도의 엄격한 객관성을 갖추어야 하고, 그와 같은 장치가 마련되어 있지 않은 조사자의 조사 및 그에 따른 증언은 '그 밖의 객관적인 방법'에 해당한다고 볼 수 없다.」

129) 피고인이 그 진정성립을 부인하는 피의자신문조서에 대해 이른바 객관적 방법에 의해 증거능력을 인정할 수 있게 함으로써 개정 법률은 공판중심주의의 실현을 위해 피의자신문조서의 증거능력 자체를 부인하려던 처음의 취지와는 달리 오히려 이전보다 피의자신문조서의 증거능력 인정의 요건이 완화하는 결과를 초래하였다. 따라서 입법론적 재고가 요청된다는 견해는 배종대·이상돈·정승환·이주원, 앞의 책, 58/49 참조.

130) 백형구, 앞의 논문, 48쪽.

131) 이재상, 앞의 책, 40/42 ; 배종대·이상돈·정승환·이주원, 앞의 책, 58/49.

132) 이은모, 앞의 책, 693쪽 ; 이재상, 앞의 책, 40/42 ; 배종대·이상돈·정승환·이주원, 앞의 책, 58/49.

133) 이은모, 앞의 책, 693쪽.

4) 증명의 정도

영상녹화물 기타 객관적 방법에 의한 진정성립은 증명되어야 한다. 증명 불능에 대한 입증 책임은 검사에게 돌아간다.[134] 이 경우의 증명은 범죄 사실 자체에 대한 증명이 아니므로 자유로운 증명으로 족하다.[135] 그리고 피고인의 공판정에서의 진술을 통해서 인정되어야 하다는 점과 균형을 이루기 위해서는 영상녹화물이나 그 밖의 객관적인 증거방법은 반드시 공판준비나 공판기일에 법관의 면전에서 조사되어야 한다.[136]

7. 특신상태

1) 의의

조서에 기재된 진술이 특히 신빙할 수 있는 상태에서 행해졌음이 증명되어야 한다. 이를 '특신상태' 또는 '특신정황'이라고[137] 한다. 특신상태의 요구는 검사 작성의 피의자신문조서에 증거능력이 과도하게 부여되는 것을 통제하는 장치이다.[138] 특신상태는 반드시 증명되어야 하며 증명이 곤란할 경우 그에 대한 입증 책임은 검사가 진다.[139]

2) 특신상태의 의미

(1) 신용성의 정황적 보장으로 보는 견해

특신상태를 신용성의 정황적 보장으로 보는 견해에서는[140] 제312조 제2항의 특신상태를 영미법상의 '신용성의 정황적 보장'과 같은 의미로서 원진술의 진실성이 여러 정황으로 미루어 보장되는 경우를 말한다고 한다. 즉, 진술 내용이나 조서의 작성에 허위 개입의 여지가 거의 없고, 진술 내용의 신빙성이나 임의성을 담보할 구체적이고 외부적인 정황이 있는 것을 말한다.[141] 이 견해는

---

134) 신동운, 앞의 책, 921쪽.
135) 신동운, 위의 책, 921쪽.
136) 신동운, 위의 책, 921쪽.
137) 신동운, 위의 책, 925쪽.
138) 신동운, 위의 책, 922쪽.
139) 신동운, 위의 책, 925쪽.
140) 정웅석·백승민, 앞의 책, 648쪽 ; 임동규, 앞의 책, 505쪽 ; 이재상, 앞의 책, 40/44 ; 정영석·이형국, 앞의 책, 353쪽 ; 차용석·최용성, 『형사소송법』, 21세기사(2008), 576쪽.
141) 이재상, 앞의 책, 40/44 ; 정영성·이형국, 앞의 책, 353쪽 ; 이은모, 앞의 책, 695쪽 ; 임동규, 앞의 책, 505쪽 ; 신양균, 앞의 책, 788쪽. ; 대법원 2006. 5. 25. 선고 2004도3619 판결.

자기에게 불이익한 사실의 승인이나 자백은 그 재현을 기대하기 어렵고 또한 진실성이 강하다는 데 근거를 두며,[142] 제312조 제2항의 특신상태와 제314, 제315조 제3호의 특신상태를 같은 의미로 해석한다.

한편, 특신상태를 신용성의 정황적 보장으로 해석하면서 원진술자가 실질적 진정성립을 인정하는 이상 특별한 사정이 없다면 이 요건은 추정되는 것으로 볼 수 있다는 견해도 있다.[143] 이 견해는 다음과 같은 이유를 제시한다.

① 영미법에서 피고인의 진술은 전문법칙의 적용을 받지 않을 뿐 아니라 수사기관에서의 피의자 자백의 증거능력의 요건으로 임의성 이외에 별도로 신용성의 정황적 보장(특신상태)을 요구하는 입법례가 없고, ② 전문법칙은 배심제와 함께 대표적인 당사자주의 제도로서 당사자가 증거능력을 인정하는 마당에 법원이 이에 개입하여 특신상태 여부에 따라 증거능력을 부여하려는 시도는 직권주의적 발상이고, ③ 영미법상 신용성의 정황적 보장은 원진술자의 진술이 불가능하거나 무의미한 경우에 인정되는 개념인데, 원진술자가 공판정에 출석하여 진정성립을 인정하는 데도 불구하고, 신용성의 정황적 보장을 검토한다는 것은 타당하지 않으며, ④ 영미법상 전문증거라도 당연히 증거능력이 배척되는 것이 아니라 당사자가 즉시 이의신청을 제기하여 판사의 증거채부 결정에 따라 증거능력이 배제되는 것이고, 증거가 제출됨으로써 불이익을 받는 당사자가 이의신청(motion)을 적시에 하지 않아 실기하게 되면 증거로 사용되는 것이므로, 구두주의에 따른 충실한 공판중심주의를 위하여 법원의 역할은 중립적인 제삼자의 위치에 있는 것이 바람직하다.

그러나 이 견해는 검사 작성 피의자신문조서에 증거능력을 부여하는 제312조 제1항과 제2항을 사실상 사문화시킬 위험성이 존재한다.

(2) 적법절차가 준수되는 상황으로 보는 견해

적법절차가 준수되는 상황으로 보는 견해는[144] 특신상태를 진술상황이 법관 면전에서의 진술에 준하는 것으로 취급될 수 있는 객관성과 적법성을 갖춘 상황으로 이해하는 견해이다. 이 견해는 제312조 제1항과 제2항이 직접심리주의 예외를 인정한 것이라는 점에서 출발하면서 검사 면전에

142) 신동운, 앞의 책, 923쪽.
143) 정웅석·백승민, 앞의 책, 648쪽.
144) 신동운, 앞의 책, 924쪽 ; 송광섭, 『형사소송법』, 형설출판사(2010), 223쪽 ; 진계호, 『형사소송법』, 형설출판사(2004), 584쪽 ; 배종대·이상돈·정승환·이주원, 앞의 책, 58/54.

서의 피의자의 진술이 공판준비나 공판기일에 법관의 면전에서 행해지는 진술에 못지않은 객관적 상황에서 이루어져야 한다는 점을 강조한다.[145] 또한 조서 작성의 형식적 측면에서 요구되는 '적법한 절차와 방식'을 넘어서서 그 밖의 비유형적인 상황들을 포착할 수 있는 장점이 있다고 한다.[146] 이 견해에서는 제312조는 직접주의의 예외이므로 제312조의 특신상태는, 제314조 또는 제315조 제3호의 특신상태와는 구별된다고 한다.[147]

(3) 소결

한국 형사소송법에서 독특한 조서에 대한 전문법칙의 예외 인정은 필요성의 요건보다는 강한 신용성과 반대신문권의 보장을 근거로 인정된다고 할 수 있다. 그리고 적법절차는 사실상 신용성을 보장하는 기초요소로 작용한다고 할 수 있다. 즉, 적법절차가 인정되는 경우에는 사실상 신용성이 인정된다고 보자는 것이 입법자의 의도라고 할 수 있다. 예컨대 피의자가 검사실에서 신문을 받는 경우에 진술거부권을 고지 받고 변호인이 참여한 가운데 그 신문이 이루어졌다면 — 즉, 적법절차가 준수되었다면 — 신용성이 인정된다고 보는 것이다. 특신상태의 판단에 있어서는 진술 당시의 외부적 사정뿐만 아니라 피의자신문 과정의 적법성을 의심할 만한 외부적 상황이 존재하는지의 여부도 판단 대상에 포함되어야 한다.[148] 이런 점에서 적법절차에 대한 요구 없이 필요성과 신용성을 조건으로 하는 영미법상의 예외 인정의 요건과는 다소 차이가 있다고 할 수 있다. 그리고 영미법상으로는 신용성이라고 표현하고 있지만, 우리 조문에선 특신상태라고 표현하고 있다. '특신상태'란 특히 믿을 만한 상황이므로 강한 신용성이 인정된다는 의미이다. 결국 적법절차가 준수되는 상황으로서 원진술의 진실성이 여러 가지 정황으로 미루어 볼 때 보장되는 경우를 의미한다고 할 수 있다.

결국 만약 적법절차가 준수되지 않는 경우에는 특신상태가 인정되지 않으며, 적법절차가 준수되는 경우에라도 객관적 자료를 종합적으로 검토하여 원진술이 믿을 만한지의 여부를 검토하여야

---

145) 형사소송법은 적법절차의 준수와 관련된 사항 가운데 조서 작성에 관한 것은 형사소송법 제312조 제1항이 '적법한 절차와 방식에 따라 작성된 것'이라는 요건으로 독립시켜 놓고 있기 때문에, '그 조서에 기재된 진술이 특히 신빙할 수 있는 상태하에서 행하여졌음'이라는 요건은 조서의 생성 과정 이외의 사항과 관련을 맺는 사항이라고 생각할 수 있다. 요컨대 특신상태의 요건은 조서 작성과 직접 관련을 맺지 않는 여타의 사유로서 검사 면전의 진술에 대해 법관 면전의 진술에 공할 정도의 공정성과 객관성을 담보할 수 있는 외부적 사정을 말한다. ; 신동운, 앞의 책, 924쪽.

146) 신동운, 앞의 책, 925쪽.

147) 배종대·이상돈·정승환·이주원, 앞의 책, 616쪽 ; 신동운, 앞의 책, 1004쪽.

148) 신양균, 앞의 책, 788쪽.

할 것이다. 따라서 적법절차의 준수는 특신상태의 인정을 위한 필요조건이라면, 신용성의 정황적 보장은 특신상태의 인정을 위한 충분조건이라고 할 수 있다. 따라서 적법절차의 준수와 신용성의 정황적 보장은 각각 판단하여야 하며, 적법절차가 준수된다고 하여 신용성의 보장이 추정되는 것은 아니라고 하겠다. 또한 원진술자가 진정성립을 인정한다고 하여도 특신상태가 추정되는 것은 아니다.[149)]

3) 특신상태의 증명

변호인의 참여하에 피의자신문이 진행되었거나, 검사의 강압이나 기망 등이 없는 상태에서 진행되어 적법절차가 준수되었다면, 즉 객관적이고 외부적인 정황에 의해서 판단하면 족하고, 피의자의 주관적 동기나 심리상태 등을 고려할 필요는 없다. 그리고 이러한 '특히 신빙할 수 있는 상태'는 증거능력의 요건에 해당하므로 검사가 그 존재에 대하여 구체적으로 주장·증명하여야 하지만, 이는 소송상의 사실에 관한 것이므로 엄격한 증명을 요하지 아니하고 자유로운 증명으로 족하다.[150)]

4) 진정성립과 특신상태

특신상태의 증명이 있는 경우에 한하여 증거로 할 수 있다고 규정하고 있음에 비추어, 진정성립이 인정되지 않는 이상 특신상태의 요건을 갖추고 있다고 하여도 증거능력이 인정되지 않는다.[151)]

8. 제314조의 적용 여부

제314조는[152)] 전문법칙의 예외의 전형적인 경우를 규정한 것이며, 서증의 증거능력을 지나치게 제한하여 사실 인정의 자료로 하지 못하게 되면 확실한 범죄인을 처벌하지 못할 우려가 있다는

149) 한편, 원진술자가 진정성립을 인정하는 이상 특별한 사정이 없는 한 특신상태가 추정되는 것으로 보는 견해는 법무부, 앞의 책, 237쪽 참조.

150) 대법원 2012. 7. 26. 선고 2012도2937 판결.

151) 현행법은 이른바 가중요건설의 입장을 명확히 하고 있다는 견해는 이은모, 앞의 책, 695쪽 참조.

152) 「제314조(증거능력에 대한 예외): 제312조 또는 제313조의 경우에 공판준비 또는 공판기일에 진술을 요하는 자가 사망·질병·외국 거주·소재 불명 그 밖에 이에 준하는 사유로 인하여 진술할 수 없는 때에는 그 조서 및 그 밖의 서류를 증거로 할 수 있다. 다만, 그 진술 또는 작성이 특히 신빙할 수 있는 상태하에서 행하여졌음이 증명된 때에 한한다.」

것을 고려한 것이다.

제312조 제1항 및 제2항에 의해서 증거능력이 인정되지 않는 검사 작성 피의자신문조서에 대하여 제314조를 근거로 증거능력을 부여할 수 있는가 하는 문제가 있다. 이 문제는 피고인이 되지 아니한 공범자 및 공동피고인에 대한 검사 작성 피의자신문조서는 제312조 제1항이 아니라 제312조 제4항에 의하여 증거능력을 판단하게 된다는 것과는 다른 문제이다. 즉, 이 문제는 '당해 피고인'이 된 피의자의 검사 작성의 피의자신문조서 자체에 대한 제314조의 적용 여부의 문제인 것이다.

1) 긍정설

긍정설의[153] 근거는 다음과 같다.

① 제314조는 피의자 또는 피고인으로서 신문받은 자가 출석할 수 없는 경우에 대비한 조문으로서 증거능력을 인정할 필요성이 있다.

② 신용성은 진정성립에 의하여 판단하는 것이 아닌 점, 제314조에 해당하는 조서도 증거능력이 없는 조서는 아니므로 이에 의하여 피고인을 유죄로 인정해도 무방하다.

③ 공동피고인이 되지 않은 공범자(을)의 경우에 원진술자(을)가 다른 공범자(갑)의 공판정에 출석할 수 없다면 결국 제314조를 적용하여 증거능력을 인정할 수밖에 없다.

2) 부정설

부정설의[154] 논거는 다음과 같다.

① 제312조 제1항 및 제2항은 공판절차에서 피고인으로 심판을 받고 있는 사람을 전제로 하고 있다. 그런데 궐석재판이 금지되고 있는 우리 법체계에서 제314조가 예정하고 있는 사망·질병·외국 거주·소재 불명 그 밖에 이에 준하는 사유로 인하여 진술할 수 없는 상황하에서 공판절차가 진행되는 일은 예상하기가 극히 곤란하다.[155]

② 제312조 제1항 및 제2항은 직접심리주의의 예외로서 입법자가 엄격한 요건하에 인정한

---

153) 신양균, 앞의 책, 733쪽 ; 신현주, 앞의 책, 609쪽 ; 정영석·이형국, 앞의 책, 357쪽 ; 정웅석·백승민, 앞의 책, 696쪽.

154) 신동운, 앞의 책, 926쪽 ; 이재상, 앞의 책, 40/45 ; 이은모, 앞의 책, 696쪽 ; 임동규, 앞의 책, 525쪽 ; 배종대·이상돈·정승환·이주원, 앞의 책, 58/100.

155) 신동운, 앞의 책, 926쪽.

특례이다. 그런데 이 제한을 형사소송법 제314조를 통하여 우회하려는 것은 입법자의 의도에 반한다.

3) 소결

문리해석으로는 피고인이 된 피의자의 피의자신문조서가 제314조에 해당할 여지가 있다. 즉, 제314조는 '제312조 또는 제313조의 경우에 공판준비 또는 공판기일에 진술을 요하는 자'라고 규정하고 있기 때문이다.

그러나 제312조 제1항은 적법절차와 진정성립과 특신상태라는 상당히 엄격한 조건을 전제로 검사 작성의 피의자신문조서의 증거능력을 인정하고 있다. 그리고 피고인이 진정성립을 부인하는 경우에는 제312조 제2항은 영상녹화물 기타 객관적 방법에 의한 증명을 통한 증거능력을 인정하고 있다. 제312조 제2항은 제1항의 요건에 대한 보충적 요건으로 해석할 수 있으며, 문언상으로 볼 때 제1항이 원칙이지만 부득이한 경우에 제2항에 의한 예외를 인정할 수 있다는 의미로서, 검사 작성의 피의자신문조서에 대해서는 원칙적으로 제1항, 그리고 최대한 양보하더라도 제2항에 의해서만 증거능력을 인정하겠다는 것으로 볼 수 있다. 즉, 더 이상의 방법에 의한 증거능력 인정을 허용하지 않겠다는 것이 입법자의 의도라고 할 수 있다. 현행 법률에서는 영상녹화물에 의한 실질적 진정성립도 허용되므로, 오히려 피의자신문조서의 증거능력을 인정하는 범위가 더 완화되어 있다. 따라서 피고인에게 불리하게 작용할 수 있는 예외 인정에는 엄격할 필요가 있으므로 제314조의 적용을 부정하는 것이 타당하다. 또한 현실적으로도 민사재판이 아닌 형사재판에서 피고인이 출석하지 않는 경우에 재판을 진행하는 경우는 거의 없으며, 피고인이 된 피의자의 경우에 있어서 필요성의 요건을 충족하는 경우란 예상하기 어렵다. 피고인의 출석은 공판개정의 요건이고, 질병으로 인하여 출정할 수 없는 경우에는 증거동의(제318조 제2항)가 의제되기 때문이다.[156] 피고인이 없는 상태에서 재판을 하는 그 자체가 위법한 절차로서 아마도 그 재판의 효력 자체가 무효로 될 가능성이 높다. 법관의 입장에서는 피고인이 없는 상태에서 재판을 강행할 이유가 거의 없을 것이다.

따라서 제314조의 규정은 피고인이 된 피의자에 대한 검사 작성의 신문조서에 대해서는 적용되지 않는다고 봄이 타당하다.

---

156) 이은모, 앞의 책, 696쪽.

제4절 · 사법경찰관 등 작성 피의자신문조서 [제312조 제3항]

1. 의의 및 입법취지

형사소송법 제312조 제3항은 검사 이외의 수사기관의 피의자신문은 이른바 신용성의 정황적 보장이 박약하다고 보아 피의자신문에 있어서 진정성립 및 임의성이 인정되더라도 공판 또는 그 준비절차에 있어 원진술자인 피고인이나 변호인이 그 내용을 인정하지 않는 한 그 증거능력을 부정하는 취지로 입법된 것이며,[157] 제312조 제1항이 '검사가 피고인이 된 피의자의 진술을 기재한 조서'라고 규정함에 비하여 제312조 제3항은 '검사 이외의 수사기관이 작성한 피의자신문조서'로 한정하고 있다. 검사 이외의 사법경찰관 작성의 피의자신문조서에 검사 작성의 피의자신문조서와 달리 '내용의 인정'이라는 엄격한 요건을 요구하는 것은 증거의 전문성(傳聞性)과는 직접 관련이 없다. 오히려 자백 편중의 수사관행을 타파하고 피의자신문 과정에서 발생하기 쉬운 고문이나 폭행·협박 등의 강압 수사를 방지하기 위하여 우리 입법자가 정책적으로 마련한 우리나라 형사소송법상의 고유의 조문이다. 수사기관이 스스로 처음부터 자백편중의 위법 수사의 유혹에 빠지지 않게 하는 예방 장치로서 독자적 의미를 가지는 조항이라고 할 수 있다.[158] 일제의 수사기관은 조선형사령(朝鮮刑事令)에 기하여 작성된 사법경찰관의 각종 조서에 법관의 조서와 대등한 절대적 증거능력이 부여하고 각종의 고문과 위법 수사를 자행하여 무고한 시민에게 자백을 받아 내었다. 이러한 역사적 경험으로부터 우리 입법자는 1954년 제정 형사소송법 이래 강압 수사를 근절하기 위한 방안으로 제312조 제3항(구법으로는 제312조 제2항)을 구상하게 된 것이다.[159]

2. 작성 주체

검사 이외의 수사기관이란 '사법경찰관의 직무를 행할 자와 그 직무범위에 관한 법률'에 의하여 그 직무취급자로 인정되는 자를 말한다. 사법경찰리와[160] 외국의 권한 있는 수사기관도[161] 포함된

157) 대법원 2001. 3. 27. 선고 2000도4383 판결.
158) 이 점에서 볼 때, 우리나라에 고유한 제312조 제3항은 전문증거에 증거능력을 부여하는 다른 예외 규정들과 뚜렷이 구별되는 특별한 지위를 가진다는 견해는 신동운, 앞의 책, 929쪽 참조.
159) 신동운, 앞의 책, 928쪽.
160) 대법원 1997. 10. 28. 선고 97도2211 판결.
161) 대법원 2006. 1. 13. 선고 2003도6548 판결.

다. 따라서 미국 범죄수사대(CIA), 연방수사국(FBI)의 수사관들이 작성한 수사보고서 및 피고인이 위 수사관들에 의한 조사를 받는 과정에서 작성하여 제출한 진술서는 피고인이 그 내용을 부인하는 경우에는 증거로 사용할 수 없다.[162)]

3. 증거능력 요건

1) 의의

검사 작성의 피의자신문조서와 달리 영상녹화물 등 객관적 방법에 의한 증명이 허용되지 않으며, 반드시 공판정에서 원진술자가 내용을 인정하는 진술을 하여야만 한다.

2) 적법한 절차와 방식

검사가 피고인이 된 피의자의 진술을 기재한 조서에 있어서(제312조 제1항)와 같다. 비록 사법경찰관이 피의자에게 진술거부권을 행사할 수 있음을 알려 주고 그 행사 여부를 질문하였다 하더라도, 형사소송법 제244조의3 제2항에 규정한 방식에 위반하여,[163)] '진술거부권 행사 여부에 대한 피의자의 답변이 자필로 기재되어 있지 아니하거나 그 답변 부분에 피의자의 기명날인 또는 서명이 되어 있지 아니한 사법경찰관 작성의 피의자신문조서'는 특별한 사정이 없는 한, 형사소송법 제312조 제3항에서 정한 '적법한 절차와 방식'에 따라 작성된 조서라 할 수 없으므로 그 증거능력을 인정할 수 없다.[164)]

3) 내용의 인정

(1) 의의

내용의 인정이란 조서의 기재 내용이 진술자가 진술한 대로 기재되어 있을 뿐만 아니라 실제

162) 대법원 2006. 1. 13. 선고 2003도6548 판결.

163) 형사소송법 제244조의3은 제1항에서 검사 또는 사법경찰관은 피의자를 신문하기 전에 "일체의 진술을 하지 아니하거나 개개의 질문에 대하여 진술을 하지 아니할 수 있다는 것"(제1호) 등의 사항을 알려주어야 한다고 규정하고, 제2항에서 "검사 또는 사법경찰관은 제1항에 따라 알려 준 때에는 피의자가 진술을 거부할 권리를 행사할 것인지의 여부를 질문하고, 이에 대한 피의자의 답변을 조서에 기재하여야 한다. 이 경우 피의자의 답변은 피의자로 하여금 자필로 기재하게 하거나 검사 또는 사법경찰관이 피의자의 답변을 기재한 부분에 기명날인 또는 서명하게 하여야 한다."라고 규정하여 진술거부권 행사 여부에 관한 답변 기재 방식의 절차를 구체적으로 규정하고 있다.

164) 대법원 2013. 3. 28. 선고 2010도3359 판결.

사실과 부합한다는 것을 의미한다.[165] 따라서 실질적 진정성립을 넘어서서 그 내용의 객관적 사실과의 동일성을 의미한다.

가. 피고인이 공판정에서 피고인의 진술 내용과 배치되는 기재 부분을 부인한다고 진술한 경우에는 내용을 인정한 경우라고 할 수 없다.[166]

나. 내용 인정은 진정성립과 특신상태를 전제로 한다는 점에서 이러한 요건이 갖추지 아니한 때에도 증거능력을 부여하는 증거 동의와 구별된다.[167]

(2) 내용 인정의 대상

제312조 제3항은 피의자였던 피고인에 대한 검사 이외의 수사기관 작성의 피의자신문조서에만 적용되는 것이 아니고, 피의자였던 피고인의 검사 이외의 수사기관 앞에서의 진술 자체를 그 적용 대상으로 하고 있는 것이라고 보아야 한다.[168] 전문자의 진술이 검사 이외의 수사기관 앞에서의 피고인의 진술을 내용으로 하고 있는 경우에 피고인이 그 진술의 내용을 부인하고 있는 이상 그 진술의 내용이 피의자신문조서에 기재된 것인지 또는 전문자가 수사 경찰관이 아닌 피해자 등 제삼자에 해당하는지 여부 등에 관계없이 증거능력이 없다.

(3) 내용 인정의 방법

가) 피의자였던 피고인이나 변호인의 공판정에서의 진술

내용 인정은 피의자였던 피고인이나 변호인의[169] 공판정에서의 진술에 의하여야 한다. 피고인이 당해 공소사실에 대하여 법정에서 부인한 경우에는 사법경찰리 작성의 피의자신문조서의 내용을 인정하지 않은 것이므로 그 피의자신문조서의 기재는 증거능력이 없다.

---

165) 대법원 2010. 6. 24. 선고 2010도5040 판결.
166) 대법원 1965. 5. 31. 선고 64도723 판결.
167) 신동운, 앞의 책, 930쪽.
168) 대법원 2001. 3. 27. 선고 2000도4383 판결.
「피고인이 자신의 범행을 자백하는 진술을 피해자에게 하였다고 하더라도, 이와 같은 피고인의 진술은 수사 경찰관이 피고인을 긴급체포한 후 그 다음 날인 1999. 3. 26. 피해자와의 대질신문을 위하여 피고인을 데리고 위 피해자가 입원한 병원에 찾아가서 피고인에 대한 제2회 피의자신문조서를 작성할 당시에 이루어진 것이므로 검사 이외의 수사기관 앞에서의 진술이라 할 것이니, 피고인으로부터 자신의 범행을 자백하는 진술을 들었다는 취지의 전문자들의 진술은 피고인이 법정에서 그 진술의 내용을 부인하고 있는 이상 형사소송법 제312조 제3항의 규정과 그 취지에 비추어 볼 때 그 증거능력을 인정할 수 없다.」
169) 원진술자인 피고인 이외에 원진술과 무관한 변호인도 내용 인정의 진술을 할 수 있도록 한 것은 제312조 제3항이 단순한 전문법칙의 예외를 넘어 위법 수사의 예방장치라는 점을 보여 주고 있다.; 신동운, 앞의 책, 930쪽.

나) 조사 경찰관의 증언

피고인을 조사하였던 경찰관이 법정에 나와 "피고인의 진술대로 조서가 작성되었고, 작성 후 피고인이 조서를 읽어 보고 내용을 확인한 후 서명·무인하였으며, 피고인이 내용의 정정을 요구한 일은 없었다."라고 증언하더라도 그 피의자신문조서가 증거능력을 가지게 되는 것은 아니다.[170] 조사 경찰관의 증언을 피고인의 내용 인정으로 볼 수는 없기 때문이다. 다만 수사 경찰관의 증언 자체는 제316조(조사자 증언제도)에 의하여 증거능력이 인정될 수 있다.

다) 영상녹화물, 기타 객관적 방법에 의한 내용 인정 불가

사법경찰관 작성의 피의자신문조서의 내용의 인정은 반드시 공판준비 또는 공판기일에서의 그 피의자였던 피고인 또는 변호인의 진술에 의하여야 한다. 검사 작성의 피의자신문조서와 달리, 영상녹화물, 기타 객관적 방법에 의한 내용의 인정이 허용되지 않는다.

4. 제312조 제3항의 적용 범위

1) 의의

검사 이외의 수사기관이 작성한 피의자신문조서에 대하여 그 피의자였던 피고인(또는 변호인)이 그 내용을 인정하여야 한다. 이때 피의자신문조서에 공범자(또는 공동피고인)에 대한 피의자신문조서도 포함되는지의 문제와, 내용 인정의 주체에 당해 피고인만이 포함되는가 아니면 공범자(또는 공동피고인)도 포함되는지의 문제가 있다.

사법경찰관이 피고인(갑)과 공범관계에 있는 피의자(을)를 신문하여 작성한, 을에 대한 피의자신문조서를 피고인(갑)에 대한 유죄의 증거로 사용하는 경우에 문제가 발생한다. 즉, 이 경우에 제312조 제3항에 의해서 당해 피고인 갑이 을에 대한 피의자신문조서의 내용을 인정하여야 하는지, 아니면 제312조 제4항의 '피고인이 아닌 자의 진술을 기재한 조서'로 보아 을이 공판정에서 자신에 대한 피의자신문조서의 진정성립만 인정하면 갑에 대한 범죄 사실의 증거로 할 수 있는지가 문제된다.[171] 피고인에 공동피고인도 포함할지 여부는 제312조 제3항뿐만 아니라 제310조를 비롯한 제312조 제1항과 제2항에도 관련되므로, 이에 관한 통일적 해석이 필요하다.

---

170) 대법원 1997. 10. 28. 선고 97도2211 판결.

171) 위 조서에 대해 반대신문권을 명문화한 형사소송법 제312조 제4항을 적용하는 것은 형사소송법 제312조 제3항을 적용하는 것보다는 (공동)피고인(갑)에게 덜 유리하지만, 형사소송법 제313조 제1항을 적용하는 것보다는 (공동)피고인(갑)에게 더 유리하다. ; 윤동호, 앞의 논문, 19쪽.

2) 공범이 공동피고인인 경우

(1) 학설

공범이 공동피고인인 경우에 대해서는 다음 세 가지의 견해가 있다. ① 제312조 제4항의 '피고인 아닌 자의 진술을 기재한 서류'로 보아 특신상태가 인정되고 상피고인(을)이 진정성립을 인정하고 피고인(갑)이 을을 공판정에서 반대신문할 수 있는 것을 조건으로 하여 갑에 대하여 증거능력을 인정하는 견해, ② 당해 피고인(갑)이 그 내용을 인정한 경우에 한하여 갑에 대하여 증거능력이 있다는 견해,[172] ③ 상피고인(을)이 내용을 인정하고 갑이 을에 대하여 사실상 반대신문을 충분히 한 경우에 한해 갑에 대하여 그 증거능력이 인정된다는 견해[173] 등이 있다.

(2) 판례

가. 당해 피고인과 공범관계가 있는 다른 피의자에 대하여 검사 이외의 수사기관이 작성한 피의자신문조서는, 그 피의자의 법정 진술에 의하여 그 진정성립이 인정되는 등 형사소송법 제312조 제4항의 요건을 갖춘 경우라고 하더라도 당해 피고인이 공판기일에서 그 조서의 내용을 부인한 이상, 이를 유죄 인정의 증거로 사용할 수 없다는 입장이다. 즉, 당해 피고인과 공범관계에 있는 다른 공동피고인 또는 피의자에 대한 검사 이외의 수사기관이 작성한 피의자신문조서는 원진술자인 피의자 또는 그의 변호인이 내용을 인정하는 것으로 족하지 않고 당해 피고인 또는 변호인이 그 내용을 인정하여야만 증거능력이 부여된다.

나. 당해 피고인(갑)과 공범관계가 있는 다른 피의자(을)에 대한 검사 이외의 수사기관 작성의 피의자신문조서는 그 피의자(을)의 법정 진술에 의하여 그 진정성립과 내용이 인정되더라도 당해 피고인(갑)이 공판기일에서 그 조서의 내용을 부인하면 갑에 대해서는 증거능력이 부정된다.[174] 결국 을에 대한 경찰 작성의 피의자신문조서에 대하여 을이 내용을 인정하더라도 갑이 자신의 재판에서 그 내용을 부인하면 갑에 대해서는 증거능력이 인정되지 않는다.

다. 공동피고인이 법정에서 경찰 수사 도중 피의자신문조서에 기재된 것과 같은 내용으로 진술하였다는 취지로 증언하였다고 하더라도, 이러한 증언은 원진술자인 공동피고인이 그 자신에

---

172) 신양균, 앞의 책, 732쪽; 김성주, 「공동피고인의 자백의 증거능력」, 『재판실무연구』(광주지방법원, 2000), 322~323쪽; 김형진, 「공판외 진술의 증거능력」, 『형사증거법 (하)』(재판자료집 제23집), 법원행정처(1984), 194쪽; 임동규, 앞의 책, 508쪽; 이은모, 앞의 책, 675쪽; 이재상, 앞의 책, 40/49.

173) 정웅석·백승민, 앞의 책, 663쪽.

174) 대법원 2009. 10. 15. 선고 2009도1889 판결.

대한 경찰 작성의 피의자신문조서의 진정성립을 인정하는 취지에 불과하여 위 조서와 분리하여 독자적인 증거가치를 인정할 것은 아니므로, 앞서 본 바와 같은 이유로 위 조서의 증거능력이 부정되는 이상 위와 같은 증언 역시 이를 유죄 인정의 증거로 쓸 수 없다.[175)]

라. 형사소송법 제312조 제3항은 당해 피고인에 대한 검사 이외의 수사기관이 작성한 피의자신문조서를 유죄의 증거로 하는 경우뿐만 아니라 당해 피고인과 공범관계에 있는 다른 피고인에 대한 검사 이외의 수사기관이 작성한 피의자신문조서를 피고인에 대한 유죄의 증거로 채택할 경우에 있어서도 다 같이 적용된다고 보아야 할 것이다.

마. 대법원은 이러한 결론의 근거를 다음과 같이 들고 있다. ① 원진술자인 피의자가 피고인에 대한 형사피고사건의 법정에 나와 그 내용을 인정하게 되면 증거능력이 부여된다고 보게 되면 형사재판이 각각 별도로 이루어진 경우, 자기의 형사 피고사건에서는 법정에서 그 내용을 부인하여 유죄의 증거로 되지 않은 피의자신문조서도 공범관계에 있는 다른 피고인에 대한 관계에 있어서는 유죄의 증거가 될 수 있는 불합리하고 불공평한 결과가 생길 수 있다. ② 피의자에 대한 형사 피고사건에서 피고인이 되었던 그 피의자 또는 변호인이 내용을 인정한 바 있다 하여 이를 다른 피고인에 대한 형사 피고사건의 증거로 할 수 있다고 본다면, 당해 피고인의 반대신문의 기회도 없었던 진술만으로 증거능력을 인정하게 된다. ③ 만일 그 피의자에 대한 형사사건에서 유죄의 증거로 되었던 이유가 그의 변호인이 피의자신문조서의 내용을 인정하였기 때문인 경우라면, 당해 피고인으로서는 자기의 변호인도 아닌 사람의 소송행위로 불이익을 받는 결과가 되어 부당하다.[176)]

(3) 소결

문리적으로 본다면 제312조 제4항에서 '피고인 아닌 자'라고 규정되어 있기 때문에 '피고인 아닌 자'에는 피의자, 참고인, 피해자 등이 포함될 여지가 있다. 그러나 만약 제312조 제4항의 적용 대상에 피의자를 포함시킨다면 사법경찰관은 내용의 인정이라는 엄격한 절차 진정성립이라는 완화된 절차만으로 증거능력을 인정받으려고 할 것이다. 그럴 경우에 제312조 제3항은 사문화될 우려가 있다. 따라서 다른 공동피고인의 인정 여부에 따라서 자신의 유죄 여부가 결정되는 것은 자기 보호의 원리에 반하며, 피고인의 방어권 행사에 대한 중대한 침해로서 법관의 자유심증

175) 대법원 2009. 10. 15. 선고 2009도1889 판결.
176) 대법원 2005. 6. 24. 선고 2005도2601 판결 ; 대법원 1996. 7. 12. 선고 96도667 판결.

에도 반하는 결과가 초래된다.

결국 사법경찰관 작성의 공동피고인(을)에 대한 피의자신문조서를 (당해) 피고인(갑)에 대하여 유죄 인정의 증거로 사용하기 위해서는 내용을 인정할 자는 원진술자(공동피고인인 을)가 아니라 그 증거에 의하여 사실 인정을 확인받는 당해 피고인(갑) 또는 피고인의 변호인이어야 한다. 그리고 반대신문을 조건으로 하는 견해도 경청할 만하지만 제312조 제3항은 반대신문보다 더 엄격하게 당해 피고인의 내용 인정을 요구하고 있다는 점에서 전문법칙의 원칙에 더욱 합치된다고 할 수 있다.

3) 공범이 공동피고인이 아닌 경우

가령 갑과 을이 특수절도를 하였다. 을은 현장에서 체포되어 경찰에서 갑과 합동 절도한 사실을 모두 인정하였고, 공판정에서도 자신에 대한 경찰 작성의 피의자신문조서에 대하여 내용을 인정하여 제1심에서 징역 6개월이 선고되고 확정되었다. 그 후 갑이 체포되었는데, 그는 을과의 합동 절도 사실을 부인하고, 공판정에서도 자신의 단독 범행이라며 합동 범행 사실을 부인하였다. 이에 검사는 을에 대한 경찰 작성의 피의자신문조서를 증거로 제출하였고 증인으로 출석한 을이 갑의 재판에서 피의자신문조서의 내용을 인정하였다. 을에 대해서 갑 측이 반대신문할 수 있었다면 을의 피의자신문조서를 갑에 대한 유죄 인정을 증거로 사용 가능한 것인가 하는 문제가 생긴다.

제312조 제3항은 '…그 피의자였던 피고인 또는 변호인이 그 내용을 인정할 때에 한하여 (그 피고인의 사건에 대하여) 증거로 할 수 있다.'라고 해석하여야 한다. 결국 공범이 공동피고인인 경우와 마찬가지로 공동피고인이 아닌 경우에도 공범이 자신의 재판에서 내용을 인정하거나 또는 피고인의 재판에서 진정성립을 인정하고 피고인이 공범에 대하여 반대신문을 할 수 있었다고 하더라도 증거로 사용할 수 없다. 따라서 공동피고인이 되지 않은 공범자의 경찰 진술은 당해 피고인이 그 내용을 인정하여야 증거능력이 있다(제312조 제3항). 즉, 공범자(을)가 그 사건에서 내용을 인정하였든 현재 피고사건의 증인으로 나와서 내용을 인정하였든, 이에 관계없이 현재 피고인 갑이 내용을 인정하지 않는 한 증거능력이 인정되지 않는다.

결국 공범의 경우에는 — 공동피고인이든 아니든 — 피고인의 재판에서 공범의 경찰 작성의 피의자신문조서를 증거로 사용하기 위해서는 피고인이 자신의 재판에서 공범에 대한 피의자신문조서의 내용을 인정하여야 한다.

따라서 제312조 제3항의 경우에 피고인에는 공범은 포함되지 않는다고 할 것이다.

4) 별개의 사건 및 공동피고인

제312조 제3항은 별개의 사건에서 피의자였던 피고인에 대해 사법경찰관이 작성한 피의자신문조서에도 적용된다.[177] 따라서 피고인 갑이 A 사건으로 재판을 받고 있는데, 그 이전에 갑의 B 사건에서 작성되었던 사법경찰관 작성의 피의자신문조서가 A 사건의 증거로 제출된 경우에, 피고인 갑이 그 조서의 내용을 부인하면 그 조서는 증거능력이 없다.

5. 수사 단계에서 작성된 서면 및 비디오테이프, CD

1) 진술서, 진술조서, 자술서

제312조 제5항에 따라서 제312조 제3항은 피의자가 수사 단계에서 작성한 진술서,[178] 진술조서, 자술서 등에도 적용된다.[179] 피의자의 진술을 녹취 내지 기재한 서류 또는 문서가 수사기관에서의 조사 과정에서 작성된 것이라면, 그것이 '진술조서, 진술서, 자술서'라는 형식을 취하였다고 하더라도 피의자신문조서와 달리 볼 수 없다. 만약 그렇지 않는다면 증거능력 인정의 요건이 상대적으로 쉬운 진술서나 자술서의 방법을 통하여 사실상 피의자를 신문할 수 있기 때문이다.

결국 사법경찰관 작성의 피의자신문조서의 증거능력을 완화시키려는 어떠한 우회적인 시도도 허용되지 않는다. 따라서 제312조 제3항은 피의자신문조서에만 적용되는 것이 아니라, 피의자였던 피고인의 검사 이외의 수사기관 앞에서의 진술 자체를 적용 대상으로 하고 있는 것이다.[180]

2) 비디오테이프, CD 등

수사기관에서 피의자를 조사하는 과정을 녹화한 비디오테이프, CD 또는 이에 준하는 것들은 실질적으로 피의자의 진술을 기재한 수사기관 작성의 피의자신문조서와 다를 바 없으므로 피의자신문조서에 준하여 그 증거능력을 가려야 한다.[181]

177) 대법원 1995. 3. 24. 선고 94도2287 판결.
178) 대법원 2004. 7. 15. 선고 2003도7185 전원합의체 판결.
179) 대법원 1992. 4. 14. 선고 92도442 판결.
180) 배종대·이상돈·정승환·이주원, 앞의 책, 58/60.

6. 제314조의 적용 여부

1) 피고인에 대한 사법경찰관 작성의 피의자신문조서

(1) 긍정설

긍정설에[182] 따르면, 사법경찰관 작성의 피의자신문조서에 대하여 피고인이 내용을 부인하는 경우에 제314조를 근거로 증거능력을 인정할 수 있다고 한다. 제314조는 피고인 또는 피의자로서 신문받은 자가 출석할 수 없는 경우이므로 필요성이 있는 경우도 있고, 제314조는 별개의 증거능력 인정의 방법에 관한 것이라는 점, 조사자 증언제도에 의해서 피고인이 내용을 부인하는 경우에도 증거능력이 인정된다는 점, 제314조의 입법취지가 제312조, 제313조의 원칙을 고집할 경우에 죄를 범한 것이 확실한 자를 처벌할 수 없는 불합리한 결과의 발생을 막기 위하여 신용성의 정황적 보장을 전제로 한다는 점 등을 그 이유로 한다.

(2) 부정설

부정설에[183] 따르면, 검사 작성의 피의자신문조서와 마찬가지로, 내용이 부인된 사법경찰관 작성의 피의자신문조서에 대해서도 제314조가 적용되지 않는다. 제314조는 전문법칙의 예외로서 제한적으로 해석되어야 하며, 피고인의 질병이나 기타 진술 거부 사유 등을 들어서 사법경찰관 작성의 피의자신문조서에 증거능력을 부여하려는 시도는 제312조 제3항의 입법취지를 무시하는 것이라고 하지 않을 수 없다. 제312조 제3항은 이러한 경우까지도 예상하여 입법화된 것으로 보지 않을 수 없다.

(3) 소결

피고인에 대한 사법경찰관 작성의 피의자신문조서에 대해 제314조가 적용되지 않는다는 부정설이 타당하다.

---

181) 대법원 2007. 10. 25. 선고 2007도6129 판결.
182) 배종대· 이상돈· 정승환· 이주원, 앞의 책, 58/101, 627쪽 ; 정웅석· 백승민, 앞의 책, 696쪽.
183) 이재상, 앞의 책, 40/50 ; 신동운, 앞의 책, 933쪽 ; 신양균, 앞의 책, 793쪽 ; 손동권, 앞의 책, 581쪽 ; 이은모, 앞의 책, 698쪽 ; 임동규, 앞의 책, 526쪽.

2) 공범에 대한 사법경찰관 작성의 피의자신문조서

(1) 긍정설

긍정설에 따르면, 제314조는 제312조, 제313조의 원칙을 고집할 경우, 죄를 범하는 것이 확실한 자를 처벌할 수 없는 불합리한 결과를 방지하기 위해 신용성의 정황적 보장을 전제로 한다. 따라서 피고인 또는 피의자로 신문받는 자가 진술할 수 없고 피의자신문조서에 기재된 진술이 특히 신빙할 수 있는 상태에서 행하여진 때에는 내용이 인정되지 않는 경우에도 증거로 할 수 있다는 것이다.[184)]

(2) 부정설

부정설은 공동피의자가 사망·질병, 기타 사유로 인하여 공판기일에서의 증인신문이 불가능한 경우에는 사법경찰관에 대한 공동피고인의 자백이 특히 신빙할 수 있는 상태하에서 행하여졌느냐 여부를 불문하고 공동피의자에 대한 사법경찰관 작성의 피의자신문조서에 대한 증거능력을 부정해야 한다는 견해이다.[185)]

(3) 판례(부정설)

판례에서는[186)] 다음과 같이 밝힘으로써 '공범에 대한 사법경찰관 작성의 피의자신문조서'에 대한 제312조의 적용 여부에 대해 부정적인 입장을 분명히 하고 있다.

> 형사소송법 제312조 제2항은[187)] 검사 이외의 수사기관이 작성한 당해 피고인에 대한 피의자신문조서를 유죄의 증거로 하는 경우뿐만 아니라 검사 이외의 수사기관이 작성한 당해 피고인과 공범관계에 있는 다른 피고인이나 피의자에 대한 피의자신문조서를 당해 피고인에 대한 유죄의 증거로 채택할 경우에도 적용되는바, 당해 피고인과 공범관계가 있는 다른 피의자에 대한 검사이외의 수사기관 작성의 피의자신문조서는 그 피의자의 법정 진술에 의하여 그 진정성립이 인정되더라도 당해 피고인이 공판기일에서 그 조서의 내용을 부인하면

---

184) 정웅석·백승민, 앞의 책, 696쪽.

185) 신양균, 앞의 책, 793쪽 ; 손동권, 앞의 책, 581쪽 ; 신동운, 앞의 책, 934쪽 ; 이재상, 앞의 책, 40/50 ; 임동규, 앞의 책, 526쪽.

186) 대법원 2004. 7. 15. 선고 2003도7185 전원합의체 판결.

187) 개정법 제312조 제3항을 뜻한다.

증거능력이 부정되므로 그 당연한 결과로 그 피의자신문조서에 대하여는 사망 등 사유로 인하여 법정에서 진술할 수 없는 때에 예외적으로 증거능력을 인정하는 규정인 형사소송법 제314조가 적용되지 아니한다.

(4) 소결(부정설)

제314조는 당해 피고인과 공범관계에 있는 다른 피의자에 대하여 사법경찰관이 작성한 피의자신문조서에 대해서도 적용되지 않는다는 것이 다수설과 판례의 입장으로[188] 타당하다. 따라서 공동피의자에 대한 사법경찰관 작성의 피의자신문조서는 피고인이 공판기일에 그 조서의 내용을 부인하면 그 증거능력이 인정되지 않는다. 그 이유는 다음 두 가지이다. 첫째, 이를 증거로 허용할 경우에는 제312조 제3항의 입법취지가 크게 후퇴할 것이기 때문이다. 둘째, 공범이 출석하여 내용을 인정하더라도 피고인이 내용을 인정하지 않는 경우에는 제312조 제3항에 의해서 피고인에 대한 유죄 인정의 증거로 사용할 수 없다고 할 때, 공범이 출석하지 못하여 그 내용에 대해 인정조차 하지 않은 경우에는 더더욱 피고인에 대한 유죄의 증거로 사용할 수 없다고 하여야 할 것이기 때문이다.

결국 사법경찰관 작성의 피의자신문조서는 — 피고인에 대한 피의자신문조서이건 공범에 대한 피의자신문조서이건 — 제312조 제3항에 의해서 당해 피고인이 내용을 인정하는 경우에만 당해 피고인에 대하여 유죄의 증거로 사용할 수 있다.

---

188) 대법원 2009. 11. 26. 선고 2009도6602 판결.
「원심은 "피고인이 (1) 2006. 12. 초순경 서울 강남구 신사동에 있는 이름을 알 수 없는 여관에서 공소외 1(2007. 1. 31. 사망), 공소외 2에게 필로폰 약 1g을 30만 원에 매도하고, (2) 위 일시·장소에서 위 공소외 1, 2와 함께 필로폰 불상량을 1회용 주사기에 담고 생수로 희석한 다음, 각자 자신의 팔 혈관에 주사하는 방법으로 1회 투약하고, (3) 2006. 12. 7. 20:00경 서울 중랑구 상봉동에 있는 한국관 인근에서 위 공소외 1, 2에게 필로폰 약 1g을 30만 원에 매도하였다."라는 각 공소사실에 대하여, 이에 부합하는 공소외 1의 각 경찰 피의자신문조서의 기재가 공소외 1이 사망하기 약 50일 전의 진술로서 내용이 구체적일 뿐 아니라, 그가 사망 전에 허위진술을 할 이유가 없는 것으로 보이는 점 등에 비추어 볼 때 신빙성이 있다고 보아, 이를 증거로 채택하여 모두 유죄로 인정하였다. 그러나 원심의 판단은 다음과 같은 이유에서 이를 그대로 받아들일 수 없다. 앞서 본 법리에 비추어 보면, 공소외 1의 각 경찰 피의자신문조서는 검사 이외의 수사기관이 작성한 피고인과 공범관계에 있는 다른 피의자에 대한 피의자신문조서 또는 공동피의자에 대한 피의자신문조서로서 형사소송법 제312조 제3항이 적용되어 당해 피고인이 공판기일에서 그 조서의 내용을 부인하면 증거능력이 부정되고, 또한 형사소송법 제314조에 의하여 예외적으로 증거능력이 인정될 여지가 없는 것인바, 기록에 의하면, 피고인은 위 각 공소사실을 전부 부인하면서 공소외 1의 각 경찰 피의자신문조서의 내용을 부인하였음을 알 수 있으므로, 그 증거능력이 부정되어야 한다.」

제5절·피고인 아닌 자의 진술을 기재한 조서 [제312조 제4항]

1. 의의

1) 진술조서

진술조서란 검사 또는 사법경찰관이 피의자 아닌 자(주로 참고인)를 신문하여 그 진술을 기재한 조서를 말한다. 수사 과정에서 확보된 참고인의 진술이 기록된 매체는 그것이 조서, 진술서 등의 서류이든, 영상녹화물, 컴퓨터 디스켓 등의 특수 매체이든 간에, 그 내용이 되는 진술은 모두 법원에는 간접적으로 보고되는 전문증거의 형태를 띠게 되며, 그 결과 전문법칙의 적용을 받게 된다.[189] 그러나 피의자의 진술을 녹취 내지 기재한 서류 또는 문서가 수사기관에서의 조사 과정에서 작성된 것이라면, 그것이 '진술조서, 진술서, 자술서'라는 형식을 취하였다고 하더라도 이를 피의자신문조서로 보아야 한다.[190]

2) 입법 태도

종래 제312조 제1항의 "피의자 아닌 자"가 삭제되어 개정 형사소송법 제312조 제4항으로[191] 옮겨지면서 "피고인이 아닌 자"로 바뀌었고, "피고인이 아닌 자"에 대한 조서의 증거능력 인정요건을 그 조서의 작성 주체가 검사인지, 아니면 그 밖의 수사기관인지를 구별하지 않으면서, '반대신문의 기회 보장'이라는 요건을 명문화하였다.[192] 2007년 개정 전의 형사소송법 제312조 제1항은 검사가 피고인 아닌 자의 진술을 기재한 조서에 대해서는 규정하고 있었으나, 사법경찰관 작성 진술조서에 대해서는 명시하고 있지 않았다. 그리하여 사법경찰관 작성의 진술조서에 대해서는 제313조 제1항의 적용 대상으로 이해되었다.[193] 그러나 개정된 현행 형사소송법에서는 검사 작성의 진술조서와 사법경찰관 작성의 진술조서의 증거능력을 같은 요건 아래에서 규정하고 있다.

---

189) 양동철, 앞의 논문, 69쪽.

190) 대법원 2009. 8. 20. 선고 2008도8213 판결.

191) 「④ 검사 또는 사법경찰관이 피고인이 아닌 자의 진술을 기재한 조서는 적법한 절차와 방식에 따라 작성된 것으로서 그 조서가 검사 또는 사법경찰관 앞에서 진술한 내용과 동일하게 기재되어 있음이 원진술자의 공판준비 또는 공판기일에서의 진술이나 영상녹화물 또는 그 밖의 객관적인 방법에 의하여 증명되고, 피고인 또는 변호인이 공판준비 또는 공판기일에 그 기재 내용에 관하여 원진술자를 신문할 수 있었던 때에는 증거로 할 수 있다. 다만, 그 조서에 기재된 진술이 특히 신빙할 수 있는 상태하에서 행하여졌음이 증명된 때에 한한다.」

192) 윤동호, 앞의 논문, 192쪽.

193) 신동운, 앞의 책, 936쪽.

이러한 입법 태도는 진술조서(주로 참고인진술조서)에 관한 한, 검사 작성과 사법경찰관 작성에 비교를 두는 것은 타당하지 않고, 경찰의 인권의식이 종전에 비해서 향상되었다는 점을 염두에 둔 것으로 보인다. 또한 피의자신문조서에 대해서는 여전히 검사 작성에 비해서 사법경찰관 작성의 경우에는 보다 엄격한 요건을 규정하고 있기 때문에 피의자신문 단계에서 발생할 수 있는 인권 침해의 소지를 최소화할 수 있다는 판단도 작용한 것으로 보인다.

2. 증거능력 요건

1) 적법한 절차와 방식

검사 또는 사법경찰관이 작성한 진술조서도 적법한 절차와 방식에 따라 작성된 것이어야 한다. 따라서 조서의 작성 방법, 수사 과정의 기록에 관한 규정 등이[194] 준수되어야 한다.

2) 진정성립

검사 또는 사법경찰관이 피의자 아닌 자의 진술을 기재한 조서는 공판준비 또는 공판기일에서의 원진술자의 진술에 의하여 그 진정성립이 인정된 때에만 증거로 할 수 있다. 따라서 공판준비 또는 공판기일에서의 원진술자의 진술에 의하여 간인·서명·날인 등 조서의 형식적인 진정과 함께 그 조서의 내용이 원진술자의 진술대로 기재된 것이라는 실질적 진정이 모두 인정되어야 한다.[195]

(1) 형식적 진정성립

진술자의 서명·날인이 없는 진술조서는 그 증거능력이 인정되지 않는다.[196] 사법경찰리 작성의 피해자에 대한 진술조서가 피해자의 화상으로 인한 서명 불능을 이유로 입회하고 있던 피해자의 동생에게 대신 읽어 주고 그 동생으로 하여금 서명날인하게 하는 방법으로 작성된 경우, 형식적 진정성립의 요건을 결여한 서류로, 이를 증거로 사용할 수 없다.[197]

---

194) 임동규, 앞의 책, 510쪽.
195) 대법원 1997. 4. 11. 선고 96도2865 판결
196) 대법원 1993. 4. 23. 선고 92도2908 판결.
197) 대법원 1997. 4. 11. 선고 96도2865 판결.

(2) 실질적 진정성립

실질적 진정성립은 원진술자의 공판준비 또는 공판기일에서의 진술이나 영상녹화물 또는 그 밖의 객관적인 방법에 의하여 증명되어야 한다. 사법경찰관 작성의 진술조서에도 영상녹화물 등의 대체적 방법에 의한 증명이 허용된다는 점이 특색이다.

실무적으로는 원진술자가 공판정에 증인으로 출석하여 진정성립을 인정할 것이다. 진술조서에 기재된 내용을 확인하고, 즉, 진술 기재 내용을 열람하거나 고지를 받고 그와 같이 진술하였다는 점을 인정하여야 한다. 단순히 '수사기관에서는 사실대로 진술하였다'는 취지의 진술만으로는 조서의 진정성립을 인정하였다고 보기는 어렵다.[198] 또한 진술조서를 작성한 경찰관이 공판기일에서 원진술자가 진술하는 내용대로 조서를 작성하고 진술인이 서명·무인하였다고 진술하고 있다 하여 증거능력이 있게 되는 것은 아니다.

일단 원진술자가 진정성립을 인정한 이상, 나중에 원진술자가 내용을 부인하거나 조서 내용과 다른 진술을 하더라도 증거능력에는 변함이 없다. 그리고 피고인이 증거로 함에 동의할 것도 요하지 않는다.

원진술자가 공판기일에서 검사 작성의 진술조서와 피의자신문조서에 대하여 그 조서들 중 자신의 진술과 달리 기재되었다는 부분을 특정하여 실질적 진정성립을 부인한 바가 없고, 오히려 위 각 서류들의 작성 시 검사가 읽어 보라고 준 위 조서들을 모두 읽지는 못하고 각 10분 정도 쭉 읽어 보니 자신의 진술과 크게 다름이 없어 서명·무인을 하였다는 취지로 진술하였다면, 위 조서들은 각각 증거능력이 있다.[199]

수사기관이 피의자 아닌 자의 진술을 기재한 조서 중 일부에 관하여만 원진술자가 공판준비 또는 공판기일에서 실질적 진정성립을 인정하는 경우에는, 법원은 당해 조서 중 어느 부분이 원진술자가 진술한 대로 기재되어 있고 어느 부분이 달리 기재되어 있는지 여부를 구체적으로 심리한 다음에 진술한 대로 기재되어 있다고 하는 부분에 한하여 그 증거능력을 인정하여야 한다. 또 그 밖에 실질적 진정성립이 부정되는 부분에 대해서는 그 증거능력을 부정하여야 한다.[200]

---

198) 대법원 1979. 11. 27. 선고 76도3962 전원합의체 판결.
199) 대법원 2005. 1. 14. 선고 2004도6646 판결.
200) 대법원 2008. 3. 27. 선고 2007도11400 판결.

3) 반대신문 기회 보장

(1) 의의

피고인 또는 변호인이 공판준비 또는 공판기일에서 그 내용에 관하여 원진술자를 신문할 수 있어야 한다.[201), 202)] 조서의 진정성립이 인정되더라도 피고인 측에서 참고인의 진술 내용에 대하여 다툴 수 있는 대면권을 부여하는 것이 타당하므로 반대신문의 기회를 별도로 규정한 것이다.[203)] 증언이나 참고인의 진술의 허위와 부정확성을 방지하고 이를 밝히는 유일한 수단이 반대신문이므로 반대증인에 대한 반대신문의 기회는 피고인의 가장 중요한 권리에 속한다.[204)] 피의자신문조서의 경우에는 원진술자가 대부분 현재 공판정에 출석해 있는 피고인이므로 반대신문이 의미가 없으나, 참고인진술조서와 같은 경우에는 피고인 또는 검사가 원진술자인 참고인을 직접 신문하여 진술의 진실성을 확인하는 절차가 요구되는 것이다.

반대신문의 기회를 보장하여야 하는 것은 반대당사자가 원진술자에게 진술의 진실성을 확인하는 절차로서 전문법칙의 근거에서 출발한다. 전문증거를 그 자체로 증거능력을 인정할 수 없는 것은 반대신문을 해 보지 않고서는 진실성을 확인할 수 없고, 오류의 위험성이 있다는 것이다.

피고인이 공소사실 및 이를 뒷받침하는 수사기관이 원진술자의 진술을 기재한 조서 내용을 부인하였음에도 불구하고, 원진술자의 법정 출석과 피고인에 의한 반대신문이 이루어지지 못하였다면, 그 조서에 기재된 진술이 직접 경험한 사실을 구체적인 경위와 정황의 세세한 부분까지 정확하고 상세하게 묘사하고 있어 구태여 반대신문을 거치지 않더라도 진술의 정확한 취지를 명확히 인식할 수 있다고 하더라도, 그 내용이 경험칙에 부합하는 등 신빙성에 의문이 없어 조서의 형식과 내용에 비추어 강한 증명력을 인정할 만한 특별한 사정이 있거나, 그 조서에 기재된 진술의 신빙성과 증명력을 뒷받침할 만한 다른 유력한 증거가 따로 존재하는 등의 예외적인 경우가 아닌 이상, 그 조서는 진정한 증거가치를 가진 것으로 인정받을 수 없는 것이어서, 이를 주된 증거로 하여 공소사실을 인정하는 것은 원칙적으로 허용될 수 없다. 이는 원진술자의 사망이

---

201) 진술조서의 증거조사에 앞서 원진술자의 진술을 듣도록 한 점에서 이 요건은 제275조의3이 천명한 구두변론주의의 실천 장치 가운데 하나라고 할 수 있다는 견해는 신동운, 앞의 책, 937쪽 참조.

202) 종래 대법원은 공동피고인의 공판정 자백의 증거능력에 대하여 "공동피고인의 진술에 대하여는 피고인의 반대신문권이 보장되어 있어 증인으로 신문한 경우와 다를 바 없으므로 독립한 증거능력이 있다."라고 함으로써 피고인의 공동피고인에 대한 반대신문권이 보장되어 있다는 점을 근거로 증거능력을 인정하면서도, 공동피고인의 법정 외 진술에 대해서는 반대신문권이 보장되는지 명백히 언급하고 있지 않았다(대법원 1992. 7. 28. 선고 92도917 판결 ; 대법원 1987. 12. 22. 선고 87도1020 판결 ; 대법원 1985. 6. 25. 선고 85도691 판결).

203) 정웅석·백승민, 앞의 책, 667쪽.

204) 이재상, 앞의 책, 40/58.

나 질병 등으로 인하여 원진술자의 법정 출석 및 반대신문이 이루어지지 못한 경우는 물론 수사기관의 조서를 증거로 함에 피고인이 동의한 경우에도 마찬가지이다.[205)]

(2) 반대신문의 실제 실시 여부

반드시 반대신문이 실제로 이루어져야 하는 것은 아니고, 그 기회를 주는 것이면 충분하다.[206), 207)] 따라서 검사가 피의자 아닌 자의 진술을 기재한 조서에 대하여 그 원진술자가 공판기일에서 그 진정성립을 인정하면 그 조서는 증거능력이 있는 것이고, 원진술자가 공판기일에서 그 조서의 내용과 다른 진술을 하거나 변호인 또는 피고인의 반대신문에 대하여 아무런 답변을 하지 않았다 하여, 그것이 곧 그 증거능력 자체를 부정할 사유가 되지는 않는다.[208)] 또한 반대신문에 의하여 원진술의 신빙성이 흔들리는 사정이 발생하였다 하더라도 이는 증명력의 문제일 뿐, 증거능력을 부인하는 이유가 될 수는 없다.[209)]

---

205) 대법원 2006. 12. 8. 선고 2005도9730 판결.
「이 사건 공소사실의 요지는, 유흥주점 업주들인 피고인들이 2002. 7. 하순 내지 8. 초순 그들이 운영하는 유흥주점을 방문한 (상호 생략) 보도방 소속 접객원인 공소외 1 또는 공소외 2로 하여금 부근 숙박업소에서 각 윤락행위를 하도록 직접 알선하였다는 것인데, 피고인들은 이 사건 수사 초기부터 일관하여 평소 (상호 생략) 보도방 소속 접객원들을 불러 접객행위를 하도록 한 사실은 있지만 윤락행위를 알선한 사실은 없고, 특히 공소사실 일시경 공소외 1, 2를 피고인들 운영 유흥주점에 접객원으로 부른 사실이 있는지조차 분명하지 않다고 주장하였다. 검사가 제출한 증거들 중 공소외 1, 2가 공소사실 일시경 피고인들 운영 유흥주점에 접객원으로 불려 간 사실을 뒷받침할 만한 증거는 공소외 1, 2가 수사기관에서 한 진술이 사실상 유일한 증거인데, 위 각 진술은 공소외 1, 2가 (상호 생략) 보도방에 대하여 압수수색 영장을 집행하던 경찰에 의하여 느닷없이 임의동행 형식으로 경찰서에 출석한 상태에서 단순히 기억에만 의존하여 약 보름 동안의 행적에 관하여 개괄적으로 언급한 것으로, 그 내용 중 일부 유흥주점 방문 시기는 서로 일치하지 않을 뿐 아니라, 방문 업소의 위치나 구체적으로 윤락행위를 알선한 자에 대하여는 다소 추상적으로 언급하고 있을 뿐이다. 그 외 수사기관에서 공소외 1, 2가 지적한 유흥주점, 윤락행위 알선자 및 윤락행위가 이루어진 숙박업소를 확인하는 등의 방법으로 공소외 1, 2의 진술의 신빙성이나 증명력을 보강할 만한 증거자료를 수집한 바는 없다. 피고인들은 재판 과정에서 줄곧 공소외 1, 2가 수사기관에서 한 진술의 모호성을 지적하며 두 사람의 법정 출석과 피고인들에 의한 반대신문 기회 보장을 강력히 요구하였지만, 소재 불명 등으로 인하여 결국 두 사람의 법정 출석 및 반대신문은 성사되지 못하였고, 피고인들은 재판의 장기화에 따라 9회 또는 10회 공판기일에 가서야 부득이 수사기관이 작성한 조서를 증거로 함에 동의하기에 이르렀다.」

206) 배종대·이상돈·정승환·이주원, 앞의 책, 58/69 ; 사법발전재단, 앞의 책, 130쪽.

207) 원진술자가 실질적 진정성립을 인정한 다음에 진술을 거부한 때에는 반대신문을 통하여 기재 내용의 진실성을 확인할 수 없으므로 반대신문의 기회가 보장되었다고 볼 수 없다는 견해는 이은모, 앞의 책, 699쪽 참조.

208) 대법원 2001. 9. 14. 선고 2001도1550 판결.
「그러나 반대신문권의 보장은 형식적·절차적인 것이 아니라 실질적·효과적인 것이어야 하므로, 증인이 반대신문에 대하여 답변을 하지 아니함으로써 진술 내용의 모순이나 불합리를 드러내는 것이 사실상 불가능하였다면, 그 사유가 피고인이나 변호인에게 책임 있는 것이 아닌 한 그 진술증거는 법관의 올바른 심증 형성의 기초가 될 만한 진정한 증거가치를 가진다고 보기 어렵다 할 것이고, 따라서 이러한 증거를 채용하여 공소사실을 인정함에 있어서는 신중을 기하여야 한다.」

209) 양동철, 앞의 논문, 73쪽.

4) 특신상태

조서에 기재된 진술이 특히 신빙할 수 있는 상태하에서 행하여졌음이 증명되어야 한다.[210] 현행 형사소송법은 원진술의 '특신정황'(특신상태)를 증거능력의 요건으로 명시하면서 한걸음 더 나아가 특신상태가 '증명된 때에 한하여' 그 증거능력을 인정하도록 규정하고 있다.[211] 특신상태의 의미는 검사가 작성한 피고인이 된 피의자의 진술을 기재한 조서의 증거능력의 경우와 같다.

원진술이 피고인의 진술을 그 내용으로 하는 경우에는 특신상태뿐만 아니라 제316조 제1항에 따라 피고인의 원진술도 특신상태의 요건을 갖추어야 한다. 예컨대 고소인이 피고소인(후에 피고인이 됨)이 행한 진술을 수사기관의 조사 과정에서 진술하여 그 내용이 조서로 작성되는 경우에는 고소인의 진술은 제312조 제4항에 따른 특신상태가, 피고인의 원진술은 제316조 제1항에 따른 특신상태를 각각 구비하여야 한다.[212]

특신상태에 대해서 피의자신문조서와 마찬가지로 진정성립이 증명되면 특별한 사정이 없는 한 특신상태가 추정된다는 견해도 있다.[213] 그러나 특신상태는 진술하게 된 경위, 진술 당시의 분위기, 변호인의 참여 여부, 진술 전후의 상황 등을 종합하여 판단하여야 한다.[214),215)] 즉, 진정성립, 적법절차의 준수는 특신상태를 인정하는 기초 자료일 수는 있지만, 진정성립이 증명되면 곧바로 특신상태가 추정되는 것은 아니다.

3. 적용 범위

1) 의의

제312조 제4항의 '피고인 아닌 자'란 당해 사건에서 '피고인이 된 사람 이외의 사람'을 가리킨

---

210) 한편, 여기서의 특신상태는 진정성립이 증명되면 특별한 사정이 없는 한 추정되는 것이므로 별도의 요건으로서의 기능이 의문시된다는 견해는 배종대 · 이상돈 · 정승환 · 이주원, 앞의 책, 58/69 ; 정웅석 · 백승민, 앞의 책, 256쪽 참조.

211) 신동운, 앞의 책, 938쪽.

212) 예컨대 갑이 병을 명예훼손으로 고소하고, 검사가 갑에 대한 고소인 진술조서를 작성하는 경우, 이때 갑이 병이 "갑은 바보다."라고 말하였다고 진술한다면, 갑이 수사기관에서 고소인에 대한 수사를 받는 동안에서의 특신상태가 요구되고, 마찬가지로 병의 "갑은 바보다."라는 진술도 특신상태하에서 이루어졌을 것을 요구한다.

213) 정웅석 · 백승민, 앞의 책, 668쪽.

214) 양동철, 앞의 논문, 74쪽.

215) 대법원 1995. 6. 13. 선고 95도523 판결. ; 시내버스에 승차하여 가던 중 소매치기 범행을 목격하고 버스 안의 승객들에게 주의를 준 다음, 버스를 파출소 앞에 정차시켜 범인을 지목하였고 그 직후 경찰에서 범인과의 대질신문을 통해 소매치기 범행 내용을 구체적으로 명확하게 진술하였다면, '진술 또는 서류의 작성이 특히 신빙할 수 있는 상태하에서 행하여진 경우'에 해당한다.

다.[216] 주로 참고인이 이에 해당한다. 문제가 되는 것은 공동피고인에 대한 피의자신문조서의 해당 여부와 공소 제기 후 증인에 대한 진술조서의 경우이다.

2) 공동피고인에 대한 피의자신문조서

공동피고인은 피고인에 대한 관계에 있어서는 공범이든 아니든 형사소송법 제312조 제4항이 규정하고 있는 '피고인 아닌 자'에 해당한다.[217]

(1) 검사 작성

공동피고인에 대한 검사 작성의 피의자신문조서는 제312조 제4항의 적용을 받는다.[218] 왜냐하면 제312조 제1항은 당해 사건의 피고인이 된 피의자신문조서에 대해서만 규정하고 있고, 피고인 아닌 피의자에 대한[219] 신문조서는 제312조 제4항에서 규정하고 있기 때문이다.

(2) 사법경찰관 작성

사법경찰관 작성의 공동피고인에 대한 피의자신문조서는 제312조 제4항이 아니라 제312조 제3항이 적용된다.

(3) 동일한 피의자신문조서가 피고인과 공범에 공통되는 경우

검사가 피의자(갑)와 공범자(을)를 대질신문하거나 피의자(갑)와 제삼자(병)를 대질신문하여 하나의 피의자신문조서를 작성하는 경우가 있다.[220] 이러한 상황에서 공범자(을)나 제삼자의 진술

---

216) 신동운, 앞의 책, 304쪽.

217) 한편, 제312조 제1항과 제4항의 증거능력의 요건이 사실상 동일하기 때문에 공동피고인(A와 B)이 공범 관계인 경우에는 공동피고인 중 한 사람(B)이 자신에 대한 증거인부 절차에서 피의자신문조서(B의 것)에 대하여 진정성립을 인정하면, 제312조 제1항이나 제4항의 요건을 모두 충족하므로 특별한 문제가 생기지 않는다는 견해는 양동철, 앞의 논문, 75쪽 참조. 이 견해에 따르면, B에 대해서는 제312조 제1항에 의하여, 다른 피고인(A)에 대해서는 제312조 제4항의 요건을 각각 충족하기 때문이며, 다만 A에 대해서는 공동피고인(B)에 대한 반대심문의 기회를 보장하여야 할 것이다. 공동피고인(B)이 자신에 대한 증거인부 절차에서 피의자신문조서에 대하여 진정성립을 부인하는 경우에는 영상녹화물, 기타 객관적인 방법에 의하여 진정성립이 증명되면 되므로 별다른 모순이 발생하지 않는다고 한다.

218) 제312조 제1항이 적용된다는 견해는 백승민, 「개정 형사소송법상의 검사 작성 피의자신문조서의 증거능력」, 『법조』, 제56권 제10호(2007. 10), 214쪽 이하 참조.

219) 공동피고인은 같은 절차에서 재판받고 있는 자에 불과하며, 각각 피고인이면서 다른 피고인에 대해서는 서로 상피고인으로서의 지위를 가진다.

220) 신동운, 앞의 책, 938쪽.

부분에 대해서 제312조 제1항 및 제2항이 증거능력 부여의 근거가 될 것인가, 아니면 제312조 제4항이 될 것인가 하는 문제가 발생한다. 그 내용을 구체적으로 살펴보자.

첫째, 검사가 작성한 피의자신문조서의 경우에는 공범자(을)든 제삼자(병)든 제312조 제4항의 '피고인 아닌 자'에 해당한다. 따라서 공범자(을)나 제삼자(병) 등 피고인(갑) 아닌 자에 대한 검사 작성의 조서에 '피의자신문조서'라는 명칭이 붙어 있더라도 당해 사건에서 피고인으로 된 사람(갑)과의 관계에서 그 조서는 일반적인 검사 작성의 진술조서와 마찬가지로 취급되어야 한다.[221] 따라서 조서 작성의 적법성과 특신상태가 인정되고 을이나 병이 공판정에서 진정성립을 인정하고, 피고인(갑)이 을 또는 병에게 반대신문을 하는 기회가 부여된다면, 공범자(을)나 제삼자의 진술 부분은 피고인(갑)이 이를 증거로 함에 동의하지 않은 경우에라도 갑에 대하여 그 증거능력이 인정된다.

둘째, 사법경찰관이 작성한 피의자신문조서의 경우에는 공범자(을) 또는 제삼자(병)가 검사 작성의 경우와 달리 제312조 제4항의 '피고인 아닌 자'에 해당하지 않는다. 제312조 제5항은 수사 과정에서 작성된 진술서 등은 그 명칭 여하를 불문하고 작성 주체에 따라 제312조 제1항~제4항을 적용한다고 규정하고 있다. 사법경찰관 작성의 피의자신문조서의 경우에는 제312조 제3항이 우선적으로 적용된다. 제312조 제3항은 사법경찰관 작성의 피의자신문조서에 대해서는 다른 규정 — 예컨대 제312조 제4항, 제313조, 제314조 등 — 에 의한 우회적인 증거능력 부여를 위한 시도를 원천적으로 봉쇄하는 규정으로 작용하기 때문이다. 또한 증거능력 부여의 방법으로 영상녹화물 등의 대체적 방법도 허용하지 않는다. 다만 제316조 제1항의 조사자 증언 방법을 통해서 공범자(을)나 제삼자(병)의 진술이 법정에 현출되는 것은 허용된다.[222]

3) 진술조서에 기재된 타인의 진술(재전문)

(1) 의의

'진술조서에 기재된 타인의 진술'이란 사법경찰관 작성의 참고인에 대한 진술조서에 참고인이 아닌 타인의 진술이 기재되어 있는 경우이다. 이때 진술조서 자체가 전문서류이므로 전문증거에 기재된 타인의 진술은 일종의 재전문에 해당한다. 예를 들면, A에 대한 강간 피고사건에서 사법경찰관은 목격자 B가 갑에게 "A가 V(피해자)의 기숙사에 들어가서 강제로 V를 강간하는 것을

221) 신동운, 위의 책, 939쪽.
222) 신동운, 위의 책, 939쪽.

보았다."라고 말하는 것을 들었다는 '갑에 대한 사법경찰관 작성의 진술조서'를 증거로 제출한 경우이다. 갑에 대한 진술조서 자체가 전문증거이고, B의 진술 기재 부분은 이중의 의미에서의 전문증거, 즉 전문증거 안의 전문증거로서 재전문증거에 해당한다.

(2) 판례

판례는 '재전문진술'이나 '재전문을 기재한 조서'는 증거능력이 없지만, '전문진술을 기재한 조서'는 제312조와 제316조의 요건을 충족하면 증거능력을 인정할 수 있다는 입장이다.[223]

(3) 소결

법정외 진술 하나하나가 전문법칙의 예외를 충족하는 경우에는 이를 증거로 할 수 있다고 봄이 타당하다.[224] 따라서 갑에 대한 진술조서 자체가 증거능력을 가지는 외에도 전문진술의 증거능력에 관한 제316조 제2항의 요건이 충족되면 진술조서에 기재된 B의 진술 기재 부분을 A에 대한 강간 피고사건의 실행 행위의 존재에 대한 증거로 이용할 수 있다. 따라서 갑에 대한 진술조서가 갑의 공판정에서의 진술에 의하여 진정성립이 인정되는 경우에는 목격자 B의 전문진술을 공판정에서의 피고인 아닌 타인의 진술을 내용으로 하는 진술로 취급하여 제316조 제2항에 따라서 그 증거능력을 판단할 수 있다.[225] B의 진술 기재 부분을 증거로 하기 위해서는 갑의 공판정의 진술이 있을 것을 전제로 하여 제316조 제2항에 따라서 B가 사망, 질병, 외국 거주, 소재 불명, 그 밖에 이에 준하는 사유로 진술할 수 없고(필요성), B의 진술에 특신상태가 인정되어야 한다. 결국 이 문제는 제312조 제5항에 의해서 해결하여야 한다. 제312조 제5항은 '피고인 또는 피고인 아닌 자'를 대상으로 한다. 공소제기된 피고인도 대상이 된다. 따라서 검사 작성의 경우는 제312조 제1항, 제2항이, 사법경찰관 작성의 경우는 제312조 제3항이 적용된다고 본다.

4) 제314조의 적용

검사 또는 사법경찰관 작성의 진술조서에 대해서는 보충적으로 제314조가 적용된다. 따라서

223) 대법원 2001. 10. 9. 선고 2001도3106 판결.
224) 이재상, 『신형사소송법 연습』, 박영사(2010), 423쪽.
225) 이재상, 위의 책, 333쪽.

원진술자가 사망·질병·외국 거주·소재 불명, 그 밖에 이에 준하는 사유로 인하여 진술할 수 없는 때에는 그 조서 작성이 특히 신빙할 수 있는 상태에서 행하여졌음이 증명된 때 한하여 증거로 할 수 있다.

4. 공소 제기 후 수사기관 작성의 피고인에 대한 진술조서 및 증인에 대한 번복 진술조서

1) 피고인에 대한 진술조서

(1) 의의

공소 제기 후의 검사의 수사는 공소 제기 전과 달리 제한적이다. 즉, 원칙적으로 강제수사는 금지되고 임의수사에 한정된다. 이때 피의자를 공소 제기하여 피고인이 된 후에 그 피고인을 검사 또는 사법경찰관이 법정외에서 신문하여 조서를 작성한 경우, 그 피고인의 진술을 기재한 조서의 증거능력이 문제된다. 즉, 이 조서가 제312조 제1항의 '피고인이 된 피의자의 진술을 기재한 조서'에 해당할 것인가, 아니면 제312조 제3항의 '피의자신문조서' 또는 제312조 제4항의 '피고인 아닌 자의 진술을 기재한 조서'에 해당할 것인가 하는 문제가 생긴다.

(2) 견해

피고인에 대한 진술조서에 대해서는 다음 세 가지의 견해가 있다. ① 검사 작성의 경우에는 형사소송법 제312조 제1항이, 사법경찰관 작성의 경우에는 제312조 제3항이 적용된다는 견해,[226] ② 피고인에 대한 공소 제기 후의 조서는 피의자로서의 신문이 아니므로 제312조 제4항이 적용된다는 견해,[227] ③ 피고인은 공소가 제기된 피의자라고 볼 수 있기 때문에 검사 작성의 경우에는 형사소송법 제312조 제1항의 규율 대상이 되지만, 당사자인 피고인을 검사가 신문하여 그의 진술을 조서에 기재하는 것은 '적법한 절차'에 따른 것이 아니며, 피고인의 진술을 기재하는 '방식'에 관한 근거 규정도 없기 때문에 '적법한 절차와 방식'의 요건을 충족할 수 없으므로, 결국은 그 증거능력이 부인된다는 견해[228] 등이 그것이다.

226) 임동규, 앞의 책, 513쪽.
227) 정웅석·백승민, 앞의 책, 669쪽.
228) 신동운, 앞의 책, 941쪽.

(3) 판례

검사의 피고인에 대한 진술조서(당해 공소사실에 관한 것임)가 공소 제기 후에 작성된 것이라는 이유만으로 곧 그 증거능력이 없는 것이라고 할 수 없다.[229] 즉, 피고인에 대한 법정외 진술조서도 제312조의 요건을 충족하면 증거능력이 인정된다.

(4) 소결

우선 피고인으로서 수사기관의 신문의 대상이 되는 자의 성격이 무엇인가를 살펴보아야 한다. 즉, 피고인이 된 사람이 당해 사건에 대하여 다시 피의자가 될 수 있는가가 문제이다. 만약 피의자의 신분이라고 본다면 검사 작성의 경우에는 제312조 제1항 또는 제2항이, 사법경찰관 작성의 경우에는 제312조 제3항이 적용될 수 있을 것이다. 그러나 피의자가 수사의 객체에 해당한다면, 피고인은 객체가 아니라 소송의 당사자이다. 형식적으로 검사와 대등한 관계에 있는 자로서 결코 객체인 피의자가 될 수 없다. 그리고 제312조 제4항은 '피고인 아닌 자'라고 규정하고 있기 때문에 피고인은 여기에 해당하지 않는다. 결국 형식적(문리해석)으로 볼 때, 피고인으로서 수사기관의 신문의 대상이 되는 자는 피의자 또는 피고인 아닌 자에 해당하지 않는다.

2) 증인에 대한 번복 진술조서

(1) 의의

공판준비 또는 공판기일에서 이미 증언을 마친 증인을 검사가 소환한 후 피고인에게 유리한 그 증언 내용을 추궁하여 이를 일방적으로 번복시키는 방식으로 작성한 진술조서의 경우에도 그 증거능력이 문제된다. 이때는 피고인에 대한 진술조서의 경우와 달리 주로 수사의 적법성, 즉 공소 제기 후 임의수사의 허용성과 관련하여 문제된다.

(2) 견해

증인에 대한 번복 진술조서에 대해서는 그 증거능력을 부정하는 것이 학설의 대체적인 입장이다. 그 이유는 다음과 같다.

첫째, 이러한 조서를 유죄의 증거로 삼는 것은 당사자주의·공판중심주의·직접주의를 지향하는

229) 대법원 1982. 6. 8. 선고 82도754 판결.

현행 형사소송법의 소송구조에 어긋나는 것일 뿐만 아니라, 헌법 제27조가 보장하는 기본권, 즉 법관의 면전에서 모든 증거자료가 조사·진술되고 이에 대하여 피고인이 공격·방어할 수 있는 기회가 실질적으로 부여되는 재판을 받을 권리를 침해하는 것이다.

둘째, 증인으로 증언한 자를 수사실로 불러 다시 법정 증언과 모순되는 진술을 받아 내는 것은 허용되지 않으며, 이를 통해 얻은 진술조서는 위법수집증거로, 그 증거능력이 부정된다.[230)]

(3) 판례

가) 진술조서

대법원은 "공판준비 또는 공판기일에서 이미 증언을 마친 증인을 검사가 소환한 후 피고인에게 유리한 그 증언 내용을 추궁하여 이를 일방적으로 번복시키는 방식으로 작성한 진술조서는 피고인이 증거로 할 수 있음에 동의하지 아니하는 한, 그 증거능력이 없다. 그리고 그 후 원진술자인 종전 증인이 다시 법정에 출석하여 증언을 하면서 그 진술조서의 진정성립을 인정하고 피고인 측에 반대신문의 기회가 부여되었다고 하더라도 그 증언 자체를 유죄의 증거로 할 수 있음은 별론으로 하고 위와 같은 진술조서의 증거능력이 없다는 결론은 달라지는 것은 아니다."라고 판시하였다.[231)] 그 근거로는 다음의 내용을 제시하였다.

첫째, 당사자주의·공판중심주의·직접주의를 지향하는 현행 형사소송법의 소송구조에 어긋난다.

둘째, 헌법 제27조가 보장하는 기본권, 즉 법관의 면전에서 모든 증거자료가 조사·진술되고 이에 대하여 피고인이 공격·방어할 수 있는 기회가 실질적으로 부여되는 재판을 받을 권리를 침해한다.

나) 위증죄에 대한 피의자신문조서

한편, 대법원은 더 나아가서 "위의 법리는 검사가 공판준비 또는 공판기일에서 이미 증언을 마친 증인에게 수사기관에 출석할 것을 요구하여 그 증인을 상대로 위증의 혐의를 조사한 내용을 담은 피의자신문조서의 경우도 마찬가지이다."라고 판시하였다. 이와 같이, 증언을 마친 증인을 검사가 소환한 후 피고인에게 유리한 그 증언 내용을 추궁하여 이를 일방적으로 번복시키는

230) 다만 새로운 증거의 발견이나 위증 수사가 개시되는 중 상황의 변화가 있어서 증인을 다시 신문할 필요가 있을 때에는 검사는 그 증인을 조사할 수 있다고 보아야 하며, 이 경우 그 진술조서의 증거능력은 새로운 사실에 대한 진술조서이므로 진술의 임의성법칙이나 전문법칙의 적용을 받으면 충분하다.; 정웅석·백승민, 앞의 책, 670쪽.
231) 대법원 2000. 6. 15. 선고 99도1108 전원합의체 판결.

방식으로 작성한 조서는 그 조서가 증인에 대한 진술조서이든, 증인이 위증죄의 피의자가 된 경우에 그 위증죄에 관한 피의자신문조서이든, 증거능력을 부인하고 있다.[232)]

(4) 소결

공판준비 또는 공판기일에서 이미 증언을 마친 증인을 검사가 소환한 후 피고인에게 유리한 그 증언 내용을 추궁하여 이를 일방적으로 번복시키는 방식으로 작성한 진술조서에 대해서는 통설과 판례의 입장이 타당하다. 그 이유는 다음과 같다.

① 증언을 마친 증인에 대하여 피고인에게 유리한 방향으로의 진술을 번복하도록 하는 것은 수사의 상당성이 결여되어 있다. 특히 증인이 위증죄의 가능성이 있음을 통해서 진술의 번복을 유도하는 것은 국가기관에 의한 인권 침해의 소지가 있다.

② 이미 법관이 증인의 증언을 통해서 심증을 형성한 이후에 새로이 증언의 번복을 통해서 심증의 변경을 사실상 강요하는 것은 자유심증주의를 침해하는 것이다.

③ 수사기관의 심증이 법정에 들어올 수 없도록 하는 공판중심주의에 위배된다.

제6절 · 수사 과정 작성의 진술서 [제312조 제5항]

1. 수사 단계에서 작성한 진술서, 진술조서, 자술서

제312조 제5항에[233)] 따라서 제312조 제3항은 피의자가 수사 단계에서 작성한 진술서,[234)] 진술조서, 자술서 등에도 적용된다.[235)] 또한 수사기관에서 피의자를 조사하는 과정을 녹화한 비디오테이프, CD 또는 이에 준하는 것들은 실질적으로 피의자의 진술을 기재한 수사기관 작성의 피의자신문조서와 다를 바 없으므로 피의자신문조서에 준하여 그 증거능력을 가려야 한다.[236)]

---

232) 대법원 2013. 8. 14. 선고 2012도13665 판결.
233) 「제1항부터 제4항까지의 규정은 피고인 또는 피고인 아닌 자가 수사 과정에서 작성한 진술서에 관하여 준용한다.」
234) 대법원 2004. 7. 15. 선고 2003도7185 전원합의체 판결.
235) 대법원 1992. 4. 14. 선고 92도442 판결.
236) 대법원 2007. 10. 25. 선고 2007도6129 판결.

2. 수사 경찰관의 증언

피고인이 조서의 내용을 인정하지 않는 경우에, 검사는 피고인을 수사 단계에서 신문한 경찰관을 증인으로 소환할 수 있다. 이때 수사 경찰관이 피고인이 수사 과정에서 피의자신문조서에 작성된 대로 진술하였다고 증언하는 경우에도 피의자신문조서의 증거능력은 인정되지 않는다. 수사 경찰관의 증언을 피고인의 내용 인정으로 볼 수는 없기 때문이다. 다만 수사 경찰관의 증언 자체는 제316조(조사자 증언제도)에 의하여 증거능력이 인정될 수 있다.

3. 공동피의자의 진술서

제312조 제5항에서 규정하고 있는 '피고인'의 개념 속에 공동피의자가 포함된다고 볼 것인지, 아니면 '피고인이 아닌 자'의 개념 속에 포함된다고 볼 것인지가 문제된다. 특히 검사 작성의 피의자신문조서라고 할지라도 당해 '피의자'가 '피고인'이 아닌 한, 제312조 제1항의 적용되는 것이 아니라, 동 조 제4항이 적용된다고 본다면, 이러한 논의가 공동피의자에게도 적용되는 것인지 문제된다.[237]

1) 검사 앞에서 작성한 공동피의자의 진술서

검사 앞에서 작성한 공동피의자의 진술서에 대해서는 검사 작성의 공동피의자에 대한 피의자신문조서에 대한 해석론이 그대로 적용될 것이다. 즉, 진술서를 피의자신문조서로 보기 때문에 제312조 제4항이 적용된다. 따라서 피고인 갑이 공동피고인 을에 대한 검사 앞에서의 진술서를 증거로 함에 동의하지 않는 경우에는 공동피고인 을을 증인으로 신문하여 피의자신문조서의 진정성립이 인정되어야 피고인 갑에게도 그 증거능력이 인정된다. 이는 피고인 갑의 반대신문권을 보장하기 위함이다.[238] 예를 들어, 갑이 훔친 자동차를 병이 장물임을 알고서 취득하였다고 하자. 이때 갑과 병은 공범은 아니지만, 공동피고인이 될 수 있다. 그런데 갑이 공판정에서 절취 사실을 부인하고 있고, 검사가 병이 검사 앞에서 범죄 사실을 자백한 진술서를 증거로 제출하더라도 갑이 이에 동의하지 않는다면, 원진술자인 병이 진술서의 실질적 진정성립을 인정하고, 갑 또는

237) 정웅석, 앞의 논문, 155쪽.
238) 임동규, 앞의 책, 507쪽.

갑의 변호인이 병을 반대신문할 수 있는 경우에 병의 진술서는 갑에 대한 절도의 유죄의 증거로 사용할 수 있다.[239)]

2) 사법경찰관 앞에서 작성한 공동피의자 진술서

사법경찰관 앞에서 작성한, 공동피의자의 진술서는 공동피의자를 제312조 제5항의 '피고인'으로 보는 경우와 '피고인 아닌 자'로 보는 경우로 다음과 같이 구별할 수 있다.

(1) 피고인으로 보는 경우

공동피의자를 '피고인'으로 보는 경우, 그 진술서를 피의자신문조서로 보기 때문에 이에는 제312조 제3항이 적용된다. 따라서 공동피의자가 공동피고인이 된 경우에 비록 공동피고인(을)이 자신의 진술서에 대해서 내용을 인정하더라도 당해 피고인(갑)이 그 내용을 인정하지 않는다면 진술서 — 사실은 피의자신문조서 — 를 갑에 대한 유죄의 증거로 사용할 수 없다. 판례의 입장이다.[240)] 한편, 사법경찰과 앞에서의 공동피의자의 진술서도 공동피고인이 되었는가를 불문하고 제312조 제5항의 '피고인'이 수사 과정에서 작성한 진술서에 포함된다고 보고, 공동피고인이 스스로 작성한 진술서의 진정성립 및 내용을 인정하는 경우에 한하여 — 상피고인 을의 반대신문을 전제로 — 을에 대한 증거능력을 인정하는 견해도 있다.[241)]

(2) 피고인 아닌 자로 보는 경우

공동피의자를 '피고인 아닌 자'로 보는 경우에는 반대신문권을 전제로 하여 제312조 제4항이 적용된다는 결론이 도출될 수 있다.[242)] 이에 따르면, '공동피의자'를 제312조 제5항의 '피고인 아닌 자'의 개념 속에 포함된다고 본다면, 공동피의자의 진술서는 '피고인 아닌 자가 수사 과정에서 작성한 진술서'에 해당한다. 그러므로 공범 여부를 불문하고 공동피의자가 공판정에서 실질적 진정성립을 인정하면(제312조 제4항), 반대신문권의 보장을 전제로 그 진술서는 상피고인에게 그 증거능력이 인정된다고 볼 수밖에 없다.

---

239) 한편, 이에 대해서 진술서의 경우에 진정성립은 의미가 없으므로, 피고인이 된 피의자에 관한, 검사 작성의 피의자신문조서(제312조 제1항)와 동일하게 특신상태 및 반대신문권의 보장을 전제로 상피고인에 대하여 증거능력이 인정된다고 보아야 할 것이라는 견해는 정웅석, 앞의 논문, 155쪽 참조.

240) 대법원 1986. 11. 11. 선고 86도1783 판결.

241) 정웅석·백승민, 앞의 책, 673쪽.

242) 정웅석, 앞의 논문, 155쪽.

제7절·진술서 [제313조 제1항] 및 감정서

1. 의의

진술서는 그 작성자가 스스로 자기의 의사·사상·관념 및 사실관계 등을 기재한 서면을 말하며, 서류의 작성자가 동시에 진술자인 것으로, 진술서·자술서·시말서 등 그 명칭을 불문한다. 피고인·피의자·참고인이 작성의 주체라는 점에서 법원 또는 수사기관이 작성하는 진술기재 조서와 구별된다.[243] 또한 진술서는 작성의 장소도 묻지 않는다. 따라서 반드시 당해 사건의 공판과 수사절차에서 작성될 것을 요하지는 않고, 사건과 관계없이 작성된 메모나 일기 등도 이에 포함된다.[244]

진술서에 대하여 그 성립만 인정되면 증거로 할 수 있고 그 이외에 기재 내용의 인정이나 신빙성을 그 요건으로 하지 않는 것은 피고인의 자백이나 불이익한 사실의 승인은 재현 불가능이 많고, 또한 진술거부권이 있음에도 불구하고 자기에게 불이익한 사실을 진술하는 것은 진실성이 강하다는 데에 입법적 근거를 둔 것이다.[245]

2. 유형

제313조 제1항에 의하면, 진술서 등은 피고인 또는 피고인 아닌 자가 스스로 작성한 진술서와, 피고인 또는 피고인 아닌 자의 진술을 기재한 서류로 나뉜다. 이는 곧 ① 피고인의 진술서, ② 피고인의 진술을 기재한 서류, ③ 피고인 아닌 자의 진술서, ④ 피고인 아닌 자의 진술을 기재한 서류 등으로 구별할 수 있다.

1) 진술서

진술서는 '피고인 스스로 작성한 진술서'와 '피고인 아닌 자가 스스로 작성한 진술서'로 구별된다. 이들에는 작성의 주체에 따라 피고인이 작성한 진술서(예컨대 일기, 자술서, 시말서, 편지, 메모

243) 이재상, 『형사소송법』, 박영사(2013), 40/62.
244) 이재상, 위의 책, 40/62.
245) 대법원 1982. 9. 14. 선고 82도1479 전원합의체 판결.

등)와 피해자·참고인·공동피고인·사법경찰관 등 피고인 아닌 자가 작성한 진술서가 해당한다. 피고인이 당해 사건의 공판과 수사절차에서 작성한 서면뿐만 아니라 다른 사건과 관련되어 작성한 것도 피고인의 진술서에 이에 해당한다.[246] 공동피고인의 진술서는 피고인 아닌 자의 진술서에 해당한다.[247] 의사의 진단서도 진술서의 일종이라고 할 수 있다.[248]

2) 진술 기재 서류

피고인 또는 피고인 아닌 자의 진술을 제삼자가 기재한 서류이다.

(1) 피고인 아닌 자의 진술을 기재한 서류

예를 들면, 목격자 갑이 목격 당시의 상황을 병에게 말하고 병이 이것을 타이핑하는 경우이다. 또한 수사기관이 피해자 또는 참고인과의 전화 통화 내용을 기재한 수사보고서도 이에 해당한다.[249]

판례에 의하면, 녹음테이프에 녹음된 내용, 컴퓨터 디스켓에 저장된 내용, 비디오테이프도 원칙적으로 진술 기재 서류의 일종이다.

가) 녹음테이프

수사기관 아닌 사인(私人)이 피고인 아닌 사람과의 대화 내용을 녹음한 녹음테이프는 형사소송법 제311조, 제312조 규정 이외의 피고인 아닌 자의 진술을 기재한 서류와 다를 바 없다. 따라서 피고인이 녹음테이프를 증거로 할 수 있음에 동의하지 않는 이상, 녹음테이프에 증거능력을 부여하기 위해서는 다음 두 가지가 충족되어야 한다.

첫째, 녹음테이프가 원본이거나 원본으로부터 복사한 사본일 경우, 복사 과정에서 편집되는 등의 인위적 개작 없이 원본 내용 그대로 복사된 사본이어야 한다.

---

246) 임동규, 앞의 책, 514쪽.
247) 이은모, 앞의 책, 704쪽.
248) 대법원 1969. 8. 19. 선고 69도1002 판결.
249) 대법원 2010. 10. 14. 선고 2010도5610 판결; 대법원 2010. 10. 14. 선고 2010전도31 판결; 대법원 1999. 2. 26. 선고 98도2742 판결.
「이 사건 각 수사보고서는 검사가 참고인인 피해자 공소외 1, 2와의 전화 통화 내용을 기재한 서류로서 형사소송법 제313조 제1항 본문에 정한 '피고인 아닌 자의 진술을 기재한 서류'인 전문증거에 해당하나, 그 진술자의 서명 또는 날인이 없을 뿐만 아니라 공판준비기일이나 공판기일에서 진술자의 진술에 의해 성립의 진정함이 증명되지도 않았으므로 증거능력이 없다.」「외국에 거주하는 참고인과의 전화 대화 내용을 문답형식으로 기재한 검찰주사보 작성의 수사보고서는 전문증거로서 결국 제313조의 진술을 기재한 서류에 해당하여야만 제314조의 적용 여부가 문제될 것인바, 제313조가 적용되기 위하여는 그 진술을 기재한 서류에 그 진술자의 서명 또는 날인이 있어야 한다.」

둘째, 형사소송법 제313조 제1항에 따라 공판준비나 공판기일에서 원진술자의 진술에 의하여 녹음테이프에 녹음된 각자의 진술 내용이 자신이 진술한 대로 녹음된 것이라는 점이 인정되어야 한다.[250]

나) 비디오테이프

사인이 피고인 아닌 사람과의 대화 장면을 촬영한 비디오테이프도 이에 해당한다. 따라서 제313조 제1항에 해당하여 피촬영자의 진술에 의하여 진정성립이 인정되어야 한다.[251]

다) 컴퓨터 디스켓

컴퓨터 디스켓에 들어 있는 문건이 증거로 사용되는 경우, 위 컴퓨터 디스켓은 그 기재의 매체가 다를 뿐, 실질에 있어서는 피고인 또는 피고인 아닌 자의 진술을 기재한 서류와 크게 다를 바 없다. 또 압수 후의 보관 및 출력 과정에 조작의 가능성이 있으며, 기본적으로 반대신문의 기회가 보장되지 않다. 이에 비추어 그 기재 내용의 진실성에 관하여는 전문법칙이 적용된다고 할 것이고, 따라서 형사소송법 제313조 제1항에 의하여 그 작성자 또는 진술자의 진술에 의하여 그 진정성립이 증명된 때에 한하여 이를 증거로 사용할 수 있다 할 것이다.[252]

(2) 피고인의 진술을 기재한 서류

피고인의 진술을 기재한 서류란 피고인의 진술을 타인이 그대로 작성한 서면을 말한다. 판례에 의하면, 피해자가 피고인과의 대화 내용을 녹음한 경우의 녹음테이프도 이에 해당한다고 한다. 따라서 제313조 제1항 단서에 의해서 녹음자(피해자)의 진술에 의하여 진정성립이 인정되어야 한다.[253]

3) 녹취록

(1) 피고인 아닌 사람과의 대화 내용에 대한 녹취록

사인이 피고인 아닌 사람과의 대화 내용을 녹음한 녹음테이프 등을 기초로 작성한 녹취록은 형사소송법 제313조의 진술서에 준하여 피고인의 동의가 있거나 원진술자의 공판준비나 공판기일에서의 진술에 의하여 진정성립이 증명되어야 그 증거능력을 인정할 수 있다.[254]

---

250) 대법원 2011. 9. 8. 선고 2010도7497 판결.
251) 대법원 2004. 9. 13. 선고 2004도3161 판결; 1999. 3. 9. 선고 98도3169 판결.
252) 대법원 1999. 9. 3. 선고 99도2317 판결.
253) 대법원 2005. 12. 23. 선고 2005도2945 판결.
254) 대법원 2011. 9. 8. 선고 2010도7497 판결.
「피고인이 자신의 아들 등에게 폭행을 당하여 입원한 피해자의 병실로 찾아가 피해자의 모(母) 갑과 대화하던 중

(2) 피고인과의 대화 내용에 대한 녹취록

피고인과 갑·을의 대화에 관한 녹취록은 피고인의 진술에 관한 전문증거이다. 피고인이 위 녹취록에 대하여 부동의한 경우, 을이 위 대화를 자신이 녹음하였고 녹취록의 내용이 다 맞다고 법정에서 진술하였다 하더라도, 녹취록에 그 작성자가 기재되어 있지 않을 뿐만 아니라 검사 역시 녹취록 작성의 토대가 된 위 대화 내용을 녹음한 원본 녹음테이프 등을 증거로 제출하지도 않는 등, 형사소송법 제313조 제1항에 따라 위 녹취록의 진정성립을 인정할 수 있는 요건이 전혀 갖추어지지 않는 이상, 그 녹취록의 기재는 증거능력이 없어, 이를 증거로 사용할 수 없다.[255]

3. 적용 범위

1) 수사 과정에서 작성한 진술서[제312조 제1항~제4항]

형사소송법 제313조는 "전 2조의 규정 이외에 피고인 또는 피고인이 아닌 자가 작성한 진술서나 그 진술을 기재한 서류"를 그 대상으로 한다. 그런데 제312조 제5항은 "제1항부터 제4항까지의 규정은 피고인 또는 피고인이 아닌 자가 수사 과정에서 작성한 진술서에 관하여 준용한다."라고 규정하고 있다. 따라서 피의자의 진술을 녹취 내지 기재한 서류 또는 문서가 수사기관에서의 조사 과정에서 작성된 것이라면, 그것이 '진술조서, 진술서, 자술서'라는 형식을 취하였다고 하더라도 이를 피의자신문조서와 같이 취급하여야 한다.[256] 결국 '진술조서, 진술서, 자술서'라는 형식을 취한 경우에라도 수사기관에 따라서 검사 작성의 피의자신문조서, 또는 사법경찰관 작성의 피의자신문조서 등으로 구별하여 그 증거능력을 검토하여야 한다.

허위사실을 적시하여 피해자의 명예를 훼손하였다는 내용으로 기소된 사안에서, 원심이 유죄의 증거로 채용한 녹취록은 私人 갑이 갑의 이웃 을과 나눈 대화 내용을 녹음한 녹음테이프 등을 기초로 작성한 것으로서 형사소송법 제313조의 진술서에 준하여 피고인의 동의가 있거나 원진술자의 공판준비나 공판기일에서의 진술에 의하여 성립의 진정함이 증명되어야 증거능력을 인정할 수 있는데, 피고인이 녹취록을 증거로 함에 동의하지 않았고, 갑이 원심 법정에서 "을이 사건 당시 피고인의 말을 다 들었다. 그래서 지금 녹취도 해왔다."고 진술하였을 뿐, 검사가 녹취록 작성의 토대가 된 대화 내용을 녹음한 원본 녹음테이프 등을 증거로 제출하지 아니하고, 원진술자인 갑과 을의 공판준비나 공판기일에서의 진술에 의하여 자신들이 진술한 대로 기재된 것이라는 점이 인정되지도 아니하는 등 형사소송법 제313조 제1항에 따라 녹취록의 진정성립을 인정할 수 있는 요건이 전혀 갖추어지지 않았으므로, 위 녹취록은 증거능력이 없어 이를 유죄의 증거로 사용할 수 없다.」

255) 대법원 2010. 3. 11. 선고 2009도14525 판결.

256) 대법원 2009. 8. 20. 선고 2008도8213 판결.

2) 수사 과정 이외에서 작성한 진술서[제313조]

제313조에 의하여 증거능력이 인정되는 진술서는 수사 과정 아닌 단계에서 피고인 또는 제삼자가 스스로 작성한 진술서를 법원에 제출하거나, 공판심리 중에 작성된 진술서에 한정된다.[257] 결국 제313조의 진술서는 피고인 또는 제삼자가 스스로 작성하여 법원에 제출하거나,[258] 제삼자인 사인이 수사기관 이외의 자에게 작성·교부하여 법원에 제출한 진술서,[259] 법원에서 작성한 진술서 등을 말한다.[260]

4. 피고인의 진술서, 피고인 아닌 자의 진술서·진술 기재 서면의 증거능력 요건

1) 의의

제312조 제3항과 달리 피의자의 진술에 대해서도 내용의 진정을 요건으로 하지 않은 것은, 진술자가 자율적인 의사로 작성한 것이어서 그 내용은 고도의 신빙성이 인정될 수 있기 때문이다. 그러나 제313조는 원본증거의 사용이 가능함에도 불구하고 진실 발견과 소송경제를 위해 전문증거를 사용하는 것으로서 직접주의를 심각하게 저해하는 규정이라고 할 수 있다.[261] 또한 피고인의 진술서면에 대하여 증거능력을 지나치게 넓게 인정하면 진술거부권의 고지(제244조의3) 등 검사나 사법경찰관리의 신문 절차에서 볼 수 있는 바와 같은 진술의 객관성을 담보할 장치가 없는 상황에서 이루어진 피고인 진술이 유죄 인정의 자료로 사용됨으로써 오히려 오판을 초래할 우려가 있다.[262] 이러한 위험에 대처하기 위하여 제313조 제1항의 본문과 단서는 피고인의 진술서면에 증거능력을 부여하기 위한 요건으로 진정성립 이외에 특신상태를 요구하고 있다.

2) 진정성립

(1) 형식적 진정성립의 강조

제313조에서는 다른 규정(예컨대 제312조 제1항, 제4항)과 달리, 작성자 또는 진술자의 자필이

---

257) 이재상, 앞의 책, 40/69.

258) 예컨대 피고인의 부인이 작성하여 법관 앞으로 보내는 탄원서("존경하옵는 재판장님, 비록 저의 남편이 도박을 하였지만 남편이 한 푼이라도 더 벌기 위하여 낮밤을 가리지 않고 노력한 것이었기 때문에 선처하여 주시기 바랍니다.…").

259) 예컨대 의사 갑이 작성하여 교부한 병에 대한 진단서.

260) 이재상, 『신형사소송법 연습』, 박영사(2010), 379쪽.

261) 배종대·이상돈·정승환·이주원, 앞의 책, 58/86.

262) 신동운, 앞의 책, 951쪽.

거나 그 서명 또는 날인이 있는 것을 전제로 진정성립을 요구하고 있다. 이는 자필이거나 그 서명 또는 날인, 즉 형식적 진정성립이 인정되지 않는 진술서의 경우에는 아예 실질적 진정성립 판단에 들어갈 필요가 없다는 의미이다. 즉, 진술서의 경우에는 작성자가 동시에 진술자이므로 실질적 진정성립의 의미는 축소되고 형식적 진정성립의 필요성이 중요하다. 사실상 형식적 진정성립이 인정되면 실질적 진정성립이 인정될 여지가 많다는 것으로 볼 수도 있다.

이때 꼭 자필일 필요는 없다. 타자기나 워드 프로세서에 의한 작성도 가능하다. 따라서 자필이 아니더라도 서명 또는 날인이 있는 진술서는 증거능력이 인정될 수 있다. 검찰주사보 작성의 각 수사보고서가 제313조의 진술을 기재한 서류에 해당하기 위해서는 그 진술을 기재한 서류에 그 진술자의 서명 또는 날인이 있어야 한다. 따라서 외국에 거주하는 참고인과의 전화 대화 내용을 문답 형식으로 기재한 수사보고서는 그 진술자의 서명 또는 날인이 없는 경우에는 그 증거능력을 인정할 수 없다.[263)]

(2) 진정성립 인정의 주체와 내용

제313조 제1항 본문에 의하면, 진정성립을 인정해야 하는 것은 작성자 또는 진술자이다. 피고인 또는 피고인 아닌 자의 진술서는 작성자가, 피고인 또는 피고인 아닌 자의 진술을 기재한 서류는 진술자가 진정성립의 진술을 하여야 한다.

(3) 특신상태

피고인 진술서에도 제313조 제1항 단서가 적용된다는 견해에 따르면, 진정성립에 특신상태도 요구된다.[264)]

5. 피고인의 진술을 기재한 서면

1) 의의

피고인의 진술을 기재한 서류의 증거능력에 대해서는 제313조 제1항의 본문뿐만 아니라 단서에서도 규정되어 있다. 다만 단서에서는 본문과 달리 '피고인의 진술을 기재한 서류'에 대해서

263) 대법원 1999. 2. 26. 선고 98도2742 판결.
264) 신동운, 앞의 책, 993쪽 ; 임동규, 앞의 책, 502쪽 ; 이은모, 앞의 책, 643쪽.

본문과 달리 진술자가 아니라 '작성자'가 진정성립의 주체로 규정되어 있다. 따라서 다음과 같은 문제들이 발생한다.

첫째, 단서에서 규정하고 있는 '피고인의 진술을 기재한 서류'에 '피고인이 스스로 작성한 진술서'도 포함되는가 하는 문제이다. 즉, 형식적으로 본다면 진술 기재 서면에 대해서는 진술자가 진정성립 인정의 주체가 되는 것이 논리적이다. 그럼에도 불구하고 문언상 진술 기재 서면에 대한 진정성립 인정의 주체가 진술자가 아니라 작성자로 되어 있기 때문에, 해석론상의 문제가 발생한다.

둘째, 피고인의 진술을 기재한 서류에 대해서는 본문의 요건 외에 단서의 요건이 추가적으로 필요한 것인지, 아니면 본문을 거치지 않고 바로 단서의 요건을 필요로 하는 것인지 하는 것이다.

2) 피고인 진술서의 포함 여부

(1) 불포함설

피고인의 진술서는 단서의 진술 기재 서류에 포함되지 않는다는 견해에 따르면, 피고인의 진술서는 제313조 제1항 본문에 의해서 그 증거능력이 인정된다고 한다. 피고인의 진술서는 피고인 스스로가 타인의 개입 없이 작성한 것이고, 또 불이익한 내용을 담고 있어서 그 진실성이 강하므로 문서의 진정성립이 인정되면 특신상태는 법률상 추정된다. 그러나 피고인의 진술을 기재한 서류는 피고인에게 불이익한 내용을 담고 있을 뿐만 아니라 사인이 개입하여 작성한 것으로서, 신빙성에 있어서 피고인의 진술서보다 약하다. 따라서 피고인 진술서에는 문서의 진정성립이라는 요건 외에 특신상태가 요구된다고 한다.[265)]

(2) 포함설

제313조 제1항 단서는 '피고인의 진술'을 내용으로 하는 한 '제삼자가 피고인의 진술을 기재한 서류'뿐 아니라 '피고인이 직접 작성한 진술서'도 포함한다는 견해이다.[266)] 이 견해에 의하면, 피고인의 진술서면에 대해 증거능력을 지나치게 넓게 인정하면 진술거부권의 고지(제244조의3) 등 검사나 사법경찰관의 신문 절차에서 볼 수 있는 바와 같은, 진술의 객관성을 담보할 장치가

---

265) 김형진, 앞의 논문, 203쪽.

266) 신동운, 앞의 책, 950쪽(단서는 '작성자'만을 규정하고 있으나, 이 표현은 원진술자를 가리키므로 '작성자 또는 진술자'로 풀어서 읽어야 할 것이다).

없는 상황에서 이루어진 피고인 진술이 유죄 인정의 자료로 사용됨으로써 오판을 초래할 우려가 있다고 한다.

(3) 소결(불포함설)

1961년 형사소송법은 전문증거의 개념을 도입하면서, 동법 제310조의2에서 전문증거를 '제311조 내지 제316조에 규정한 것 이외에는 공판 준비 또는 공판기일에서의 진술에 대신하여 진술을 기재한 서류나 공판준비 또는 공판기일 외에서의 '타인의 진술'을 내용으로 하는 진술은 이를 증거로 할 수 없다'라고 규정하고 있다. 따라서 진술을 기재한 서류는 자신의 서류이든 타인의 서류이든 묻지 않고 전문증거에 해당하므로, 제313조 단서의 진술 기재 서면에 피고인의 진술서가 포함된다고 볼 여지도 있다. 그러나 제310조의2에서 규정한 전문증거의 범위를 전제로 하면서도, 제313조 제1항 본문에서는 피고인의 진술과 피고인의 진술을 기재한 서류를 명문으로 구별하고 있다. 그리고 단서에서도 피고인의 진술을 기재한 서류에 대하여 특별히 특신상태를 추가적으로 규정하고 있다. 결국 제313조 제1항의 본문과 단서는 피고인의 진술서와 피고인의 진술을 기재한 서류를 엄격히 구별하여 규정하고 있다고 보아야 한다. 따라서 단서에서의 피고인의 진술을 기재한 서류에 관한 해석론적 논의는 단서의 피고인의 진술을 기재한 서류에는 본문의 피고인의 진술서는 포함되지 않는다는 것을 전제로 하며, 따라서 피고인의 진술을 기재한 서류에 대해서는 본문의 요건 외에 단서의 요건이 추가적으로 필요 여부가 논의의 중심이 된다.

3) 증거능력 요건

(1) 진정성립 인정의 주체와 내용

제313조 제1항 단서의 피고인의 진술을 기재한 서류에는 피고인이 스스로 작성한 진술서는 포함되지 않는다. 결국 제삼자가 피고인의 진술을 기재한 서류에만 해당 단서가 적용된다. 즉, 피고인이 직접 작성한 진술서는 피고인이 진술자인 동시에 작성자이기 때문에 허위 개입의 여지 또는 조작의 가능성이 매우 약하다. 그러나 피고인의 진술을 기재한 서류는 사실상 재전문서류로서 진술자와 작성자가 다르며, 피고인의 진술서에 비해서 허위 또는 조작의 가능성이 상대적으로 높다. 따라서 피고인의 진술을 기재한 서류는 본문에 의해서 진술자(즉, 피고인)가 진정성립을 인정해야 할 뿐만 아니라 단서에 의해서 작성자가 그 진정성립을 인정하여야 한다. 이러한 해석은 해당 단서에서 "피고인의 진술에도 불구하고…"라고 규정하여 진정성립의 인정은 피고인이 아니

라 작성자라고 규정하고 있는 것에서도 나타난다. 결국 피고인의 진술을 기재한 서류에서 본문에서의 진정성립은 진술자인 피고인이 진술서면의 기재 내용이 진술자(즉, 피고인 자신)가 진술한 내용과 일치한다는 확인을 하여야 한다. 그러나 단서에서의 진정성립은 피고인이 아닌 작성자가 하여야 하고, 진술서면의 기재 내용이 작성자가 기재한 내용과 일치한다는 확인을 말한다.

(2) 특신상태

제313조 제1항 단서는 피고인의 진술을 기재한 서류는 공판준비 또는 공판기일에서의 그 작성자의 진술에 의하여 그 진정성립이 증명되고 그 진술이 특히 신빙할 수 있는 상태하에서 행하여진 때에 한하여 피고인의 공판준비 또는 공판기일에서의 진술에도 불구하고 증거로 할 수 있다. 이때 "진술에 불구하고"라는 요건의 해석과 관련하여 완화요건설과 가중요건설 간의 대립이 있다.

가) 완화요건설

완화요건설은 본문에 의한 원진술자의 진정성립은 필요하지 않고 작성자에 의한 진정성립과 특신상태만 요구된다고 본다. 그리고 제1항 단서에서 말하는 "진술에 불구하고"의 '진술'은 실질적 진정성립의 진술을 의미한다고 한다. 즉, 피고인이 공판정에서 형식적 진정성립을 인정하면서도 실질적 진정성립을 부인하는 진술을 하는 경우에는, 그 부인 진술에도 불구하고 '특신정황'이 인정되면 피고인의 진술을 기재한 서면의 증거능력이 인정된다고 본다.

나) 가중요건설

가중요건설은 본문의 요건 이외에 추가적으로 작성자에 의한 진정성립과 특신상태가 요구된다는 견해이다.[267] 그리고 제1항 단서에서 말하는 "진술에 불구하고"의 '진술'은 내용 부인의 진술을 의미한다고 한다.[268] 일단 특신정태가 인정되면 기재 내용이 진실에 부합하지 않는다고 주장하는 내용 부인의 진술이 있어도 '그 진술에 불구하고' 증거능력이 인정된다고 한다.

(3) 소결(가중요건설)

피고인이 스스로 작성한 진술서와 달리 피고인의 진술을 기재한 서류는 전자에 비해서 그 신빙성이 떨어진다. 따라서 보다 엄격한 증거능력의 요건이 필요하다는 취지에서 단서가 입법된

267) 신동운, 앞의 책, 954쪽 ; 손동권, 앞의 책, 629쪽.
268) 신동운, 앞의 책, 954쪽.

것으로 보아야 한다.

결국 피고인의 진술을 기재한 서류에 대해서 증거능력이 인정되기 위해서는 다음 세 가지의 요건이 충족되어야 한다. 즉, ① 본문에 의해서 진술자(즉, 피고인)가 진정성립을 인정하여야 하고, ② 단서에 의해서 작성자가 그 진정성립을 인정하여야 하며, ③ 특신상태도 인정되어야 한다.

6. 기타

1) 피해자의 고소장

피해자의 고소장은 피고인 아닌 자가 작성한 진술서에 해당한다. 범죄 사실을 신고하는 부분을 범죄 사실의 입증에 사용하는 경우에, 이것이 수사 과정에서 작성된 것이라면 제312조에 따라 그 증거능력을 인정할 수 있고, 수사 이전에 작성된 것이라면 제313조 제1항에 의하여 그 증거능력을 인정할 수 있다. 고소장을 고소기간의 경과 여부를 다투는 등, 소송조건의 입증을 위하여 사용하는 경우에는 소송조건은 자유로운 증명으로 족하므로 증거능력의 제한은 문제되지 않는다.[269)]

2) 진술서에 기재된 타인의 진술(재전문)

예컨대 갑의 일기장이 법정에 증거로 제출된 경우에 그 일기장에 기재되어 있는 피고인 아닌 병의 진술은 일종의 재전문에 해당한다.[270)] 이러한 경우에는 진술서 자체의 증거능력과 진술서에 기재된 재전문진술의 증거능력이 각각 검토되어야 한다. 따라서 제313조 제1항에 따라서 갑이 공판정에 증인으로 출석하여 진정성립을 인정하고 병의 진술 부분이 제316조 제2항에 요건을 충족하는 경우에는 증거능력이 인정된다.[271)]

3) 제314조의 적용

진술서도 원진술자가 사망·질병·외국 거주·소재 불명, 그 밖에 이에 준하는 사유로 인하여 진술할 수 없는 때에는 진술서가 특히 신빙할 수 있는 상태에서 작성되었음이 증명된 때 한하여 이를 증거로 할 수 있다.

---

269) 임동규, 앞의 책, 515쪽.

270) 가령 갑이 작성한 일기장에 갑의 애인 병이 "A가 B를 폭행하는 것을 보았다."라고 말한 것을 갑이 기재한 부분이 있는 경우이다. 그리고 병이 이 진술을 하고 사망한 경우이다.

271) 위의 경우에 병이 사망하였으므로 필요성도 인정되고, 갑과 병은 연인 사이이므로 특신상태도 인정된다고 본다.

7. 감정서[제313조 제2항]

1) 의의

감정서는 감정의 경과와 결과를 기재한 서류를 말한다. 감정의 경과와 결과를 기재한다는 것은 감정인이 경험한 바를 진술하는 것이므로 원진술자의 진술을 제삼자가 간접적으로 보고하는 전형적인 전문진술과 구별된다.[272)]

2) 법원 또는 법관의 감정 명령에 의한 감정서

법원 또는 법관의 감정 명령에 의하는 경우에는 선서(제170조)와 형법상의 제재에 의하여 공정이 담보된다는 점에 비추어 감정서는 전문진술의 하나인 진술서에 준하여 증거능력이 인정된다. 감정인의 자필이거나 서명 또는 날인이 있어야 하고 공판준비나 공판기일에서의 그 작성자 또는 진술자의 진술에 의하여 그 진정성립이 증명되어야 한다. 감정인이 사망·질병·외국 거주·소재 불명, 그 밖에 이에 준하는 사유로 진술할 수 없을 때에 감정서는 그 작성이 특히 신빙할 수 있는 상태하에서 행하여진 때에 한하여 그 증거능력이 인정된다(제314조).

3) 수사기관의 감정위촉에 의한 감정서

수사기관으로부터 감정을 촉탁받은 자(감정수탁자)가 작성한 감정서(제221조)도 제313조 제2항에 의하여 증거능력이 인정된다.[273), 274)]

---

272) 신동운, 앞의 책, 956쪽.

273) 형사소송법은 수사기관의 촉탁에 의한 감정도 법원의 명에 의한 감정에 준하는 것으로 취급하고 있다(제221조의3 이하). 그러나 수사기관이 위촉한 감정인의 경우에는 선서도 요하지 않고 허위 감정이 형법상 제재 대상이 되지 않을 뿐만 아니라 감정절차에 당사자의 참여도 보장되지 않으므로 이를 토대로 작성한 감정서는 감정인의 경우에 비하여 그 신용성이 떨어진다는 이유에서, 감정수탁자에 의한 감정서의 경우에는 그 신용성을 고려하여 당사자가 동의하거나 제314조에 의하지 않고는 증거로 할 수 없다는 견해는 신양균, 앞의 책, 809쪽 참조.

274) 사법경찰관 갑은 화폐위조범 을을 현행범으로 체포하고 을이 소지하고 있던 위조화폐를 압수하였다. 그러나 을은 진화라고 주장하고 있다. 경찰은 압수된 위조화폐를 국립과학수사원에 분석을 의뢰하였다. 국립과학수사원 분석 결과 위조화폐로 판명되었다. 갑은 국립과학수사원으로부터 그 사실에 대한 감정서를 접수하였다. 을의 통화위조죄에 대한 재판에서 감정서를 증거로 사용할 수 있는가? : 수사기관에 의하여 감정을 촉탁받은 자가 작성한 감정서도 제313조 제2항에 의하여 증거능력이 인정된다. 따라서 을이 국립과학수사원의 감정서를 증거로 함에 동의하지 않는 경우에는 감정서의 작성자가 공판정에 출석하여 감정서의 진정성립을 인정하면 유죄의 증거로 사용할 수 있다.

4) 감정인에 대한 신문조서

감정인에 대한 신문조서의 증거능력은 제311조 내지 제313조에 의해서 판단하여야 한다.[275)]

제8절·수사기관 작성의 검증조서 [제312조 제6항]

1. 의의

수사기관 작성의 검증조서는 수사기관이 검증의 결과를 기재한 서면, 즉 검증을 한 자가 오관(五官)의 작용에 의하여 물건의 존재와 상태에 대하여 인식한 것을 기재한 서면을 말한다. 제312조 제6항은[276)] 전문법칙의 예외에 해당한다는 것이 다수설의 입장이다. 그러나 직접심리주의의 예외에 해당한다는 견해도 있다.[277)]

2. 증거능력 요건

피의자신문조서의 경우와 달리 검증조서에 대하여 형사소송법은 그 작성의 주체가 검사인가 사법경찰관인가를 가리지 않고 동일한 요건하에 증거능력을 인정하고 있다.

1) 적법한 절차와 방식

적법한 절차와 방식에 따라서 검증조서가 작성되어야 한다. 따라서 검증현장에 참여자에 대한 고지와 참여권 등이 보장될 필요가 있다.

2) 진정성립

검사 또는 사법경찰관의 검증조서에는 진정성립이 증거능력의 요건으로 요구된다. 검증조서의 진정성립은 검증조서의 작성자의 진술에 의하여 증명되어야 하며, 단순히 검증에 참여한 것에

---

275) 임동규, 앞의 책, 523쪽.

276) 「⑥ 검사 또는 사법경찰관이 검증의 결과를 기재한 조서는 적법한 절차와 방식에 따라 작성된 것으로서 공판준비 또는 공판기일에서의 작성자의 진술에 따라 그 성립의 진정함이 증명된 때에는 증거로 할 수 있다.」

277) 신동운, 앞의 책, 942쪽.

불과한 자는 진정성립 인정의 주체에 포함되지 않는다.[278] 그러므로 단순히 검증에 참여한 경찰관의 증언만으로는 검증조서의 증거능력이 인정되지 않는다.[279]

3. 검증조서에 첨부된 사진의 증거능력

1) 의의

검증조서에 첨부된 사진은 검증의 결과에 대한 이해를 돕기 위하여 사용되는 표시 방법의 하나이다.[280] 사진은 검증·감정의 문자에 의한 표현을 보조하는 수단으로 사용되는 것이므로 그 증거능력은 원칙적으로 첨부된 검증조서 등과 일체로 판단되어야 한다.[281] 한편, 검증조서에 첨부된 사진이 출처 불명이고 조서의 일부로서의 요식을 구비하지 아니한 하자가 있더라도 그 사진을 제외한 검증조서 자체의 증거능력에는 아무런 영향이 없다.[282]

2) 단순 배경 사진

검증조서에 첨부된 단순 배경 사진은[283] 검증조서와 일체를 이루기 때문에 검증조서와 마찬가지로 적법한 절차와 방식 그리고 진정성립이 증거능력의 요건이다(제312조 제6항).

3) 범행 재현 사진

첨부된 사진이 피고인이 자백한 범행 내용을 현장에서 재현하고[284] 이를 사진으로 촬영하여 첨부한 경우에는 그 실질에 있어서 현장진술과 같다고 할 수 있다. 따라서 검사가 작성한 검증조서의 경우에는 제312조 제1항과 제2항에 의해서 사법경찰관이 작성한 검증조서의 경우에는 제312조 제3항에 의해서 증거능력이 인정된다. 판례도 검증조서에 기재된 진술 내용 및 범행을 재연한 부분에 대하여는 작성 주체에 따라서 그 증거능력의 요건을 판단하여야 한다는 입장이다. 따라서

---

278) 대법원 1976. 4. 13. 선고 76도500 판결.
279) 임동규, 앞의 책, 518쪽.
280) 진술 내용을 명확히 하기 위해 진술의 일부, 즉 설명증거로 사진을 사용하는 경우를 말한다. 예컨대 증인이 목격한 범행현장에 대해 증언을 하면서 자신이 말하려고 하는 바를 분명히 하기 위해서 당시에 현장을 촬영한 사진을 제출하면서 "그 현장은 이 사진에 나타난 모습과 같았다."라고 증언하는 경우이다. ; 신양균, 앞의 책, 820쪽.
281) 곽종석, 앞의 논문, 448쪽.
282) 대법원 1963. 9. 26 선고 63도244 판결.
283) 예컨대 교통사고가 발생한 지점의 도로 상황을 촬영한 사진.
284) 예컨대 피고인이 피해자를 주먹으로 때리는 것을 재현한 동작을 촬영한 사진.

'사법경찰관이 작성한 검증조서'에는 이 사건 범행에 부합되는 피의자였던 피고인의 진술 기재 부분이 포함되어 있고, 또한 범행을 재연하는 사진이 첨부되어 있으나, 기록에 의하면, 피고인이 위 검증조서에 대하여 증거로 함에 동의만 하였을 뿐, 공판정에서 검증조서에 기재된 진술 내용 및 범행을 재연한 부분에 대하여 그 진정성립 및 내용을 인정한 흔적을 찾아볼 수 없고 오히려 이를 부인하고 있으므로 그 증거능력을 인정할 수 없다.[285)]

4. 검증조서에 기재된 진술의 증거능력

1) 의의

수사기관의 검증조서에 검증 참여자의 진술이 기재된 경우가 있다. 이때 참여인의 진술은 검증의 결과 자체가 아니라 수사기관의 면전 진술에 해당한다. 이때의 진술은 수사기관이 행하는 검증의 대상을 지시하는 참여인의 진술인 현장지시와 검증 현장에서 이루어지는 참여인의 진술인 현장진술이 있다. 이때 진술의 증거능력에 관해서는 현장지시와 현장진술을 구별하지 않는 견해와, 이 둘을 구별하여 설명하는 견해로 나뉜다.

2) 비구별설

비구별설은[286)] 현장지시와 현장진술을 구별하기 어렵고, 현장지시의 경우에도 진술이라는 점에서 왜곡될 가능성이 있다는 점에서 현장지시와 현장진술을 구별하지 않는 견해이다. 이에 따르면, 검사 작성의 검증조서에 기재된 피의자의 진술에 대해서는 제312조 제1항과 제2항이 적용되고, 사법경찰관 작성의 검증조서에 기재된 피의자의 진술에 대해서는 제312조 제3항이 적용된다고 한다. 또한 참고인 등이 진술이 기재된 경우에는 검사 작성이든 사법경찰관 작성이든 모두 제312조 제4항에 의하여 증거능력을 판단한다고 한다.

3) 구별설

구별설은[287)] 현장지시가 비진술증거로 이용되는 때에는 검증조서와 일체성을 가지므로 제312조

---

285) 대법원 1998. 3. 13. 선고 98도159 판결.
286) 신동운, 앞의 책, 947쪽.
287) 임동규, 앞의 책, 520쪽 ; 정웅석·백승민, 앞의 책, 681쪽 ; 손동권, 앞의 책, 633쪽.

제6항이 적용되지만, 현장지시 자체가 범죄 사실을 인정하기 위한 진술증거로 이용되는 때에는 현장진술과 같이 취급해야 하므로, 검증주체와 진술자에 따라 제312조 제1항~제4항이 적용된다는 견해이다.

4) 판례

사법경찰관 작성의 검증조서에 대하여 피고인이 증거로 함에 동의만 하였을 뿐, 공판정에서 검증조서에 기재된 진술 내용 및 범행을 재연한 부분에 대하여 진정성립 및 내용을 인정한 흔적을 찾아볼 수 없고 오히려 이를 부인하고 있는 경우에는 그 증거능력을 인정할 수 없으므로, 검증조서 중 범행에 부합되는 피고인의 진술을 기재한 부분과 범행을 재연한 부분을 제외한 나머지 부분만을 증거로 채용하여야 한다고 판시되었다.[288]

5) 소결

현장지시인가 현장진술인가 하는 구별은 비교적 용이하지만, 현장지시를 다시 비진술증거로 사용하는 경우와 진술증거로 구별하는 것은 쉬운 일이 아니며, 오히려 복잡성을 가중시킨다. 따라서 현장지시와 현장진술로 이분화하여 설명하는 것이 바람직하다.

(1) 현장진술

현장진술에는[289] 조서 작성의 주체와 진술의 주체에 따라서 제312조 제1항~제4항이 적용된다.[290] 따라서 검사가 작성한 검증조서 중 피고인이 된 피의자의 현장진술은 제312조 제1항, 피의자 아닌 자의 진술은 제312조 제4항에 따라서, 사법경찰관이 작성한 검증조서 중 피의자의 현장진술은 제312조 제3항, 피의자 아닌 자의 진술은 제312조 제4항에 따라 그 증거능력이 인정된다.[291]

288) 대법원 1998. 3. 13. 선고 98도159 판결.
289) 예컨대 강도 피고사건에서 검사가 작성한 검증조서에 피고인의 진술로 "이 지점에서 피해자를 폭행하고 핸드백을 탈취했습니다."라고 기재된 부분이다.
290) 신동운, 앞의 책, 947~948쪽 ; 이재상, 앞의 책, 40/77 ; 임동규, 앞의 책, 520쪽.
291) 임동규, 앞의 책, 520쪽.

(2) 현장지시

현장지시에[292] 대해서는 비진술증거로 이용되는 때와 범죄 사실을 인정하기 위한 증거로 사용되는 경우로 구별하는 견해도[293] 있다. 그러나 양자의 구별이 용이한 것이 아니다. 현장지시의 경우에는 검증조서와 일체성을 가지는 것으로 보아 제312조 제6항이 적용된다.

5. 실황조사서

1) 의의

실황조사서란 범죄 발생 직후에 수사기관이 사고 현장의 개요 등을 임의로 조사하여 그 결과를 기재한 서면을 말한다. 실황조사서는 수사기관이 수사상 필요에 의해서 범죄현장, 기타 장소에서 실황을 조사하고, 그 실황 조사의 경위와 결과를 기재한 서류로서 사법경찰관직무규칙 제49조와 검찰사건사무규칙 제16조에 근거하여 작성된다.[294]

2) 증거능력

영장을 요구하는 강제처분인 검증과 달리 실황조사는 임의수사에 해당한다. 이때 실황조사서도 검증조서와 같은 조건에서 증거능력을 가질 것인지가 문제된다.

(1) 부정설

부정설에[295] 따르면, 실황조사서는 법관의 영장에 의한 검증이 아니라 임의수사의 일종으로 행하여진 실황조사의 결과를 기재한 서면에 불과하고, 형사소송법에 명문의 근거 규정이 없는 승낙에 의한 검증의 결과를 기재한 서면이나 수사기관의 실황조사서를 '검증의 결과를 기재한 조서'라고 말할 수 없으므로 제312조 제6항에 의해서 증거능력을 인정할 수 없다고 한다.

---

292) 예컨대 승용차와 트럭의 교통사고에 대한 검증조서에서 목격자 갑이 자동차와 트럭이 충돌한 지점을 지시하는 진술이 기재된 부분("이 지점에서 두 차가 충돌했습니다.").

293) 신양균, 앞의 책, 806쪽.

294) 사법경찰관직무규칙 제49조와 검찰사건사무규칙 제16조는 형사절차법정주의에 비추어 볼 때 검증조서 작성의 법령상의 근거라고 보기는 어렵다는 견해는 신동운, 앞의 책, 946쪽 참조.

295) 신동운, 위의 책, 946쪽 ; 사법발전재단, 앞의 책, 131쪽.

(2) 판례

판례는 '사고가 발생한 직후에 사고 장소에서 긴급을 요하여 판사의 영장 없이 사법경찰관이 작성한 실황조사서는 제216조 제3항의 검증에 해당한다. 그런데 사후영장을 받지 않았으므로 이 실황조사서는 유죄의 증거로 삼을 수 없다'고 판시한 바 있다.[296)]

(3) 소결(긍정설)

승낙에 의한 검증도 가능하며, 이 경우 그 결과를 기재한 실황조사서는 사실상 검증조서와 다르지 아니하고, 오히려 그 정확성도 높다. 따라서 수사기관 작성의 실황조사서도 제312조 제6항에 따라서 진정성립이 인정되면 증거능력이 인정된다. 그러므로 긍정설이 타당하다.[297)]

3) 실황조사서에 첨부된 사진 및 기재된 진술

실황조사서에 첨부된 사진 및 기재된 진술은 검증조서의 경우와 동일하게 증거능력의 요건이 요구된다. 사법경찰관이 작성한 실황조사서에 피의자이던 피고인이 사법경찰관의 면전에서 자백한 범행 내용을 현장에 따라 진술·재연하고 사법경찰관이 그것을 기재하거나 사진으로 촬영한 것 외에 별다른 기재가 없는 경우, 피고인이 공판정에서 실황조사서에 기재된 진술 내용 및 범행 재연의 상황을 모두 부인하고 있다면, 그 실황조사서는 증거능력이 없다.[298)]

6. 수사보고서

1) 의의

수사보고서란 범죄수사를 실행하면서 사건과 관련된 사항을 조사·확인하여 기록으로 남겨 둘 필요가 있을 때 작성하며, 정형화된 규정서식이 없거나 서식을 활용하기에 부적합한 수사 관련 사항을 보고서 형식으로 작성하는 서류를 말한다. 사법경찰관리가 수사의 단서에 대하여 그 입수 상황·수사 경과 또는 결과를 상사에게 보고하면서 작성하는 경우도 있고, 상사의 명을

296) 대법원 1989. 3. 14. 선고 88도1399 판결.

297) 이재상, 『형사소송법』, 박영사(2013), 40/79 ; 이은모, 앞의 책, 713쪽 ; 신양균, 앞의 책, 808쪽 ; 임동규, 앞의 책, 521쪽 ; 손동권, 앞의 책, 596쪽. ; 한편, 실황조사서에 대해서도 제312조 제6항이 원칙적으로 적용되지만, 사후적으로 검증영장을 발부받는 등의 적법절차에 따른 통제가 필요하다는 견해는 배종대·이상돈·정승환·이주원, 앞의 책, 58/83 참조.

298) 대법원 1984. 5. 29. 선고 84도378 판결.

받아 특정한 사항에 대하여 수사한 결과를 보고하면서 작성하는 경우도 있다. 후자의 경우에는 실무상 이를 수사복명서라고 부르는데, 수사복명서도 수사보고서이다.[299] 이러한 수사보고서는 수사기관이 수사 과정에서 수집한 자료를 기록에 현출시키는 방법으로, 자료의 의미, 성격, 혐의사실과의 관련성 등을 수사보고의 형태로 요약·설명하고 해당 자료를 수사보고에 첨부하여 작성한다. 따라서 수사보고서 자체는 제313조의 '피고인 아닌 자가 작성한 진술서'에 해당한다. 따라서 작성자인 수사기관의 자필이거나 그 서명 또는 날인이 있어야 하고, 법정에서 작성자가 진정성립을 인정하여야 한다.

수사보고서에 기재된 내용은 수사기관이 첨부한 자료를 통하여 얻은 인식·판단·추론이거나 자료의 단순한 요약에 불과하다. 따라서 원 자료로부터 독립하여 공소사실에 대한 증명력을 가질 수 없다.[300]

2) 증거능력

수사보고서는 실황조사서와 마찬가지로 형사소송법상의 명문이 근거 규정이 없기 때문에 그 증거능력이 부정된다는 견해도 있다.[301] 그러나 실황조사서와 마찬가지로 전문증거의 예외 적용의 가능성이 인정된다. 판례의 입장을 정리하면 다음과 같다.

(1) 수사 과정에서 작성된 수사보고서

피고인이 수사 과정에서 범행을 자백하였다는 '검사 아닌 수사기관 작성의 수사보고서'는 그 실질에 있어서 피의자신문조서와 마찬가지다. 따라서 피고인이 공판 과정에서 그 자백의 내용을 부인하는 이상, 수사 과정에서 작성된 수사보고서는 증거능력이 없다.[302]

(2) 피고인의 진술을 기재한 수사보고서

수사보고서 중 피고인의 진술을 기재한 부분은 전문증거에 해당한다. 그런데 피고인의 진술을 기재한 수사보고서 진술자인 피고인의 자필이거나, 서명 또는 날인이 없으므로, 전문증거의 증거능력에 대한 예외를 규정하고 있는 형사소송법 제313조의 진술을 기재한 서류에 해당하지 않아,

---

299) 신현기·박억종·안성률·남재성·이상열, 『경찰학사전』, 법문사(2012), '수사복명서' 참조.
300) 대법원 2011. 7. 14. 선고 2011도3809 판결.
301) 신동운, 앞의 책, 946쪽.
302) 대법원 2006. 1. 13. 선고 2003도6548 판결.

그 증거능력이 없다.[303)]

(3) 피고인 아닌 자의 진술을 기재한 수사보고서

검사가 참고인인 피해자와의 전화 통화 내용을 기재한 수사보고서는 형사소송법 제313조 제1항 본문에 정한 '피고인 아닌 자의 진술을 기재한 서류'인 전문증거에 해당한다. 따라서 그 진술자의 서명 또는 날인이 없을 뿐만 아니라 공판준비기일이나 공판기일에 진술자의 진술에 의해 진정성립이 증명되지도 않았으므로, 피고인 아닌 자의 진술을 기재한 수사보고서는 증거능력이 없다.[304)]

(4) 검증의 결과가 기재된 수사보고서의 기재 부분

수사보고서에 검증의 결과에 해당하는 기재가 있는 경우, 그 기재 부분은 검찰사건사무규칙 제17조에 의하여 검사가 범죄의 현장 기타 장소에서 실황조사를 한 후 작성하는 실황조서 또는 사법경찰관리집무규칙 제49조 제1항, 제2항에 의하여 사법경찰관이 수사상 필요하다고 인정하여 범죄현장 또는 기타 장소에 임하여 실황을 조사할 때 작성하는 실황조사서에 해당하지 않으며, 단지 수사의 경위 및 결과를 내부적으로 보고하기 위하여 작성된 서류에 불과하다. 그 안에 검증의 결과에 해당하는 기재가 있다고 하여 이를 형사소송법 제312조 제1항의 '검사 또는 사법경찰관이 검증의 결과를 기재한 조서'라고 할 수 없을 뿐만 아니라, 이를 동법 제313조 제1항의 '피고인 또는 피고인이 아닌 자가 작성한 진술서나 그 진술을 기재한 서류'라고 할 수도 없고, 동법 제311조, 제315조, 제316조의 적용 대상이 되지 아니함이 분명하므로, 검증의 결과가 기재된 수사보고서의 기재 부분은 증거로 할 수 없다.[305)]

---

303) 대법원 2011. 9. 8. 선고 2009도7419 판결.

304) 대법원 1999. 2. 26. 선고 98도2742 판결, 대법원 2007. 9. 20. 선고 2007도4105 판결 등 참조.

305) 대법원 2001. 5. 29. 선고 2000도2933 판결.
「수사보고서 중 "피고인 1, 2 서로 왼쪽 눈 부위에 타박상이 있고, 피고인 1은 무릎에도 찰과상이 있다."라는 기재 부분은 단지 수사의 경위 및 결과를 내부적으로 보고하기 위하여 작성된 서류에 불과하므로 증거로 할 수 없고, 또한 위 수사보고서 중 "날이 밝으면 치료 후 진단서 제출한다고 한다."라는 기재 부분은 진술자인 피고인들이 각 상대방에 대한 피해자의 지위에서 진술한 것으로서 진술자들의 자필이 아닐 뿐만 아니라 그 서명 또는 날인도 없으며, 공판준비 또는 공판기일에서 진술자들의 진술에 의하여 그 성립의 진정함이 증명되지도 않았으므로 형사소송법 제313조 제1항의 요건을 갖추지 못하여 그 기재 부분 역시 증거로 할 수 없다고 할 것이다. 그러함에도 원심이 위 수사보고서를 증거로 인용한 조치는 위법하다고 할 것이므로, 이 점을 지적하는 상고 이유의 주장은 이유 있다.」

(5) 수사보고서에 첨부된 고발장

검찰관이 수사보고를 증거로 신청하면서 그에 첨부된 고발장을 단순히 관련자가 새로운 사실확인서를 요구하게 된 계기를 설명하기 위한 자료로 제시하는 것을 넘어, 고발 내용이 공소사실과 부합한다는 점을 통해 공소사실을 증명하고자 하였다면, 위 고발장은 이 사건 수사보고의 일부로 편입되거나 양자가 내용상 결합하여 단일한 문서로서의 증명력이나 증거가치를 갖는 것이 아니라 독립적인 별개의 증거로서 독자적인 증명력을 갖는 것이다. 그러므로 마땅히 증거 목록에 별도의 표목을 붙여 독립적인 증거로 신청하였어야 한다. 피고인이 수사보고에 관하여 증거로 동의한다는 의사를 표시하더라도, 그에 첨부된 고발장을 따로 피고인과 변호인에게 제시하여 해당 부분의 증거 동의 여부에 관한 진의를 확인하는 등 적절한 소송지휘권을 행사하여야 한다. 만약 수사보고에 대한 증거 동의가 있다는 이유로 아무런 지적 없이 그에 첨부된 고발장까지 증거로 채택해 두었다가 판결을 선고하는 단계에 이르러 이를 유죄 인정의 증거로 삼는다면, 이는 실질적 적법절차의 원칙에 반한다.[306]

306) 대법원 2011. 7. 14. 선고 2011도3809 판결.

제5장 보충규정과 전문진술

제1절 · 제314조의 예외

1. 의의

1) 보충 규정

수사기관 또는 수가기관 이외의 자가 작성한 전문서류는 원칙적으로 형사소송법 제312조 또는 제313조에 의해서 원진술자가 공판기일에 진정성립을 인정하는 등의 요건을 갖춘 경우에 한해서 증거능력이 인정된다. 그러나 원진술자가 공판기일에 진술할 수 없는 경우에라도 특별한 사정이 있는 경우에는 실체적 진실 발견과 소송경제의 관점에서 이에 대한 예외를 인정하여 증거능력을 부여하고자 하는 규정이 바로 이 제314조이다.[1)]

형사소송법 제314조는 전문증거의 증거능력 부여를 위한 요건으로서 필요성과 특신상태를 동시에 요구하는 전문법칙의 전형적인 예외 규정으로서, 예외 인정에 있어서 동법 제312조 또는 제313조의 보충 규정에 해당한다.

2) 입증 책임과 입증 정도

제314조는 전문법칙의 예외를 인정하여 피고인의 유죄를 입증하기 위하여 적용된다. 따라서 피고인에게는 불리한 규정이라고 할 수 있다. 따라서 이 조항의 요건 충족 여부는 엄격히 심사하여야 하고, 요건에 관한 증명의 책임은 검사에게 있다. 따라서 법원이 증인이 소재 불명이거나 그 밖에 이에 준하는 사유로 인하여 진술할 수 없는 때에 해당한다고 인정할 수 있으려면, 증인의 법정 출석을 위한 가능하고도 충분한 노력을 다하였음에도 불구하고 부득이 증인의 법정 출석이 불가능하게 되었다는 사정을 검사가 증명한 경우여야 한다.[2)]

---

1) 「제314조(증거능력에 대한 예외): 제312조 또는 제313조의 경우에 공판준비 또는 공판기일에 진술을 요하는 자가 사망 · 질병 · 외국 거주 · 소재 불명 그 밖에 이에 준하는 사유로 인하여 진술할 수 없는 때에는 그 조서 및 그 밖의 서류를 증거로 할 수 있다. 다만, 그 진술 또는 작성이 특히 신빙할 수 있는 상태하에서 행하여졌음이 증명된 때에 한한다.」

2) 대법원 2013. 4. 11. 선고 2013도1435 판결.

3) 필요성과 특신상태

제314조는 전문법칙의 전형적인 예외로서, 해당 서류의 증거능력 인정을 위해서는 필요성과 특신상태가 요구된다. 필요성은 요증사실에 대하여 원진술자의 진술이 법관의 면전에서 직접 진술될 수 없고 피고인에게 반대신문의 기회를 줄 수도 없으나 달리 대체성 있는 증거를 구할 수 없어 이를 이용하여야 할 필요가 있는 사유를 뜻한다. 특신상태, 즉 '신용성의 정황적 보장'은 원진술이 공개한 법정에서의 법관의 면전에서 행하여지지 않았어도 그 원진술의 진실성이 제반 사정에 의하여 담보되는 것을 의미한다.[3)]

2. 적용 범위

형사소송법 제314조는 동법 제312조 및 제313조의 규율 대상이 되는 조서나 서류 가운데 원진술자의 진술에 의하여 진정성립이 인정되지 않는 것을 그 대상으로 한다. 주로 참고인 등이 사망, 질병, 기타 이에 준하는 사유로 법정에서 진술 불능 상태인 경우가 이에 해당한다.[4)]

1) 피고인이 된 피의자의 진술을 기재한 조서

검사 작성의 피의자신문조서, 사법경찰관 작성의 피의자신문조서는 각각 제312조 제1항·제2항과 제3항에 의해서만 그 증거능력이 인정되므로, 제314조는 이에 적용되지 않는다.

2) 검증조서 및 진술서 등

검사 또는 사법경찰관이 작성한 참고인진술조서(제312조 제4항)와 검증조서(제312조 제6항), 진술서(제313조) 등에 대해서는 제314조가 적용된다. 따라서 사법경찰관이 작성한 참고인진술조서라 하더라도 원진술자가 행방불명이 되어 공판기일에 환문할 수 없고 그 진술이 특히 신빙할

---

3) 헌법재판소 1994. 4. 28. 선고 93헌바26 결정.

4) 가령, 시민 갑이 버스 안에서 남성 병의 반바지 속을 촬영하는 을을 발견하고 경찰에 신고하였고, 을은 검거되었다. 갑은 사법경찰관 P에게 촬영을 목격한 사실을 진술하고 참고인진술조서를 작성하였다. 그러나 그 후 갑은 을의 조직 일당의 보복이 두려워 브라질로 이민을 갔다. 수사 과정에서 작성된 참고인 진술서의 경우에는 제312조 제4항이 준용된다(제312조 제5항). 그러나 피고인 을이 공판정에서 갑의 진술서를 증거로 함에 부동의하는 상황에서 갑이 공판정에 출석할 수 없는 경우에는 제314조의 요건을 충족하여야 갑의 진술서가 증거능력을 가질 수 있다. 갑이 진술서를 작성할 당시 특신상태도 인정된다고 판단된다. 따라서 갑에 대한 소환장이 송달 불능이며 소재 탐지 촉탁을 하여도 갑의 소재를 확인할 수 없는 경우에는 갑의 진술서를 증거로 할 수 있다.

수 있는 상태에서 행하여진 때에는 이를 증거로 채택할 수 있다.[5)]

3) 외국 수사기관 작성의 서류

제312조 소정의 조서나 제313조 소정의 서류를 반드시 우리나라의 권한 있는 수사기관 등이 작성한 조서 및 서류에만 한정하여 볼 것은 아니다. 외국의 권한 있는 수사기관 등이 작성한 조서나 서류도 제314조 소정의 요건을 모두 갖춘 것이라면, 이를 유죄의 증거로 삼을 수 있다.[6)]

3. 원진술자의 진술 불능(필요성)

'원진술자의 진술 불능의 경우'는 원진술자가 사망, 질병 외국 거주, 소재 불능, 그 밖에 이에 준하는 사유로 인하여 그 진술이 불가능한 상태에 있음을 뜻한다. 구체적인 경우는 다음과 같다.

1) 질병

'질병'은, 공판이 계속되는 동안 진술을 요할 자가 임상신문이나 출장신문도 불가능할 정도의 중병 상태임을 뜻한다.

2) 외국 거주

'외국 거주'의 요건은, 진술을 요할 자가 외국에 있다는 것만으로는 부족하다. 그를 공판정에 출석시켜 진술하게 할 모든 수단을 강구하는 등등의 가능하고 상당한 수단을 다하더라도 그 진술을 요할 자를 법정에 출석하게 할 수 없는 사정이 있어야, 예외적으로 그 요건이 충족된다.[7)]

---

5) 대법원 1983. 6. 28. 선고 83도931 판결.
6) 대법원 1997. 7. 25. 선고 97도1351 판결.
7) 대법원 2008. 2. 28. 선고 2007도10004 판결.
「'외국 거주'라 함은 진술을 요할 자가 외국에 있다는 것만으로는 부족하고, 수사 과정에서 수사기관이 그 진술을 청취하면서 그 진술자의 외국 거주 여부와 장래 출국 가능성을 확인하고 만일 그 진술자의 거주지가 외국이거나 그가 가까운 장래에 출국하여 장기간 외국에 체류하는 등의 사정으로 향후 공판정에 출석하여 진술을 할 수 없는 경우가 발생할 개연성이 있다면 그 진술자의 외국 연락처를, 일시 귀국할 예정이 있다면 그 귀국 시기와 귀국 시 체류 장소와 연락 방법 등을 사전에 미리 확인하고 그 진술자에게 공판정 진술을 하기 전에는 출국을 미루거나, 출국한 후라도 공판 진행 상황에 따라 일시 귀국하여 공판정에 출석하여 진술하게끔 하는 방안을 확보하여 그 진술자로 하여금 공판정에 출석하여 진술할 기회를 충분히 제공하며, 그 밖에 그를 공판정에 출석시켜 진술하게 할 모든 수단을 강구하는 등 가능하고 상당한 수단을 다하더라도 그 진술을 요할 자를 법정에 출석하게 할 수 없는 사정이 있어야 예외적으로 그 요건이 충족된다.」

통상적으로 그 요건의 충족 여부는 소재의 확인, 소환장의 발송과 같은 절차를 거쳐 확정되는 것이기는 하지만, 항상 그와 같은 절차를 거쳐야만 위 요건이 충족될 수 있는 것은 아니다. 경우에 따라서는 비록 그와 같은 절차를 거치지 않더라도 법원이 그 진술을 요할 자를 법정에서 신문할 것을 기대하기 어려운 사정이 있다고 인정할 수 있다면, 이로써 그 요건은 충족된다고 보아야 한다.[8] 일본에 거주하는 사람을 증인으로 채택하여 환문코자 하였으나 외무부로부터 현재 일본 측에서 형사사건에 대하여는 양국 형법체계상의 상이함을 이유로 송달에 응하지 않고 있어 그 송달이 불가능하다는 취지의 회신을 받고 위 증인을 취소하였다면, 이러한 사유는 제314조 소정의 '공판기일에서 진술을 요할 자가 기타 사유로 인하여 진술할 수 없는 때'에 해당한다.[9]

3) 소재 불명

송달 불능이 되어 소재 탐지 촉탁까지 하여 소재 수사를 하였음에도 불구하고, 그 소재를 확인할 수 없어, 진술을 요할 자가 출석하지 않는 경우,[10] 또는 진술을 요할 자가 일정한 주거를 가지고 있더라도 법원의 소환에 계속 불응하고, 구인하여도 구인장이 집행되지 않은 등 법정에서의 신문이 불가능한 상태의 경우는 제314조 소정의 '공판정에 출정하여 진술을 할 수 없는 때'에 해당한다.[11] 그러나 증인의 주소지가 아닌 곳으로 소환장을 보내 송달 불능이 되자 그 곳을 중심으로 소재 탐지를 한 끝에 소재 탐지 불능 회보를 받은 경우,[12] 주거지가 아닌 곳에 소재 탐지 촉탁을 한 경우[13] 등은 이에 해당하지 않는다. 따라서 '소재 불명'의 요건은 단순히 소재 탐지 불능의 보고가 있다는 것으로는 족하지 않는다. 원진술자 또는 작성자의 원진술 또는 작성 당시의 주소가 확실하고 그 주소를 중심으로 소재 탐지 등 성실히 찾아도 찾지 못하는 소재 불명의 경우에 한정된다. 그리고 해외 체재가 장기화되어 공판이 계속되는 동안 귀국할 가망이 없는 경우도 포함된다. 이러한 '소재 불명의 경우'와 '국외 체재가 장기화되는 경우'에 법원 및 수사기관의 의사와 관계없이 법관의 면전에서의 원진술자나 작성자의 진술과 이에 대한 반대신문이 부득이 방해받는 점은 '사망·질병'의 경우에 준한다고 할 수 있다. 그의 진술을

---

8) 대법원 2002. 3. 26. 선고 2001도5666 판결.
9) 대법원 1987. 9. 8. 선고 87도1446 판결.
10) 대법원 2007. 7. 26. 선고 2006도9294 판결 ; 대법원 2010. 9. 9. 선고 2010도2602 판결.
11) 대법원 2000. 6. 9. 선고 2000도1765 판결.
12) 대법원 2006. 12. 22. 선고 2006도7479 판결 ; 대법원 2007. 7. 26. 선고 2006도9294 판결.
13) 대법원 1979. 12. 11. 선고 79도1002 판결.

듣기를 계속 기다리자면 재판이 헛되이 지연될 뿐, 그 진술을 듣는다는 목적도 이루지 못하게 되기 때문이다.[14)]

4) 그 밖에 이에 준하는 사유

(1) 의의

'그 밖에 이에 준하는 사유'는 '사망·질병·외국 거주·소재 불명'에 준하는 부득이한 사유로 인하여 원진술자 또는 작성자의 공개법정에서의 진술이 방해받는 경우만을 규정한 것이다. 따라서 이는 사망·질병·외국 거주·소재 불명이 예시인 점과 '인하여 진술을 할 수 없는 때'라는 그 문맥과 형사소송법의 원칙인 직접주의와 전문법칙의 예외를 규정한 조문이라는 점을 고려하여 엄격히 해석하여야 한다.[15)]

(2) 진술 불능 사유에 해당하지 않는 경우

가) 성추행으로 인한 외상 후 스트레스 증후군

만 5세 무렵에 당한 성추행으로 인하여 외상 후 스트레스 증후군을 앓고 있다는 등의 이유로 공판정에 출석하지 않은, 약 10세 남짓의 성추행 피해자에 대한 진술조서는 제314조의 '필요성'의 요건에 해당하지 않는다.[16)]

나) 증인의 법정 출석을 위하여 상당한 노력을 기울이지 않은 경우

형식적으로 구인장 집행이 불가능하다는 취지의 서면이 제출되었다는 것만으로는 '진술 불능' 사유에 해당하지 않는다. 증인에 대한 구인장의 강제력에 기하여 증인의 법정 출석을 위한 가능하고도 충분한 노력을 다하였음에도 불구하고 부득이 증인의 법정 출석이 불가능하게 되었다는 사정을 검사가 입증한 경우여야 한다. 따라서 경찰이 증인과 가족의 실거주지를 방문하지 않은 상태에서 전화상으로 증인의 모(母)로부터 법정에 출석케 할 의사가 없다는 취지의 진술을 들었다

14) 헌법재판소 1994. 4. 28. 선고 93헌바26 결정.

15) 헌법재판소 1994. 4. 28. 선고 93헌바26 결정.

16) 대법원 2006. 5. 25. 선고 2004도3619.

「위 1심 증인신문기일 당시, 공소외 1은 약 10세 남짓으로, 통상의 긴장, 어색함을 지나서 조금 더 회피하는 양상, 불안증상을 보여 정신과적 관찰을 요하는 상태에 있기는 하였으나 국내에서 정상적으로 생활하고 있었던 사실이 인정될 뿐이다. 앞서 본 법리에 비추어 보면 이 정도의 인정 사실만으로는 공소외 1에게 특정의 정신적 결함이나 병력이 있고 공소외 1이 증언을 하게 되면 스스로 감당할 수 없는 심각한 정신적 충격이나 장애를 초래할 개연성이 있다는 등 공판준비 또는 공판기일에 진술할 수 없는 예외적인 사유가 입증되었다고 보기 어려우므로, 위 각 진술조서는 위 필요성의 요건을 갖추었다고 볼 수 없다.」

는 내용의 구인장 집행 불능 보고서를 제출하고 있을 뿐이고, 검사가 기록상 확인된 증인의 휴대전화로 연락하여 법정 출석 의사가 있는지를 확인하는 등의 방법으로 출석을 적극적으로 권유·독려하는 등, '증인의 법정 출석을 위하여 상당한 노력을 기울이지 않은 경우'는 '진술 불능' 사유에 해당하지 않는다.[17)]

다) 출산 직전

출산을 앞두고 있다는 사유 등은 '진술 불능'의 기타 사유에 해당하지 않는다.[18)]

라) 항소심에 이르러 진술할 수 없게 된 경우

현행 형사 항소심이 속심 겸 사후심의 구조로 되어 있고, 제1심 법원에서 증거로 할 수 있었던 증거는 항소 법원에서도 증거로 할 수 있는 점(제363조 제3항) 등에 비추어 보면, 원진술자가 제1심 법원에 출석하여 진술을 하였다가 항소심에 이르러 진술할 수 없게 된 경우를, 위 규정에서 정한 '원진술자가 진술할 수 없는 경우'에 해당한다고는 할 수 없다.[19)]

마) 증언거부권의 행사

제314조의 문언과 개정 취지, 증언거부권 관련 규정의 내용 등에 비추어 보면, 법정에 출석한 증인이 제148조, 제149조 등에서 정한 바에 따라 정당하게 증언거부권을 행사하여 증언을 거부한 경우는 형사소송법 제314조의 '그 밖에 이에 준하는 사유로 인하여 진술할 수 없는 때'에 해당하지 않는다.[20)]

바) 진술거부권의 행사

형사소송법은 피고인은 진술하지 아니하거나 개개의 질문에 대하여 진술을 거부할 수 있다고 규정하여(제283조의2 제1항), 진술거부권을 피고인의 권리로서 보장하고 있다. 피고인이 증거서류의 진정성립을 묻는 검사의 질문에 대하여 진술거부권을 행사하여 진술을 거부한 경우는 형사소송법 제314조의 '그 밖에 이에 준하는 사유로 인하여 진술할 수 없는 때'에 해당하지 않는다.[21)]

---

17) 대법원 2007. 1. 11. 선고 2006도7228 판결.
18) 대법원 1999. 4. 23. 선고 99도915 판결.
19) 대법원 2001. 9. 28. 선고 2001도3997 판결.
20) 대법원 2012. 5. 17. 선고 2009도6788 전원합의체 판결.
21) 대법원 2013. 6. 13. 선고 2012도16001 판결.

‘증언거부권 행사’가 진술 불능 사유에 해당하지 않음을 나타낸 판례

대법원 2012. 5. 17. 선고 2009도6788 전원합의체 판결

[다수 의견] 형사소송법 제314조는 “제312조 또는 제313조의 경우에 공판준비 또는 공판기일에 진술을 요하는 자가 사망·질병·외국 거주·소재 불명, 그 밖에 이에 준하는 사유로 인하여 진술할 수 없는 때에는 그 조서 및 그 밖의 서류를 증거로 할 수 있다. 다만, 그 진술 또는 작성이 특히 신빙할 수 있는 상태하에서 행하여졌음이 증명된 때에 한한다.”라고 정함으로써, 원진술자 등의 진술에 의하여 진정성립이 증명되지 아니하는 전문증거에 대하여 예외적으로 증거능력이 인정될 수 있는 사유로 ‘사망·질병·외국 거주·소재 불명, 그 밖에 이에 준하는 사유로 인하여 진술할 수 없는 때’를 들고 있다. 위 증거능력에 대한 예외 사유로 1995. 12. 29. 법률 제5054호로 개정되기 전의 구 형사소송법 제314조가 ‘사망, 질병 기타 사유로 인하여 진술할 수 없는 때’, 2007. 6. 1. 법률 제8496호로 개정되기 전의 구 형사소송법 제314조가 ‘사망, 질병, 외국 거주 기타 사유로 인하여 진술할 수 없는 때’라고 각 규정한 것에 비하여 현행 형사소송법은 그 예외 사유의 범위를 더욱 엄격하게 제한하고 있는데, 이는 직접심리주의와 공판중심주의의 요소를 강화하려는 취지가 반영된 것이다. 한편, 형사소송법은 누구든지 자기 또는 친족 등이 형사소추 또는 공소 제기를 당하거나 유죄 판결을 받을 사실이 발로될 염려가 있는 증언을 거부할 수 있도록 하고(제148조), 또한 변호사, 변리사, 공증인, 공인회계사, 세무사, 대서업자, 의사, 한의사, 치과의사, 약사, 약종상, 조산사, 간호사, 종교의 직에 있는 자 또는 이러한 직에 있던 사람은 그 업무상 위탁을 받은 관계로 알게 된 사실로서 타인의 비밀에 관한 것은 증언을 거부할 수 있도록 규정하여(제149조 본문), 증인에게 일정한 사유가 있는 경우 증언을 거부할 수 있는 권리를 보장하고 있다. 위와 같은 현행 형사소송법 제314조의 문언과 개정 취지, 증언거부권 관련 규정의 내용 등에 비추어 보면, 법정에 출석한 증인이 형사소송법 제148조, 제149조 등에서 정한 바에 따라 정당하게 증언거부권을 행사하여 증언을 거부한 경우는 형사소송법 제314조의 ‘그 밖에 이에 준하는 사유로 인하여 진술할 수 없는 때’에 해당하지 아니한다.

[대법관 안대희의 반대 의견] 형사소송법 제314조는 작성자 또는 원진술자의 법정 진술에 의하여 진정성립이 증명되지 아니한 서류라도 일정한 경우 증거로 할 수 있도록 허용한 규정으로서, 전문증거의 증거능력을 지나치게 엄격하게 제한함으로써 형사소송의 지도이념인 실체적 진실 발견을 방해하여서는 아니 된다는 데 그 목적과 취지가 있다. 따라서 위 규정의 ‘진술을 요하는 자가 사망·질병·외국 거주·소재 불명, 그 밖에 이에 준하는 사유로 인하여 진술할 수 없는 때’라 함은 서류의 작성자 또는 원진술자가 공판준비 또는 공판기일에 출석할 수 없는 경우는 물론이고 법정에 출석하더라도 그로부터 해당 서류의 진정성립에 관한 진술을 들을 수 없는 경우도 널리 포함한다고 해석하여야 한다. 증인이 사망·질병·외국 거주·소재 불명 등인 때와 법정에

출석한 증인이 증언거부권을 행사한 때는 모두 증거신청자인 검사의 책임 없이 해당 서류의 진정성립을 증명할 수 없게 된 경우로서 실체적 진실 발견을 위하여 전문법칙의 예외를 인정할 필요성의 정도에서 차이가 없다.

(3) 진술 불능 사유에 해당하는 경우

가) 소환 당시의 분별력 상실 등

피해자가 제1심에서 증인으로 소환당할 당시부터 노인성 치매로 인한 기억력 장애, 분별력 상실의 상태라면, 이는 진술할 수 없는 상태로 인정된다.[22)]

나) 진술의 일부가 재현 불가능한 경우

수사기관에서 진술한 피해자인 유아가 공판정에서 진술을 하였더라도, 증인신문 당시 일정한 사항에 관하여 기억이 나지 않는다는 취지로 진술하여 그 진술의 일부가 재현 불가능하게 된 경우는[23)] 진술 불능 사유로 인정된다.

다) 보복에 대한 두려움

원진술자 또는 작성자가 상당히 가시적이고 위협적인 보복이 두려워서 출석하지 않고 피하는 것이 객관적으로 인정되는 경우도 진술할 수 없는 경우에 해당한다.[24)] 소매치기 피해자의 모(母)에 대한 '검사 작성의 진술조서 기재'에 의하면, 해당 사건 이후 소매치기범의 가족들이 세 차례나 피해자의 집을 찾아와 협박 폭언을 할 뿐만 아니라 피해자의 멱살을 잡고 폭행을 가하는 등 행패를 부린 사실이 있고, 피해자가 객지에 나가 있을 뿐만 아니라 집에 가기 어려운 위와 같은 사정이 있음이 인정되었다면, 이때 피해자에 대한 진술조서는 제314조의 '진술을 요할 자가 기타 사유, 즉 소재의 불명으로 공판기일에 진술할 수 없는 경우'에 해당한다.[25)]

4. 특신상태

1) 의의

조서 또는 서류는 그 진술 또는 작성이 특히 신빙할 수 있는 상태하에서 행하여져야 한다.

22) 대법원 1992. 3. 13. 선고 91도2281 판결.
23) 대법원 2006. 4. 14. 선고 2005도9561 판결.
24) 헌법재판소 1994. 4. 28. 선고 93헌바26 결정.
25) 대법원 1989. 4. 25. 선고 89도338 판결.

특신상태의 의미는 제312조의 경우와 마찬가지로 그 진술 내용이나 조서 또는 서류의 작성에 허위 개입의 여지가 거의 없고 그 진술 내용의 신용성이나 임의성을 담보할 구체적이고 외부적인 정황이 있는 경우를 가리킨다.[26] 이는 진실성이나 신용성에 있어 반대신문에 갈음할 만한 외부적 정황이라고 할 것이다.[27]

2) 특신상태가 인정되지 않는 경우

① 검사 및 사법경찰관 작성의 '증인(갑)에 대한 진술조서'의 진술 내용이 상치되어 어느 진술이 진실인지 알 수 없을 뿐 아니라, 갑이 제1심 법정에서 증인으로 채택되어 소환장을 두 번이나 받고도 소환에 불응하고 주소지를 떠나 행방을 감추었다면, 갑의 진술이 특히 신빙할 수 있는 상태에서 행하여진 것으로 볼 수 없다.[28]

② 절도범들이 피해자 집에 침입함을 목격하였다는 증인(갑)이 경찰 및 검찰의 진술조서에 기재된 주거지에 거주한 사실이 없는 소재 불명자이고, 갑의 진술이 자물쇠 고리를 펜치로 빼고 들어갔다고도 하고, 한편으로는 갑이 보았을 때는 다른 두 사람이 이미 그 빈 집에 들어가고 없더라는 등, 진술이 엇갈린다고 하자. 이때 동인에 대한 진술조서는 특히 신빙할 수 있는 상태하에서 행하여졌다고 볼 수 없다.[29]

③ 유도질문과 반복질문에 따른 진술의 경우에는 '신용성의 정황적 보장'의 요건이 결여될 수도 있다.[30]

---

26) 대법원 2007. 6. 14. 선고 2004도5561 판결.

27) 헌법재판소 1994. 4. 28. 선고 93헌바26 결정.

28) 대법원 1986. 2. 5. 선고 85도2788 판결.

「공소외인의 진술 내용을 검토하여 보면 경찰의 공소외인에 대한 진술조서에는 당시 피고인 1과 임○○이 종중소유로 하여야 한다고 하였고 또 그 임야에는 선대묘소가 있어 종원으로서 협조하는 양으로 종원 결의서에 도장을 찍어 주었다고 진술한 것으로 되어 있는 데 반하여 검찰에서의 진술은 종중을 위해 좋은 일을 하는 데 필요하다 하여 도장을 주었더니 전혀 모르는 결의 사항에 서명날인하였다거나 그러한 서명을 한 사실이 없고 날인된 도장은 자기 것이 아니라고 진술하고 있고 그 진술 내용이 상치되고 어느 진술이 진실인지 알 수 없을 뿐 아니라 동인이 제1심 법정에서 증인으로 채택되어 소환장을 두 번이나 받고도 소환에 불응하고 주소지를 떠나 행방을 감춘 사실에 미루어 보아, 동인의 위 진술은 특히 신빙할 수 있는 상태에서 행하여진 것으로는 볼 수 없다 할 것이니, 위 각 진술조서는 같은 법 제314조에 의하여 증거능력이 인정될 수 없다고 본 원심의 조치는 결국 정당하고 논지는 이유 없다.」

29) 대법원 1976. 12. 28. 선고 76도3727 판결.

30) 대법원 2006. 5. 25. 선고 2004도3619 판결.

「성추행 피해자를 치료한 정신과 의사는 피고인이 공소외 1을 성추행하였다고 확신하고 있는 상태에서, 피해자의 모(母)와 정신과 의사가 피해자에게 유도질문과 반복질문을 통해 피고인의 성추행 사실에 관하여 진술하도록 하였고, 그 대화 내용을 녹음·녹화하였다. 경찰 진술조서 작성 당시는 피해자의 모(母)가, 검찰 진술조서 작성 당시는 그와 정신과 의사가 동석한 상태에서 피해자의 진술이 행해졌다. 경찰 및 검찰 진술조서가 작성될 무렵 피해자는 피고인의 형사 처분에 몰두하고 있던 모(母)와 함께 생활하고 있었던 사실이 인정되는 진술 전후의 정황 등에 비추

제2절·당연히 증거능력이 인정되는 서류 [제315조]

1. 의의

형사소송법 제315조는[31] 일정한 서류에 대하여 당연히 그 증거능력을 인정하고 있다. 여기서 규정된 서류는 원래 진술서에 해당한다. 따라서 제313조에 의해서 증거능력의 유무가 판정되어야 한다. 그러나 제315조 소정의 서류들은 진술서라고 하더라도 신용성을 보장할 수 있는 정황이 인정되고 업무자 등의 업무상의 통상적인 서류로서 그 진정성립도 추정되기 때문에, 원진술자의 법정 진술이 없더라도 당연히 이에 증거능력을 부여하고 있는 것이다.

2. 공무원 등의 직무상 증명문서[제315조 제1호]

공무원 등의 직무상 증명문서들은 공권적 증명문서로서 고도의 신용성이 보장되어 있다. 또 해당 문서 원본의 제출이나 담당 공무원에 대한 증인신문이 공무 수행상 어렵기 때문에 '필요성'의 요건에 해당한다. 따라서 공무원 등의 직무상 증명문서들은 그 증거능력이 인정된다.

1) 해당하는 경우

공정증서 등본, 등기부 등·초본, 주민등록 등·초본, 인감증명, 전과조회회보, 신원증명서, 세관공무원 작성이 작성한 물품감정서,[32] 국립과학수사연구소장이 작성한 감정의뢰회보서,[33] 외국공무원이 작성한 공문서, 법원의 판결 사본[34] 등이 이에 해당한다. 또한 외국 공무원이 직무상

어 보면, 위 각 진술조서의 진술 내용에 허위 개입의 여지가 거의 없다고 보기는 어렵다. 또 그 진술 내용의 신용성이나 임의성을 담보할 구체적이고 외부적인 정황이 있었다고 보기도 어렵다. 따라서 이 경우, '신용성의 정황적 보장'의 요건이 갖추어졌다고 볼 수도 없다.」

31) 「제315조(당연히 증거능력이 있는 서류): 다음에 제시한 서류는 증거로 할 수 있다. 1. 가족관계 기록사항에 관한 증명서, 공정증서 등본 기타 공무원 또는 외국 공무원의 직무상 증명할 수 있는 사항에 관하여 작성한 문서 2. 상업 장부, 항해 일지 기타 업무상 필요로 작성한 통상 문서 3. 기타, 특히 신용할 만한 정황에 의하여 작성된 문서」

32) 대법원 1985. 4. 9. 선고 85도225 판결.
「특별한 자격이 있지는 아니하나 범칙물자에 대한 시가 감정 업무에 4~5년 종사해 온 세관공무원이 세관에 비치된 기준과 수입신고서에 기재된 가격을 참작하여 작성한 감정서는 공무원이 그 직무상 작성한 공문서라 할 것이므로 피고인의 동의 여부에 불구하고 형사소송법 제315조 제1호에 의하여 당연히 증거능력이 있다고 할 것이며 또 그 증명력에 무슨 하자가 있다고도 할 수 없다.」

33) 대법원 1982. 9. 14. 선고 82도1504 판결.

34) 대법원 1981. 11. 24. 선고 81도2591 판결.

증명할 수 있는 사항에 관하여 작성한 문서는 이를 증거로 할 수 있으므로(제315조 제1호), 일본 하관 세관서 통괄 심리관 작성의 범칙물건감정서 등본과 분석의뢰서 및 분석회답서 등본은 그 증거능력이 인정된다.[35)]

2) 해당하지 않는 경우

공소장, 대한민국 주중국 대사관 영사가 작성한 사실확인서 중에서, 공인 부분을 제외한 나머지 부분이 비록 영사의 공무 수행 과정 중에 작성되었지만 공적인 증명보다는 상급자 등에 대한 보고를 목적으로 하는 것인 경우,[36)] 범행 직후 미합중국 주검찰 수사관이 작성한 피해자 및 공범에 대한 질문서(interrogatory)와 우리나라 법원의 형사 사법공조 요청에 따라 미합중국 법원의 지명을 받은 수명자(미합중국 검사)가 작성한 '피해자 및 공범에 대한 증언녹취서(deposition)'는 제315조 소정의 '당연히 증거능력이 인정되는 서류'로 볼 수 없다.[37)]

3. 업무상 통상문서[제315조 제2호]

업무상 통상문서는 일상 업무의 과정에서 허위 기재의 우려가 특별히 없이 기계적으로 작성되기 때문에 그 진실성과 신용성이 높고 해당 문서의 작성자를 일일이 소환하는 것이 부적당하다는 점에 그 증거능력을 인정하는 근거가 있다.[38)]

금전출납부, 전표, 통계표, 전산자료, 진료부 등이 업무상 통상문서에 해당한다. 또 성매매 업소에 고용된 여성들이 성매매를 업으로 하면서 영업에 참고하기 위하여 성매매 상대방의 아이디와 전화번호 및 성매매 방법 등을 메모지에 적어 두었다가 직접 메모리카드에 입력하거나 업주가 고용한 다른 여직원이 그 내용을 입력한 경우에도, 이 메모리카드의 내용은 제315조 제2호의 '영업상 필요로 작성한 통상문서'로서 '당연히 증거능력 있는 문서'에 해당한다.[39)]

---

35) 대법원 1984. 2. 28. 선고 83도3145 판결.
36) 대법원 2007. 12. 13. 선고 2007도7257 판결.
37) 대법원 1997. 7. 25. 선고 97도1351 판결.
「그러나 제312조 또는 제313조에 해당하는 조서 또는 서류로서 그 원진술자가 공판기일에서 진술을 할 수 없는 때에 해당하고, 그 각 진술 내용이나 조서 또는 서류의 작성에 허위 개입의 여지가 거의 없으며 그 진술 내용의 신빙성이나 임의성을 담보할 구체적이고 외부적인 정황이 있다고 할 것이어서 그 진술 또는 서류의 작성이 특히 신빙할 수 있는 상태하에서 행하여진 것이라고 보기에 충분하므로, 형사소송법 제314조의 규정에 의하여 그 증거능력을 인정할 수 있다.」
38) 이재상, 『형사소송법』, 박영사(2013), 40/86.
39) 대법원 2007. 7. 26. 선고 2007도3219 판결.

4. 기타, 특히 신용할 만한 정황에서 작성된 문서[제315조 제3호]

1) 해당하는 경우

① 공공기록, 보고서, 달력, 정기간행물의 시장가격표, 스포츠 기록, 공무소 작성의 각종 통계와 연감, 구속적부심문조서,[40] 군법회의 판결문 사본[41] 등이 이에 해당한다.

② 문서의 사본이라도 피고인이 증거로 함에 동의하였고 진정으로 작성되었음이 인정되는 경우이거나, 이에 동의하지 아니하였더라도 특히 신용할 만한 정황에 의하여 작성된 문서인 경우에는 그 증거능력이 인정된다.[42]

③ 다른 피고인에 대한 형사사건의 공판조서는 제315조 제3호에 정한 서류로서 당연히 증거능력이 있다.[43] 공판조서 중 일부인 증인신문조서 역시 제315조 제3호에 정한 서류로서 당연히 그 증거능력이 인정된다.[44]

④ 사법경찰관 작성의 '새세대 16호에 대한 수사보고서'는 검찰에서 피고인이 소지·탐독 사실을 인정하고 있는 '새세대 16호'라는 유인물의 내용을 분석하고, 이를 기계적으로 복사하여 그 말미에 그대로 첨부한 문서로, 그 신용성이 담보되어 있다. 따라서 제315조 제3호 소정의 '기타 특히 신용할 만한 정황에 의하여 작성된 문서'에 해당하는 문서로서 그 증거능력이 인정된다.[45]

---

40) 대법원 2004. 1. 16. 선고 2003도5693 판결.
「구속적부심문조서는 형사소송법 제311조가 규정한 문서에는 해당하지 않는다 할 것이나, 특히 신용할 만한 정황에 의하여 작성된 문서라고 할 것이므로 특별한 사정이 없는 한, 피고인이 증거로 함에 부동의 하더라도 형사소송법 제315조 제3호에 의하여 당연히 그 증거능력이 인정된다.」

41) 대법원 1981. 11. 24. 선고 81도2591 판결.
「군법회의판결사본(교도소장이 교도소에 보관 중인 판결등본을 사본한 것)은 특히 신용할 만한 정황에 의하여 작성된 문서라고 볼 여지가 있으므로 피고인이 증거로 함에 부동의하거나 그 진정성립의 증명이 없다는 이유로 그 증거능력을 부인할 수 없다.」

42) 대법원 1991. 5. 10. 선고 90도2601 판결.
「세금계산서 사본(1717-1722정)과 납세완납증명신청서(1716정)은 그 작성자인 공소외 2의 진술에 의하여 진정성립이 인정되고, 영업장부 사본(110정의 1, 3, 112정)과 판매일보 사본(110정의 2)은 그 작성자인 공소외 1의 진술에 의하여 그 진정성립이 인정될 뿐만 아니라 그 작성 경위나 내용 및 형식에 비추어 볼 때 특히 신용할 만한 정황에 의하여 작성된 것으로 보이므로 그 증거능력이 있다고 하겠다.」

43) 대법원 1964. 4. 28. 선고 64도135 판결 ; 대법원 1966. 7. 12. 선고 66도617 판결.

44) 대법원 2005. 4. 28. 선고 2004도4428 판결.

45) 대법원 1992. 8. 14. 선고 92도1211 판결.

2) 해당하지 않는 경우

(1) 주민들의 진정서 사본

주민들의 진정서 사본은 피고인이 증거로 함에 동의하지 않고 기록상 원본의 존재나 그 진정성립을 인정할 아무런 자료도 없을 뿐 아니라, 제315조 제3호의 규정 사유도 없다. 따라서 이를 증거로 할 수 없다.[46]

(2) 체포·구속인 접견부

체포·구속인 접견부는 유치된 피의자가 죄증을 인멸하거나 도주를 기도하는 등 유치장의 안전과 질서를 위태롭게 하는 것을 방지하기 위한 목적으로 작성되는 서류로 보일 뿐이어서, 제315조 제2호, 제3호에 규정된 '당연히 증거능력이 있는 서류'로 볼 수 없다.[47]

제3절 · 전문진술

1. 의의

원래 영미법상의 전문법칙은 구두의 전문진술에 대해 그 증거능력을 제한함으로써 배심의 사실 인정에 대한 오류를 예방하기 위해 고안된 증거법칙의 하나이다. 사실의 판단자인 배심원들을 설득하려면 구두에 의한 진술이 필수적이라고 할 수 있는데, 이때 증인에 대한 교호신문 과정에서 전문진술을[48] 어느 정도 허용할 것인가 하는 문제를 둘러싸고 전문법칙이 발전하였기 때문이다.[49] 공판준비 또는 공판기일 외에 타인의 진술을 내용으로 하는 진술은 이를 증거로 할 수 없다(동법 제310조의2). 즉, 전문진술도 전문증거이므로 원칙적으로 증거능력이 없다. 그러나 이러한 원칙에

46) 대법원 1983. 12. 13. 선고 83도2613 판결.

47) 대법원 2012. 10. 25. 선고 2011도5459 판결.

48) 「제316조(전문의 진술): ① 피고인이 아닌 자(공소 제기 전에 피고인을 피의자로 조사하였거나 그 조사에 참여하였던 자를 포함한다. 이하 이 조에서 같다)의 공판준비 또는 공판기일에서의 진술이 피고인의 진술을 그 내용으로 하는 것인 때에는 그 진술이 특히 신빙할 수 있는 상태하에서 행하여졌음이 증명된 때에 한하여 이를 증거로 할 수 있다. ② 피고인 아닌 자의 공판준비 또는 공판기일에서의 진술이 피고인 아닌 타인의 진술을 그 내용으로 하는 것인 때에는 원진술자가 사망, 질병, 외국 거주, 소재 불명 그 밖에 이에 준하는 사유로 인하여 진술할 수 없고, 그 진술이 특히 신빙할 수 있는 상태하에서 행하여졌음이 증명된 때에 한하여 이를 증거로 할 수 있다.」

49) 신동운, 『신형사소송법』, 법문사(2008), 966쪽.

대한 예외를 규정하고 있는 것이 바로 제316조이다.[50] 따라서 구술로 행해지는 전문증거의 증거능력을 규정한 우리나라 형사소송법 제316조는 전문법칙 예외 규정의 출발점이라고 할 수 있다. 제316조는 전문진술이 피고인의 진술을 내용으로 하느냐, 피고인 아닌 타인의 진술을 내용으로 하느냐에 따라 그 증거능력을 인정하는 요건에 차이를 두고 있다. 동 조의 제1항은 피고인의 진술에 대한 신용성의 정황적 보장을, 제2항은 원진술자의 진술 불능에 따른 필요성과 신용성의 정황적 보장을 증거능력 인정의 요건으로 규정하고 있다.[51]

2. 입법과정과 평가

1961년, 우리나라 형사소송법에 전문증거의 개념이 도입되었다. 동법 제310조의2에서 전문증거를 "제311조 내지 제316조에 규정한 것 이외에는 공판 준비 또는 공판기일에서의 진술에 대신하여 진술을 기재한 서류나 공판준비 또는 공판기일 외에서의 '타인의 진술'을 내용으로 하는 진술은 이를 증거로 할 수 없다."라고 규정하고 있다. 따라서 진술을 기재한 서류는 자신의 서류이든 타인의 서류이든 묻지 않고 전문증거이지만, 공판정에서의 전문진술은 '타인의 진술'을 내용으로 하는 진술에 제한된다. 즉, 제310조의2에 의하면, 피고인이든 증인이든 그가 공판정에서 진술하는 한, 자신이 한 '공판정 외에서의 진술'을 내용으로 하는 진술(인정진술)은 전문증거가 아니며, 따라서 당연히 증거가 되는 것이다.[52]

원래 제정 당시 형사소송법은 제316조에서 피고인 아닌 자의 진술이 피고인 아닌 자의 진술을 내용으로 하는 경우만을 원칙적으로 그 증거능력을 제한하도록 규정하고 있었다.[53] 그러나 1961년

50) 신동운, 위의 책, 966쪽.

51) 한편, 전문법칙은 당사자주의를 전제로 하고, 당사자주의적 공판중심주의에서는 구두주의를 전제로 하므로, 제316조 제1항이 전문법칙의 원칙적인 규정이고, 제312조는 조서에 의한 수사와 재판에 익숙한 우리나라의 형사사법 관행에 뿌리내린 전문법칙의 보충적 내지 보완적 예외 조항이라고 보아야 할 것이다. 즉, 수사기관이 피의자신문조서 내지 진술서를 제출하는 것보다는 위증의 제재하에 공판정에서 증언을 하는 것이 공판중심주의 및 구두주의의 원칙에 부합한다고 보아야 한다는 것이다. 이 견해는 정웅석, 「개정법상 공범자의 법정외 진술의 증거능력」, 『저스티스』, 제107호(2008. 10), 160쪽 참조.

52) 그리고 이러한 인정 진술은 진술자 본인이 스스로 그 진술을 한 사실을 인정하는 것이므로 왜곡 전달의 위험도 없다는 점에서, 검사 앞에서 한 진술이건 사법경찰관 앞에서 한 진술이건 증거능력 판단기준에 차이를 둘 필요도 없다. ; 정웅석·백승민, 『형사소송법』, 대명출판사(2014), 700쪽.

53) 「제316조(증거능력의 제한): 피고인 아닌 자의 공판준비 또는 공판기일에 있어서의 진술이 피고인 아닌 자의 진술을 그 내용으로 하는 것인 때에는 원진술자가 사망, 질병 기타 사유로 인하여 진술할 수 없는 때에 한하여 증거로 할 수 있다. 단 그 진술이 특히 신빙할 수 있는 상태하에서 행하여진 때에 한한다.」

의 개정을 통해서 제316조 제1항이 신설됨으로써 — 지금은 조사자 증언까지 명문화되었지만 — 제삼자의 진술을 통해서 피고인의 자백이 법정에 제출될 수 있도록 허용하였다. 원래 영미법 전문법칙에 의하면, 피고인의 자백은 전문증거가 아니다. 즉, 피고인의 자백은 그 증거능력이 인정되며, 처음부터 전문법칙의 영역에서 배제되는 것이다. 그러나 피고인의 자백도 일정한 요건을 통해서 증거능력을 부여하도록 규정하였으므로, 이에 대해서 직접주의의 예외인가,[54] 아니면 전문법칙의 예외인가에 대한 논의가 제기된다.

한편, 우리나라 형사소송법에 제316조 제1항이 신설됨에 따라 제312조와 제313조는 원래 피고인 및 증인이 수사 단계에서의 진술이 기재된 조서를 법정에 제출할 수 있도록 하는 직접주의의 예외 조항임에도 불구하고, 오히려 거꾸로 피고인 및 증인의 수사 단계의 진술은 조서의 형태로만 법정에 제출될 수 있다는 식으로 해석됨으로써 제312조 및 제313조가 제316조 제1항을 통제하고, 더 나아가 제316조 제1항 소정의 구두주의원칙이 몰각되어 버리는 혼란이 발생하였다는 지적도 있다.[55] 즉, 입법자는 1961년에 우리나라 형사소송법에 전문법칙을 도입하면서 영미법식의 전문법칙에 충실하려고 하였지만, 조서에 대해서 증거능력을 인정하는 규범체계에 의해서 영미법식의 전문법칙과 조서에 대한 증거능력의 허용이라는, 즉 진술과 조서가 모두 전문법칙의 예외 — 또는 직접주의의 예외 — 의 범주에서 논의되는 우리나라만의 독특한 해석론과 실무가 자리 잡게 된 것이라고 한다.

3. 제316조 제1항

1) 의의

우리나라 형사소송법 제316조 제1항은 피고인 아닌 자가 피고인의 진술을 내용으로 하는 전문진술을[56] 다루고 있다. 이 조항은, 원진술자가 피고인 자신이고 피고인이 법정에 출석한 상태이므로 '원진술자가 사망·질병, 외국 거주, 소재 불명, 그 밖에 이에 준하는 사유'를 증거능력 인정의 요건으로 규정하지 않았고, 특신상태만을 요건으로 하고 있다. 이것은 피고인은 법정에 출석할 수 있는 상태이기 때문에 특신상태만을 요건으로 하는 것으로 이해할 수 있다.

54) 직접주의의 예외로 보는 대표적인 견해는 신동운, 앞의 책, 968쪽 참조.
55) 차동언, 『형사증거법 1』, 법문사(2007), 153쪽 ; 정웅석·백승민, 앞의 책, 700쪽.
56) 갑이 피고인 정이 "병을 혼내 주겠다."라고 말한 것을 들은 적이 있다고 법정에서 진술하는 경우.

2) 성격

제316조 제1항의 성격에 대해서는 전문법칙의 예외라는 견해,[57] 직접주의(직접심리주의)의 예외라는 견해가[58] 대립하고 있다. 직접주의의 예외라는 견해에 의하면, 범죄 사실의 증명에 피고인의 진술이 필요한 경우, 그 진술은 그것이 자신에게 불리한 사실을 내용으로 하는 때에는 진실일 가능성이 높고, 또 피고인에게 인정되는 진술거부권으로 인하여 동일한 내용의 진술이 재현될 가능성이 희박하다는 특성을 가지고 있으므로, 이 조항은 실체적 진실 발견의 관점에서 피고인의 진술을 내용으로 하는 타인의 진술을 증거로 사용할 수 있도록 예외적으로 허용한 것이라고 한다.[59] 이 조항은 특신상태를 그 조건으로 하여 증거능력을 부여하고 있으므로, 신용성이 고도로 보장되는 경우에는 증거능력을 인정한다는 의미에서 전문법칙의 예외로 봄이 타당하다.

3) 적용 범위

(1) 전문진술자

전문진술의 주체는 '피고인 아닌 자'이다. 이 경우, '피고인 아닌 자'에는 피해자, 목격자 등이 포함되며, 공동피고인도 포함된다. 그리고 이 공동피고인에는 공범인 공동피고인도 포함된다(통설).

(2) 피고인의 진술

피고인의 진술은 피고인의 지위에서 행해진 것에 제한되지 않는다. 피의자 · 참고인 · 증인 · 기타 지위에서 행해진 것도 포함된다. 피고인이 수사를 받기 전에 피고인으로부터 범행 사실을 들은 사람이 공판정에서 그 내용을 증언하는 경우에도 제316조 제1항이 적용된다.[60] 이때 '피고인'은 당해 피고인만을 의미한다. 따라서 공동피고인이나 공범자는 '피고인 아닌 자'에 속한다.[61), 62)]

---

57) 이재상, 앞의 책, 40/90 ; 신양균, 『형사소송법』, 화산미디어(2009), 811쪽 ; 이은모, 『형사소송법』, 박영사(2014), 719쪽 ; 임동규, 『형사소송법』, 법문사(2012), 532쪽.

58) 신동운, 앞의 책, 968쪽.

59) 신동운, 위의 책, 968쪽.

60) 대법원 2000. 9. 8. 선고 99도4814 판결.

61) 피고인 갑과 피고인 을은 추석 전날 갑의 집 부근에서 뇌물을 주고받았다는 공소사실로 구속 기소되었다. 갑과 을은 위 일시에 서로 같이 있었지만 뇌물을 주고받지 않았다고 주장하면서 공소사실을 부인하였다. 갑의 친구인 병은 증인으로 채택되어 "갑과 을이 추석 전날 뇌물을 주고받았다는 사실을 갑으로부터 들었다."라고 증언하였다. 병의 증언은 피고인 갑과의 관계에서 제316조 제1항이 적용되지만, 피고인 을과의 관계에서는 동 조 제2항이 적용된다.

4) 특신상태

제316조 제1항의 '그 진술이 특히 신빙할 수 있는 상태하에서 행하여진 때'라 함은 그 진술을 하였다는 것에 허위 개입의 여지가 거의 없고, 그 진술 내용의 신빙성이나 임의성을 담보할 구체적이고 외부적인 정황이 있는 경우를 가리킨다.[63] 피고인의 진술이 특히 신빙할 수 있는 상태하에서 행하여졌느냐의 여부는 피고인의 진술이 행해질 당시의 구체적 상황, 진술의 방법과 내용 등을 종합적으로 고려하여 판단하여야 한다.[64]

갑이 병에게 한 진술이 특히 신빙할 수 있는 상태하에서 행해진 것이라고 판단되면, 병의 증언은 피고인 갑에 대하여는 유죄의 증거로 사용될 수 있다. 그러나 원진술자인 갑이 법정에서 수뢰 사실을 부인하고 있으므로 원진술자의 상태가 '사망, 질병, 기타 사유로 인하여 진술할 수 없는 때'에 해당하지 않기 때문에 갑의 진술을 그 내용으로 하는 병의 증언은 피고인 을에 대하여는 증거능력이 없다.

62) 이에 대하여 공범자인 공동피고인도 피고인에 해당하므로 공범자인 공동피고인이 원진술자인 경우에는 제316조 제1항이 적용되어야 한다는 견해는 김대휘, 「공범자인 공동피고인의 진술을 내용으로 하는 전문증거」, 『형사판례연구』, 제11권, 박영사(2003), 345~346쪽 참조. 이 견해에서는 공동피고인도 함께 재판을 받으면서 줄곧 공판절차에 같이 피고인으로 출석하여 반대신문의 기회가 부여된 점, 증인의 전문증언은 공동피고인의 진술을 내용으로 하고 있으며, 공동피고인의 진술 내용이 피고인과 공천 대가 수수의 범죄 사실을 자백하는 내용으로서 특히 신빙성이 있다고 보이는 점, 공동피고인의 자백 내용은 피고인의 범죄 사실과 동일하고 자연적 관련성이 있는 점 등을 이유로 제시한다.

63) 대법원 2007. 7. 27. 선고 2007도3798 판결.

64) 서울동부지법 2010. 9. 2. 선고 2010고단758 판결.

「형사소송법 제316조 제1항은, "피고인이 아닌 자(공소 제기 전에 피고인을 피의자로 조사하였거나 그 조사에 참여하였던 자를 포함한다)의 공판준비 또는 공판기일에서의 진술이 피고인의 진술을 그 내용으로 하는 것일 때에는 그 진술이 특히 신빙할 수 있는 상태하에서 행하여졌음이 증명된 때에는 이를 증거로 사용할 수 있다."라고 규정하고 있으므로, 수사기관에서 피고인을 피의자로 조사한 조사자 증언의 증거능력이 인정되기 위하여는 조사 당시 피고인의 진술이 '법관의 면전에서 진술이 이루어진 것과 동일시할 수 있는 정도로 객관성과 공정성을 담보할 수 있는 구체적인 외부적 상황' 아래에서 이루어졌음이 증명되어야 할 것이고, 그 특신상태에 대하여는 검사가 입증하여야 할 것이다. 그러나 검사나 변호인이 제출한 증거들에 의하면, 피고인이 인터넷에 자전거를 판매한다는 4건의 글을 게시한 사실, 이를 이상히 여긴 서울성동경찰서 서울숲지구대 경찰관 공소외 1이 피고인에게 인터넷에 게시한 자전거를 사겠다고 연락하여 2010. 3. 13. 19:45경 서울 마포구 합정동 지하철 2호선 합정역 부근에서 피고인을 만난 사실, 피고인은 당시 위 공소사실 기재 아메리칸 이글 자전거(이하 '이 사건 자전거'라 한다)를 가지고 나왔고, 공소외 1이 인터넷에 판매 글을 게시한 자전거 4대에 대하여 절취 여부를 추궁하자 피고인은 그중 미니벨로 자전거 1대를 절취하였다고 자백한 사실, 공소외 1이 피고인을 위 지구대로 동행하여 절취 여부를 추궁하여 피고인으로부터 위 미니벨로 자전거 외에 아테나 자전거 1대를 절취하였다는 자백을 받았고, 그 상황에서 피고인에게 진술서를 작성하도록 한 사실, 피고인이 공소외 1로부터 담배를 얻어 피우면서 절취 사실을 시인하면 집에 갈 수 있는지를 묻는 등 여러 차례 절취 사실을 시인하면 집에 갈 수 있는지를 물은 사실, 피고인이 결국 이 사건 자전거 절취 사실을 자백하고, 오늘 새벽 홍대 근처 주택가에서 이 사건 자전거를 절취하는 등 위 자전거 3대를 절취하였다는 내용의 진술서를 작성한 사실, 피고인은 경찰서로 가는 도중 공소외 1에게 차비를 달라고 하여 5,000원을 받은 사실, 공소외 1은 2010. 3. 13. 23:35경 서울성동경찰서 경찰관 공소외 2에게 피고인을 인계한 사실, 공소외 2는 피고인으로부터 심야조사 동의를 받아 제1회 피의자조사를 마친 후 피고인이 집행유예기간 중임을 인지하여 피고인을 긴급체포하고 제2회 피의자조사를 한 사실, 피고인은 위 조사 과정 및 영장실질심사 과정에서 위 공소사실을 자백한 사실, 피고인이 이 사건 자전거 절취 일시로 자백한 2010. 3. 13. 새벽 이전인 2010. 3. 12. 오후 01:43경 이미 이 사건 자전거를 매수하려는 사람들이 피고인의 휴대폰으로 문자 메시지를 보낸 사실을 각 인정할 수 있는 바, 피고인이 당초 이 사건 범행을 부인하였다가 경찰관에게 여러 차례 범행을 시인하면 집에 갈 수 있는지를 물어

4. 조사자 증언

1) 의의

공소 제기 전에 피고인을 피의자로 조사하였거나 그 조사에 참여하였던 자, 즉 '조사자'도 제316조 제1항의 '피고인 아닌 자'에 해당한다. 1961년 개정 형사소송법의 입법자는 사법경찰관 앞에서의 피의자 진술이 제312조 제3항에 의해 내용을 인정하지 않는 한, 조서로는 증거로 현출될 수 없다고 하더라도, 동 조 제1항의 조사자 증언의 형태로는 증거로 현출될 수 있도록 하려는 의도를 가지고 있었다. 또한 조사자 증언이 가능하다는 해석론의 여지가 있었다. 그러나 종래의 판례는 "피고인을 피의자로 신문한 경찰관이 그 진술 내용을 법정에서 진술하게 하거나 또는 제삼자로 하여금 피의자의 진술 내용을 듣게 하여 그 제삼자로 하여금 공판정에서 진술하게 하는 것은 형사소송법 제316조 제1항의 적용 대상이 될 수 없다."라고 판시하여 조사자 증언을 인정하지 않았다. 결국 사법경찰관 앞에서 이루어진 피고인의 진술에 대하여는 피고인의 부인만으로 증거로 사용할 수 있는 길을 완전히 차단한 결과가 되었다.[65)]

판례가 조사자 증언제도를 허용하지 않은 것은 사법경찰관의 수사 단계에서의 고문 등의 위법 수사를 억제하고자 하는 의도로 제정된 제312조 제2항 — 현재는 제312조 제3항 — 이 사문화될 수 있다는 점, 그리고 헌법이 보장하고 있는 피고인의 진술거부권 보장이 필요하다는 점 등이 작용한 것으로 보인다.[66)]

2) 조사자 증언제도의 명문화와 기능

종래의 판례의 해석론에 대해서는 수사절차에서 사법경찰관이 획득한 피고인의 진술은 피고인의 내용 부인의 진술 하나에 의해서 증발하게 되고, 이러한 상황은 검사의 피의자신문을 필수로 하게

본 후 자백한 점, 피고인이 지구대에서 경찰서에 인계되기까지 상당한 시간이 경과된 점, 피고인이 조사 당시 변호인의 조력을 받거나 신뢰관계가 있는 사람이 동석하지 않은 점 등 위 인정 사실에 나타난 제반 사정에 비추어 보면, 피고인의 당시 진술이 특히 신빙할 수 있는 상태하에서 행하여졌음이 증명되었다고 보기는 어렵다 할 것이므로, 공소외 1, 2의 법정 진술 중 피고인이 위 공소사실에 관하여 자백한 것을 들었다는 진술 부분은 증거능력이 없다 할 것이다(설령 공소외 1, 2의 법정 진술에 증거능력을 부여한다고 하더라도 앞서 본 사정에 의하면, 피고인이 위 공소사실을 자백하면 석방될 것으로 생각하고 허위로 자백하였을 가능성을 배제할 수 없으므로, 피고인의 자백을 그대로 믿기도 어렵다 할 것이다).」

65) 정웅석·백승민, 앞의 책, 701쪽.

66) 제정 형사소송법상의 입법 취지와 우리나라의 1970년대의 정치 상황 및 인권 상황, 그리고 경찰 수사의 상태 등을 감안한 목적론적 해석으로 보인다는 견해는 정웅석·백승민, 위의 책, 701쪽 참조.

되어 오히려 검사 수사 단계에서의 강압 수사의 위험성이 노출된다는 비판이[67] 강하게 제기되었다. 또한 판례에 의할 경우, 증거능력의 제한과 허용이라는 순수한 증거법적 측면이 수사라는 공판 이전 단계에 대한 통제라는 새로운 모습과 관련되어 증거법 본래의 역할이 상실되는 측면도 부인할 수 없다. 이러한 비판적 견해를 수용하여 2007년의 개정 형사소송법은 조사자 증언제도를 명문으로 규정하였다.[68] 이러한 조사자 증언제도의 도입에 따라 피의자의 진술을 법정에 현출할 수 있는 길이 다원화되었다. 종전에는 검사 작성의 피의자신문조서에 의할 때에만 피고인의 진술을 법정에 현출할 수 있었다.[69] 그리고 이를 통하여 수사절차에 있어서 검사의 독점적 지위가 간접적으로 보장되었다.[70] 그러나 이제 사법경찰관리가 수사절차에서 획득한 피의자의 진술도 조사자 증언의 형태를 통하여 법정에 현출될 수 있게 되었다. 또한 수사절차상 검사의 독점적 지위가 상대화됨에 따라 이중 수사의 관행도 상당 부분 개선될 것이라고 평가되고 있다.[71]

형사소송법의 제311조~제315조는 진술을 기재한 서면의 증거능력에 관한 것인 데 반하여, 제316조는 공판정에서의 진술 자체가 전문(傳聞)을 내용으로 하는 경우에 그에 대한 증거능력을 규정한 것으로, 영미법계 체제에서는 피의자의 진술을 전문증거의 배제 영역으로 보고, 조사자의 증언을 통해 증거로 할 수 있는 것이 당연히 전제되어 있다.[72] 따라서 피의자를 조사한 경찰관이 수사 당시에 피의자가 불이익한 사실을 진술하였다는 점을 법정에서 증언한다면, 이는 피고인의 증언 여부나 인정 여부에 상관없이 그 증거능력을 인정받게 된다. 왜냐하면 피고인의 공판외 진술은 다른 경우와 달리 피고인 자신이 법정에 있으므로 선서가 이루어지지 않았다든가, 진술 내용에 대한 반대신문을 하지 못하였다든가 하는 것은 의미가 없기 때문이다. 다만, 이와 같이 수사 단계에서의 피의자의 자백 또는 불리한 사실에 대한 진술이 증거로 사용될 수 있기 위해서는 다른 기준에 의한 검토가 요청되고, 그 진술의 임의성 여부가 중요한 기준이 되며, 구체적으로 억압·협박 또는 회유, 기타 임의성을 의심할 사정 등이 검토되는 것이다.[73] 이에 따라 전문법칙의 예외에 보다

---

67) 신동운, 앞의 책, 969쪽.

68) 2007년 개정 형사소송법 제316조 제1항이 '피고인 아닌 자'와 관련하여 "공소 제기 전에 피고인을 피의자로 조사하였거나 그 조사에 참여하였던 자를 포함한다."라는 부연 설명을 붙인 것은 바로 종전의 판례를 입법적으로 극복하기 위한 표현이다. ; 신동운, 앞의 책, 970쪽.

69) 검사는 공판정에 출석하고 있기 때문이다.

70) 신동운, 위의 책, 970쪽.

71) 신동운, 위의 책, 970쪽.

72) 즉, 미국 연방증거법 제801조 d(2)항은 공판정 외에서의 피의자의 불이익한 사실을 인정하는 진술은 전문진술이 아니라고 규정하고 있다(정웅석, 앞의 논문, 156쪽).

73) 미국 연방증거법은 검찰이나 피고인을 모두 당사자(party)로 지칭하고, 검찰피의자신문조서나 경찰피의자신문조서 등을 별도로 취급하는 규정을 아예 두고 있지 않다. 이러한 이유로 형사피의자의 수사기관에서의 진술은 당사자의

충실하고 경찰 단계에서의 피의자신문의 충실화와 수사 단계에서의 적법절차와의 일관성과 투명성을 더욱 강화할 수 있도록 하기 위하여 조사자 증언제도가 명문화된 것으로 보인다.

즉, 입법자는 조사자 증언제도를 허용하면서 수사 단계에서 발생할 수 있는 위법 수사의 여지를 봉쇄하기 위한 정지 작업도 동시에 시행하였다. 수사 단계가 투명하고 적법절차에 합치한다면 수사를 담당하였던 조사관의 증언도 실체적 진실에 합치된 믿을 만한 것이라고 기대할 수 있기 때문이다. 또한 만약 증인으로 출석한 조사자가 위증을 하는 경우에는 위증죄로 처벌될 수 있기 때문에 그 조사자 진술의 신빙성이 보장될 수 있고, 또 만약 조사자가 수사 단계에서 위법한 행위를 하였던 경우에는 피고인과 변호인은 반대신문을 통해서 그 위법성을 폭로할 수도 있기 때문에 조사자 진술은 이미 수사 단계에서의 적법성도 어느 정도 담보될 수 있는 것이다.[74]

또한 제312조 제3항이 '피의자였던 피고인이나 변호인'으로 규정되어 있어서 '조서'에 대한 증거능력 판단의 주도권을 피고인 측에게 주고 있는 반면, 제316조 제1항은 "그 진술이 특히 신빙할 수 있는 상태하에서 행하여진 때에 한하여 이를 증거로 할 수 있다."라고 하여, 법원에 적극적으로 '진술'에 대한 증거능력 판단의 주도권을 부여하고 있는데, 이는 법관이 전혀 관여하지 않는 조서와 달리 법정에 현출되는 진술을 들어 보고 특신상태를 판단하라는 입법자의 결단으로서 구두주의(口頭主義)의 실현인 것이다.[75]

3) 조사자의 범위

가. 제316조 제1항이 규정한 '공소 제기 전에 피고인을 피의자로 조사하였거나 그 조사에 참여하였던 자'에는 사법경찰관리뿐만 아니라 검사와 검찰사무관 등이 모두 포함된다.

나. 문제는 조사 경찰관이 아닌 일반인이 경찰서에서 피고인의 진술을 들었다고 진술하는 경우의 전문진술도[76] 제316조 제1항에 따라 증거능력을 인정할 수 있는지에 있다. 종래의 판례는

법정외에서의 진술에 다름 아니고, 따라서 전문증거인지 여부만이 문제되는데, 연방증거법 제801조 d항은 전문증거가 아닌 것(statements which are not hearsay)의 하나로 당사자 본인의 진술(the statement is offerd against a party and is the party's own statements)을 열거하고 있으므로, 원진술자 운운할 것 없이 당연히 증거능력이 부여되는 것이다(정웅석, 위의 논문, 157쪽).

74) 수사관은 장차 어떤 사건에서 조사자로 증언할 가능성이 있기 때문에 그때를 대비하여 무리한 위법 수사를 하려고 하지 않을 것이다. 즉, 고생해서 수사하고 또 만약 법정에서 위증죄로 처벌받거나 위법 수사로 고소를 받게 되는 것을 피하려고 할 것이다. 특히 최근 골치 아픈 것을 싫어하는 것이 대부분의 공무원의 일반적인 경향이 아닐까 한다.

75) 정웅석, 위의 논문, 157쪽.

76) 예컨대 갑은 절도죄로 경찰서에서 조사를 받고 있고, 갑과 전혀 관계없는 병은 상해죄로 경찰서에서 조사를 받고 있는데, 우연히 갑이 사법경찰관에게 자신의 범행을 통곡하면서 큰소리로 자백하는 것을 들었다고 병이 갑의 재

수사 경찰관뿐만 아니라 일반인의 증언이라고 하더라도 피고인의 경찰 수사 시의 진술을 내용으로 하는 이상, 그 증거능력을 인정할 수 없다는 태도를 취하고 있었다.[77] 제316조 제1항에서 공소제기 전에 피고인을 피의자로 조사하였거나 그 조사에 참여하였던 자에 대해서만 특별규정을 둔 점에 비추어 보면, 일반인의 '경찰 조사 시의 피고인의 진술을 들었다'는 취지의 진술은 피고인이 내용을 부인하는 한, 그 증거능력을 부정하는 것이 타당하다.[78]

4) 조사자 증언제도의 문제점

조사자 증언제도는 사실 피고인에게 불리한 규정으로 작용할 수 있음을 주목하여야 한다. 특히 사법경찰관의 전문증언에 제316조 제1항을 적용하여 증거능력을 인정하면 제312조 제3항의 입법취지는 무시될 가능성이 높다.[79] 즉, 검사는 피고인의 유죄 입증에 불리한 피의자신문조서에 대해서는 아예 증거 신청을 하지 않고 처음부터 바로 조사자 증언을 신청할 가능성이 많다. 따라서 피고인에 의한 반대신문 등 제도적 장치를 입법화하는 것이 중요하다.

5) 조사자 증언의 공범에 대한 증거능력

조사자 증언이 공범에게 증거능력이 있는지가 문제된다. 가령, 갑과 을이 공범인 경우에 갑이 을과 공모하였다는 진술을 갑으로부터 들은 조사자 병의 법정에서의 진술이 공범 을에 대한 유죄의 증거로 사용할 수 있는지의 문제이다.[80] 즉, 조사자 병의 진술을 제316조 제1항에 의해서 을에게 사용할 수 있는지, 아니면 제316조 제2항에 의해서 을에게 사용할 수 있는지의 문제이다. 이는 곧 공범 을이 제316조 제1항의 피고인에 해당하는지, 아니면 제316조 제2항의 피고인 아닌 타인에 속하는지의 문제가 된다. 만약 공범 을을 피고인으로 본다면, 제316조 제1항에 의해서 특신상태가 인정되면 증거로 사용할 수 있음에 반해서, 공범 을을 피고인 아닌 타인으로 본다면, 원진술자인 갑이 법정에서 진술할 수 없고(필요성), 갑의 조사자인 병에 대한 진술이 특히 신빙할 수 있는 상태하에서 행해진 경우에만 을에 대한 증거로 사용할 수 있기 때문이다.

판에서 증인으로 출석하여 증언하는 경우이다.

77) 대법원 1994. 9. 27. 선고 94도1905 판결.

78) 이재상, 『신형사소송법 연습』, 박영사(2010), 365쪽.

79) 이것은 조사자 증언제도를 제312조에서 검사 작성의 피의자신문조서의 실질적 진정성립을 증명하기 위한 방법의 하나로서 규정했어야 할 것을 전문진술 일반에 대하여 규정하고 있는 제316조에서 규정함으로써 발생한 문제라는 견해는 이은모, 앞의 책, 720쪽 참조.

80) 정웅석·박승민, 앞의 책, 705쪽.

스스로 자백한 자의 진술을 그 자백자인 원진술자의 유죄의 증거로 사용하는 것은 그 자백이 임의성이 인정되는 한, 당연하다. 그러나 다른 공범에게 원진술자의 자백 진술을 증거로 사용하기 위해서는 원진술자에 대한 반대신문을 거쳐야 한다. 반대신문을 거쳐야 한다는 것은 원진술자의 법정 출석을 전제로 하는 것이다. 결국 법정 출석이 불가능하고, 따라서 원진술자의 진술이 불가능한 경우에만, 그리고 원진술자의 진술이 조사자에게 특히 신빙할 수 있는 상태에서 행해진 경우에만, 원진술자의 출석 없이도 — 즉, 반대신문 없이도 — 피고인에게 증거로 사용할 수 있다고 함이 타당하다.

또한 제316조 제2항의 '피고인 아닌 타인'에는 제삼자는 물론 공동피고인이나 공범자를 모두 포함한다. 결국 조사자 병의 증언은 제316조 제2항에 의해서 을에 대해서 유죄의 증거로 사용할 수 있다.[81)]

5. 제316조 제2항(피고인 아닌 자의 진술을 내용으로 하는 전문진술)

1) 의의

원칙적으로 '피고인 아닌 타인의 진술을 내용으로 하는 전문진술'은[82)] 반대신문권의 보장이라는 관점에서 그 증거능력이 인정되지 않는다(제310조의2). 원진술자가 공판정에 출석하여 진술이 가능한 때에는 원진술자를 증인으로 소환하여 신문하여야 하므로, 이 경우에는 원진술자의 진술을 내용으로 하는 전문진술은 원진술자의 진술에 대한 탄핵증거로는 사용할 수 있으나 유죄의 증거로 사용할 수 없다.[83)] 그렇지만 특별히 원진술자의 공판정 출석 불능 또는 진술 불능의 사유가 존재하고 아울러 특신상태가 인정되는 경우에 대해 형사소송법 제316조 제2항이 예외적으로 증거능력을 인정한 것이다. 제316조 제2항은 전문법칙의 예외에 대한 전형적인 경우를 규정한 것으로, 필요성과 신용성의 정황적 보장을 요건으로 한다. 형사소송법이 공판절차에서의 구두변론주의(제275조의3)를 강조함에 따라, 구술 형태의 전문진술에 대해 예외적 허용을 규정한 제316조 제2항의

81) 대법원 2000. 12. 27. 선고 99도5697 판결.
82) 가령 정이 갑의 강간죄 사건의 공판정에서 피고인 갑이 전화로 을녀에게 모텔에 가자고 말하자 을녀가 "다음에 가자."라고 말하는 것을 들었다고 정이 법정에서 진술하는 경우이다. 이 경우에 법관은 원칙적으로 을녀를 증인으로 소환하여 을녀에게 그런 말을 한 적이 있는지를 신문하여야 한다. 그러나 을녀가 사망, 질병 등으로 출석할 수 없는 경우로서 을녀의 "다음에 가자."라는 진술에 특신상태가 인정되는 경우에는 정의 진술만으로 을녀의 진술의 증거능력을 인정할 수 있다.
83) 김대휘, 앞의 논문, 342쪽.

중요성이 점점 더 높아질 것으로 예상된다.[84)]

2) 전문진술자

(1) 피고인 아닌 자

'피고인 아닌 자'는 제삼자는 물론 공범자와 공동피고인이 이에 포함된다.[85)] 예컨대 목격자 등 당해 피고사건의 제삼자의 진술을 내용으로 하는 진술을 피고인의 공범자가 하는 경우에, 그 전문진술의 증거능력에 관하여는 제316조 제2항이 적용된다. 이 경우, 전문진술자인 공범자가 공동피고인으로서 진술을 하였느냐, 증인으로서 증언을 하였느냐를 불문한다.

(2) 조사자 증언

제316조 제2항의 경우에도 제316조 제1항과 마찬가지로 조사자 증언제도가 인정되고 있다. 즉, '피고인 아닌 자'에는 조사자도 포함된다. 조사자 증언에 증거능력이 인정되기 위해서는 원진술자가 사망, 질병, 외국 거주, 소재 불명, 그 밖에 이에 준하는 사유로 인하여 진술할 수 없어야 한다. 따라서 원진술자가 법정에 출석하여 수사기관에서 한 진술을 부인하는 취지로 증언하였다면, 원진술자의 진술을 내용으로 하는 조사자의 증언은 증거능력이 없다.[86)]

3) 전문진술의 내용

피고인 아닌 타인의 진술을 내용으로 하여야 한다. 즉, 원진술자가 '피고인이 아닌 자'이어야 한다. 이때의 원진술자인 '피고인 아닌 자'에는 제삼자는 물론 피해자, 공동피고인, 공범자가 모두 포함된다.[87), 88)]

---

84) 신동운, 앞의 책, 972쪽.

85) 대법원 2011. 11. 24. 선고 2011도7173 판결 ; 대법원 2007. 2. 23. 선고 2004도8654 판결.

86) 대법원 2008. 9. 25. 선고 2008도6985 판결.

87) 이에 반하여, 공범인 공동피고인은 피고인이 아닌 타인으로 볼 것이 아니고, 따라서 공범인 공동피고인의 진술을 내용으로 하는 전문진술은 제316조 제1항에 의하여 증거능력이 부여될 수 있다고 해석함이 타당하다는 견해가 있다. 또한 이 견해에서는 공동피고인이 아닌 공범자인 경우에는 반대신문권이 보장되어 있지 않으므로, 이는 적용될 수 없다. 예컨대 당해 피고사건의 제삼자가 법정에 증인으로 출석하여 피고인의 공범자로부터 공판정 외에서 피고인과의 공동범행을 자백하는 진술을 들었다고 증언한 경우에는 원진술자인 공범자가 사망·질병, 기타 사유로 인하여 진술할 수 없고 공범자의 제삼자에 대한 진술이 특히 신빙할 수 있는 상태하에서 행해진 때에 한하여 피고인의 공소사실을 유죄로 인정하는 증거로 사용할 수 있다. 또 공범자가 아닌 공동피고인인 경우에는 범죄 사실에 동일성이나 관련성이 없으므로 제삼자로 보아야 하고, 따라서 동 조 제2항이 적용되어야 한다고 한다. ; 김대휘, 앞의 논문, 345쪽.

88) 대법원 2011. 11. 24. 선고 2011도7173 판결.

4) 증거능력의 요건

(1) 필요성

전문법칙의 전형적인 예외로서의 제316조 제2항은 원진술자가 법정에서 진술할 수 없을 것을 요건으로 한다. 즉, 원진술자의 진술을 들을 수 없기 때문에 전문자의 진술이라도 들어야 할 필요성이 있다는 것이다. 진술 불능의 사유는 '사망, 질병, 외국 거주, 소재 불명, 그 밖에 이에 준하는 사유'이다. 이 가운데 '소재 불명'은 2007년 개정 형사소송법에서 추가한 것으로, 단순한 소재파악의 애로사항이라는 수준을 넘어 원진술자에 대한 반대신문권의 행사의 가능성이 극히 희박한 경우에 한하여 제한적으로 허용하여야 한다는 취지를 담고 있다.[89)]

(2) 특신상태

'특신상태'는 원진술이 전문진술자에게 전달된 당시에 진술에 허위 개입의 여지가 전혀 없고, 그 진술 내용의 신빙성이나 임의성을 담보할 구체적이고 외부적인 정황이 있는 상태를 말한다.

6. 피고인 아닌 자의 진술을 내용으로 하는 피고인의 진술

피고인 아닌 자의 진술을 내용으로 하는 피고인의 진술에[90)] 대해서는 명문 규정이 없다. 이 경우에는 원진술이 피고인에게 불리한 경우에는 반대신문권을 포기한 것으로 보아 증거능력을 인정하고, 유리한 경우에는 제316조 제2항을 유추적용하여야 한다는 견해가 있다.[91)] 그러나 전문법칙의 원칙과 예외의 적용은 엄격하게 판단되어야 하고, 원진술이 피고인에게 유리한 것인가 불리한 것인가에 따라서 적용의 기준을 달리하는 것은 절차적 정의의 원칙에 반한다. 따라서 원진술이 피고인에게 유리한 것인가 불리한 것인가를 불문하고 제316조 제2항을 유추적용하는 것이 타당하다.[92)]

「기록에 의하면, 제1심 증인 공소외인은 이 사건 공소사실 중 2009. 6. 11.자 범죄 사실에 부합하는 진술을 하고 있으나 그 내용은 모두 피해자로부터 들었다는 것인데, 공소외인은 제삼자이어서 피고인 아닌 자에 해당함이 명백하고 피해자가 제1심 법정에 출석하여 증언을 한 이 사건에 있어서는 원진술자인 피해자가 질병, 외국 거주, 소재 불명 그 밖에 이에 준하는 사유로 인하여 진술할 수 없는 때에 해당되지 아니하므로 피해자의 진술을 그 내용으로 하는 공소외인의 진술은 전문증거로서 증거능력이 없다고 할 것이므로, 원심이 공소외인의 진술을 유죄 인정 증거의 하나로 나열한 제1심을 유지한 것은 잘못이라고 하겠다.」

89) 신동운, 앞의 책, 972쪽.

90) 예를 들자면, 피고인 갑의 강간죄 사건에 관한 공판정에서 검사가 "폭행을 행사하여 병녀를 호텔로 끌고 갔지요?"라고 피고인 갑에게 묻자, 그가 "아닙니다. 병녀가 '빨리 들어가자.'라고 말했습니다."라고 답변하는 경우이다.

91) 차용석·최용성, 『형사소송법』, 21세기사(2008), 601쪽.

92) 신동운, 앞의 책, 973쪽 ; 배종대·이상돈·정승환·이주원, 『신형사소송법』, 홍문사(2012), 58/113 ; 이은모, 앞의

제4절 · 재전문증거

1. 의의

재전문증거란 타인의 진술을 내용으로 하는 진술(즉, 전문진술)을 다시 전문하여 제출된 증거, 즉 '이중의 전문(double hearsay)'을 말한다. 예를 들어 보자. 갑이 병을 폭행한 후에 자신의 친구 정에게 "내가 병을 때렸다."라고 말하였다. 이 경우에 정이 수사 단계에서 참고인으로 진술하면서 "갑이 병을 때렸다."라고 '나(정)에게 말하였다'고 진술하고 그 진술이 참고인진술조서에 기재된 경우에, 참고인진술조서 자체는 전문증거이다. 진술조서에 기재되어 있는 정이 갑으로부터 전문한 진술은 전문증거 안에 있는 또 하나의 전문증거로서 '이중의 전문'에 해당한다. 이와 같이 진술조서가 전문진술을 포함하고 있는 경우에는 일반적인 참고인진술조서와 같이 진정성립만으로는 그 증거능력을 인정하기 어렵다. 이 경우에는 참고인의 진술 내용이 된 피고인 또는 제삼자의 진술 부분에 대하여 피고인 또는 제삼자가 진술한 대로 참고인이 진술한 것인지 여부가 확인될 수 없기 때문이다. 즉, 통상의 전문진술의 경우에는 원진술자를 반대신문함으로써 원진술의 존재나 진술 정황과 관련하여 그 진실성을 판단할 수 있음에 반하여, 재전문증거인 진술조서에 기재된 참고인의 진술 기재 부분은 진술자에 대한 반대신문이 행해지더라도 원진술자의 존재와 진술 정황이 확인될 수 없는 경우가 많다. 따라서 전문진술이 기재된 조서, 나아가서 재전문진술이나 재전문진술을 기재한 조서의 증거능력을 인정할 것인가 하는 문제가 제기된다.[93] 또한 참고인으로부터 압수한, 참고인 작성의 일기장이 법정에 증거로 제출된 경우에, 일기장 자체는 전문서류(진술서)이다. 만약 그 일기장에 피고인의 진술이 기재되어 있다면, 그 기재 진술은 재전문증거에 해당한다.

하지만 이러한 재전문증거와 관련하여, 형사소송법은 전문진술을 기재한 조서를 비롯하여 재전문진술이나 재전문진술을 기재한 조서 등의 증거능력에 대하여 아무런 규정을 두고 있지 않다.

책, 722쪽 ; 이재상, 『형사소송법』, 박영사(2013), 40/93 ; 신양균, 앞의 책, 815쪽 ; 임동규, 앞의 책, 534쪽 ; 손동권, 『형사소송법』, 세창출판사(2010), 616쪽 ; 정웅석 · 백승민, 앞의 책, 711쪽.

93) 박수희, 「전문진술이 기재된 조서의 증거능력」, 『형사판례연구』, 제12권, 박영사(2004), 400쪽.

2. 재전문증거의 종류

1) 재전문서류와 재전문진술

재전문증거는 전문진술을 서면에 기재한 경우(재전문서류)와, 전문진술을 들은 자로부터 전문한 내용을 진술하는 경우(재전문진술)로 구분할 수 있다. 예를 들어 보자. 갑이 을에게 "내가 병의 차를 훔쳤다."라고 말하고, 그 말을 들은 을이 다시 병에게 "나는 갑이 자신이 병의 차를 훔쳤다고 하는 말을 갑으로부터 들었다."라고 말하였다. 이때, 을이 수사기관에 출석하여 그와 같은 사실을 진술하고 이것이 조서로 작성된 경우는 재전문서류로서 전문진술이 기재된 조서에 해당한다. 또한 병이 공판정에 증인으로 출석하여 을로부터 전문한 내용의 증언을 하는 경우는 재전문진술에 해당한다.

한편, 원진술자가 누구인가에 따라 피고인의 진술을 내용으로 하는 재전문증거와, 피고인 아닌 타인의 진술을 내용으로 하는 재전문증거로 구분할 수도 있다.[94)]

2) 다중전문증거

한편, 재전문증거 안에 다시 전문증거를 포함하고 있는 경우에는 재재전문증거 또는 다중전문증거에 해당한다.

다음은 재전문증거와 관련된 판결문이다.[95)]

> 피고인은 자신이 근무하는 회사가 위치한 서울 관악구 봉천동 소재 ○○빌딩의 경비원으로부터 그곳 1층에 있는 서울은행의 열쇠를 빼앗아 위 은행에서 돈을 훔치기로 마음먹고 범행에 사용할 칼과 장갑을 미리 준비하여 2001. 4. 5. 00:55경 위 빌딩 1층 경비실 앞에서 미리 준비한 칼로 경비원인 피해자 정○○을 찔러 살해하고, 위 정○○의 사체를 엘리베이터로부터 끌어내던 중 때마침 경비실에서 나와 이를 목격한 위 정○○의 부인 피해자 김○○을 발견하고 위 칼로 경비실로 도망가는 위 김○○의 등과 팔을 약 10여 회 찌르고 경비실에 있는 전기장판 전선줄을 잘라 그녀의 목을 감아 조른 다음 위 칼로 그녀의 목을 절개하여 위 김○○을 살해한 혐의로 기소되었다. 피고인은 검찰 이래 제1심과 제2심에서 위 피해자들을

94) 임동규, 앞의 책, 520쪽.
95) 대법원 2002. 5. 10. 선고 2002도1187 판결.

> 살해한 것은 사실이나 당시 강도의 범의는 없었다고 주장하였으나, 제1심과 제2심 법원은 피고인의 범의에 관한 진술을 내용으로 하고 있는 동거녀 이○○의 제1심 3회 공판조서 진술 기재와 검찰 피의자신문조서 중 위 이○○의 진술 기재 부분을 증거로 채택하여 유죄를 인정하였다. 검찰 피의자신문조서에서는 "피고인이 이 사건 범행일인 2001. 4. 5. 02:00~03:00 무렵 그들이 동거하는 서울 마포구 동교동 집에 들어오자마자 그녀에게 '내가 미쳤나 보다. 내가 사람을 죽였다. 부엌의 가방 속에 피 묻은 청바지가 있다.'라고 말하였고, 이에 위 이○○이 깜짝 놀라 사람을 죽인 것이 정말이냐고 묻자 피고인은 '정말로 사람을 죽이려고 한 것이 아니라 엘리베이터를 타고 1층으로 내려오는데, 엘리베이터 안에서 경비원과 마주쳤고 그가 열쇠 꾸러미를 가지고 있어서 은행 열쇠도 있는 줄 알고 그의 얼굴을 가방으로 뒤집어씌우고 때려 기절시키려 하였으나 경비원의 반항이 너무 심하여 그를 칼로 찔러 죽였고 엘리베이터 안에서 나오니까 여자와 마주쳐 그 여자도 죽였다'고 말하였다는 내용의 이○○의 진술이 기재되어 있었다.

이때 이○○의 '타인으로부터 전문한 진술'은 조서의 형태로 기재되어 있다는 점에서 재전문증거이며, 그 타인이 피고인이라는 점에서 피고인의 진술을 내용으로 하는 재전문증거에 해당한다.

다른 판례문의[96] 내용을 통해 살펴보자. 해당 사건에서는 피고인이 생후 30개월 된 유아를 강제 추행한 혐의로 기소되어 제1심과 제2심에 유죄가 인정된 사건으로서, 유죄의 증거가 된 ① 피고인에 의해 추행을 당하였다는 이야기를 피해자로부터 들었다는 피해자 어머니(공소외 1)의 진술이 기재된 수사기관의 조서, ② 공소외 1이 피해자로부터 들었다는 피해사실을 공소외 1로부터 다시 전해 들어서 알게 되었다는 내용의 피해자 아버지(공소외 2)의 법정에서의 진술과, ③ 공소외 1이 피해자로부터 들었다는 피해 사실을 공소외 1로부터 다시 전해 들어 알게 되었다는 내용의 성폭력상담소 상담원 윤○○의 검찰에서의 진술을 기재한 조서가 증거로 제출되었다. 이때 공소외 2의 법정에서의 진술은 피해자로부터 전해 들은 공소외 1의 진술을 내용으로 하고 있다는 점에서 재전문진술로, 피고인 아닌 타인의 진술을 내용으로 하는 재전문증거에 해당한다. 위의 경우에 상담사 윤○○의 참고인진술조서는 재전문증거가 그 안에 다시 전문증거를 포함하고 있는 것이므로 재재전문증거 또는 다중전문증거에 해당한다.

---

96) 대법원 2000. 3. 10. 선고 2000도159 판결.

3. 재전문증거의 증거능력

1) 판례

(1) 재전문진술, 재전문진술을 기재한 조서

판례는 재전문진술 자체나, 재전문진술을 기재한 조서에 대한 증거능력을 인정하지 않는다.[97)]

(2) 전문진술이 기재된 조서

판례는 전문진술이 기재된 조서에 대한 증거능력은 일정한 요건하에서 이를 인정하고 있다. 즉, 전문진술이 기재된 조서는 제312조 내지 제314조의 규정에 의하여 그 증거능력이 인정될 수 있는 경우에 해당하여야 함은 물론, 나아가 제316조 제1항 또는 제2항의 규정에 따른, 위와 같은 조건을 갖춘 때에 예외적으로 그 증거능력을 인정할 수 있다.[98)] 판례에 의하면, 전문진술이 기재된 조서의 경우에 첫째, 조서의 전문법칙의 예외 규정인 형사소송법 제312조 내지 제314조의 규정에 의한 요건이 구비되어야 제1차의 전문성이라는 결함을 극복할 수 있으며, 둘째, 전문진술의 전문법칙의 예외 요건인 제316조 제1항과 제2항의 요건이 구비되어야 재차의 전문성이라는 결함

---

97) 대법원 2012. 5. 24. 선고 2010도5948 판결.
「원심 판결 이유에 의하면, 원심은 이 사건 공소사실 중 '피고인이 2009. 7. 20. 05:00경 대전 동구 대동(지번 생략)에 있는 피고인과 피해자의 주거지 빌라 2층 계단에서 피해자를 계단 아래쪽으로 밀쳐 피해자로 하여금 2층에서 1층으로 내려가는 중간의 계단 바닥으로 떨어져 머리 부위가 계단 바닥에 부딪히게 함으로써 피해자로 하여금 2009. 7. 22. 01:37경 사망하게 하였다'는 폭행치사의 점에 대하여, 피고인으로부터 "하도 때려서 내가 밀었어."라는 말을 들었다는 공소외 1의 법정 진술이나 수사기관 진술을 기재한 조서는 그 판시와 같은 사정에 비추어 볼 때 피고인의 위 진술이 특히 신빙할 수 있는 상태하에서 이루어졌다고 인정하기 어려우므로 증거로 사용할 수 없고, 공소외 1의 진술을 유죄의 증거로 사용할 수 없는 만큼 공소외 1의 진술을 전해 들은 재전문진술인 공소외 2, 3, 4의 제1심 법정 진술과 수사기관에서의 진술을 기재한 조서 역시 모두 증거로 사용할 수 없다고 판단하였다. 먼저 공소외 2, 3, 4의 제1심 법정 진술과 수사기관에서의 진술을 기재한 조서 중 '피고인이 피해자를 계단에서 밀었다'는 부분은 공소외 1이 피고인으로부터 들은 말을 순차로 전해 들었다는 것으로서, 이른바 재전문진술이나 재전문진술을 기재한 조서에 해당하므로, 이에 대하여 피고인이 증거로 하는 데 동의하지 아니하는 한 증거로 사용할 수 없다고 할 것이다.」

98) 대법원 2007. 7. 27. 선고 2007도3798 판결 ; 대법원 2000. 9. 8. 선고 99도4814 판결.
「사법경찰관 사무취급 작성의 윤○○에 대한 진술조서 중 피고인의 진술을 내용으로 하는 부분은 "피고인이 휴대폰을 훔쳐 간 것으로 의심하는 말을 피해자로부터 들은 후에 피고인과 전화 통화를 하였는데, '공소외인과 함께 공장에 들어갔다가 사용할 목적으로 자신이 휴대폰을 훔쳐 가지고 나왔다'고 피고인이 얘기하였다."라는 내용으로서, 위 진술조서에는 진술자인 윤○○의 서명무인이 있고 공판기일에서의 윤○○의 진술에 의하여 그 성립의 진정함이 증명되었으므로 형사소송법 제313조 제1항의 규정에 따른 요건을 갖추었다 할 것이고, 또한 피고인이 위와 같은 진술을 하게 된 경위에 비추어 볼 때, 피고인의 진술은 특히 신빙할 수 있는 상태에서 행하여진 것으로 판단되므로 형사소송법 제316조 제1항의 규정에 따른 요건을 갖추었다 할 것이어서 결국 위 진술조서 중 피고인의 진술을 내용으로 하는 부분을 증거능력이 있다고 할 것이다.」

을 극복할 수 있다.[99)]

(3) 전문진술이 기재된 진술서

참고인이 스스로 자기의 사상, 의사, 사실관계 등을 기재하고 있는 진술서가 전문진술을 내용으로 하고 있는 경우에도 같은 공식이 적용될 수 있을 것인지와 관련하여서 이를 명시적으로 다루고 있는 판례가 선고된 바는 없다. 하지만 지금까지의 판례의 입장에 비추어 판단컨대, 수사기관이 작성한 조서의 경우와 마찬가지로 제313조 제1항의 요건과 제316조의 요건이 구비될 것을 요한다고 할 것이다.[100)]

2) 학설

(1) 부정설

부정설은 재전문증거의 증거능력을 인정하는 명문의 규정이 없으므로 이중의 예외에 해당하는 재전문증거는 증거로 사용할 수 없다는 견해이다.[101)] 형사소송이 진술녹취서에 대하여 일정한 조건하에 증거능력을 인정하고 있는 것은 재전문의 이용을 제한하려는 취지이며 재전문은 단순한 전문증거에 비하여 관련성과 증명력이 불충분하기 때문에 증거로 허용할 경우 전문법칙을 무의미하게 만들 수 있고,[102)] 공판중심주의의 취지를 몰각하는 것이라고 한다.

(2) 긍정설

긍정설은 법정외 진술 하나하나가 전문법칙의 예외의 요구를 충족하는 때에는 증거로 할 수 있다고 본다. 이에 따르면, 전문진술이 기재된 조서와 재전문진술은 이중의 전문이라는 점에서 차이가 없으며, 증거능력을 인정하는 요건에 차이를 둘 필요가 없다고 한다. 따라서 전문진술이 기재된 조서가 조서의 증거능력과 진술의 증거능력이 인정되는 것을 조건으로 증거가 될 수 있다면, 재전문진술도 원진술자의 진술에 필요성과 신용성의 정황적 보장이 인정되면 증거능력을 인정하지 않을 수 없다는 것이다.[103)]

---

99) 이러한 판례의 태도는 전문법칙의 예외에 대한 규정을 각기 한 번씩 적용하는 한도 내에서 재전문을 허용하였다는 의사로 해석될 수 있다는 견해는 박수희, 앞의 논문, 413쪽 참조.

100) 박수희, 위의 논문, 413쪽.

101) 백형구, 『형사소송법 강의』(제7정판), 박영사(2000), 633쪽.

102) 손동권, 앞의 책, 617쪽.

103) 이재상, 앞의 책, 40/94 ; 이은모, 앞의 책, 724쪽 ; 임동규, 앞의 책, 536쪽.

따라서 목격자 A가 갑에게 "피고인 을이 피해자 C의 상점에서 돈을 빼앗아 나오는 것을 보았다." 라고 말하고, 갑이 수사기관에서 이러한 목격자 A의 진술을 전문하여 이것이 조서로 작성된 경우처럼, 갑에 대한 진술조서에 목격자 A의 진술이 기재되어 있는 경우에는 갑의 진술에 의하여 진술조서의 진정성립이 인정되고 A에 대하여 제316조 제2항에 의하여 필요성과 신용성의 정황적 보장이라는 요건이 충족되면, 진술조서에 기재된 A의 진술 기재 부분을 을의 강도의 실행 행위의 존재에 대한 증거로서 이용할 수 있다는 것이다. 갑에 대한 진술조서가 갑의 진술에 의하여 진정성립이 인정될 때에는 이를 공판정에서의 피고인 아닌 타인의 진술을 내용으로 하는 진술로 취급하여 제316조 제2항에 따라 증거능력을 판단하는 것이 타당하다는 것이다.[104]

(3) 제한적 긍정설

제한적 긍정설에서는 원진술의 진실성을 담보하기 위해 원진술자에 의한 확인 절차가 필요하고, 이에 따라 최초의 원진술자가 공판정에 출석하여 자신의 원진술을 확인하고 제316조 제1항의 특신상태가 긍정되는 경우에는 재전문증거의 증거능력이 인정될 수 있다고 본다.[105] 제한적 긍정설은 재재전문증거에 대하여 제316조를 적용하여 필요성이나 특신의 정황적 보장이라는 요건이 구비되기만 하면, 별도의 장치 없이 증거능력을 인정하는 것이 전문법칙의 기본취지에 반한다는 점을 들고 있다. 실제 전문진술이 기재된 진술조서의 증거능력이 문제되는 경우란 전문진술자가 공판정에 출석할 수 없거나 출석하더라도 수사기관에서 한 진술과 다른 진술을 하는 경우가 대부분이므로, 이와 같이 확인되지 않은 진술 내용에 대해 제316조의 요건을 충족하기만 하면 증거로 사용할 수 있도록 하는 것은 반대신문을 보장하고 신용성이 결여된 증거를 형사소송에서 배제하기 위해 전문법칙을 두고 있는 기본취지에 반한다는 것이다.[106] 재전문증거가 이중의 요건, 즉 형사소송법 제312조 내지 제313조의 진정성립의 요건과 제316조의 필요성과 신용성의 정황적 보장이라는 요건을 모두 충족한 경우에도 원진술자가 진술한 대로 전문한 자가 진술하고 있는지 여부는 불확실하며, 이러한 상황은 원진술자의 진술에 의해서만 해명될 수 있다 한다. 따라서 형사소송법 제312조와 제313조가 통상의 전문서류의 증거능력을 인정하기 위한 요건으로 진술자에 의한 진정성립의 인정을 요구하고 있으나, 이것이 전문진술을 기재하고 있는 조서에 대해서도

104) 이재상, 『신형사소송법 연습』, 박영사(2010), 267~268쪽.
105) 신양균, 앞의 책, 521쪽.
106) 신양균, 「재전문증거의 증거능력」, 『형사판례연구』, 제10권, 박영사(2002), 367쪽.

그대로 타당하다고 할 수는 없다고 한다. 통상의 전문서류의 경우에는 진술자의 진정성립의 인정만으로 어느 정도 진술자의 진술의 신용성이 긍정될 수 있어도 재전문증거의 경우에는 이에 의하여 원진술자의 진술에 대한 신용성이 보장될 수 없기 때문이다. 따라서 전문진술을 기재한 조서의 경우에는 통상의 진술조서와는 그 요건을 달리 정할 수밖에 없다는 것이다. 특히 예컨대 피고인 아닌 타인의 진술을 전문하는 것을 내용으로 하고 있는 참고인진술조서의 증거능력을 판단함에 있어 긍정설의 경우처럼 조서에 대하여도 제314조의 예외 요건이 적용된다고 한다면, 당해 참고인에 대해 필요성의 요건이 이루어질 경우 신용성의 정황적 보장에 의하여 조서에 대한 증거능력이 인정되게 되고, 나아가 원진술자에 대해서도 필요성의 요건이 구비된 때에는 그 진술에 대한 신용성의 정황적 보장이 인정될 경우 그 증거능력이 긍정되어야 하는바, 이와 같이 이중의 예외 요건이 허용되는 경우에도 그 증거능력을 인정하게 된다면 사실상 공판정에서 아무런 확인 절차를 거치지 않은 증거를 가지고 피고인에게 유죄를 인정하게 될 우려가 있게 된다고 한다. 또한 재전문증거 중 전문진술이 기재되어 있는 조서와 같이 2개의 전문법칙 예외 요건이 서로 중복되지 않고 다른 경우에 한하여 증거능력을 인정하는 판례의 태도도 바람직하지 않다고 한다.[107]

한편, 전문진술이 기재되어 있는 조서의 증거능력을 원칙적으로 부정하면서 참고인의 증인선서가 있는 경우에 한하여 제한적으로 그 증거능력을 인정하고자 하는 견해도[108] 제한적 긍정설에 속한다. 즉, 전문진술자인 참고인이 단순히 진정성립만을 인정하는 것으로 불충분하고 증인으로 선서하여 "원진술자가 말한 것을 그대로 진술하였다."라고 증언할 경우에만 그 증거능력이 긍정되어야 한다는 것이다. 즉, 원진술자로부터 전문한 진술이 기재된 참고인진술조서의 증거능력을 인정할 수 있는 요건인 진정성립 인정의 요건은 원진술자로부터 들은 내용을 있는 그대로 진술하였다는 것을 시인한 것이 아니라, 조서에 기재된 대로 전문진술한 것이 사실이라는 점을 시인한 것에 불과하므로, 원진술자로부터 전문한 진술의 내용과 다르게 조서에 기재된 것이 밝혀지더라도 그 참고인을 위증죄로 처벌할 수 없게 되는바, 위증죄 처벌의 대상이 될 수 없는 진술을 근거로 재전문증거의 증거능력을 일방적으로 인정하는 것은 피고인에게 불리하다는 것이다.

(4) 소결

재전문서류나 재전문진술은 이중의 전문으로, 기본적으로는 그 증거능력이 인정되지 않는다.

107) 박수희, 앞의 논문, 410쪽.
108) 손동권, 「형사소송법상 전문법칙의 예외요소로서의 필요성」, 『형사판례연구』, 제10권, 박영사(2002), 332쪽.

따라서 전문법칙이 적용되는 영역이다.

다만, 전문법칙의 예외가 적용되어 그 증거능력이 예외적으로 인정되는지의 여부는 단순전문증거와 다르게 평가되어야 한다. 즉, 전문증거 자체가 가지고 있는 사실 왜곡의 가능성이 전문증거에 대하여 증거능력을 인정하지 않는 가장 중요한 이유이며, 전문증거에 예외적으로 증거능력을 인정하는 전문법칙의 예외는 비록 전문증거라도 예외적으로 — 실체적 진실 발견을 위해서 — 신용성과 필요성이 충족되는 경우에는 증거능력을 인정하자는 취지이다. 따라서 재전문증거에 대해서도 원진술자의 진술에 필요성과 신용성이 인정되는 경우에는 그 증거능력을 인정하는 것이 타당하다(긍정설).

제5절 · 진술의 임의성

1. 제317조의 취지

형사소송법 제317조는[109] 임의성이 전문증거의 증거능력을 인정하기 위한 요건임과 동시에 그에 대한 법원의 조사 의무를 부여하고 있는 규정이다.[110), 111)] 따라서 이 조항은 전문증거에 대하여 임의성이 없는 경우에는 처음부터 증거능력을 인정하지 아니함으로써 피고인의 방어권을 보장하기 위한 규정으로 해석하여야 한다.

2. 적용 범위

본 조에 의하여 진술의 임의성이 요구되는 진술의 범위에 대해서는 광의설, 협의설의 대립이 있다. 특히 이는 전문증거만이 제317조의 대상이 되는지에 문제의 핵심이 있다.

---

109) 「제317조(진술의 임의성): ① 피고인 또는 피고인 아닌 자의 진술이 임의로 된 것이 아닌 것은 증거로 할 수 없다. ② 전 항의 서류는 그 작성 또는 내용인 진술이 임의로 되었다는 것이 증명된 것이 아니면 증거로 할 수 없다. ③ 검증조서의 일부가 피고인 또는 피고인 아닌 자의 진술을 기재한 것인 때에는 그 부분에 한하여 전2항의 예에 의한다.」

110) 신양균, 앞의 책, 831쪽 ; 임동규, 앞의 책, 557쪽.

111) 법원의 조사 의무를 규정한 것으로 볼 필요는 없다는 견해는 이은모, 앞의 책, 741쪽 참조.

1) 광의설

광의설은 목적론적 해석의 관점에서 볼 때, 제317조나 제309조 모두가 진술에 작용할 수 있는 위법을 배제하기 위한 규정이라는 공통점을 가지고 있다고 본다.[112] 따라서 자백 이외의 일체의 진술증거가 제317조에 의하여 임의성이 요구된다고 한다.

2) 협의설

협의설은 조문의 체계상으로 볼 때 제310조의2로부터 제318조의3까지의 규정은 일관되게 전문증거와 관련을 맺고 있다고 해석하여야 하므로, 제317조의 적용 대상은 전문증거에 한정된다고 본다.

3) 소결

광의설이 타당하다. 진술의 임의성은 단지 전문증거만이 아니라 모든 진술에서 요구되는 증거능력의 요건이다. 다만 자백의 경우에는 특별 규정(제309조)에 의해서 자백의 임의성이 인정되지 않으면 제309조에 의하여, 자백 이외의 진술의 임의성이 인정되지 않으면 제317조에 의하여 그 증거능력이 부정된다.

3. 임의성이 요구되는 대상

1) 의의

제317조에 의하여 임의성이 요구되는 것은 진술의 임의성과 서류 작성의 임의성이다. 전문증거는 원진술이 간접적으로 법정에 보고되는 경우에, 원진술의 진실성이 요증사실로 된 경우를 말한다. 결국 전문증거를 진술증거를 기초로 한다. 따라서 그 간접증거가 진술의 형태이든 서류의 형태이든 임의성을 갖추어야 한다.[113]

---

112) 배종대·이상돈·정승환·이주원, 앞의 책, 58/124 ; 신동운, 앞의 책, 993쪽 ; 이은모, 앞의 책, 741쪽 ; 이재상, 『형사소송법』, 박영사(2013), 40/96 ; 송광섭, 『형사소송법』, 형설출판사(2010), 240쪽 ; 신양균, 앞의 책, 831쪽 ; 임동규, 앞의 책, 558쪽.

113) 예컨대 사법경찰관 작성의 피의자신문조서의 경우에 제312조 제3항에 의해서 진술자에 의해서 내용이 인정되어야 한다. 그러나 그 내용 인정 이전에 요구되는 것이 진술의 임의성이다. 결국 사법경찰관 작성의 피의자신문조서는 '임의성(제317조)+적법절차와 방식+내용의 인정(제312조 제3항)'이 그 증거능력의 요건이 된다.

2) 진술의 임의성

임의성은 증명력이 아니라 증거능력과 관계된다. 따라서 임의성은 인정되지만 증명력, 즉 신빙성과 진실성이 부인되는 경우도 있다.

(1) 임의성의 의미

임의성의 의미에 대해서는 자백과 마찬가지로 진술에 위법이 작용하지 않아야 한다는 위법배제로 보아야 한다는 견해,[114] 기본적으로는 위법 배제의 입장에 있으면서 제309조와 달리 제317조는 중대한 위법 수사만을 배제하는 것으로 해석하는 견해,[115] 진술이 인권이 침해되지 않은 상태하에서 허위 내용이 아니어야 한다는 견해[116] 등이 있다.

진술의 임의성은 기본적으로 자유, 그중에서도 진술의 내용과 표현의 자유라고 하지 않을 수 없다. 즉, 원진술자가 자신이 표현하려는 사고 내용을 결정하고 이를 외부적으로 표현함에 있어서 아무런 제약이 없음을 의미한다.

(2) 임의성이 없는 진술의 효과

임의성이 없는 진술은 증거능력이 인정되지 않는다. 임의성이 인정되지 않아 증거능력이 없는 진술 증거는 피고인이 증거로 함에 동의하더라도 증거로 삼을 수 없다.[117]

가. 임의성이 없는 진술의 증거능력을 부정하는 취지는, 허위 진술을 유발 또는 강요할 위험성이 있는 상태하에서 행해진 진술은 그 자체가 실체적 진실에 부합하지 않아 오판을 일으킬 소지가 있을 뿐만 아니라, 그 진위를 떠나서 진술자의 기본적 인권을 침해하는 위법 부당한 압박이 가하여지는 것을 사전에 막기 위한 것이다.[118]

나. 검찰에서의 피고인의 자백이 임의성이 있어 이에 증거능력이 부여된다 하여 자백의 진실성과 신빙성까지도 당연히 인정되어야 하는 것은 아니다. 그러므로 그 자백이 증명력이 있다고 하기 위해서는 그 자백의 진술 내용 자체가 객관적인 합리성을 띠고 있는가, 그 자백의 동기나 이유 및 자백에 이르게 된 경위가 어떠한가, 자백 외의 정황증거 중 자백 내용과 저촉되거나 모순되는

---

114) 이재상, 앞의 책, 40/97 ; 임동규, 앞의 책, 559쪽.
115) 배종대 · 이상돈 · 정승환 · 이주원, 앞의 책, 58/127.
116) 신양균, 앞의 책, 832쪽.
117) 대법원 2006. 11. 23. 선고 2004도7900 판결.
118) 대법원 2006. 11. 23. 선고 2004도7900 판결.

것이 없는가 하는 점을 합리적으로 따져 보아야 한다.[119)]

다. 피고인이나 그 변호인이 검사 작성의 피고인에 대한 피의자신문조서의 진정성립과 임의성을 인정하였다가 그 뒤 이를 부인하는 진술을 하거나 서면을 제출한 경우, 그 조서의 증거능력이 언제나 없다고 할 수는 없다. 또 법원이 그 조서의 기재 내용, 형식 등과 피고인의 법정에서의 범행에 관련한 진술 등 제반 사정에 비추어 진정성립과 임의성을 인정한 최초의 진술이 신빙성이 있다고 보아, 그 진정성립을 인정하고 그 임의성에 관하여 심증을 얻은 때에는 그 피의자신문조서는 증거능력이 인정된다.[120)]

3) 서류 작성의 임의성

진술을 기재한 서류는 그 진술의 임의성뿐만 아니라 서류 작성의 임의성도 인정되어야 한다. 제317조 제2항은 '그 작성 또는 내용인 진술'이라는 표현을 사용함으로써 양자의 임의성 입증이 선택적인 것처럼 규정하고 있으나, 제317조 제1항과 제2항의 관계에 비추어 볼 때, 원진술의 임의성 이외에 서류 작성의 임의성이 추가로 요구된다고 보아야 할 것이다. 원진술의 임의성이 증명된다고 하여도, 서류 작성의 임의성이 인정되지 않으면 증거능력이 인정되지 않는다.[121)]

4. 임의성에 대한 조사와 증명

1) 임의성의 조사

(1) 직권조사·자유로운 증명

임의성에 관하여 의심할 만한 사정이 나타나 있는 경우에는 법원은 직권으로 그 임의성 여부에 관하여 조사를 하여야 한다.[122)] 진술의 임의성은 소송법적 사실이므로 자유로운 증명으로 족하다. 따라서 법원은 증거조사의 방법이나 증거능력의 제한을 받지 않고, 구체적인 사건에 따라 피고인의 학력, 경력, 직업, 사회적 지위, 지능 정도, 진술의 내용, 피의자신문조서의 경우, 그 조서의 형식 등 제반 사정을 참작하여 자유로운 심증으로 위 진술이 임의로 된 것인지의 여부를 판단하면 된다.[123)]

---

119) 대법원 2007. 9. 6. 선고 2007도4959 판결.
120) 대법원 2007. 6. 28. 선고 2005도8317 판결.
121) 한편, 서류 작성의 임의성이 인정되지 않으면 진술의 임의성도 부정된다는 견해는 이재상, 앞의 책, 40/99 참조.
122) 대법원 2006. 11. 23. 선고 2004도7900 판결.

(2) 조사 시기

진술의 임의성은 증거능력의 요건이므로 원칙적으로는 증거조사 전에 조사하여야 한다. 그러나 일단 임의성이 있다고 판단하여 증거조사를 마친 후에도 임의성에 의문이 있을 때에는 다시 임의성을 조사할 수 있으며, 증거조사와 임의성의 조사를 병행하여도 무방하다.[124] 따라서 증거조사를 마친 조서의 임의성을 다투는 주장이 받아들여지게 되면, 그 조서는 유죄 인정의 자료에서 제외될 수 있다.[125]

2) 임의성의 증명· 입증 책임

진술 및 서류 작성의 임의성은 '증명'되어야 한다. 즉, 법관에게 합리적 의심을 넘는 확신을 줄 것을 요한다. 이 점에서 제309조가 자백의 임의성에 의심을 일으킬 만한 이유가 있는 정도를 요한다는 점과 다르다.

검사가 제출한 증거에 대하여 피고인이 임의성을 다툰 경우에는 검사가 입증 책임을 부담한다(통설과 판례). 임의성에 다툼이 있을 때에는 그 임의성을 의심할 만한 합리적이고 구체적인 사실을 피고인이 증명할 것이 아니라, 검사가 그 임의성의 의문점을 없애는 증명을 하여야 할 것이다.

검사가 그 임의성의 의문점을 없애는 증명을 하지 못한 경우에는 그 진술증거는 증거능력이 부정된다. 따라서 참고인에 대한 검찰 진술조서가 강압 상태에서 내지 강압 수사로 인한 정신적 강압 상태가 계속된 상태에서 작성된 것으로 의심되어 그 임의성을 의심할 만한 사정이 있는데도, 검사가 그 임의성의 의문점을 없애는 증명을 하지 못하였으므로 증거능력이 없다.[126]

123) 대법원 2011. 2. 24. 선고 2010도14720 판결.
124) 신동운, 앞의 책, 996쪽 ; 이재상, 앞의 책, 40/101 ; 배종대· 이상돈· 정승환· 이주원, 앞의 책, 58/131 ; 임동규, 앞의 책, 559쪽.
125) 대법원 2008. 7. 10. 선고 2007도7760 판결.
126) 대법원 2006. 11. 23. 선고 2004도7900 판결.

제6장 디지털 증거와 전문법칙

제1절 · 디지털 증거의 증거능력

1. 의의

디지털 저장 매체에 의한 증거물, 예컨대 사진, 녹음테이프, 비디오테이프, 컴퓨터 디스켓, CD 등은 증거물이기는 하지만, 원칙적으로 그 자체가 증거방법이 아니고 그 안에 수록된 자료가 증거방법이 된다. 그 자료가 화면이나 음성 혹은 도면이나 서면이든, 이를 법관(혹은 법원에 의하여 촉탁받은 감정인)의 오관에 의하여 체득·실험되는 것이 필요한 이상, 검증이나 감정의 방법으로 증거조사를 실시할 수밖에 없다.[1] 다만 이것들이 문서적 형태로 표명된 경우, 그 수록된 자료가 출력되어 서면화된 경우에는 서증이 됨은 물론이다. 예컨대 녹음테이프의 내용을 풀어서 기재한 녹취록 등에 관하여는 그 형태상 서증과 다를 바 없기 때문에 서증에 관한 증거조사의 방법에 의하여야 할 것이다. 교통사고의 재현 등을 컴퓨터나 축소모델에 의한 가상실험으로 하는 경우도 검증이나 감정의 방법으로 가능하다고 생각된다.[2] 사진, 녹음테이프, 비디오테이프, 디스켓 등 특수한 증거물에 관하여는 그 증거능력의 인정 여부에 대해 형사소송법상 직접적인 규정은 없다. 음화사진이나 음란비디오나 테이프 등이 그 자체로 증거물이 되는 경우에는 문제가 없다. 그러나 그 안에 수록된 화면이나 음성 등의 자료가 증거가 되는 경우에 그 증거능력의 인정이 문제된다.

2. 이중의 증거능력 검토

1) 의의

디지털 증거, 특히 저장 매체의 증거능력 판단을 위해서는 2단계의 검토를 요한다. 저장 매체와 출력물의 원본성·동일성·무결성이 인정되어야 하고, 출력물에 대해 전문법칙을 적용한다.

---

1) 김대휘, 「사진과 비디오테이프의 증거능력」, 『형사판례의 연구 Ⅱ -지송 이재상 교수 화갑기념논문집-』, 박영사 (2004), 400쪽.
2) 김대휘, 위의 논문, 400쪽.

2) 원본성

대화 내용을 녹음한 파일 등의 전자 매체는 성질상 작성자나 진술자의 서명 또는 날인이 없을 뿐만 아니라, 녹음자의 의도나 특정한 기술에 의하여 내용이 편집·조작될 위험성이 있음을 고려하여, 대화 내용을 녹음한 원본이거나 원본으로부터 복사한 사본일 경우에는 복사 과정에서 편집되는 등의 인위적 개작 없이 원본의 내용 그대로 복사된 사본임이 증명되어야 한다. 녹음 매체가 변경된 경우에도 원본성이 유지되어야 한다. 디지털 녹음기로 녹음한 내용이 콤팩트디스크에 다시 복사되어 그 콤팩트디스크에 녹음된 내용을 담은 녹취록이 증거로 제출된 경우에 콤팩트디스크가 현장에서 녹음하는 데 사용된 디지털 녹음기의 녹음 내용 원본을 그대로 복사한 것이라는 입증이 없는 이상, 그 콤팩트디스크의 내용이나 이를 녹취한 녹취록의 기재는 증거능력이 없다.[3)]

3) 동일성과 무결성

(1) 의의

압수물인 컴퓨터용 디스크, 그 밖에 이와 비슷한 정보 저장 매체(이하 '정보 저장 매체'라고만 한다)에 입력하여 기억된 문자정보 또는 그 출력물(이하 '출력 문건'이라 한다)을 증거로 사용하기 위해서는 정보 저장 매체 원본에 저장된 내용과 출력 문건의 동일성이 인정되어야 하고, 이를 위해서는 정보 저장 매체 원본이 압수 시부터 문건 출력 시까지 변경되지 않았다는 사정, 즉 무결성이 담보되어야 한다. 특히 정보 저장 매체 원본을 대신하여 저장 매체에 저장된 자료를 '하드카피' 또는 '이미징'한 매체로부터 출력한 문건의 경우에는 정보 저장 매체 원본과 '하드카피' 또는 '이미징'한 매체 사이에 자료의 동일성도 인정되어야 할 뿐만 아니라, 이를 확인하는 과정에서 이용한 컴퓨터의 기계적 정확성, 프로그램의 신뢰성, 입력·처리·출력의 각 단계에서 조작자의 전문적인 기술능력과 정확성이 담보되어야 한다.

---

3) 대법원 2007. 3. 15. 선고 2006도8869 판결.
「기록에 의하면, 2005. 12. 29. 서천 (상호 생략) 식당 모임에 참석한 공소외 2는 디지털 녹음기로 당시 피고인 1의 발언 내용을 녹음하였고, 그 내용이 콤팩트디스크에 다시 복사되어 위 콤팩트디스크가 검찰에 압수되었으며, 그 콤팩트디스크에 녹음된 내용을 담은 녹취록이 증거로 제출되었고, 피고인 1은 위 녹취록을 증거로 할 수 있음에 동의하지 아니하였음을 알 수 있는바, 위 콤팩트디스크가 현장에서 피고인 1의 발언 내용을 녹음하는 데 사용된 디지털 녹음기의 녹음 내용 원본을 그대로 복사한 것이라는 입증이 없는 이상, 그 콤팩트디스크의 내용이나 이를 녹취한 녹취록의 기재는 증거능력이 없다 할 것이다.」

(2) 동일성 및 무결성의 증명방법

가) 해시 값에 의한 증명

출력 문건과 정보 저장 매체에 저장된 자료가 동일하고 원본이 문건 출력 시까지 변경되지 않았음은, 피압수·수색 당사자가 원본과 '하드카피'나 '이미징'한 매체의 해시 값이 동일하다는 취지로 서명한 확인서면을 교부받아 법원에 제출하는 방법으로 증명하는 것이 원칙이다.

나) 기타의 방법

해시 값에 의한 증명이 불가능하거나 현저히 곤란한 경우에는, ① 정보 저장 매체 원본에 대한 압수, 봉인, 봉인 해제, '하드카피' 또는 '이미징' 등 일련의 절차에 참여한 수사관이나 전문가 등의 증언에 의해 정보 저장 매체 원본과 '하드카피' 또는 '이미징'한 매체 사이의 해시 값이 동일하다거나 정보 저장 매체 원본이 최초 압수 시부터 밀봉되어 증거 제출 시까지 전혀 변경되지 않았다는 등의 사정을 증명하는 방법, ② 법원이 그 원본에 저장된 자료와 증거로 제출된 출력 문건을 대조하는 방법, ③ 압수·수색 과정을 촬영한 영상녹화물 재생 등의 방법으로 할 수 있다.[4)]

4) 출력 문건에 대한 전문법칙의 적용

출력 문건이 문건에 기재된 사실의 입증을 위해서 제출되는 경우에는 문건의 성질에 따라서 제312조~제315조가 적용될 것이다.

---

4) 대법원 2013. 7. 26. 선고 2013도2511 판결.

「원심 판결 이유에 의하면, 원심은 공소외 1 회사 사무실 또는 피고인들의 주거지에 대한 압수·수색을 집행하였던 국가정보원 수사관들, 국가정보원 사무실에서의 '이미징' 절차에 참여하였던 전문가들의 각 증언 등에 의하여 인정되는 다음과 같은 사정들, 즉 국가정보원 수사관들은 피고인들 혹은 가족, 직원이 참여한 상태에서 원심 판시 각 정보 저장 매체를 압수한 다음 참여자의 서명을 받아 봉인하였고, 국가정보원에서 일부 정보 저장 매체에 저장된 자료를 '이미징' 방식으로 복제할 때 피고인들 또는 위 전문가들로부터 서명을 받아 봉인 상태 확인, 봉인 해제, 재봉인하였으며, 이들은 정보 저장 매체 원본의 해시 값과 '이미징' 작업을 통해 생성된 파일의 해시 값이 동일하다는 취지로 서명하였던 사정들과 함께, 제1심 법원이 피고인들 및 검사, 변호인이 모두 참여한 가운데 검증을 실시하여 그 검증 과정에서 산출한 해시 값과 압수·수색 당시 쓰기방지장치를 부착하여 '이미징' 작업을 하면서 산출한 해시 값을 대조하여 그 해시 값이 동일함을 확인하거나, '이미징' 작업을 통해 생성된 파일의 문자정보와 그 출력 문건이 동일함을 확인하였던 사정, 일부 정보 저장 매체의 경우 원심에서 시행한 검증 결과 부분의 봉인봉투 안에 전자정보에 관한 전문가로서 '이미징' 과정에 참여하였던 전문가가 서명한 것으로 보이는 이전의 봉인 해제 봉투가 존재하는 사실을 확인한 사정 등을 종합하면, 원심 판시와 같이 증거로 제출된 출력 문건들은 압수된 정보 저장 매체 원본에 저장되었던 내용과 동일한 것일 뿐만 아니라, 정보 저장 매체 원본이 문건 출력 시까지 변경되지 않았다고 인정할 수 있으므로 그 출력 문건들을 증거로 사용할 수 있다고 판단하였다. 원심판결 이유를 위 법리와 기록에 비추어 살펴보면, 원심의 이러한 판단은 정당한 것으로 수긍할 수 있고, 거기에 전자증거의 무결성·동일성 그리고 신뢰성에 대한 입증 방법이나 그 입증의 정도 등에 관한 법리를 오해한 위법이 없으며, 나아가 위와 같은 정보 저장 매체 등이 수사기관에 의하여 조작되었다거나 피고인들이 그 정보 저장 매체를 소유 내지 소지한 것이 아니라는 취지의 주장을 배척한 원심의 조치에도 상고 이유에서 주장하는 바와 같은 위법이 있다고 할 수 없다.」

제2절 · 사진의 증거능력

1. 의의

사진은 시간적으로 연속되는 행동 중의 일순간을 포착하여 영상화한 것이라는 점에서 사람이 목격한 경우와 다르고, 대상을 연속적으로 포착하여 영상화한 영화필름과도 다르다. 현대의 첨단 합성 기술의 발달로 인해 사진에 대한 인위적인 조작 가능성이 높다. 특히 디지털 환경 속에서 그러한 위험성은 더욱 크게 현실화되고 있다. 이에 따라 사진이 진술증거에 준하여 전문법칙이 적용될 것인지 혹은 비진술증거로서 법관의 오관에 의한 검증의 대상이 될 뿐인지가 문제된다.[5] 사진의 증거능력에 관하여 견해의 대입이 예리한 것은 진술은 '지각 – 기억 – 구성 – 서술'의 과정을 거침에 반하여, 사진은 '촬영 – 현상 – 인화'의 과정을 거치는 차이가 있는바, 그럼에도 불구하고 현장 사진에 대하여 이를 진술증거로 보고 전문법칙을 적용할 것인지의 여부가 쟁점이 되는 것이다.[6] 결국 과학적 증거의 '증거로서의 가치'를 최대한 발휘케 하면서 동시에 오류의 위험성을 최소화하는 관점에서 증거능력에 적절한 제한을 가할 필요성과 당위성이 요구된다.

2. 사본으로서의 사진

사진이 본래 증거로 제출되어야 할 자료의 대용물로 제출되는 경우를 말한다.

1) 전문법칙이 적용되지 않는 경우

(1) 원본증거가 증거물인 경우

본래 제출해야 할 증거, 즉 원본증거가 증거물이면[7] 그 사진도 비진술증거가 된다. 따라서 원본 제출이 곤란하고(필요성), 사건과의 관련성이 증명되면 증거능력이 인정된다고 봄이 타당하다.[8], [9] 예컨대 음화판매죄에 있어서 범행에 제공된 음화사진은 그 자체가 순수한 증거물로서 사진이 가지는 특성으로 인하여 증거능력이 문제가 될 여지는 없다.[10]

---

5) 김대휘, 위의 논문, 400쪽.
6) 곽종석, 「사진·녹음테이프의 증거능력」, 『형사증거법 (하)』(재판자료집 제23집), 법원행정처(1994), 449쪽.
7) 범행에 사용된 흉기의 사진 등이다.
8) 이재상, 『형사소송법』, 박영사(2013), 40/106 ; 임동규, 『형사소송법』, 법문사(2012), 537쪽.
9) 예컨대 자동차를 이용하여 타인을 폭행한 경우에 자동차를 법정에 제출할 수가 없다. 따라서 원본 대용으로서의 사진을 제출하는 경우이다.

(2) 전문증거가 아닌 경우

형사소송법 제310조의2는 사실을 직접 경험한 사람의 진술이 법정에 직접 제출되어야 하고 이에 갈음하는 대체물인 진술 또는 서류가 제출되어서는 안 된다는 이른바 전문법칙을 선언한 것이다. 그런데 정보통신망을 통하여 공포심이나 불안감을 유발하는 글을 반복적으로 상대방에게 도달하게 하는 행위를 하였다는 공소사실에 대하여 휴대전화기에 저장된 문자 정보가 그 증거가 되는 경우, 그 문자 정보는 범행의 직접적인 수단이고 경험자의 진술에 갈음하는 대체물에 해당하지 않는다. 그러므로 이 경우에는 형사소송법 제310조의2에서 정한 전문법칙이 적용되지 않는다.[11]

가령, 갑이 1999년 봄부터 2000년 가을까지 피해자와 내연의 관계를 유지하던 중, 그 이후 피해자에게 다른 남자가 생겨서 갑이 기피를 당하게 되자, 2003년 12월 18일부터 2004년 1월 18일까지 사이에 총 7회에 걸쳐 피해자의 휴대전화에 공포감이나 불안감을 유발하는 문자 메시지("너 죽을래, 다 폭로하면 너도 죽고 나도 죽자.")를 보냄으로써 정보통신망을 통하여 공포심이나 불안감을 유발하는 글을 반복적으로 피해자에게 도달하게 하였다. 이에 검사는 갑을 정보통신망법 위반죄로 공소 제기하였고, 피해자의 휴대전화기에 저장된 문자 메시지를 화면에 띄워 이를 촬영한 사진을 증거로 제출하였다. 이 경우에 사진은 그 자체가 증거물로서 전문증거가 아니다. 따라서 사진을 증거로 사용하려면 문자정보가 저장된 휴대전화기를 법정에 제출할 수 없거나 그 제출이 곤란한 사정이 있고, 그 사진의 영상이 휴대전화기의 화면에 표시된 문자정보와 정확하게 같다는 사실이 증명되면 된다.

2) 전문법칙이 적용되는 경우

사본으로서의 사진에 전문법칙이 적용되는 경우는 문서의 사본으로서의 사진인 경우이다. 예컨대 계약서의 사진 복사본 또는 갑의 일기장을 병이 스마트폰으로 촬영한 경우이다. 이 경우에는 원본증거가 서류 등 진술증거이면 그것을 찍은 사진도 역시 진술증거로서 성격을 가지게 된다.[12]

---

10) 곽종석, 앞의 논문, 448쪽.
11) 대법원 2008. 11. 13. 선고 2006도2556 판결.
12) 신양균, 『형사소송법』, 화산미디어(2009), 820쪽.

(1) 학설

이에 대해서는 ① 최량증거의 법칙(best evidence rule)에 의하여 원본증거를 공판정에 제출하기 불가능하거나 곤란함이 인정되고, 원본의 정확한 사본임과 아울러 사진의 사건과의 관련성이 증명되는 경우에 한하여 인정된다는 견해,[13] ② 원본의 존재 및 진정성립을 인정할 자료가 구비되고 특신상태가 인정되거나 당사자가 증거로 함에 동의한 때에 제315조 제3호의 특히 신빙할 만한 정황에 의하여 작성된 문서로서 증거능력이 인정된다는 견해,[14] ③ 사진 자체에는 서명·날인이 없더라도 원본의 서명·날인이 사진에 찍혀 있는 이상 그 요건을 충족한다는 견해,[15] ④ 원본증거가 증거로 사용할 수 있어야 하고, 원본의 제출이 불가능하거나 곤란한 사유가 있어야 하고, 원본의 정확한 사본인 경우에 한하여 제315조 제3호의 특히 신빙할 만한 정황에 의하여 작성된 문서로서 증거로 할 수 있다는 견해,[16] ⑤ 서면의 사본에 준하여 전문법칙이 적용되어 각 원본서류의 성격에 따라 각 해당 조항이 적용될 수 있다는 견해[17] 등이 있다. 한편, 문서의 등·초·사본의 경우에는 증거능력이 있는 원본이 존재하거나 존재하였을 것, 그것이 원본을 정확히 전사한 것일 것, 원본을 제출하는 것이 불능 또는 곤란한 것의 요건을 구비하면 원본과 동일한 증거능력이 있다는 견해가 있다.[18]

(2) 판례

협박죄 사건에서 협박 내용의 문자 메시지는 피해자가 피고인으로부터 풀려난 당일에 남동생에게 도움을 요청하면서 피고인이 협박한 말을 포함하여 공갈 등 피고인으로부터 피해를 입은 내용을 문자 메시지로 보낸 것이므로, 이 사건 문자 메시지의 내용을 촬영한 사진은 증거서류 중 피해자의 진술서에 준하는 것으로 취급함이 상당할 것인바, 진술서에 관한 형사소송법 제313조에 따라 이 사건 문자 메시지의 작성자인 피해자 공소외 1이 제1심 법정에 출석하여 자신이 이 사건 문자 메시지를 작성하여 동생에게 보낸 것과 같음을 확인하고, 동생인 공소외 3도 제1심 법정에 출석하여 피해자 공소외 1이 보낸 이 사건 문자 메시지를 촬영한 사진이 맞다고 확인한 이상, 이 사건 문자 메시지를 촬영한 사진은 그 진정성립이 증명되었다고 볼 수 있으므로 이를 증거로 할 수 있다.[19]

---

13) 이은모, 『형사소송법』, 박영사(2014), 725쪽.
14) 임동규, 앞의 책, 537쪽.
15) 이재상, 앞의 책, 40/106.
16) 신양균, 앞의 책, 822쪽.
17) 김대휘, 앞의 논문, 400쪽.
18) 곽종석, 앞의 논문, 460쪽.

3) 소결

문서의 사본으로서의 사진은 진술증거와 사실의 보고라는 기능을 모두 갖고 있다. 따라서 문서의 사본으로서의 사진을 증거로 사용하기 위해서는 사진의 대상인 (원본) 문서의 증거능력과 사진 자체의 증거능력이 모두 인정되어야 한다. 이 점에서 원본인 문서의 증거능력이 갖추어진 경우에, 그 원본 문서의 제출이 불가능하거나 곤란하고, 원본을 정확히 촬영한 것이 인정되는 경우에 제315조의 제3항에 의해서 증거능력을 인정함이 타당하다. 특히 디지털카메라 사진의 경우에는 조작의 가능성이 매우 높기 때문에 원본과의 동일성 판단을 더욱 엄격히 하여야 할 것이다.

3. 검증조서 등에 첨부된 사진

예컨대 검증조서나 감정서에 범행 재연의 사진이 첨부되어 있는 경우를 말한다.[20] 이러한 사진은 검증·감정의 문자에 의한 표현을 보조하는 수단으로 사용되는 것이므로 그 증거능력은 원칙적으로 첨부된 검증조서 등과 일체로 판단되어야 한다.[21] 따라서 검증조서에 첨부된 단순 배경 사진은[22] 검증조서와 일체를 이루기 때문에 검증조서와 마찬가지로 적법한 절차와 방식, 그리고 진정성립이 그 증거능력의 요건이 된다(제312조 제6항).

첨부된 사진이 피고인이 자백한 범행 내용을 현장에서 재현하고[23] 이를 사진으로 촬영하여 첨부한 것일 경우에는 그 실질에 있어서 현장진술과 같다고 할 수 있다.[24] 따라서 사법경찰관이 작성한 검증조서의 경우에는 제312조 제3항에 의해서,[25] 검사가 작성한 검증조서의 경우에는 제312조 제1항과 제2항에 의해서 증거능력이 인정된다. 한편, 검증조서에 첨부된 사진이 출처불명이고 조서의 일부로서의 요식을 구비하지 아니한 하자가 있더라도 그 사진을 제외한 검증조서 자체의 증거능력에는 아무런 영향이 없다.[26]

---

19) 대법원 2010. 11. 25. 선고 2010도8735 판결.

20) 진술 내용을 명확히 하기 위해 진술의 일부, 즉 설명 증거로 사진을 사용하는 경우를 말한다. 예컨대 증인이 목격한 범행 현장에 대해 증언을 하면서 자신이 말하려고 하는 바를 분명히 하기 위해서 당시에 현장을 촬영한 사진을 제출하며 "그 현장은 이 사진에 나타난 모습과 같았다."라고 증언하는 경우이다. ; 신양균, 앞의 책, 820쪽.

21) 곽종석, 앞의 논문, 448쪽.

22) 예컨대 교통사고가 발생한 지점의 도로 상황을 촬영한 사진 등.

23) 예컨대 피고인이 피해자를 주먹으로 때리는 것을 재현한 동작을 촬영한 사진 등.

24) 이재상, 『신형사소송법 연습』, 박영사(2010), 399쪽.

25) 대법원 1998. 3. 13. 선고 98도159 판결.

4. 현장 사진

현장 사진은[27] 범인의 행동에 중점을 두어 범행의 장면과 그 전후 상황을 촬영한 사진으로 독립한 증거로 이용되는 것을 말한다. 예컨대 편의점에서 발생한 강도 사건에 있어서 편의점에 설치된 CCTV에 찍힌 사진이나 간통현장에서 촬영한 사진이다.

1) 비진술증거설

비진술증거설은[28] 현장 사진이 사람의 지각에 의한 진술이 아니고, 반대신문권도 생각할 수 없기 때문에 '독립된 비진술증거'라고 해석하는 견해이다. 즉, 언어에 의한 보고는 인간의 지각 기억 구성 서술의 과정을 거쳐 법원에 지각을 전달하기 때문에, 거기에는 부정확한 것이 있을 수 있고 이를 음미하기 위하여 반대신문을 필요로 하는바, 사진의 재현 과정은 기계에 의한 것이므로 기억의 재생에서 볼 수 있는 부정확성이란 생길 수 없다는 점에서 양자는 본질적 차이가 있다고 설명한다.[29] 이 견해에 따르면, 현장 사진은 전문증거가 아니므로 전문법칙이 적용되지 않는다고 본다.

비진술증거설에서는 사진의 증거로서의 무제한적 사용을 규제한다는 점에서 엄격하고 정확한 증거 사용을 기하는 점은 있으나, 그 증거조사가 번거로운 점이 있고 단지 진술로 확인하고 설명할 수 있다 하여 진술증거로 보는 것은 무리가 있다고 한다. 특히 현장이나 물체의 사진은 그 사진 속의 물건이나 현장에 관한 증거가 될 뿐이므로, 그 물건의 조사나 현장 검증 등 더 나은 방법으로 증거조사가 가능하고, 다만 그 물건이 존재하지 않거나 현장 상황이 변경된 경우에 그 사진이 증거로서 의미가 있겠으나, 그 사진은 조작되지 않은 한은 그 영상에 나타난 상황에 대한 증거로서 비진술증거로 보는 것이 타당하다고 설명한다.[30] 그리고 사진의 조작 가능성은 전문법칙의 문제가

---

26) 대법원 1963. 9. 26 선고 63도244 판결.

27) 현금자동지급기에 설치된 CCTV에 찍힌 범인의 현금 인출 장면 등.

28) 차용석·최용성, 『형사소송법』, 21세기사(2008), 184쪽 ; 임동규, 『형사소송법』, 법문사(2012), 539쪽 ; 김대휘, 앞의 논문, 401~402쪽.

29) 곽종석, 앞의 논문, 452쪽.

30) 김대휘, 앞의 논문, 401쪽. ; 일반적으로 사진을 비진술증거로 보는 후자의 견해에 따라 사진 속의 인물이 피고인 혹은 제삼자임이 자유로운 증명에 의하여 확인되면 증거능력이 있다고 볼 것이다. 요컨대 사진의 경우는 전문법칙이 적용되어 증거능력이 문제될 여지가 없고, 요증사실과의 관련성 내지 증거적격이 중요하다. 사진 속의 영상이 사건과 관계없다는 등의 취지로 주장을 하는 경우에 이는 증거능력을 다투는 것이 아니라 증거적격 내지는 증명력을 다투는 취지라고 볼 것이다. 또 사진은 일반 물건의 경우와 마찬가지로 증거로 함에 동의는 필요 없고, 다만 요증사실과의 관련성에 대한 구체적 진술이 요구되고 이러한 의견진술이 있으면 증거목록의 비고란 등에 기재하는 것이 바람직하다.

아니라 증거의 관련성의 문제이며,[31] 사진 작성 과정에 인위적인 가공이 있다면, 그러한 허위성은 오히려 과학적인 감정과 같은 방법으로 진정성을 입증할 필요가 있다는 점도 그 근거로 제시한다. 따라서 현장 사진은 검증물의 대용물인 동시에 그 자체가 검증물이므로 전문법칙의 적용은 없고, 현장 사진에 대한 증거조사는 반드시 촬영자가 원진술자로서 증언할 필요는 없으며, 대상이 그대로 촬영되었음이 자유로운 증명으로 입증되면 족하다는 것이다.[32] 또한 만약 피고인 등이 사진이 조작되었다고 이의를 제기하면서 사진의 증거능력을 다투는 경우에는 감정을 시행하거나 촬영자나 사진 속의 사람을 증인으로 환문하는 등의 방법으로 증거능력을 인정할 수 있다고 한다.[33] 또한 촬영자가 불분명한 경우에는 제삼자의 확인서, 사진 자체의 현상 등 자유로운 증명에 의하여 요증사실과의 관련성이 인정되는 데 한해, 이를 증거로 사용할 수 있다고 한다.[34]

이와 같은 비진술증거설에 의할 때, 사진에 대한 증거조사의 방법은 제시이다.

2) 검증조서유사설

검증조서유사설은[35] 현장 사진의 비진술증거성을 인정하면서도 그 작성 과정에 오류 개입의 위험성을 근거로 증거능력을 제한하려는 입장이다. 즉, 현장 사진은 제310조의2가 요구하는 직접 심리주의 관점에서 볼 때 그 증거능력이 부인되어야 하지만, 예외적으로 '검증의 결과를 기재한 조서'에 준하여 제한적으로 증거능력을 인정하자는 견해이다. 이 견해는 진술증거설과 달리 원진술자에 대한 반대신문의 개념을 설정하지 않으며, 촬영의 상대방에 의한 진정성립을 요구하지 않는다.[36] 따라서 현장 사진은 그 작성 주체에 따라 법관의 경우에는 제311조 제1항에 의하여, 검사 및 사법경찰관의 경우에는 제312조 제6항에 의하여 증거능력이 판단된다고 본다. 법원이나 수사기관 이외의 자에 의해서 촬영된 경우에는 제312조 제6항을 유추적용하여 증거능력의 유무를 판단한다고 설명한다.[37]

---

31) 임동규, 앞의 책, 539쪽.
32) 사진은 렌즈 자체의 체험이고 필름에 담겨진 사실의 흔적이지 사람의 지각에 기한 서술은 아니므로 거기에 허위성이 개입할 여지는 없고 진술이 아님은 물론 진술에 준하여 생각할 필요도 없는 비진술증거로서 그것이 언제 어디의 사진인가 하는 사건과의 관련성이 자유로운 증명에 의하여 명백히 되는 한, 그 증거능력이 인정된다. ; 곽종석, 앞의 논문, 451쪽.
33) 법원행정처, 『법원실무제요(형사)』(2009), 127쪽.
34) 임동규, 앞의 책, 539쪽.
35) 신동운, 『신형사소송법』, 법문사(2008), 990쪽.
36) 신동운, 위의 책, 990쪽.
37) 따라서 사인이 간통 현장을 촬영한 경우에는 그 사진에 증거능력이 인정되려면 사진을 촬영한 자가 공판준비 또는 공판기일에 출석하여 그 사진의 피사체가 상대방임을 인정하는 진술을 함으로써 진정성립을 인정해야 할 것이다. ; 신동운, 위의 책, 990쪽.

이 견해에 의할 때, 사진에 대한 증거조사의 방법은 제시이다.[38)]

3) 진술증거설

진술증거설은 범행현장을 촬영한 사진을 진술증거로 보는 견해이다. 이 견해는 현장 사진도 사실을 보고한다는 기능에서 진술증거와 동일하고, 촬영과 인화의 과정에서 조작과 오류 개입의 가능성이 있으며, 특히 최근 디지털 사진 조작의 편의성 등의 위험성이 더욱 증가하고 있다는 점을 근거로 한다. 그리하여 진술증거설은 사진도 제310조의2에서 규정하는 '진술'에 준하여 그 증거능력에 제한을 가하여야 한다는 것이다. 한편, 사진의 받침지에 그 사진을 설명하는 내용이 기재되어 있으면, 그 부분은 진술증거로서 전문법칙이 적용된다.[39)] 이 견해는 다음으로 세분된다.

(1) 제316조 적용(또는 유추적용)설

제316조 적용(또는 유추적용)설에[40), 41)] 따르면, 사진은 진술증거와 사실의 보고라는 기능이 동일하므로 이를 진술증거로 보면서 제312조 제6항(검증조서)을 적용[42)] 또는 유추적용하는[43)] 것이 타당하다고 한다. 즉, 수사기관이 촬영한 현장 사진은 현장검증과 같은 기능을 가지며,[44)] 제312조 제6항에 의하여 촬영자의 진술에 따라 진정성립되었다는 것이[45)] 증명되는 경우에 한하여 증거능력이 인정된다는 것이다.[46)]

---

38) 신동운, 위의 책, 990쪽.

39) 예컨대 사진 표면 또는 뒷면에 "오걸이와 함께 부산 태종대에서 1981. 5. 7."라고 기재되어 있다면, 이것은 진술 기재이므로 전문법칙이 적용된다. 따라서 갑이 오걸이와 함께 태종대에 갔다는 사실의 입증을 위하여 사진을 제시하는 경우에 그 기재는 전문증거가 된다.

40) 이 견해는 사진이야말로 진술조서, 진술녹취서 이상으로 범죄 사실을 웅변으로 말해 주는 것이고, 일정 장소에서의 어떤 사건을 보고한다는 기능 면에서 보면 사람이 언어로 그 정황을 보고하는 것과 본질적으로 다를 바 없으며, 참으로 '기록된 전문(recorded hearsay)'이라는 점을 기초로 한다. ; 곽종석, 앞의 논문, 450쪽.

41) 손동권, 『형사소송법』, 세창출판사(2010), 687쪽.

42) 이재상, 『형사소송법』, 박영사(2013), 40/111.

43) 손동권, 앞의 책, 687쪽.

44) 현장 사진은 현장 검증과 동일한 기능을 지니고 보고문서에 갈음하는 것으로, "검증의 결과를 기재한 서면"(형사소송법 제312조 제1항)에 준하고, 촬영자를 공판기일에 증인으로 신문하여 진정히 작성된 것이라는 것을 명백히 한 후가 아니면, 그 증거능력을 인정할 수 없다. 그렇지 아니하면 피고인 보호에 결여되고 사진이 조서의 첨부 사진으로 이용되는 경우의 증거능력과도 균형을 잃게 된다. ; 곽종석, 앞의 논문, 450쪽.

45) 여기서 진정성립이라는 것은 일반 서증과 같이 서명, 날인이나 자필이 틀림없고(형식적 진정), 진술 내용이 그대로 기재되었다는 것(실질적 진정)이 될 수는 없으므로, 사진의 영상 속에 있는 물건이나 현장 등의 상황이 그대로 정확히 촬영되었다는 것이 될 것이다. ; 김대휘, 앞의 논문, 401쪽.

46) 다만 촬영자가 진술할 수 없는 특별한 사정이 있는 때에는 제314조의 요건을 충족하는 때에 한하여 증거로 할 수 있다. ; 이재상, 앞의 책, 40/111.

(2) 제312조~제313조 적용설

제312조~제313조 적용설에[47] 따르면, 사진은 기계의 힘에 의하여 사실을 재현하는 것이지만 원본 자료 자체와는 다르고 촬영하는 사람의 주관과 기술이 다분히 작용하고 그 사실의 재현은 반드시 진실을 나타내는 것은 아니므로 진술증거와 똑같이 작성 과정에 오류나 조작이 행해질 가능성이 있다는 점에서 검증조서에 첨부된 사진의 경우에 준하여 제한적으로 증거능력을 인정하는 견해이다. 따라서 작성 주체가 수사기관인 경우에는 제312조 제1항~제3항, 사인인 경우에는 제313조 제1항에 의해서 사진의 증거능력이 인정된다고 한다.

4) 판례

판례는 사인 촬영의 현장 사진에 대해서 사진의 진정성을 전제로 하여 실체적 진실 발견이라는 공익적 관점에 부합하는 경우에는 증거능력을 인정한다. 즉, 피고인의 동의하에 촬영된 나체 사진의 존재만으로 피고인의 인격권과 초상권을 침해하는 것으로 볼 수 없고, 가사 사진을 촬영한 제삼자가 그 사진을 이용하여 피고인을 공갈할 의도였다고 하더라도 사진의 촬영이 임의성이 배제된 상태에서 이루어진 것이라고 할 수는 없으며, 그 사진은 범죄현장의 사진으로서 피고인에 대한 형사소추를 위하여 반드시 필요한 증거이므로, 공익의 실현을 위해서는 그 사진을 범죄의 증거로 제출하는 것이 허용되어야 하고, 이로 말미암아 피고인의 사생활의 비밀을 침해하는 결과를 초래한다 하더라도 이는 피고인이 수인하여야 할 기본권의 제한에 해당한다.[48] 따라서 사진이 진정한 것으로 인정되는 한, 이로써 이 사건 사진은 증거능력을 취득한 것이라 할 것이라고 판시된 바 있다.[49]

5) 소결

진술증거설은 사진의 증명력을 진술증거와 같은 차원으로 평가하고 법원에의 전달 과정에 제작자의 주관이 개입될 것을 우려하여 전문법칙을 적용함으로써 증거능력에 제한을 두려고 하는 입장임에 대하여, 비진술증거설은 사진의 역할은 진술증거를 보조하는 데에 지나지 않고 법원에의 전달 과정은 기계에 의하여 과학적 정확성이 있는 것이며 전문법칙은 사람의 기억에서 흔히 볼 수 있는 부정확성을 반대신문을 통하여 음미하려는 것으로서 진술증거에 한하여 적용되어야 한다는 입장이다.[50] 즉, 사진에 대한 인위적 조작의 가능성을 우려하는 것이 진술증거설이라고 할 수 있다.

---

47) 이은모, 앞의 책, 728쪽.
48) 대법원 1997. 9. 30. 선고 97도1230 판결.
49) 대법원 1997. 9. 30. 선고 97도1230 판결.
50) 곽종석, 앞의 논문, 453쪽.

사진 자체는 사람의 구두로 그 사실이 법원에 전달되는 것은 아니다. 그러나 진술증거가 사람의 관찰·기억·표현을 통하여 사실을 보고하는 것이라면, 사진은 기계의 힘에 의하여 사실을 재현하는 것이라는 점에서, 양자는 사실의 보고라는 증거의 기능이 동일하다. 따라서 사진을 기록된 전문(recorded hearsay)으로서[51] 진술과 대동소이한 것으로 볼 수 있다.

특히 최근의 디지털 사진은 과거의 아날로그 사진과는 전혀 다르게 그 조작과 왜곡의 가능성을 근본적으로 안고 있다. 따라서 작성자의 주관이 개입될 여지가 크며, 이에 대하여 전문법칙을 적용하여 그 증거능력을 제한하고자 하는 당위성이 존재한다. 따라서 촬영 주체가 법원·법관인 경우 제311조, 수사기관인 경우에는 제312조 제1항, 사인인 경우에는 제313조 제1항에 의해서 증거능력이 인정된다.

다만 이 경우에 진정성립과 내용의 인정의 주체와 그 의미가 문제될 수 있다. 즉, 검사가 촬영한 범행현장 사진의 경우에는 일반 피의자신문조서와 마찬가지로 진정성립의 인정 주체는 피촬영자가 아니라 검사가 사진의 영상 속에 있는 물건이나 현장 등의 상황이 그대로 정확히 촬영되었다는 것을 진술하여야 하고, 사법경찰관 촬영의 사진의 경우에는 사법경찰관의 사진의 영상 속에 있는 물건이나 현장 등의 상황이 그대로 정확히 촬영되었다는 것을 진술(진정성립)한 것과 피촬영자가 사진 속의 인물이 자신과 일치한다고 진술(내용의 인정)한 것이 모두 필요할 것이다. 사인이 촬영한 경우에는 촬영자와 피촬영자 모두가 진정성립을 인정하는 진술을 법정에서 하여야 할 것이다.[52]

5. 증거조사 방법

사진도 증거조사를 거쳐야 한다. 증거물에 대한 사본 사진과[53] 현장 사진은 이를 제시하여 보여 주는 방법으로 증거조사를 해야 한다. 검증조서 첨부 사진은 낭독이나 요지의 고지로는 사진의 성질상 부적당하므로 소송 관계인에게 전시하여야 한다.[54] 서증의 사진은 제시함과 아울러, 요지를 고지함이 필요하다(제292조).

51) 이재상, 『신형사소송법 연습』, 박영사(2010), 406쪽.

52) 다만 이 경우에 피촬영자가 피고인인 경우에는 사진 촬영 당시 — 정확히는 촬영을 당할 때 — 의 특신상태도 요구될 것이다.

53) 증거조사의 방법도 일반 서증의 경우와 마찬가지로 제출자의 지시 설명에 의하여 상대방에게 제시 및 요지의 고지를 하는 것이 필요하다. 다만 원본의 존재를 부동의하는 경우에는 자유로운 증명으로 이를 인정할 수 있을 것이라는 견해는 김대휘, 앞의 논문, 400쪽 참조.

54) 곽종석, 앞의 논문, 466쪽.

제3절 · 녹음테이프의 증거능력

1. 의의

녹음테이프는 기계적 작동에 의하여 기록을 정확하게 담을 수 있으며 테이프에 수록된 음성은 살아 있는 음성으로서 법정에 제공된다는 점에서 사진과 함께 높은 증거가치를 가진 과학적 증거방법의 하나라고 할 수 있다. 녹음테이프는 그 성질상 작성자나 진술자의 서명 혹은 날인이 없을 뿐만 아니라, 녹음자의 의도나 특정한 기술에 의하여 그 내용이 편집, 조작될 위험성이 있다.[55), 56)] 형사소송법은 피고인, 변호인, 검사의 신청이 있거나 직권으로 피고인, 증인 등에 대한 신문의 전부 또는 일부를 속기자로 하여금 필기하게 하거나 녹음장치를 사용하여 녹취하여야 한다고 규정함으로써 녹음테이프를 조서 작성의 보조 수단으로 이용할 가능성을 인정하고 있다(제56조의2 제1항, 형사소송규칙 제37조, 제38조 제1항 참조).[57)]

장물로서의 녹음테이프와 같이 녹음테이프의 물리적 존재 자체가 증명의 대상인 경우, 외설물로 인정되는 테이프, 명예훼손 범행에 사용된 테이프, 어떤 내용이 녹음되어 있다는 것이 직접적으로 범죄 사실을 구성하는 경우, 저작권법에 위반하여 불법 녹음된 테이프 등은 그 전문성은 문제가 되지 않고 그 증거능력은 통상의 증거물과 다를 바 없다.[58)]

2. 진술증거 여부

영미법에서는 녹음테이프도 전문진술의 범위에 포함시켜서 전문법칙을 적용하는 것이 일반적이다. 영국 Criminal Justice Act 2003 제115조에 따르면, 진술은 '사람에 의한 어떠한 사실 또는 견해의 표현을 말하며, 그것은 스케치(sketch), 포토피트(photofit) 또는 다른 그림 형태(pictorial form)로 만들어진 표현도 포함한다. 또한 미국에서는 범행현장을 녹음 또는 녹화한 경우(예를 들면, 무인카메라가 설치된 가게에 피의자가 들어와 절취한 장면이 녹화된 경우)에 이는 범죄 사실 자체를 입증하기 위한 것으로 녹음 또는 녹화테이프의 진정성(녹음 또는 녹화 과정에 녹음기

55) 대법원 2008. 12. 24. 선고 2008도9414 판결 ; 대법원 2007. 3. 15. 선고 2006도8869 판결.
56) 디지털 녹음의 경우에는 인위적인 편집의 위험성이 더 높다.
57) 박연욱, 「녹음테이프의 증거능력」, 『재판과 판례』, 제11집(2002. 12), 243쪽.
58) 곽종석, 앞의 논문, 455쪽.

또는 녹화기가 적절하게 설치되어 작동되었고, 그 녹음기록장치가 제대로 수거·관리되어 조작의 가능성이 없었다는 것을 입증하는 것)만 입증할 수 있다면 전문증거 또는 자기부죄금지의 원칙과 관계없이 증거능력이 인정된다.[59)]

최근 디지털기술의 발전에 따라서 정보 저장 매체도 다양화되었다. 따라서 녹음테이프에 대한 증거능력 인정의 요건은 컴퓨터 디스켓, CD, 보이스펜 등과 같은 디지털 녹음 매체에 대해서도 동일하게 적용되어야 한다. 따라서 진술 내용이 담긴 컴퓨터 디스켓도 ① 그 기재의 매체가 다를 뿐, 실질에 있어서는 피고인 또는 피고인 아닌 자의 진술을 기재한 서류와 다를 바 없고, ② 압수 후의 보관 및 출력 과정에 조작의 가능성이 있으며, ③ 기본적으로 반대신문의 기회가 보장되지 않는 점 등에 비추어, 그 기재 내용의 진실성이 문제되는 경우에 있어서는 진술증거이거나 그렇지 않다 하더라도 진술증거에 준하여 전문법칙이 적용되는 것으로 봄이 타당하다.[60)]

3. 진술 녹음과 현장 녹음

녹음테이프는 진술 녹음과 현장 녹음으로 구분할 수 있다. 그런데 최근 형사소송법 제314조의8의 해석론에 따라서 진술 녹음과 현장 녹음의 구별이 폐지되었다는 견해가 있다.[61)] 이 견해에 따르면, 형사소송법은 '녹음·녹화테이프, 컴퓨터용 디스크, 그 밖에 이와 비슷한 방법으로 음성이나 영상을 녹음 또는 녹화하여 재생할 수 있는 매체'라고 표현하여 녹음·녹화 매체가 진술 녹음·녹화인가 현장 녹음·녹화인가를 구별하지 않고 증거조사에 관한 사항에 관하여 동일하게

---

59) United State v. Branch, 970 F. 2d 1368(4th Cir. 1992). ; 기본적으로 이 판례에 따라 대부분의 연방법정에서 테이프 리코딩의 증거능력을 부여하고 있다. 구체적인 기준은 다음과 같다.
「(1) 녹음 장치가 대화 녹음에 적합하여야 하고, (2) 녹음자가 기계 작동에 적임이어야 하며, (3) 녹음은 일어난 일에 대해 정확히 기록되어야 하며, (4) 어떤 변화, 추가 또는 삭제도 있어서는 안 되며, (5) 법정에 제출되는 방법으로 보존되어야 하며, (6) 대화자가 누구인지 알 수 있어야 하고, (7) 허용되지 않는 유도신문이 없어야 한다.」(「(1) the recording device was capable of recording the conversation; (2) the operator was competent to operate the machine; (3) the recording is a correct rendition of the occurrence; (4) no changes, additions or deletions have been made; (5) the recording has been preserved in a manner shown to the Court; (6) the speakers are identified; and (7) there was no impermissible inducement.」)

60) 대법원 1999. 9. 3. 선고 99도2317 판결. ; 정원태, 「컴퓨터 디스켓·영장 없이 촬영된 비디오테이프·대상과 범위를 초과하여 연장된 통신제한조치허가에 기한 대화녹음테이프의 증거능력」, 『형사재판의 제 문제 -송계 신성택 대법관 퇴임기념 논문집-』, 제3권, 형사실무연구회(2001), 354쪽.

61) 신동운, 앞의 책, 984쪽.

취급하고 있다. 따라서 증거능력의 요건으로 종전의 진술증거설과 검증조서유사설을 결합한 형태로 증거능력을 판단하려는 태도를 취하고 있으며, 진술증거설적 요소로는 '음성이나 영상이 녹음·녹화된 사람을 밝히도록 한 것'이고, 검증조서유사설적 요소로는 '녹음·녹화를 한 사람 및 녹음·녹화를 한 일시·장소를 밝히도록 한 것'이라고 설명한다. 그러나 동법 제314조의8은 녹음테이프의 증거조사에 관한 규정이므로, 그 녹음·녹화의 성격이 전문증거에 대한 해당하는지에 관한 직접적인 규정은 아니다. 즉, 증거능력에 대해서는 증거조사 이전에 그 유무를 판단할 필요성이 있다.[62)]

진술 녹음은 사람의 진술이 녹음되어 있고 그 진술 내용의 진실성이 문제되는 것이고, 현장 녹음은 특정한 일시·장소에서의 음향과 언어를 녹음한 것이다. 사람들 사이의 대화를 녹음한 것이 진술 녹음인지, 현장 녹음인지 구분하기 어려운 경우에는 당사자의 입증 취지와 관련지어 판단해야 할 것이다.[63)]

4. 진술 녹음의 증거능력

1) 학설

진술 녹음은 원진술자의 진술을 음향기록 및 재생장치를 사용하여 녹음테이프에 기록한 것으로서, 녹음테이프에 수록된 진술에 대해서도 반대신문권이 보장되어 있지 않기 때문에 전문법칙이 적용된다는 점에 견해가 일치하고 있다.

진술 녹음의 증거능력 판단에는 제313조가 적용된다는 견해와,[64)] 원진술의 성격과 작성 주체에 따라 제311조 내지 제313조를 준용해야 한다는 견해가[65)] 있다.[66)]

---

62) 임동규, 앞의 책, 540쪽.

63) 임동규, 위의 책, 540쪽.

64) 강구진, 『형사소송법 원론』, 학연사(1982), 482쪽 ; 신현주, 『형사소송법』(개정2판), 박영사(2002), 625쪽.

65) 배종대·이상돈·정승환·이주원, 『신형사소송법』, 홍문사(2012), 58/138 ; 이재상, 『형사소송법』, 박영사(2013), 40/114 ; 신양균, 앞의 책, 817쪽 ; 임동규, 앞의 책, 542쪽 ; 손동권, 앞의 책, 639쪽 ; 이은모, 앞의 책, 732쪽 ; 정웅석·백승민, 『형사소송법』, 대명출판사(2014), 722쪽.

66) 제313조를 적용하고자 하는 학설은 녹음 주체나 녹음 과정을 구분하지 않고 하나의 조항만을 적용하여 증거능력을 판단한다는 점에서 이를 '단일설'로, 제311조 내지 제313조를 적용해야 한다는 견해는 진술 녹음의 성격 등을 구분하여 적용한다는 점에서 이를 '구별설'로 칭하기도 한다. ; 강동범, 「녹음테이프의 증거능력」, 『형사판례연구』, 제6권, 박영사(1998), 473쪽.

(1) 제313조 적용설

진술 녹음이 증거로 사용되는 경우 형사소송법 제313조에 의해서 증거능력의 유무를 판단해야 한다는 견해이다. 이에 의하면, 피의자나 참고인이 자진하여 자신의 진술을 녹음한 경우에는 진술자의 진술에 의하여 진정성립이 증명된 때에 증거로 할 수 있고, 제삼자에 의하여 녹음된 경우에는 녹음을 한 자의 진술에 의하여 진정성립이 증명된 때에 한하여 증거능력이 인정된다. 그리고 피고인의 진술이 녹음된 경우에는 제313조 제1항 단서에 의해서 그 진술이 특히 신빙할 수 있는 상태하에서 행해질 것이 필요하다고 한다.

(2) 제311조 내지 제313조 적용설

진술 녹음이 진술증거인 이상 진술 녹음의 주체와 원진술의 성격에 따라 제311조 내지 제313조를 준용해야 한다는 견해이다. 이에 의하면, 검사가 피의자 또는 피의자 아닌 자의 진술을 녹음한 녹음테이프는 원진술자에 의하여 진정성립이 인정되어야 하며(제312조 제1항과 제2항), 사법경찰관이 피의자의 진술을 녹음한 녹음테이프에 대하여는 피고인이 그 내용을 인정한 때에 한하여 증거로 할 수 있다고 해석해야 한다(제312조 제3항). 또한 검사 또는 사법경찰관이 참고인의 진술을 녹음한 녹음테이프에 대해서는 제312조 제4항이 적용되고, 수사기관 이외에서의 피고인 또는 피고인 아닌 자의 진술을 녹음한 경우에는 원진술자 또는 녹음자에 의해 그 진정성립이 인정되어야 할 것이다(제313조 제1항).

2) 판례의 태도

(1) 수사 과정의 녹음테이프

'녹화테이프에 대하여 검증을 실시하여 테이프에 녹화된 대화 또는 진술의 내용을 녹취서로 작성한 다음 이를 검증조서의 일부로 첨부하였다면, 증거자료가 되는 것은 여전히 테이프에 녹화된 대화나 진술의 내용이라 할 것이므로, 그와 같은 테이프의 녹화내용이나 그에 대한 검증조서의 기재는 실질적으로 공판준비 또는 공판기일에서의 진술에 대신하여 진술을 기재한 서류와 다를 바 없어, 피고인이 그 테이프를 증거로 동의하지 않은 이상, 형사소송법 제311조 내지 제315조에 규정한 것이 아니면 이를 유죄의 증거로 할 수 없다'는[67] 입장이다.

---

67) 대법원 2004. 5. 27. 선고 2004도1449 판결.

(2) 사인 작성의 녹음테이프

가) 피고인 아닌 자의 진술을 녹음한 경우 [제313조 제1항 본문]

수사기관 아닌 사인이 피고인 아닌 사람과의 대화 내용을 녹음한 녹음테이프는 형사소송법 제311조, 제312조 규정 이외의 피고인 아닌 자의 진술을 기재한 서류와 다를 바 없으므로, 피고인이 녹음테이프를 증거로 할 수 있음에 동의하지 아니하는 이상 그 증거능력을 부여하기 위해서는, 첫째 녹음테이프가 원본이거나 원본으로부터 복사한 사본일 경우 복사과정에서 편집되는 등의 인위적 개작 없이 원본 내용 그대로 복사된 사본일 것, 둘째 형사소송법 제313조 제1항에 따라 공판준비나 공판기일에서 원진술자의 진술에 의하여 녹음테이프에 녹음된 각자의 진술 내용이 자신이 진술한 대로 녹음된 것이라는 점이 인정되어야 한다.

나) 피고인의 진술을 녹음한 경우 [제313조 제1항 단서]

① 녹음테이프에 녹음된 피고인의 진술 내용을 증거로 사용하기 위해서는 형사소송법 제313조 제1항 단서에 따라 공판준비 또는 공판기일에서 작성자인 상대방의 진술에 의하여 녹음테이프에 녹음된 피고인의 진술 내용이 피고인이 진술한 대로 녹음된 것임이 증명되고 나아가 그 진술이 특히 신빙할 수 있는 상태에서 행해진 것임이 인정되어야 한다.

② 피고인과 상대방 사이의 대화 내용에 관한 녹취서가 공소사실의 증거로 제출되어 녹취서의 기재 내용과 녹음테이프의 녹음 내용이 동일한지에 대하여 법원이 검증을 실시한 경우에, 증거자료가 되는 것은 녹음테이프에 녹음된 대화 내용 자체이고, 그중 피고인의 진술 내용은 실질적으로 형사소송법 제311조, 제312조의 규정 이외에 피고인의 진술을 기재한 서류와 다름없다.[68)]

(3) 녹취록의 증거능력

타인과의 대화 내용을 녹음한 녹음테이프 등을 기초로 작성된 녹취록은 형사소송법 제313조의 진술서에 준하여 피고인의 동의가 있거나 녹취록 작성의 토대가 된 원본 녹음테이프 등을 제출하고 원진술자의 공판준비나 공판기일에서의 진술에 의하여 진정성립이 증명되어야 증거능력을 인정할 수 있다.

---

68) 대법원 2008. 3. 13. 선고 2007도10804 판결 ; 2008. 12. 24. 선고 2008도9414 판결.

(4) 복사본의 경우

녹음테이프는 그 대화 내용을 녹음한 원본이거나 혹은 원본으로부터 복사한 사본일 경우에는 복사 과정에서 편집되는 등의 인위적 개작 없이 원본의 내용 그대로 복사된 사본임이 증명되어야만 하고, 그러한 증명이 없는 경우에는 쉽게 그 증거능력을 인정할 수 없다. 녹음테이프에 수록된 대화 내용이 이를 풀어 쓴 녹취록의 기재와 일치한다거나 녹음테이프의 대화 내용이 중단되었다고 볼 만한 사정이 없다는 녹음테이프에 대한 법원의 검증 결과만으로는 위와 같은 증명이 있다고는 할 수 없을 것이다.[69]

3) 소결(증거능력의 요건)

(1) 제311조 내지 제313조의 적용

진술 녹음이 진술증거인 이상, 진술 녹음과 진술서 · 진술 기재 서류는 기록 매체와 방법만 다를 뿐이다. 기록 주체나 기록 상황, 기록 과정에서 기록자에 의하여 조작될 위험성 등이 동일한 점에 비추어 보면,[70] 원진술의 성격에 따라서 제311조 내지 제313조가 이들에 적용된다.[71] 따라서 검사가 피의자의 진술을 녹음한 때에는 원진술자에 의하여 진정성립이 증명되어야 하고, 사법경찰관이 녹음한 때에는 진술자가 그 내용을 인정해야 하며, 사인(私人)이 녹음한 때에는 녹음자에 의하여 진정성립이 증명되어야 한다.[72] 또한 녹음테이프의 사본인 경우에는 원본테이프의 녹음 내용이 그대로 복사되었음(원본 유지성)이 증명되어야 할 것이다.

녹음테이프에 녹음된 음성이 진술자의 음성과 동일하다는 점(즉, 음성의 일치)을 '형식적 진정성립'이라 하고, 녹음테이프가 녹음 내용의 삭제나 진술 순서의 변경 등 인위적인 조작 없이 진술 그대로를 정확하게 녹음하였다는 점(즉, 녹음의 정확성)을 '실질적 진정성립'이라고 할

69) 대법원 2008. 12. 24. 선고 2008도9414 판결.
「제1심이 검증을 실시한 2개의 녹음테이프(압수물 증 제1호 및 증 제26호)는 검증조서 기재 검사 진술과 달리 원본이 아니라 당초 디지털 녹음기에 녹음된 내용을 전자적 방법으로 테이프에 전사한 사본임이 명백한 바, 원심은 ○○속기사무소 소속 속기사 공소외인이 작성한 확인서의 기재와 제1심 법원의 검증 결과 위 녹음테이프에 녹음된 피고인의 진술 내용은 피고인이 진술한 대로 녹음된 것임이 밝혀지고, 달리 녹음이 중단되거나 조작되었다 볼 만한 사정은 나타나지 않았다는 점을 근거로 위 녹음테이프가 원본 그대로 복사한 사본이라고 인정한 듯하나, 위 확인서는 녹취록의 작성자가 그 녹취록을 작성하는 과정에서 원본인 음성파일이 저장된 디지털 녹음기의 재생기능과 일반 카세트의 녹음기능을 연결해 그대로 더빙하였다는 내용일 뿐이므로, 그 정도의 확인만으로 위 녹음테이프가 인위적 개작 없이 원본 내용 그대로 복사되었음이 증명되었다고 보기 어렵다.」

70) 박연욱, 「녹음테이프의 증거능력」, 『재판과 판례』, 제11집(2002. 12), 248쪽.

71) 이재상, 『신형사소송법 연습』, 박영사(2010), 408쪽.

72) 이재상, 『신형사소송법 연습』, 박영사(2010), 408쪽.

수 있다. 그리고 '내용의 인정'이란 녹음 내용이 객관적 진실과 부합한다는 녹음 내용의 진실성을 의미한다.[73), 74)]

(2) 진정성립 및 내용 인정의 주체

가) 사인(제삼자)이 피고인 아닌 자의 진술을 녹음한 경우

사인(제삼자)이 작성자이고, 피고인 아닌 자는 진술자에 해당한다. 따라서 제삼자와 피고인 아닌 자 모두에 의해서 진정성립이 인정되어야 할 것이다. 예컨대 갑이 을을 살해하는 것을 병이 목격하고 병이 정에게 "나는 갑이 을을 살해하는 것을 보았다."라고 말하였고, 이를 정이 녹음한 경우를 생각해 보자. 이때 이 녹음테이프가 갑의 살인 사건의 증거로 법정에 제출되었다면, 녹음테이프의 증거능력과 관련해서 작성자인 정과 진술자인 병 모두에 의한 진정성립 인정이 필요하다.

나) 사인(제삼자)이 피고인의 진술을 녹음한 경우

가령, 갑이 을을 살해한 후에 자신의 심경을 친구 병에게 말하고 병이 이를 녹음한 경우에 병이 녹음한 테이프가 갑의 살인 사건의 증거로 제출되었다고 하자. 이때 이 녹음테이프는 전문증거에 해당하고 이 녹음테이프에 대한 진정성립 인정의 주체가 문제된다. 즉, 제313조 단서의 해석과 관련하여 원진술자(갑)의 진술에 의하여 진정성립이 증명되어야 하는지, 아니면 작성자인 녹음자(병)의 진술에 의하여 진정성립이 증명되어야 하는지가 문제된다.[75)]

이에 대해서는 다음과 같은 입장들이 있다.

① 작성자를 원진술자(피고인)로 해석하는 입장이다. 이 견해는 제313조 제1항 단서의 작성자 및 특신상태의 의미와 관련하여 특신상태를 피고인의 진술서면에 대한 가중요건으로 보아 녹음테이프의 경우에 있어서도 모두 원진술자의 진술에 의하여 진정성립이 증명되어야 한다는 견해이다.[76)]

---

73) 박연욱, 「녹음테이프의 증거능력」, 『재판과 판례』, 제11집(2002. 12), 250쪽.

74) 진술 녹음의 경우에는 원진술자가 자신의 진술이 진술한 대로 녹음되었음을 인정하면 음성의 일치와 녹음의 정확성이 인정된다. 그러나 피고인의 진술을 녹음한 경우에는 녹음자가 음성의 일치(형식적 진정성립)와 녹음의 정확성(실질적 진정성립)을 증명하여야 하는데, 이때 피고인이 자신의 진술임을 부인하는 경우에는 성문감정의 절차를 거쳐야 할 것이다. ; 법원행정처, 『법원실무제요(형사)』(2009), 526쪽.

75) 「제313조(진술서 등): ① 전 2조의 규정 이외에 피고인 또는 피고인이 아닌 자가 작성한 진술서나 그 진술을 기재한 서류로서 그 작성자 또는 진술자의 자필이거나 그 서명 또는 날인이 있는 것은 공판준비나 공판기일에서의 그 작성자 또는 진술자의 진술에 의하여 그 성립의 진정함이 증명된 때에는 증거로 할 수 있다. 단, 피고인의 진술을 기재한 서류는 공판준비 또는 공판기일에서의 그 작성자의 진술에 의하여 그 성립의 진정함이 증명되고 그 진술이 특히 신빙할 수 있는 상태하에서 행하여진 때에 한하여 피고인의 공판준비 또는 공판기일에서의 진술에 불구하고 증거로 할 수 있다. ② 감정의 경과와 결과를 기재한 서류도 전항과 같다.」

② 작성자(병) 인정설이다. 제313조 제1항 단서 소정의 특신상태를 피고인의 진술을 기재한 서류에 대하여 그 증거능력 인정의 요건을 완화한 것으로 해석하는 입장이다.[77] 이 견해에서는 수사기관 아닌 제삼자가 피고인의 진술을 녹음한 녹음테이프의 경우에 있어서도 특신상태가 인정되고 작성자(제삼자)의 공판진술에 의하여 진정성립이 증명된 때에는 원진술자인 피고인의 공판진술 여하에 불구하고, 증거능력을 인정할 수 있다 한다.

판례를 살펴보자. 대법원은[78] 제313조 제1항 단서의 문언에 충실하여 수사기관 아닌 제삼자가 피고인의 진술을 녹음한 경우에 있어 피고인의 진술 내용을 증거로 사용하기 위해서는 형사소송법 제313조 제1항 단서에 따라 공판준비 또는 공판기일에서 그 작성자의 진술에 의하여 녹음테이프에 녹음된 피고인의 진술 내용이 피고인이 진술한 대로 녹음된 것이라는 점이 증명되고 그 진술이 특히 신빙할 수 있는 상태에서 행해진 것으로 인정되어야 한다고 판시하고 있다.

피고인이 스스로 작성한 진술서와 달리 피고인의 진술을 기재한 서류는 전자에 비해서 그 신빙성이 떨어진다. 따라서 보다 엄격한 증거능력의 요건이 필요하다는 취지에서 제313조 단서가 입법된 것으로 보아야 한다. 피고인의 진술을 기재한 서류에 대해서는 본문에 의해서 진술자 —즉, 피고인—가 진정성립을 인정해야 할 뿐만 아니라 단서에 의해서 작성자가 그 진정성립을 인정하여야 하고 특신상태도 인정되어야 한다. 마찬가지로 피고인의 진술이 녹음된 경우에도 피고인이 진정성립을 인정해야 하고, 또한 녹음자(병)에 의해서 진정성립이 인정되고 특신상태도 인정되어야 한다.

다) 사인이 자신의 진술을 녹음한 경우

피의자나 피의자 아닌 자가 스스로 자신의 진술을 녹음한 경우에는 제313조 제1항 본문 전단에 의하여 작성자인 원진술자(사인 자신)의 진술에 의하여 진정성립이 인정되면 증거로 할 수 있다.

(3) 녹음테이프의 서명 · 날인

녹음테이프는 그 구조상 서명 · 날인이 불가능하다. 물론 녹음테이프를 넣은 케이스에 도장을 찍을 수는 있다. 그러나 이것은 녹음테이프[79] 자체에 대한 서명 · 날인이 아니다. 또한 원진술자의

---

76) 강동범, 「녹음테이프의 증거능력」, 『형사판례연구』, 제6권, 박영사(1998), 69쪽.

77) 법원행정처, 『법원실무제요(형사)』(2009), 516쪽 참조. 이 견해에서는 제313조 단서 소정의 '피고인의 진술을 기재한 서류'라 함은 피고인이 직접 작성한 진술서는 제외하고, 검사나 사법경찰관 등 수사기관 이외의 제삼자가 원진술자인 피고인의 진술을 기재한 서류만을 의미하는 것으로 보인다.

78) 대법원 2001. 10. 9. 선고 2001도 3106 판결.

79) 마이크로필름 자체.

서명·날인은 자신의 진술이 기재된 서류에 대한 성립과정상의 진정을 담보하기 위한 것인 점, 녹음테이프의 경우 서명·날인에 적합하지 않은 점, 진술 녹음의 성립과정상의 진정은 녹음된 음성의 일치와 녹음 내용의 정확성으로 확인할 수 있는 점[80] 등에 비추어 보면 진술자 또는 녹음자의 진술에 의하여 진술자의 음성임이 인정되고 녹음의 정확성이 증명되면 별도의 서명·날인 없이도 증거능력이 인정된다(통설·판례).[81]

5. 현장 녹음의 증거능력

1) 의의

현장 녹음은 범죄현장에서 범행에 수반하여 발생한 음성이나 음향을 녹음한 것으로서, 음성으로부터 일정 장소·시간에 있어서의 객관적인 음향적 상황을 증명하기 위하여 주로 사용된다.[82] 현장 녹음은 진술 녹음에 비하여 인위적인 가공의 가능성이 더욱 높다. 따라서 그 증거능력의 부여에 엄격성이 요구된다. 녹음테이프의 경우도 사진의 경우와 같이 법원에의 전달 과정을 진술로 보는 진술증거설과 비진술로 보는 비진술증거설이 대립하고 있다. 실무상으로는 녹음자를 환문함이 통상인 까닭에 양 학설은 녹음자 불명의 경우에 차이가 있다.[83]

2) 학설

(1) 비진술증거설

비진술증거설에[84] 따르면, 녹음테이프는 비진술증거이므로 전문법칙이 적용되지 않으며, 범죄사실에 대한 관련성만 인정되면 그 증거능력이 인정된다고 한다. 현장 녹음의 경우, 진술을 녹음한 것이 아니고 일정한 장면을 그대로 녹음한 기록물이므로 전문법칙이 적용되는 법정외에서의 진술이라는 것이 존재하지 않는다고 한다.[85]

이에 따르면, 증거의 오류나 조작이 행해질 가능성이 있다는 이유만으로 비진술증거에 대해

80) 박연욱, 「녹음테이프의 증거능력」, 『재판과 판례』, 제11집(2002. 12), 249쪽.
81) 배종대·이상돈·정승환·이주원, 『신형사소송법』, 홍문사(2012), 58/139 ; 이재상, 『형사소송법』, 박영사(2013), 40/115 ; 대법원 2008. 3. 13. 선고 2007도10804 판결 ; 임동규, 『형사소송법』, 법문사(2012), 542쪽 ; 박연욱, 「녹음테이프의 증거능력」, 『재판과 판례』, 제11집(2002. 12), 249쪽.
82) 곽종석, 「사진·녹음테이프의 증거능력」, 『형사증거법 (하)』(재판자료집 제23집), 법원행정처(1994), 458쪽.
83) 곽종석, 위의 책, 459쪽.
84) 차용석·최용성, 『형사소송법』, 21세기사(2008), 560쪽 ; 임동규, 앞의 책, 545쪽 ; 정웅석·백승민, 앞의 책, 724쪽.
85) 정웅석·백승민, 위의 책, 724쪽.

전문법칙이 적용 또는 준용되는 것은 아니며, 만일 피고인이 현장 녹음에 대해 인위적인 조작이 가하여졌다고 이의를 제기하는 경우에는 녹음자를 증인으로 채택하여 요증사실과의 관련성이 인정되면 이를 증거로 할 수 있고, 녹음자가 불분명한 경우에는 제삼자의 확인서 등 자유로운 증명에 의하여 요증사실과의 관련성이 인정되는 한, 증거로 할 수 있다고 한다.[86)]

(2) 검증조서유사설

검증조서유사설은[87)] 현장 녹음이 진술증거는 아니지만 검증조서 규정을 유추하여 증거능력을 인정하는 것이 옳다는 견해이다.

(3) 진술증거설

진술증거설은[88)] 녹음테이프도 진술증거로서 사실을 보고하는 성질을 가지고 있고 녹음과 편집 과정에서의 조작의 위험성이 있다는 점에서 전문법칙이 적용된다고 한다. 이에 따르면, 범죄현장에 대한 수사기관의 인지 내용을 담고 있는 현장 녹음테이프는 검증조서와 같다고 할 수 있으므로, 녹음자의 진술에 의해서 그 진정성립이 인정되면 증거능력이 인정된다(제312조 제6항).

(4) 소결(진술증거설)

현장 녹음은 다수의 소리들이 녹음되어 있으며 전문가가 아니면 그 내용을 분석할 수 없는 경우가 많을 것이다. 그리고 현장 녹음의 경우에도 사실을 보고하는 성질을 가지고 있고,[89)] 사진과 마찬가지로 인위적인 편집 여부에 대해 판단하는 것도 쉽지 않다. 따라서 피고인의 불이익을 줄이기 위해서는 현장 녹음을 진술증거로 보는 것이 타당하다. 따라서 수사기관의 현장 녹음은 제312조 제6항에 의해서 그 증거능력이 인정되고, 사인의 현장 녹음은 제313조 제1항에 의해서 이를 증거로 할 수 있다.[90)]

---

86) 임동규, 앞의 책, 545쪽.
87) 백형구, 『형사소송법 강의』, 박영사(2001), 684쪽.
88) 배종대·이상돈·정승환·이주원, 앞의 책, 58/141 ; 이재상, 앞의 책, 40/117 ; 이은모, 앞의 책, 734쪽 ; 신양균, 앞의 책, 819쪽 ; 손동권, 앞의 책, 684쪽 ; 박연욱, 앞의 논문, 245쪽.
89) 박연욱, 위의 논문, 245쪽.
90) 이은모, 앞의 책, 734쪽.

6. 녹음테이프의 증거조사 방법

형사소송법 제292조가 규정하고 있는 증거조사의 방법인 제시, 요지의 고지, 열람·등사 또는 낭독 등은 녹음테이프에는 성질상 적용할 수 없다. 따라서 공판정에서 이를 제시함과 동시에 테이프를 재생 장치를 통하여 재현하거나 검증에 의하여 그 결과를 기재하는 방법으로 조사하여야 할 것이다.[91] 검증을 함에 있어서는 대개 녹취서를 제출받아 이를 검증조서의 작성에 이용한다. 증거조사를 마치면 녹음테이프의 녹음 내용 자체가 증거로 된다.[92] 물론 검증을 하면서 작성된 검증조서도 증거로 될 수 있고, 녹취서 자체가 증거서류로 제출되어 증거로 되는 경우도 있을 수 있다.[93]

제4절·비디오테이프 등 영상녹화물의 증거능력

1. 의의

CD, 비디오테이프, CCTV 테이프, 휴대폰상의 동영상 등의 영상녹화물은 사진과 녹음테이프가 결합된 증거방법으로서 현재 사진이나 녹음테이프에 비해서 더 높은 증거능력을 인정받고 있다. 그 이유는 시각적 면과 청각적 면이 결합되어 범행 현장이나 대화 현장 또는 수사 과정 등을 생생하게 전달할 수 있기 때문이다. 특히 앞으로 스마트폰의 동영상 기능의 강화와 더불어서 그 활용 가치가 더욱 증대될 것으로 기대된다. 그러나 영상녹화물의 경우에도 인위적인 조작의 가능성이 있기 때문에 일정한 조건하에서 증거능력을 인정할 것이 요구된다.[94] 녹화된 비디오테이

91) 배종대·이상돈·정승환·이주원, 앞의 책, 58/142 ; 이재상, 앞의 책, 40/118.

92) 대법원 1996. 10. 15. 선고 96도1669 판결.

93) 박연욱, 앞의 논문, 245쪽.

94) 서울고등법원 1987. 2. 10. 선고 86노3515 제2형사부 판결.

「피고인의 당원에서의 진술과 공소외 3의 증언을 종합하여 보면, 이 비디오테이프는 사법경찰관이 수사를 거의 마무리 지은 단계에서 검찰에 송치하기 며칠 전에 증거 확보를 위하여 신문 장면을 재현하여 촬영한 것인 사실을 인정할 수 있고, 피고인의 진술에 의하면, 피고인은 촬영 중 자기의 입장이 슬픈 나머지 눈물이 흘렀고 그때마다 수사관도 촬영을 중단하고 피고인을 밖으로 데리고 나가 감정을 진정케 하면서 "뭐 그렇게 어렵게 생각하느냐? 이제 모든 것을 밝혀 놓으니 마음이 후련하다고 하면 간단하지 않느냐."라는 식으로 가르쳐 주기도 한 것이 3, 4회 되는 사실을 엿볼 수 있으며, 검증한 영상의 상태에 따르면, 이 비디오테이프는 촬영 후 다시 편집·재구성된 흔적을 엿볼 수 있으므로 실내장치, 대화의 분위기 등에 사법경찰관의 자의적 요소가 개입될 여지가 있다고 추측되므로 이 녹화 부분도 별 증거가치가 없다고 할 것이다.」

프는 증거물에 해당하지만, 성질상 그 자체가 증거방법이 되기 어렵고, 그 안에 수록된 자료 내지 내용이 원칙적으로 증거방법이 될 수 있을 뿐이다.[95)]

한편, 비디오테이프를 재생기기에 의해서 우리의 오관으로 지득할 수 있기 때문에 비디오테이프 안에 수록된 자료 내지 내용을 체득한 형식에 따라 분류할 수 있다. 즉, 순간장면이나 정지화면은 사진과 다를 바 없고, 대화 내용의 녹음은 녹음테이프와 다를 바가 없어, 녹화 부분은 사진에, 그리고 녹음 부분은 녹음테이프에 준하여 그 증거조사를 할 수 있을 것이다.[96), 97)]

그러나 비디오테이프는 사진과는 달리 촬영 대상의 상황과 피촬영자의 대화 음성이 녹화되어 있고, 녹음테이프와는 달리 피촬영자의 동태를 그대로 재현할 수 있기 때문에, 단순히 사진이나 녹음테이프에 준해서만 증거능력을 평가해서는 곤란하다. 비디오테이프는 사진과 녹음테이프가 합성되어 새로운 저장 매체로서의 의미를 가지기 때문에, 녹화된 비디오테이프의 특성에 어울리는 증거능력을 검토해야 할 것이다.[98), 99)]

2. 진술이 포함된 수사기관 작성의 비디오테이프(영상녹화물)

비디오테이프에서 녹화된 사람의 대화를 포함한 진술 내용에 대해서는 그 진술 내용의 진실성이 증명의 대상이 된 때에는 비디오테이프가 진술증거로 사용된 경우이며 테이프의 재생에 의하여 지각된 사람의 진술 내용에 대해 반대신문이 보장되어 있지 않으므로 전문법칙이 적용된다.[100)]

1) 증거능력 요건

(1) 제313조 적용설

제313조 적용설은 수사기관 작성의 영상녹화물에 대해서는 진술자의 진술에 의해서 진정성립이 인정될 때 그 증거능력이 인정된다는 견해이다.

---

95) 우리 형법이 음란물을 규제하고 있기 때문에 음란비디오는 그 자체로서 증거방법이 될 수 있으나, 이런 경우를 제외하면 비디오테이프 안에 수록된 화면이나 음성의 내용이 증거가 되는 경우에는 비디오테이프 자체가 증거방법이 되기 어렵다. ; 박종민, 「미성년자인 피해자의 상담내용을 촬영한 비디오테이프의 증거능력」, 『대법원판례해설』, 제53호, 법원도서관(2005), 506쪽.

96) 박종민, 위의 논문, 507쪽.

97) 부산고등법원 1999. 5. 12. 선고 99노123 판결.

98) 같은 취지의 논문으로 허일태, 「비디오촬영의 허용과 촬영된 비디오테이프의 증거능력」, 『형사법연구』, 제12호(1999. 11) 참조.

99) 박종민, 앞의 논문, 526쪽.

100) 안경옥, 「형사절차상 사인이 녹음한 (비디오)테이프의 증거능력」, 『사법행정』, 제465호(1999. 9), 9쪽.

(2) 제311조 내지 제313조 적용설

제311조 내지 제313조 적용설은 그 녹음테이프의 작성 주체와 원진술이 행해진 단계에 따라 차별적으로 유추적용하는 것이 타당하다는 견해이다. 따라서 검사가 피의자의 진술을 녹음한 때에는 원진술자의 진술에 의하여 진정성립이 인정되어야 하고(제312조 제1항), 사법경찰관인 경우는 그 내용을 인정해야 하며(제312조 제2항), 사인이 녹음한 경우에는 녹음자에 의해 진정성립이 인정되어야 한다고 한다(제313조 제1항). 대법원도 검사가 피의자와 대화하는 내용을 녹화한 비디오테이프는 피의자신문조서에 준하여 증거능력을 가려야 하며,[101] 수사기관 아닌 사인이 다른 사람과의 대화 내용을 녹화한 녹음테이프는 제313조 제1항에 따라 증거능력이 인정되어야 한다고 판시하여,[102] 형사소송법 제311조 내지 제313조 적용설을 취하고 있다.

2) 진정성립의 의미

비디오테이프 또는 동영상의 경우에 진정성립은 녹음테이프와 촬영화면의 합성체이므로 음성과 화면상의 피촬영자의 동일성이 인정되어야 할 것이다. 따라서 비디오테이프상의 음성과 피촬영자의 모습이 이 진술자 및 대상자의 음성과 모습(행동)이 동일하다는 점과 비디오테이프가 녹음이나 특정행동의 삭제 또는 편집, 진술 순서의 변경 등 인위적 조작 없이 진술 그대로를 정확하게 녹음하였다는 점을 의미한다. 그리고 원진술자가 공판정에서 자신의 음성이고 자신의 행동이라는 것을 인정하는 것으로 진정성립이 인정될 것이다.

3) 피의자신문조서의 제출 없이 영상녹화물만 검사가 제출한 경우

검사 작성의 피고인에 대한 피의자신문조서의 제출 없이 피고인의 검찰에서의 진술을 녹화한 영상녹화물만이 유죄의 증거로 제출된 경우, 이는 형사소송법(2007년 6월 1일 법률 제8496호로 개정되기 전의 것) 제244조에서 규정한 바와 같이, 피의자의 진술은 반드시 조서에 기재하도록 하고 오기 여부를 확인한 다음, 피의자로 하여금 그 조서에 간인하게 하며, 서명 또는 기명날인하도록 한다. 이처럼 피고인이 될 피의자에 대한 수사절차를 엄격히 규제하고, 이 같은 절차를 거쳐 작성된 증거만 유죄의 증거로 법정에 제출하도록 하고 있는 형사소송법의 취지를 잠탈하는 부적법한 증거로서 증거능력이 없다.[103]

---

101) 대법원 1992. 6. 26. 선고 92도682 판결.
102) 대법원 1997. 3. 28. 선고 96도2417 판결.

4) 영상물에 촬영된 메모

'성폭력범죄의 처벌 및 피해자보호 등에 관한 법률' 제21조의3에 따라, 영상물에 수록된 성폭력범죄 피해자의 진술은 조사 과정에 동석하였던 신뢰관계 있는 자의 진술에 의하여 진정성립이 인정된 때에는 이를 증거로 할 수 있다. 그리고 위와 같이 촬영된 영상에 피해자가 피해 상황을 진술하면서 보충적으로 작성한 메모도 함께 촬영되어 있는 경우, 이는 영상물에 수록된 피해자 진술의 일부와 다름없으므로, 위 법률에 따라 조사 과정에 동석하였던 신뢰관계 있는 자의 진술에 의하여 진정성립이 인정된 때에는 이를 증거로 할 수 있다.[104)]

3. 사인 작성 영상녹화물

1) 증거능력 요건

수사기관이 아닌 사인이 피고인이나 피고인 아닌 타인과의 대화 내용을 녹화한 영상녹화물(비디오테이프)은 진술서에 준하여 제313조 제1항에 따라 그 증거능력을 판단해야 한다.[105)] 예컨대 피고인이 그 화면이나 진술 내용을 증거로 함에 부동의하고 그 진정성립을 부인하는 경우에는 그 화면에 등장한 자가 원진술자로서 공판기일에 테이프가 정확하게 촬영되었고 대화나 진술이 그대로 녹취되었음을 진술함으로써 그 진정성립을 인정할 수 있을 것이다.[106)] 다만 그 화면 속의 인물이 피고인인 경우에 그 테이프(정확히는 비디오테이프에 대한 검증 결과, 중 피고인의 진술을 기재한 부분)는 피고인의 진술을 기재한 서류에 준하여 제313조 제1항 단서에 의하여 그 증거능력이 인정될 수 있다.

2) 판례의 태도

판례는 "수사기관이 아닌 사인(사인)이 피고인 아닌 사람과의 대화 내용을 촬영한 비디오테이프는 형사소송법 제311조, 제312조의 규정 이외에 피고인 아닌 자의 진술을 기재한 서류와 다를 바 없으므로, 피고인이 그 비디오테이프를 증거로 함에 동의하지 아니하는 이상 그 진술 부분에

103) 서울남부지방법원 2007. 6. 20. 선고 2006고단3255 판결.
104) 대법원 2009. 12. 24. 선고 2009도11575 판결.
105) 임동규, 앞의 책, 1쪽.
106) 한편, 이 경우에 촬영자가 작성자로서 그에 의하여 테이프 자체의 진정성립은 인정될 수 있으나 그 안에 녹화된 진술 내용은 전문진술이 되므로, 제316조에 의하여 원진술자에 의하여 증거로 할 수 있을 뿐이라는 견해는 김대휘, 앞의 논문, 404쪽 참조.

대하여 증거능력을 부여하기 위해서는, 첫째 비디오테이프가 원본이거나 원본으로부터 복사한 사본일 경우에는 복사 과정에서 편집되는 등 인위적 개작 없이 원본의 내용 그대로 복사된 사본일 것, 둘째 형사소송법 제313조 제1항에 따라 공판준비나 공판기일에서 원진술자의 진술에 의하여 그 비디오테이프에 녹음된 각자의 진술 내용이 자신이 진술한 대로 녹음된 것이라는 점이 인정되어야 할 것인바, 비디오테이프는 촬영 대상의 상황과 피촬영자의 동태 및 대화가 녹화된 것으로서, 녹음테이프와는 달리 피촬영자의 동태를 그대로 재현할 수 있기 때문에 비디오테이프의 내용에 인위적인 조작이 가해지지 않은 것이 전제된다면, 비디오테이프에 촬영·녹음된 내용을 재생기에 의해 시청을 마친 원진술자가 비디오테이프의 피촬영자의 모습과 음성을 확인하고 자신과 동일인이라고 진술한 것은 비디오테이프에 녹음된 진술 내용이 자신이 진술한 대로 녹음된 것이라는 취지의 진술을 한 것으로 보아야 한다."라고 판시하고 있다.[107)]

결국 판례는 ① 원본과의 동일성(인위적 조작이 없을 것),[108)] ② 원진술자(진술 및 피촬영자)의 진정성립 인정[109)] 등을 요건으로 한다.

3) 서명·날인의 요부

비디오테이프 등에는 그 작성자나 진술자(화면에 등장한 자)의 서명·날인이나 자필을 하기에 적합하지 아니하므로 위 규정이 직접 적용되기는 어렵지만, 테이프 작성자나 원진술자가 그 진술이나 행동이 그대로 녹화된 것이라고 진술하는 경우에 그 진정성립이 인정될 수 있을 것이다.[110)]

사인 작성 영상녹화물의 증거능력에 관한 판례

대법원 2004. 9. 13. 선고 2004도3161 판결

제1심 법원의 검증조서는 이 사건 비디오테이프에 대하여 실시한 검증의 내용이 피해자들이 진술한 내용과 녹취서에 기재된 내용이 같다는 것이어서 증거자료가 되는 것은 비디오테이프에 녹음된 진술 내용이라고 할 것이므로, 피해자들의 진술 내용을 증거로 삼기 위해서는 위에서 본 법리에 따른 요건을 충족하여야 할 것인바, 제1심 법원에 제출된 이 사건 비디오테이프는 원본을 복사한

107) 대법원 2004. 9. 13. 선고 2004도3161 판결.
108) 원본과의 동일성은 촬영자와 비디오테이프에 나오는 사람들의 진술 등을 통해서 확인될 것이다.
109) 이는 원진술자가 공판정에서 비디오테이프 화면에 나오는 사람이 자신이 맞다고 확인하는 것이다.
110) 김대휘, 앞의 논문, 405쪽.

> 사본이지만, 비디오테이프를 촬영한 인○○이 검증기일에 출석하여 '피해자 한 사람당 1시간 정도씩 촬영한 분량 중 출연자들이 상담하는 놀이방을 드나드는 과정과 그 사이 일부를 편집한 것일 뿐 피해자들과 최○○ 사이의 대화 내용에는 상이점이 없다.'고 진술하였고, 이에 피고인의 변호인도 비디오테이프의 제작 과정에 대하여 이의가 없다고 진술하고 있으므로, 복사 과정에서 편집되는 등의 인위적인 개작 없이 원본의 내용 그대로 복사된 사본이라는 점은 인정된다고 할 것이고, 나아가 같은 검증기일에 피해자들과 상담한 최○○는 비디오테이프를 재생한 내용이 피해자들과 상담한 내용과 동일하고 상이점이 없다고 진술하고, 피해자들도 이 사건 비디오테이프를 모두 시청한 뒤 제1심 재판장으로부터 '화면에 나오는 어린이가 맞느냐.', '그곳에서 상담 선생님과 이야기를 한 것이 맞느냐.'는 질문에 각자 '예'라고 답하였으므로, 공판준비기일에서 원진술자의 진술에 의하여 그 비디오테이프에 녹음된 각자의 진술 내용이 자신들이 진술한 대로 녹음된 것이라는 점이 인정되었다고 할 것이어서, 이 사건 비디오테이프는 그 증거능력이 인정된다고 할 것이다.

4. 범행 현장에 대한 영상녹화물

1) 수사기관의 영상녹화물

수사기관이 영장 없이 타인의 의사에 반하여 영상녹화를 하는 것은 위법하다. 따라서 그러한 영상녹화물은 위법수집증거로, 그 증거능력이 배제된다. 그러나 우연히 범행 현장을 지나던 수사기관 관계자가 범행 장면을 영상녹화하거나, 긴급체포의 과정에서 작성한 영상녹화물은 증거보전의 필요성과 긴급성, 영상녹화 방법의 상당성, 그리고 요증사실과의 관련성이 인정되는 경우에는 예외적으로 그 증거능력이 인정될 것이다.

2) 사인의 영상녹화물

사인이 범행 현장을 영상녹화한 경우는 사인이 촬영한 현장 사진에 준하여 증거능력을 인정하는 것이 타당하다. 따라서 제313조에 의하여 영상녹화자의 진술에 의하여 진정성립이 증명되고, 특신상태가 긍정되어야 한다.[111)]

한편, 개인정보보호법 제25조 제1항에서는 법령에서 구체적으로 허용하고 있는 경우, 범죄의

111) 소추 및 형사소송에서의 진실 발견이라는 공익과 개인의 사생활의 보호 이익을 비교 형량하여 그 허용 여부를 결정한다. 그리고 화면 녹화와 동시에 공개되지 않은 타인 간의 대화 내용을 녹음한 경우에는 통신비밀보호법 제14조의 적용을 받게 된다.; 임동규, 앞의 책, 547쪽.

예방 및 수사를 위하여 필요한 경우 등에 있어서는 누구든지 공개된 장소에 영상정보처리기기를 설치·운영할 수 있다고 규정하고 있다. 이에 따라서 사인에 의한 CCTV 등의 설치와 그에 따른 증거법적 문제가 급증할 가능성이 있다.

5. 영상녹화물에 대한 증거조사

현대과학의 발달에 따른 새롭고 특수한 증거방법인 사진이나 비디오테이프나 녹음테이프, 컴퓨터용 자기디스크 등의 증거조사 방법에 대하여 형사소송규칙은 다음과 같이 규정하고 있다.

1) 수사기관 작성의 진술에 대한 영상녹화물

가. 법원은 검사가 영상녹화물의 조사를 신청한 경우 이에 관한 결정을 함에 있어 피고인 또는 변호인으로 하여금 그 영상녹화물이 적법한 절차와 방식에 따라 작성되어 봉인된 것인지 여부에 관한 의견을 진술하게 하여야 한다(형사소송규칙 제134조의4 제1항). 영상녹화물이 피고인 아닌 자의 진술에 관한 것인 때에는 원진술자인 피고인 아닌 자도 위와 같은 의견을 진술하여야 한다(동 조 제2항). 법원은 공판준비 또는 공판기일에서 봉인을 해체하고 영상녹화물의 전부 또는 일부를 재생하는 방법으로 조사하여야 한다. 이때 영상녹화물은 그 재생과 조사에 필요한 전자적 설비를 갖춘 법정외의 장소에서 이를 재생할 수 있다(동 조 제3항).

나. 재판장은 조사를 마친 후 지체 없이 법원사무관 등으로 하여금 다시 원본을 봉인하도록 하고, 원진술자와 함께 피고인 또는 변호인에게 기명날인 또는 서명하도록 하여 검사에게 반환한다. 다만, 피고인의 출석 없이 개정하는 사건에서 변호인이 없는 때에는 피고인 또는 변호인의 기명날인 또는 서명을 요하지 아니한다(동 조 제4항).

다. 기억 환기를 위한 영상녹화물의 재생(형사소송법 제318조의2 제2항)은 검사의 신청이 있는 경우에 한하여, 기억의 환기가 필요한 피고인 또는 피고인 아닌 자에게만 이를 재생하여 시청하게 한다(형사소송규칙 제134조의5 제1항).

2) 그 밖의 영상녹화물

가. 녹음·녹화 테이프, 컴퓨터용 디스크, 그 밖에 이와 비슷한 방법으로 음성이나 영상을 녹음 또는 녹화(다음부터 이 조문 안에서 '녹음·녹화 등'이라 한다)하여 재생할 수 있는 매체(다음부터

이 조문 안에서 '녹음·녹화 매체 등'이라 한다)에 대한 증거조사를 신청하는 때에는 음성이나 영상이 녹음·녹화 등이 된 사람, 녹음·녹화 등을 한 사람 및 녹음·녹화 등을 한 일시·장소를 밝혀야 한다(형사소송규칙 제134조의8 제1항). 녹음·녹화 매체 등에 대한 증거조사를 신청한 당사자는 법원이 명하거나 상대방이 요구한 때에는 녹음·녹음 매체 등의 녹취서, 그 밖에 그 내용을 설명하는 서면을 제출하여야 한다(동 조 제2항).

나. 녹음·녹화 매체 등에 대한 증거조사는 녹음·녹화 매체 등을 재생하여 청취 또는 시청하는 방법으로 한다(동 조 제3항). 비디오테이프를 재생기기에 의해서 우리의 오관으로 지득할 수 있기 때문에 비디오테이프 안에 수록된 자료 내지 내용을 체득한 형식에 따라 분류할 수 있다. 즉, 순간장면이나 정지화면은 사진과 다를 바 없고, 대화 내용의 녹음은 녹음테이프와 다를 바가 없어 녹화 부분은 사진에, 그리고 녹음 부분은 녹음테이프에 준하여 그 증거조사를 할 수 있을 것이다.[112] 비디오테이프 안에 수록된 일부 화면을 정지화면으로 사진화한 것이나 필름(마이크로필름 포함)을 사진으로 현상한 것도 마찬가지이며, 이는 일종의 간이한 검증의 성격을 가지고 있다고 할 것이다.[113]

그러나 비디오테이프에 수록된 동작화면 전부를 보는 경우에는 별도로 재생기기에 의하여 상영하여 보는 검증의 방법으로 실시하고, 그 체득한 결과를 기록에 나타내기 위하여 검증조서를 작성하여야 할 것이다. 공판정에서 비디오 기기로 영상을 재생하여 보고 그 결과를 공판조서에 기재하는 경우에는 정식의 검증조서의 작성을 생략할 수 있다고 보나(형사소송법 제51조 제1항 제10호), 그것 역시 간이한 검증의 성격을 가지는 것임에 변함이 없다.[114]

---

112) 박종민, 앞의 논문, 507쪽.
113) 김대휘, 앞의 논문, 410쪽.
114) 김대휘, 위의 논문, 410쪽.

참고문헌

국내 단행본

강구진. 『형사소송법 원론』. 학연사. 1982.
강범모. 『언어』. 한국문화사. 2011.
권영법. 『형사증거법 원론』. 세창출판사. 2013.
김기주. 『형사소송법』. 박영사. 1987.
김형효. 『데리다의 해체철학』. 민음사. 1993.
미츠이 마코토(酒券匡). 『입문 일본형사수속법』. 신동운 역. 법문사. 2003.
배종대 · 이상돈 · 정승환 · 이주원. 『신형사소송법』. 홍문사. 2012.
백형구. 『형사소송법 강의』. 박영사. 2001.
법무부. 『개정 형사소송법』. 2007.
법원행정처. 『법원실무제요(형사)』. 2009.
법원행정처. 『형사소송법 개정법률 해설』. 2007.
비비언 에반스 · 멜러니 그린(Vyvyan Evans · Melanie Green). 『인지언어학 기초』. 임지룡 · 김동환 옮김. 한국문화사. 2008.
사법발전재단. 『형사재판의 쟁점과 과제』. 2008.
손동권. 『형사소송법』. 세창출판사. 2010.
송광섭. 『형사소송법』. 형설출판사. 2010.
신동운. 『신형사소송법』. 법문사. 2008.
신양균. 『형사소송법』. 화산미디어. 2009.
신현주. 『형사소송법』(개정2판). 박영사. 2002.
아서 베스트(Arther Best). 『미국 증거법』. 이완규 · 백승민 외 옮김. 탐구사. 2009.
이상돈. 『법이론』. 세창출판사. 2005.
이성준. 『인간과 언어의 정신활동』. 푸른사상. 2007.
이은모. 『형사소송법』. 박영사. 2014.
이재상. 『신형사소송법 연습』. 박영사. 2010.
이재상. 『형사소송법』. 박영사. 2013.
이정일. 『논증과 논쟁』. 이담. 2010.
임동규. 『형사소송법』. 법문사. 2012.
정영석 · 이형국. 『형사소송법』. 법문사. 1996.
정웅석 · 백승민. 『형사소송법』. 대명출판사. 2014.
진계호. 『형사소송법』. 형설출판사. 2004.
차동언. 『형사증거법 1』. 법문사. 2007.

차용석. 『형사소송법』. 세영사. 1997.

최기호·김미형·임소영. 『언어와 사회』. 한국문화사. 2004.

최용성·차용석. 『형사소송법』. 21세기사. 2008.

국내 단행본 논문

강구진. 「전문법칙와 직접주의」. 『형사소송법 (상)』(재판자료집 제22집). 법원행정처. 1984.

강동범. 「녹음테이프의 증거능력」. 『형사판례연구』. 제6권. 박영사. 1998.

곽종석. 「사진·녹음테이프의 증거능력」. 『형사증거법 (하)』(재판자료집 제23집). 법원행정처. 1994.

김대휘. 「공범자인 공동피고인의 진술을 내용으로 하는 전문증거」. 『형사판례연구』. 제11권. 박영사. 2003.

김대휘. 「사진과 비디오테이프의 증거능력」. 『형사판례의 연구 Ⅱ -지송 이재상 교수 화갑기념논문집-』. 박영사. 2004.

김성주. 「공동피고인의 자백의 증거능력」. 『재판실무연구』. 광주지방법원. 2000.

김형진. 「공판외 진술의 증거능력」. 『형사증거법 (하)』(재판자료집 제23집). 법원행정처. 1984.

박수희. 「전문진술이 기재된 조서의 증거능력」. 『형사판례연구』. 제12권. 박영사. 2004.

박종민. 「미성년자인 피해자의 상담내용을 촬영한 비디오테이프의 증거능력」. 『대법원판례해설』. 제53호. 법원도서관. 2005.

서희석. 「우리나라 형사소송법상의 전문법칙」. 『형사소송법 (상)』(재판자료집 제22집). 법원행정처. 1984.

손동권. 「형사소송법상 전문법칙의 예외요소로서의 필요성」. 『형사판례연구』. 제10권. 박영사. 2002.

신양균. 「재전문증거의 증거능력」. 『형사판례연구』. 제10권. 박영사. 2002.

신현기·박억종·안성률·남재성·이상열. 『경찰학사전』. 법문사(2012).

이현종. 「수사기관 작성 조서의 증거능력」. 『형사재판의 쟁점과 과제』. 사법발전재단. 2008.

정원태. 「컴퓨터 디스켓·영장 없이 촬영된 비디오테이프·대상과 범위를 초과하여 연장된 통신제한조치허가에 기한 대화녹음테이프의 증거능력」. 『형사재판의 제 문제 -송계 신성택 대법관 퇴임기념 논문집-』. 제3권. 형사실무연구회. 2001.

조원철. 「간접증거에 의한 사실의 인정」. 『사실 인정방법론의 정립(형사재판편)』(재판자료집 제110집). 법원도서관. 2006.

국내 학술지 논문

김희균. 「불일치진술의 증거능력에 관한 비교법적 검토」. 『형사법연구』. 제21권 제1호(2009. 봄). 419~440쪽.

박연욱. 「녹음테이프의 증거능력」. 『재판과 판례』. 제11집(2002. 12). 240~260쪽.

백형구. 「검사 작성 피의자신문조서와 피해자진술조서의 증거능력 -개정 형사소송법의 해설을 중심으로-」. 『고시계』. 제52권 제12호(2007. 12). 46~57쪽.

안경옥. 「형사절차상 사인이 녹음한 (비디오)테이프의 증거능력」. 『사법행정』. 제465호(1999. 9). 7~16쪽.

안승진. 「형사소송에 있어 조서의 증거능력에 관하여 -신문조서를 중심으로-」. 서울북부지역 법학교수·검찰실무연구회 발표문(2008. 6).

양동철. 「개정 형사소송법상의 참고인 진술의 증거능력 -참고인진술조서 및 진술서를 중심으로-」. 『법조』. 제58권 제2호(2009). 58~109쪽.

윤동호. 「개정 형사소송법과 공범의 자백의 증거능력에 관한 해석론」. 『형사법연구』. 제20권 제1호(2008. 봄). 191~214쪽.

이승호. 「개정 형사소송법상 전문증거(傳聞證據)의 가치에 대한 검토」. 『형사법연구』. 제19권 제4호(2007. 겨울). 199~238쪽.

정웅석. 「개정법상 공범자의 법정외 진술의 증거능력」. 『저스티스』. 제107호(2008. 10). 145~170쪽.

조 국. 「검사 작성 피의자신문조서와 영상녹화물의 증거능력」. 『저스티스』. 제107호(2008. 10). 171~192쪽.

주광일. 「전문증거의 범위」. 『법조』. 제9호(1978. 9). 28~55쪽.

허일태. 「비디오촬영의 허용과 촬영된 비디오테이프의 증거능력」. 『형사법연구』. 제12호(1999. 11). 47~70쪽.

황종국. 「공범의 자백」. 『사법논집』. 제26집(1995). 453~517쪽.

국외 단행본

Adrian Keane. *The Modern Law of Evidence*. Oxford University Press. 2006.

Alex Stein. *Foundations of Evidence Law*. Oxford University Press. 2005.

Arthur Best. *Evidence*. Wolters Kluwer. 2012.

Christopher Allen. *Practical Guide to Evidence*. Routledge-Cavendish. 2008.

G. Michael Fenner. *The Hearsay Rule*. Carolina Academic Press. 2009.

Graham C. Lilly *et al.*. *Evidence*(5th ed.). West. 2009.

Ian Dennis. *The Law of Evidence*. Sweet&Maxwell. 2007.

J. H. Langbein. *Prosecuting Crime In The Renaissance*. Harvard University Press. 1974.

Jones. *Evidence*(6th ed.). 1974.

JR Spencer. *Hearsay Evidence in Criminal Proceedings*. Hart Publishing. 2008.

Kenneth S. Broun. *McCormick on Evidence*. West Publishing Co.. 2006.

Mason Ladd. *Cases and Materials on the Law of Evidence 384*(2nd ed.). 1955.

Michael H. Graham. *Federal Rules of Evidence*. West. 2001.

Mueller · Kirkpatrick. *Evidence*(4th ed.). Wolters Kluwer. 2009.

Paul Roberts · Adrian Zuckerman. *Criminal Evidence*. Oxford University Press. 2004.

Richard O. Lempert · Samuel R. Gross · James S. Liebman. *A Modern Approach to Evidence*(3rd ed.). West Group. 2000.

Stephen Forster. *Criminal Law and Practice*. Sweet&Maxwell. 2008.

Steve Uglow. *Evidence*. Sweet&Maxwell. 2006.

홈페이지

네이버 지식백과(http://terms.naver.com)

대한민국 대법원(http://www.scourt.go.kr)